企业管理培训丛书

培训故事全书

陈龙海　化保力　陈飞◎主编

修订本

地震出版社
Seismological Press

图书在版编目（CIP）数据

培训故事全书 / 陈龙海，化保力，陈飞主编. —
修订本. —北京：地震出版社，2022.1
（企业管理培训丛书）
ISBN 978-7-5028-5285-6

Ⅰ. ①培… Ⅱ. ①陈… ②化… ③陈… Ⅲ. ①企业管理—职工培训—通俗读物
Ⅳ. ①F272.92-49
中国版本图书馆CIP数据核字（2021）第084605号

地震版　XM4821/F（6078）

培训故事全书（修订本）
企业管理培训丛书
陈龙海　化保力　陈　飞　主编

责任编辑：凌　樱
责任校对：鄂真妮
出版发行：地　震　出　版　社
北京市海淀区民族大学南路9号　　邮编：100081
发行部：68423031　68467991　　传真：68467991
总编办：68462709　68423029
编辑四部：68467963
E-mail：seis@mailbox.rol.cn.net
http://seismologicalpress.com
经销：全国各地新华书店
印刷：三河市九洲财鑫印刷有限公司

版（印）次：2022年1月第一版　2022年1月第一次印刷
开本：710 × 1000　1/16
字数：489千字
印张：30.5
书号：ISBN 978-7-5028-5285-6
定价：98.00元

编 委 会

金云哲　时代光华管理培训网特聘讲师，曾担任多家知名企业培训负责人

李新章　培训师，咨询顾问，曾担任多家跨国公司经理人，北京思沃特管理咨询有限公司董事长

陈爱民　培训师，营销专家，上海海倍企业管理顾问有限公司董事长

罗时迁　培训文化产品开发专家，曾担任培训在线负责人，为多家大中型企业提供培训咨询服务

蔡余杰　商业模式落地操盘手，培训专家，深圳聚海千舸企业管理顾问有限公司董事长

何　峰　职业培训师，曾先后担任多家知名公司培训部负责人和培训经理

张　平　专项资金申报专家，北京爱尼基咨询中心主任

王　敏　销售培训专家，北京澳然行贸易有限公司总经理

王一恒　企业管理培训师，企业中层干部问题解决专家

杨守勇　一级人力资源管理师，佛山云天智能电力科技有限公司总经理

前言

PREFACE

管理大师彼得·圣吉博士（Peter M.Senge）说过：未来最成功的公司，是那些学习型的组织。有效的学习和培训正在成为企业发展的新的动力源泉。“谁停止变得更优秀，谁就不再优秀。”成为许多企业的镇山格言。在这场学习型组织革命当中，新兴的培训师队伍正在逐渐成为时代的弄潮儿，在企业的日常管理当中扮演着越来越重要的角色。

然而，正如一棵树的快速成长，枝叶的日渐繁茂需要伴随着根部的深植与扩展一样，随着培训在企业预算分量中的日渐加重，面对实践中出现的各种各样的新问题，企业管理者与培训师同样需要广泛地吸收养料，寻求更完善的解决途径。正如我们所看到的，国内的管理者苦苦受困于一系列问题：如何以最小的成本组织最有成效的培训？如何培养自己的优秀培训师队伍？培训师在实施培训的时候，如何使话语活泼生动，从而使听众不至于坐立不安、昏昏欲睡？如何用最简短的话语和形式让受众最大限度地领悟所讲述的思想与理念？如何让讲授不流于理论空谈而具有更实用的价值？

……

针对这一系列的问题，在长期的课程研发中，我们深切感到有必要为管理人员和培训者提供更多的培训、管理工具与素材，因此我们集中编创了这一套培训系列图书：

《培训游戏全书》

《培训故事全书》

《培训幽默全书》
《培训案例全书》
《户外拓展训练全书》
《杰出员工训练全书》
《培训管理全书》
《培训师训练全书》
《PPT微课制作全书》

我们相信，如果管理者或培训师能够将这些游戏、故事、幽默和案例运用于管理培训与日常交际生活之中，一定可以谈笑自如，魅力焕发。我们更相信，会有更多的企业培训师和企业培训管理者从这套丛书中得到灵感的火花，在培训课程开发和组织方面不断创新，完成从优秀到卓越的飞跃。即使是普通读者，也能够从这套丛书中得到智慧的启迪和人生的乐趣。

本套丛书历经几年时间收集整理而成，在编辑过程中，参考了国内外的许多书籍资料，并且得到了从事管理和培训工作多年的众多朋友的支持与帮助，在此深表谢意。希望本套丛书能成为广大管理人员和培训师的最佳助手和工具，也希望读者朋友将它巧妙地运用于自身的工作和生活中，使工作与生活更加丰富和完美。

编　者

目录
CONTENT

上篇
个人素质篇

第一部分 激励自我

第二部分 积极心态

第三部分 目标设定

第四部分 人际沟通

第五部分 情绪控制

第六部分 自我设限

第七部分 习惯心理

第八部分 创新思维

第九部分 爱心激励

第十部分　哲理人生

目　录

下篇 企业管理篇

第一部分 团队精神故事

第二部分 人力资源管理

第三部分 经营管理

第四部分 市场营销

上篇　个人素质篇

第一部分

THE FIRST PART

激励自我

相信自己是一只雄鹰

一个人在高山之巅的鹰巢里，抓到了一只幼鹰，他把幼鹰带回家，养在鸡笼里。这只幼鹰和鸡一起啄食、嬉闹和休息，它以为自己是一只鸡。

这只鹰渐渐长大，羽翼丰满了，主人想把它训练成猎鹰，可是由于终日和鸡混在一起，它已经变得和鸡完全一样，根本没有飞的愿望了。

主人试了各种办法，都毫无效果，最后把它带到山顶上，一下将它扔了出去。这只鹰像块石头似的掉了下去。慌乱之中，它拼命地扑打翅膀，就这样，它终于飞了起来！

启示 磨炼造就成功的力量。有远大志向的人不会因为目前的窘境而甘于埋没，只要有机会就总有实现自我的一天。

成功的真谛

有人问一位智者："请问，怎样才能成功呢？"智者笑笑，递给他一颗花生："用力捏捏它。"

那人用力一捏，花生壳碎了，只留下了花生仁。

"再搓搓它。"智者说。

那人又照着做了，红色的外皮被搓掉了，只留下白白的果实。

"再用手捏它。"智者说。

那人用力捏着，却怎么也没法把它毁坏。

"再用手搓搓它。"智者说。

当然，什么也搓不下来。

"虽然屡遭挫折，却有一颗坚强的百折不挠的心，这就是成功的秘密。"智者说。

启示 很多人渴望成就一番事业，但是不知道该如何去做，于是到处去寻找成功的秘诀，其实只要明白了自己想要什么，不管发生什么，坚持做下去，就能成功。

“低就”未必低人一等

20 世纪 70 年代初，美国麦当劳总公司看好中国台湾市场。麦当劳为了培训高级干部，在当地进行了公开的招考甄选。由于要求的标准颇高，许多初出茅庐的青年企业家都未能通过。

经过一再筛选，一位名叫韩定国的某公司经理脱颖而出。在最后一轮面试前，麦当劳的总裁和韩定国夫妇谈了三次，最后一次问了一个出乎他们意料的问题：“如果我们要你先去洗厕所，你会愿意吗？”韩定国还未及开口，一旁的韩太太便随口答道：“我们家的厕所一向都是由他洗的。”总裁大喜，免去了最后的面试，当场拍板录用了韩定国。

后来韩定国才知道，麦当劳训练员工的第一堂课就是从洗厕所开始的，因为服务业的基本理论是：非以役人，乃役于人，只有从卑微的工作开始做起，才有可能了解以家为尊的道理。

启示

“低就”不代表就低人一等。对于许多选择就业岗位的人来说，首要的不是先瞄准令人羡慕的岗位，而是一开始就树立正确的就业观念。如果干什么都挑三拣四，或者以为选准一个岗位便可以一劳永逸，那么你就可能永远低人一等。

给自己一片悬崖

一位来自上海的中国留学生刚到澳大利亚的时候，为了寻找一份能够糊口的工作，骑着一辆旧自行车沿着环澳公路走了数日，替人放羊、割草、收庄稼、洗碗……只要给一口饭吃，他就会暂且停下疲惫的脚步。

一天，在唐人街一家餐馆打工的他，看见报纸上刊登的某电讯公司的招聘启事。他担心自己英语不地道，专业不对口，就选择应聘线路监控员的职位。过五关斩六将，眼看他就要得到那年薪 3.5 万元的职位了，不想招聘主管却出人意料地问他：“你有车吗？你会开车吗？我们这份工作时常外出，没有车寸步难行。”

澳大利亚公民普遍拥有私家车，无车者寥若晨星。可这位留学生初来乍到，还属“无车族”。为了获得这个极具诱惑力的工作，他不假思索地回答：“有！”

“4 天后，开着你的车来上班。”主管说。

4 天之内要买车、学车谈何容易，但为了生存，留学生豁出去了。他从华人朋友那里借了 500 澳元，从旧车市场买了一辆外表丑陋的“甲壳虫”汽车。第一天他跟华人朋友学习驾驶技术；第二天他在朋友屋后的大草坪上模拟练习；第三天他开着车歪歪斜斜地上了公路；第四天他居然驾车去公司报了到。时至今日，他已是那家电讯公司的业务主管了。

启示

我们无从知道这位留学生的专业水平如何，但我们确实佩服他的胆识。如果他当初畏首畏尾地不敢向自己挑战，绝不会有今天的辉煌成就。那一刻，他毅然斩断了自己的退路，让自己置身于命运的悬崖绝壁之上。正是面临这种后无退路的境地，人们才会集中精力奋勇向前，从生活中争得属于自己的位置。给自己一片没有退路的悬崖，从某种意义上说，是给自己一个向生命高地冲锋的机会。

靠自己

小蜗牛问妈妈："为什么我们从生下来就要背负这个又硬又重的壳呢？"

妈妈回答说："因为我们的身体没有骨骼的支撑，只能爬，又爬不快，所以要这个壳来保护啊。"

小蜗牛："毛毛虫姐姐没有骨头，也爬不快，为什么它却不用背这个又硬又重的壳呢？"

妈妈："因为毛毛虫姐姐能变成蝴蝶，天空会保护它啊。"

小蜗牛："可是蚯蚓弟弟也没有骨头，也爬不快，也不会变成蝴蝶，它为什么不背这个又硬又重的壳呢？"

妈妈："因为蚯蚓弟弟会钻土，大地会保护它啊。"

小蜗牛哭了起来："我们好可怜，天空不保护，大地也不保护。"

蜗牛妈妈安慰它："所以我们有壳啊！"

启示

不要抱怨命运。要想成功，不能靠天，不能靠地，要靠我们自己。

自我激励乃成功之源

1926 年，大村文年进入“三菱矿业”，成为一名普通职员。当公司为新人举行欢迎会时，他对那些与他同时进入公司的同事说：“我将来一定要成为这家公司的总经理。”

在立下豪言壮语之后，大村文年就开始实践他的长远计划。他凭借坚强的斗志与惊人的体力，数十年如一日，孜孜不倦地工作。在毫无派系背景的情况下，他完全凭借实力，终于在 35 年之后当上了总经理。从三菱财阀的历史来看，未到 60 岁就成为直系公司的总经理，可以说是史无前例。他的成功甚至惊动了日本工商界人士，他们无不感到十分惊讶，并深感佩服。

无独有偶，在 1949 年，一位 24 岁的年轻人充满自信地走进美国通用汽车公司，应聘会计工作。他来只是因为父亲曾说过“通用汽车公司是一家经营良好的公司”，并建议他去看一看。在应试时，他的自信使面试官印象十分深刻。当时只有一个空缺，那个职位对于一个新手来说可能难以应付。但年轻人当时只有一个念头，即在面试中展现他足以胜任复杂工作的能力与超人的规划能力，从而进入通用公司。面试官看到了他的能力，录取了他。

雇佣这位年轻人之后，主管曾对他的秘书说：“我刚刚雇了一个想成为通用汽车公司董事长的人！”这位年轻人就是从 1981 年到 1990 年出任通用汽车董事长的罗杰·史密斯。

罗杰刚进公司的第一位朋友阿特·韦斯特回忆说：“在我们合作的一个月中，罗杰曾十分正经地告诉我，他将来要成为通用的总裁。”

启示　高度自我激励，指引人不断向成功迈进；强烈的成功愿望，比任何方法和秘诀更重要。

落入深洞的猎人

一群人到山上去打猎，其中一个猎人不小心掉进很深的洞里，他的右手和双脚都摔断了，只剩一只健全的左手。洞非常深，又很陡峭，地面上的人束手无策，只能在地面喊叫。

幸好，洞的壁上长了一些草，那个猎人就用左手撑住洞壁，以嘴巴咬草，慢慢往上攀爬。

洞中光线微弱，地面上的人看不清洞里，只能大喊着为他加油。等到看清他身处险境，嘴巴咬着小草向上攀爬，他们忍不住议论起来：

“哎呀！像他这样一定爬不上来！”

“情况真糟，他的手脚都断了呢！”

“对呀！那些小草根本不可能撑住他的身体。”

“真可惜！他如果摔下去死了，就无缘享用庞大的家产了。”

“他的老母亲和妻子可怎么办才好！”

落入深洞的猎人忍无可忍，张开嘴大叫道：“你们都给我闭嘴！”

就在张嘴时，他再度落入深洞里。摔到洞底即将死去之前，他听到洞口的人异口同声地说：“我就说嘛！用嘴爬出深洞，是绝对不可能成功的！”

启示

在困境中的慈爱与关怀，可以救人；在困境中的议论与批评，只会使人陷入更深的绝境。因此，在自己面对困境和难关时，不要在意别人的议论，要意志坚强，往上攀爬。在别人受到挫折和困难时，不要急着议论，要将心比心，学习别人在逆境中的勇气。

九头牛的故事

从前，有两个从小在一起的好朋友，一个叫小壮，一个叫小强。当他们长成小伙子的时候，便开始找恋爱对象，可是他们发现，村子里没有称心如意的姑娘，于是他们商量一起到外面去找自己喜欢的人。

离开家乡之后，他们走了很多地方。有一天，他们来到了一个小渔村，在村子里碰到了一个姑娘，小壮对小强说：“我要留在这个渔村，因为那个姑娘就是我想找的人。”小强看那个姑娘没有什么可爱的地方，所以他就对自己的好朋友说：“我看她没有什么特别的，既然你喜欢，就留下好了，我还要找我喜欢的人。”

于是小强辞别了小壮，继续往前找。他走了很多路，去了很多村庄和城市。几年过去了，他一直没有找到自己喜欢的人，于是他便打算回家。在回家的路上，他又回到了同小壮分手的地方。当年的小渔村如今已经变成了一个小镇。小强已经好几年没有见过小壮了，十分想知道他过得好不好。于是，小强便到小镇中寻找小壮。

刚进小镇，小强便看到一个带孩子的美丽少妇。他走过去问道：“大嫂，我有一位朋友叫小壮，他住在这里，请问他家在哪里？”那个少妇说：“你跟我来吧！”然后便把小强带到了小壮家里。两个好朋友见面当然非常高兴，此刻小壮对着那个美丽少妇说：“老婆，我的好朋友来了，你准备点酒菜，我们要喝两盅。”原来这个美丽少妇就是小壮的老婆。小强非常吃惊，他对小壮说：“当年我们来到这里的时候，见到的她并不是今天这个样子呀，她怎么变化这么大？”

小壮对小强说，你走之后，我就留了下来，我了解到当地小伙子到女孩家求婚有一个风俗：要给未来的老丈人送牛。普通的女孩子只需送一两头牛；贤惠漂亮的女孩送的牛要更多，也就是四五头牛。依照风俗，求婚时最多送九头牛。若男方送了九头牛，就说明女孩是非常优秀的。然而这里之前根本就没有人送过九头牛。

我去女孩家的时候，就送了九头牛。当我敲开她家的门时，她父亲扶着门框吃惊地问我："年轻人，你有什么事？"我说："老伯伯，我看上了你家的女儿，我赶着牛是来求婚的。"老人说："你求婚也用不着送这么多牛，我女儿只是一个普通人，最多只要三头牛就行了。如果我们收下这么多牛，邻居会笑话我们的。"小壮说："不，老人家，我认为你的女儿是世上最好的，我认为她值得送九头牛。"于是，小壮硬是送给女孩家九头牛。

结婚之后，小壮一直把老婆当成最漂亮、最可爱的人。渐渐地，小壮老婆自己也觉得自己就是值九牛之人。于是，几年之后，她变得越来越漂亮，越来越贤惠。

启示　你期望一个人是什么样的，你就要把他当成你期待的样子对待。因为你的暗示，他会向你期望的方向发展，最终变成你所期望的样子。

井里的驴子

有一天，农夫家的驴子不小心掉进一口枯井里，农夫绞尽脑汁想要救出驴子，但几个小时过去了，驴子还在井里痛苦地哀号着。

最后，农夫决定放弃，他想这头驴子年纪也大了，不值得大费周章把它救出来。不过无论如何，这口井还是得填起来。于是农夫便请来左邻右舍帮忙一起将井中的驴子埋了，减少它的痛苦。

农夫的邻居们人手一把铲子，开始将泥土铲进枯井中。

当这头驴子了解到自己的处境时，刚开始它叫得很凄惨。

但出人意料的是，不一会，这头驴子就安静下来了。

农夫好奇地探头往井底一看，出现在眼前的景象令他大吃一惊：当铲进井里的泥土落在驴子的背部时，驴子的反应令人称奇——它将泥土抖落在一旁，然后站到泥土堆上面。就这样，驴子将大家铲到在它身上的泥土全数抖落在井底，然后再站上去。很快，这只驴子便到了井口，然后在众人惊讶的表情中快步跑开了！

启示

如同驴子的情况，在生命的旅程中，有时候我们难免会陷入“枯井”里，各式各样的“泥沙”会倾倒在我们身上，而脱困的秘诀就是：将“泥沙”抖掉，然后站上去！事实上，我们在生活中所遭遇的种种困难挫折就是落在我们身上的泥沙。然而，换个角度看，它们也是一块块垫脚石，只要我们锲而不舍地将它们抖掉，然后站上去，那么即使是掉落到最深的井中，我们也能安然脱困。驴子的积极态度帮助了它，使对自己极为不利的活埋举动变为改变命运的要素，进而顺利脱困。如果我们以肯定、沉着稳重的态度面对困境，助力往往就潜藏在困境中。一切都决定于我们自己，学习放下一切得失，勇往直前地迈向理想。我们应该不断地建立信心，使自己充满希望和爱，这些都是帮助我们从生命中的枯井脱困的工具。

你怎么看你自己

她站在台上，不时规律地挥舞着双手；仰着头，脖子伸得好长好长，与她尖尖的下巴扯成一条直线；她的嘴张着，眼睛眯成一条线，诡谲地看着台下的学生；偶然她口中也会发出声响，但没人知道她在说些什么。她是一个基本上不会说话的人。但是，她的听力很好，只要对方说出她的意见，她就会乐得大叫一声，伸出右手，用两个手指头指着你，或者拍着手，歪歪斜斜地向你走来，送给你一张用她的画制作的明信片。

她就是黄美廉，一位自小就患脑性麻痹的病人。脑性麻痹夺去了她肢体的平衡感，也夺走了她讲话的能力。从小她就活在诸多肢体不便及众多异样的目光中，她的成长充满了血泪。然而她没有让这些外在的痛苦击败内在奋斗的精神，她昂首面对，迎向一切的不可能，终于获得了加州大学艺术博士学位。她用她的手当画笔，以色彩告诉人“寰宇之力与美”，并且灿烂地“活出生命的色彩”。全场学生都被她不能控制自如的肢体动作震慑住了。这是一场倾倒生命、与生命相遇的演讲。

“请问黄博士，”一个学生小声地问：“你从小就长成这个样子，你怎么看你自己？你从来都没有怨恨吗？”许多人心头一紧：真是太不成熟了，怎么可以在大庭广众之下问这个问题？！大家很担心黄美廉会接受不了。

“我怎么看自己？”美廉用粉笔在黑板上重重地写下这几个字。她写字时用力极猛，有力透纸背的气势。写完这个问题，她停下笔来，歪着头，回头看着发问的同学，然后嫣然一笑，在黑板上龙飞凤舞地写了起来：

我好可爱！

我的腿很长很美！

爸爸妈妈爱我！

我会画画！我会写稿！

还有……

教室内鸦雀无声，没有人敢讲话。她回过头来看看大家，再回过头去，在黑板上写下了她的结论："我只看我所拥有的，不看我没有的。"掌声从学生群中响起。美廉倾斜着身子站在台上，满足的笑容从她的嘴角荡漾开来，她的眼睛眯得更小了，一种永远也不会被击败的傲然写在她的脸上。

启示

"我只看我所拥有的，不看我没有的。"看到这个故事，或许你的脑海中会出现这样的画面：我有一个幸福的家庭；我的爸妈很爱我；我的老婆非常爱我；我与兄弟们相处和睦；有很多认识或不认识的朋友支持我；我可以做我喜欢的工作，可以自由地表达我的看法……我真的没有理由抱怨什么。

永远的坐票

过去，交通条件不佳，人们出行较为困难。某人经常出差，大多数时间买不到对号入座的车票，可是无论长途短途，无论车上多挤，他总能找到座位。

他的办法其实很简单，就是耐心地一节节车厢找过去。这个办法听上去似乎并不高明，但却很管用。每次，他都做好了从第一节车厢走到最后一节车厢的准备，可是每次他都用不着走到最后就会发现空位。他说，这是因为像他这样锲而不舍找座位的乘客实在不多。经常是在他落座的车厢里尚余若干座位，而在其他车厢的过道和车厢连接处，居然人满为患。

他说，大多数乘客轻易地被一两节车厢拥挤的表面现象迷惑了，不会细想在数十次停靠之中，火车十几个车门上上下下的流动中蕴藏着不少获得座位的机遇；即使想到了，他们也没有那份寻找的耐心。眼前一方小小立足之地很容易让大多数人满足，为了一个座位背负着行囊挤来挤去在有些人看来并不值得。他们还担心万一找不到座位，回头连个站着的地方也没有了。与生活中一些安于现状、不思进取、害怕失败，永远只能滞留在成功之路起点上的人一样，这些不愿主动找座位的乘客大多只能在上车时最初的落脚之处一直站到下车。

启示

故事中的生意人经常被同行羡慕“运气好”，因为一些看起来希望渺茫的机会总能被他撞上，最终成功签约。听过他“找座位”的故事后，我们能够悟出，他的运气其实是他不懈追求所带来的回报。他的自信、执着，他的富有远见、勤于实践让他握有一张人生之旅永远的“坐票”。

再撑100步

在美国某座山的一块岩石上，立着一个标牌。这个标牌是为了警醒后来的登山者，那里曾经是一个女登山者死去的地方。她当时正在寻觅的庇护所“登山小屋”只距她100步而已，如果能多撑100步，她就能活下去。

启示

这个事例提醒人们，倒下之前要再撑一会儿。胜利者往往是能比别人多坚持一分钟的人。

贼

有一位青年画家，在还没成名前，住在一间狭隘的小房子里，靠画人像维生。一天，一个富人经过，看他的画工细致，很喜欢，便请他帮忙画一幅人像。双方约好酬劳是10000元。

一个星期后，人像完成了，富人依约前来拿画。这时富人心里起了歹念，欺画家年轻又不出名，不肯按照原先的约定付给酬劳。富人心想：“画中的人像是我，这幅画如果我不买，那么，绝没有人会买。我又何必花那么多钱来买呢？”

于是富人赖账，说只愿花3000元买这幅画。青年画家愣住了，他从来没碰过这种事，心里有点慌，费了许多唇舌，和富人据理力争，希望富人能遵守约定，做个有信用的人。“我只能花3000元买这幅画，你别再啰唆了。”富人认为他占了上风，最后说：“我问你最后一次，3000元，卖不卖？”

青年画家知道富人故意赖账，心中愤愤不平，他以坚定的语气说：“不卖！我宁可不卖这幅画。今天你失信毁约，将来我一定要你付出20倍的代价。”“笑话，20倍，就是20万元？我才不会笨得花20万元买这幅画。”“我们等着瞧好了。”青年画家对悻悻然离去的富人说。

经过这个事件的刺激后，画家搬离了伤心地，重新拜师学艺，日夜苦练。皇天不负苦心人，十几年后，他终于闯出了一片天地，成为一位知名的艺术家。那个富人自从离开画室后，第二天就把画家的画和话淡忘了。

直到有一天，富人的几位朋友不约而同地告诉他："有一件事好奇怪喔！这些天我们去参观一位知名艺术家的画展，其中有一幅画一口价 20 万元，画中的人物跟你一模一样。好笑的是，这幅画的名字竟然是一个字：'贼'。"

好像被人当头打了一棍，富人想起了 10 多年前画家的事。这对自己的伤害太大了，他立刻连夜赶去找画家，向他道歉，并且花了 20 万元买回了那幅人像画。画家凭着一股不服输的志气，让富人低下了头。

启示　人活着要争气，不要泄气，把挫折当成阶梯，努力不懈，最后一定能达成理想，完成心愿。你相信吗？没有人能侮辱、打败你，除了你自己。

成功就是简单的事情重复做

有位享誉全国的推销大师，即将告别他的推销生涯，应行业协会和社会各界的邀请，他将在城市中最大的体育馆，做告别职业生涯的演说。

那天，会场座无虚席，人们在热切地、焦急地等待着那位当代最伟大的推销员来做精彩的演说。当大幕徐徐拉开，人们发现舞台的正中央吊着一个巨大的铁球。为了这个铁球，台上搭起了高大的铁架。

一位老者在人们热烈的掌声中走了出来，站在铁架的一边。他穿着一件红色运动服，脚下是一双白色胶鞋。人们惊奇地望着他，不知道他要做出什么举动。

这时，两位工作人员抬来一个大铁锤，放在老者的面前。然后，主持人对观众讲："请两位身体强壮的人到台上来。"好多年轻人站了起来，转眼间已有两名动作快的年轻人跑到了台上。

老人这时开口和他们讲规则，请他们用这个大铁锤去敲打那个吊着的铁球，直到使它荡起来。

一个年轻人抢着拿起铁锤，拉开架势，抡起大锤，全力向那吊着的铁球砸去，一声刺耳的响声过后，那铁球动也没动。他就用大铁锤接二连三地砸向吊球，很快，他就累得气喘吁吁了。

另一个人也不甘示弱，接过大铁锤把铁球打得叮当响，可是铁球仍旧一动不动。台下逐渐没了呐喊声，观众好像认定再怎么敲打也没用，就等着老人做出解释。

会场恢复了平静，老人从上衣口袋里掏出一个小锤，然后认真地，面对着那个巨大的铁球，接着，他用小锤对着铁球咚地敲了一下，然后停顿一下，再一次用小锤咚地敲了一下。人们奇怪地看着，老人就那样敲一下，停顿一下，再敲一下……

就这样持续地做。

10分钟过去了，20分钟过去了，会场上的人早已开始骚动，有的人干脆叫骂起来，人们用各种声音和动作发泄着他们的不满。老人仍然一锤一停地工作着，他好像根本没有听见人们的喊叫。开始有人愤然离去，观众席上出现了大片大片的空座。留下来的人们好像也喊累了，会场渐渐安静下来。

大概在老人进行到40分钟的时候，坐在前面的一个妇女突然尖叫一声："球动了！"刹那间，会场鸦雀无声，人们聚精会神地看着那个铁球。那球以很小的幅度动了起来，不仔细看很难察觉。老人仍旧一小锤一小锤地敲着，人们好像都听到了那小锤敲打铁球的声音。铁球在老人一锤一锤地敲打中越荡越高，它拉动着那个铁架子咣咣响，它的巨大威力强烈地震撼着在场的每一个人。终于场上爆发出热烈的掌声，在掌声中，老人转过身来，慢慢地把小锤揣进兜里。

老人开口讲话了。他只说了一句话："在成功的道路上，如果你没有耐心去等待成功的到来，那么你就只好用一生的耐心去面对失败。"

启示 很多人以为成功很难，成功要付出太多，成功的过程会很痛苦，进而不去想、不去追求。其实，成功就是简单的事情重复做。

5枚金币

阿巴格年少时生活在大草原上。有一次，他和父亲在草原上迷了路，阿巴格又累又怕，到最后快走不动了。父亲见状，从兜里掏出5枚金币，把一枚埋在草地里，把其余4枚放在阿巴格的手上，说："人生有5枚金币，童年、少年、青年、中年、老年各有一枚，你现在才用了一枚，就是埋在草地里的那一枚，你不能把5枚都扔在草原里，要一点点地用，每一次都用出不同来，这样才不枉活一世。今天我们一定要走出草原，你将来也一定要走出草原。世界很大，人活着，就要多去些地方，多看看，不要让你的金币没有发挥作用就被扔掉。"在父亲的鼓励下，阿巴格走出了草原。长大后，阿巴格离开了家乡，成了一名优秀的船长。

启示 人生需要规划，人生需要激励，只要我们有取得成功的强烈愿望，就能走出挫折的沼泽地。

能输能赢

丁新“下岗”后雄心勃勃，东借西借凑了30000元钱，打算到山西运煤。据他预计，运煤一趟就能挣5000元。没想到遇上车祸，这5000元没赚到，修车还花了2000块。这一趟下来不但没挣到钱，还赔了钱。

丁新不死心，又去广东贩运荔枝。由于天气炎热，等货运回来时，很多荔枝都已经腐烂了，只好低价处理。这次又赔了钱。

在这之后，他又去卖电视机，却受骗进了一批假货。假货被工商局罚款没收了。后来，他从他父亲那里拿了20000元去炒股，又被套牢。接下来，他尝试开饭店，被酒后滋事者砸了店，又被卫生部门罚了钱。

读到此，你一定认为丁新是天下第一倒霉蛋。你错了，丁新现在是他们省城最大的汽车贸易公司的总经理，个人资产已达2000万元。以上那些事都是他刚“下海”时的经历。

启示 如果办一件事就能成一件事，那么天下到处都是成功者；如果钱都那么好挣，就轮不到你去挣了。挺过挫折，也许下一回你就成功了。挫折是福，它让人对失败不再那么敏感。

伟人的“泥土”

著名画家达·芬奇前半生际遇坎坷，怀才不遇，30多岁时，他投奔到米兰的一位公爵门下，希望得到一些机会。

几年过去了，在达·芬奇的再三要求下，公爵终于开了恩——让他去给圣玛丽亚修道院的一个饭厅画装饰画。

这是一件无足轻重的活，一个普通匠人即可完成，但是达·芬奇却倾尽自己的所有力量去进行创作。他日夜站在脚手架上，干到暮色沉沉也不肯下来。有时他会抱着肩站在画前，一站就是三四天。

500年后，这幅名为《最后的晚餐》的壁画仿佛成了一个寓言：伟人不会嫌弃一块“泥土”，相反，他能使“泥土”变成黄金。

启示

如果想让别人承认你，那么抓住每一个哪怕是小小的机会，让你的光芒从中折射出来。

勇敢地向前迈一大步

一位主管为了帮助一位长期安于现状，一直不愿晋升且无法突破的同事，煞费苦心却收效甚微。有一天，主管换了一种方式，问那位同事说："倘若你的独生子小学毕业后仍坚持留在原小学，而不愿升初中，理由是如果这样的话，他就可以一直名列前茅，而免除不及格和落后于他人的顾虑，身为人父的你，会同意吗？"

他不假思索地答道："当然不行，怎么可以为了怕不及格和成绩单不好看而留级呢？上学的目的并不在于成绩单好不好看，而在于不断地学习与成长，考试与竞争的压力正是帮助其学习与成长的最好方法。我绝对不会同意小孩留级，这样会害了小孩一辈子的。"主管在旁边不断地点头微笑。最后话锋一转，提醒他说："身教重于言传，你自己也应该勇于接受挑战，别再担心无法达到目标而在与同行的竞争中落后。如此因噎废食，无形中会遭到莫大的损失。"这位同仁在顿悟之后欣然接受忠告，不久就晋升到了高级职位，如同脱胎换骨一样。

启示

每个人都会担心，怕定高目标后难以达到，怕晋升高位后会输给他人，但是唯有接受挑战与压力才能不断突破与成长。勇谋大事而失败，强于不谋一事而成功。

年轻人吃苦总没错

那一年，小王大学毕业，进了一家机械厂工作。

跟他一同分配来的还有四五个大学生。几乎没经过什么技术培训，他们就被分配到各个部门，担任基层管理人员。

小王不懂生产，不熟悉工艺流程，所学的专业与实际操作衔接不上，在管理上明显感到力不从心。有些工人也欺他是外行，消极怠工，偷工减料，令小王感到非常头疼。而另外几个大学生，虽然也不能胜任工作，但他们却不从自身找原因，而是一味发牢骚：抱怨工厂待遇太低，升迁太慢，认为在这里工作是大材小用。他们甚至以"跳槽"相威胁，让厂长给他们安排更好的位置。厂长担心人才流失，不得已尽量满足了他们的要求。

就在伙伴们相继升迁之际，小王却向厂长提出了反向的要求：让他下车间，当个“三班倒”的工人。厂长惊讶极了，进而对他的选择表示了赞赏：“年轻人吃点苦总没错，好，小伙子有志气！”但是他的做法却没法得到更多人的理解。消息传出，全厂哗然，大家说他是个怪人，连那几个大学生对此也表示不能理解。

小王不理会那些议论，到了车间后就安安心心做了一名工人。他一心扑到了工作上，努力钻研各项技术，熟悉每个工种。由于他勤学好问，那些生产能手们都爱教他，并把自己多年的经验毫无保留地传授给他。很快他就全面掌握了生产工艺。渐渐地，工人们遇到难题，都来请教他，没有他解决不了的难题。两年后，他升任车间主任。因为他懂技术，没人敢糊弄他，所以他车间的产品质量是最好的。这时，当年跟他一起进厂的大学生都在各科室担任中层干部，大家都认为小王只能当一辈子的技术工人了。

几年后，工厂经营不太景气，厂里决定试行承包制，一下就想到了他。小王承包了二车间，大家也都愿意跟他干。这时，他又拿出钻研业务的劲头投入到营销中去，成立了一支精干的销售队伍。因为产品质量过硬，营销自然顺利，团队很快就打开了市场销路，小王也成为行业中赫赫有名的人物。到了年底，其他车间都出现了不同程度的亏损，唯有二车间挣得了巨额利润，这下工人们更加干劲十足。究其原因，其他几个承包人对生产是外行，所以经营不善。最后，厂里把车间全承包给了他，在厂部对科室人员实行精简时，当年和他一起进厂的大学生因为技能不足，有的下了岗，有的当了伙食管理员，还有的当了门卫。

后来，他通过融资买下了这家工厂。现在他已是赫赫有名的民营企业家，公司也正准备上市。在总结自己的成功经验时，他说：“海纳百川，才成汪洋之势。年轻人要学会从低位做起，充分积累经验，将来才能有成功的本钱。”

启示　其实，人生不仅仅是一座高山，吸引着我们去攀登；人生有时还是汹涌的波涛，为了跃上更高的浪尖，我们先得有滑入浪底的勇气。

成功并不像你想象的那么难

1965年，一位韩国学生到剑桥大学主修心理学。在喝下午茶的时候，他常到学校的咖啡厅或茶座听一些成功人士聊天。这些成功人士包括诺贝尔奖获得者、某领域的学术权威和一些创造了经济神话的人。这些人幽默风趣，举重若轻，把自己的成功看得非常自然和顺理成章。时间长了，他发现，在国内时，他被一些成功人士“欺骗”了。那些人为了让正在创业的人知难而退，普遍把自己的创业

艰辛过分夸大。也就是说，他们在用自己的成功经历“吓唬”那些还没有取得成功的人。

作为心理系的学生，他认为很有必要对韩国成功人士的心理加以研究。1970年，他把《成功并不像你想象的那么难》作为毕业论文，提交给现代经济心理学创始人威尔·布雷登教授。布雷登教授读后大为惊喜，他认为这是个新发现，这种现象虽然在世界各地普遍存在，但此前还没有一个人大胆地提出来并加以研究。惊喜之余，他写信给他的剑桥校友——当时的韩国领导人朴正熙。他在信中说：“我不敢说这部著作对你有多大的帮助，但我敢肯定它比你的任何一个政令都能产生震动。”

后来这本书果然伴随着韩国的经济腾飞热销了。这本书鼓舞了许多人，因为它从一个新的角度告诉人们，成功与“劳其筋骨，饿其体肤”“三更灯火五更鸡”“头悬梁，锥刺股”没有必然的联系，只要你对某一事业感兴趣，长久地坚持下去就会成功，因为上帝赋予你的时间和智慧够你圆满做完一件事情。后来，这位青年也获得了成功，他成了韩国某汽车公司的总裁。

启示

并不是因为事情难我们不敢做，而是因为我们不敢做事情才变难的。人世中的许多事，只要想做，都能做到；该克服的困难，也都能克服，用不着什么钢铁般的意志，更用不着什么技巧或谋略。

挫折，是年轻人最好的礼物

一位年轻人刚从军中退伍时，只有高中学历，无一技之长，只好到一家印刷厂担任送货员。

一天，他要将一整车四五十捆的书，送到某大学的7楼办公室；当他先把两三捆书扛到电梯口等候时，一位50多岁的警卫走过来说：“这电梯是给教授、老师搭乘的，其他人一律都不准搭，你必须走楼梯！”

年轻人向警卫解释：“我不是学生，我要送一整车的书到7楼办公室，这是你们学校订的书啊！”可是警卫一脸无情地说：“不行就是不行，你不是教授，不是老师，不准搭电梯！”两人在电梯口吵了半天，但警卫依然不予放行。年轻人心想，要搬完这一车的书，至少要来回走20多趟七层楼梯。年轻人无法忍受这无理的刁难，心一横，把四五十捆书搬放在大厅角落，不顾一切地走了。

年轻人向印刷厂老板解释事情原委，获得谅解，但也向老板辞了职，并且立刻到书店买了整套高中教材和参考书，含泪发誓：我一定要奋发图强，考上大学，绝不再让别人瞧不起。

这位年轻人在高考前半年，天天闭门苦读 14 个小时，因为他知道，他的时间不多了，他已无退路可走。每当他偷懒、懈怠时，脑中就浮现起警卫不准他搭电梯这被羞辱、被歧视的一幕，也就打起精神、加倍努力。

后来，这位年轻人终于考上某大学医学院。如今，20 多年过去了，他成了一家私营诊所的中年医生。有时，他也会静心一想，当时，要不是警卫无理刁难和歧视，他怎能从屈辱中擦干眼泪、勇敢站起来呢？而那位被他痛恨的警卫，不也是他一生中的恩人吗？

这故事让我想起，念高中时，班上有位调皮的男生，成绩普通，并不出众。一天，物理老师出了一道很难的试题，要同学们当家庭作业。隔天上课时，同学们几乎都答不出来，只有那个调皮的同学解出来了！

“你老实说，这作业是不是你哥哥帮你做的？我知道你哥哥的物理很厉害，去年我教过他。”老师问。

“是我自己做的啊！老师，你怎么可以诬蔑我？”

“你少骗我！不是自己写的，为什么硬说是自己写的？”

物理老师站在台上嘲讽地说：“你的学习程度我很了解，你不用骗我啦！”

当时，我转过头，看到他低着头，抿着嘴，眼中闪着泪水。他没有再回嘴，只是一直低着头假装看着书，而他的眼泪，也一滴滴地滴在了课本上。

高考后，争气的他考上了某大学物理系。大学毕业后，他去当兵了。当兵退伍后，他留学美国。现在，他已拿到物理学博士的学位，并已回国。而我永远忘不了在高中时他对我说的一句话：“那一题，明明是我自己做对的，他（物理老师）为什么不相信我，还当众嘲笑我、瞧不起我？以后，我的物理一定要比他更厉害！”

启示

人，都有失意、不顺利的时候，然而，我更相信“挫折是年轻人最好的礼物”！人只有在遭遇挫折，被他人百般刁难、歧视、嘲讽时，才能“打醒自己”，让自己被当头棒喝而惊醒过来！这岂不是一生中最珍贵的礼物？因此，如果现在的挫折能带给你幸福的未来，请忍受它；如果现在的快乐会带给你不幸的未来，请抛弃它。生命中的每个挫折、每个伤痛、每个打击，都有它的意义。

“飞翔”的蜘蛛

一天，我发现，一只黑蜘蛛在后院的两檐之间织了一张很大的网。难道蜘蛛会飞？若非如此，从这个檐头到那个檐头，中间有一丈余宽，第一根线是怎么拉过去的？后来，我发现蜘蛛走了许多弯路，从一个檐头起，打结，顺墙而下，一步一步向前爬，小心翼翼地翘起尾部，不让丝碰到地面的沙子或别的物体；爬过空地，再爬上对面的檐头，高度差不多了，再把丝收紧。

启示

信念是一种无坚不摧的力量。当坚信自己能成功时，你必能成功。蜘蛛不会飞翔，但它能够把网织在半空中，并且织得精巧而规矩。它是勤奋、敏感、沉默而坚韧的昆虫。

大海里的船

英国劳埃德保险公司曾从拍卖市场买下一艘船。这艘船于 1894 年下水，在大西洋上曾 138 次遭遇冰山、116 次触礁、13 次起火、207 次被风暴扭断桅杆，然而它从没有沉没过。

劳埃德保险公司基于它不可思议的经历及在保费方面给其带来的可观收益，最后决定把它从荷兰买回来捐给国家。现在这艘船就停泊在英国萨伦港的国家船舶博物馆里。

不过，使这艘船名扬天下的却是一名来此观光的律师。他到博物馆参观时，刚打输了一场官司。这不是他的第一次失败辩护，不过每当遇到这样的事情，他总有一种负罪感，不知该怎样安慰那些在生意场上遭受不幸又输官司的人。

当他在博物馆看到这艘船时，忽然有一种想法：为什么不让他们来参观这艘船呢？于是，他把这艘船的历史抄下来，和这艘船的照片一起挂在他的律师事务所里，每当商界的委托人请他辩护，最后无论官司输赢，他都建议他们去看看那艘船。

启示

这艘船使我们知道：在大海上航行的船没有不带“伤”的。在商海中拼搏，屡遭挫折后百折不挠，坚强地挺住，这就是成功的秘诀。

再试一次

有个年轻人去微软公司应聘，而该公司并没有刊登过招聘广告。见总经理疑惑不解，年轻人用不太娴熟的英语解释说自己是碰巧路过这里，就贸然进来了。总经理感觉很新鲜，破例让他一试。面试的结果出人意料，年轻人表现得很糟糕。他对总经理解释说自己表现不佳的原因是事先没有准备。总经理以为他不过是找个托词下台阶，就随口应道："等你准备好了，可以再来试试。"

一周后，年轻人再次走进微软公司的大门，这次他依然没有成功。但比起第一次，他的表现要好得多。而总经理给他的回答仍然同上次一样："等你准备好了，可以再来试试。"就这样，这个年轻人先后5次踏进微软公司的大门，最终被公司录用，成为公司的重点培养对象。

启示

石头很硬，水很软，然而软水却穿透了硬石。也许，我们的人生旅途上沼泽遍布，荆棘丛生；也许我们追求的风景总是山重水复，不见柳暗花明；也许，我们前行的步履总是沉重、蹒跚；也许，我们需要在黑暗中摸索很长时间，才能找寻到光明；也许，我们虔诚的信念会被世俗的尘雾缠绕，而不能自由翱翔；也许，我们高贵的灵魂暂时在现实中找不到寄放的净土……那么，我们为什么不能以勇敢者的气魄，坚定而自信地对自己说一声"再试一次"？再试一次，你就有可能到达成功的彼岸！

站起来

一位父亲很为他的孩子苦恼，因为他的儿子已经十五六岁了，但是一点男子汉气概都没有。于是，父亲去拜访一位禅师，请他训练自己的孩子。

禅师说："你把孩子留在我这里，3个月以后，我一定可以把他训练成真正的男子汉。不过，这3个月里面，你不可以来看他。"父亲同意了。

3个月后，父亲来接孩子。禅师安排孩子和一个空手道教练进行一场比赛，以展示这3个月的训练成果。

教练一出手，孩子便应声倒地。他站起来继续迎接挑战，但马上又被打倒，他就又站起来，就这样来来回回16次。

禅师问父亲："你觉得你孩子的表现有没有男子汉气概？"

父亲说："我简直羞愧死了！想不到我送他来这里受训3个月，看到的结果是他这么不经打，被人一打就倒。”

禅师说：“我很遗憾你只看到表面的胜负。你有没有看到你儿子那种倒下去立刻又站起来的勇气和毅力呢？这才是真正的男子汉气概啊！”

启示 很多人只是关心表面的东西，而忽视了实质的内容。勇敢和有魄力并不仅仅表现为打倒别人，同样也表现为一种愈挫愈勇的战斗精神，只要站起来比倒下去多一次就是成功。

狮子和羚羊的家教

每天，当太阳升起来的时候，非洲大草原上的动物们就开始奔跑了。

狮子妈妈教育自己的孩子：“孩子，你必须跑得再快一点，再快一点，你要是跑不过最慢的羚羊，就会被活活饿死。”

羚羊妈妈也在教育自己的孩子：“孩子，你必须跑得再快一点，再快一点，如果你不能比跑得最快的狮子还要快，那你肯定会被它吃掉。”

所以，随着升起的太阳，狮子和羚羊一跃而起，奔向太阳升起的地方。

启示 这个世界充满了竞争，我们必须无时无刻地思考竞争对手在干什么，如何比他们做得更好。这样，我们才能生存下去。

胆量

日本三洋电机的创始人井植岁男，成功地把企业越办越好。

有一天，他家的园艺师傅对井植说：“社长先生，我看您的事业越做越大，而我却像树上的蝉，一生都趴在树干上，太没出息了。您教我一点儿创业的秘诀吧！”

井植点点头说：“行！我看你比较适合园艺工作。这样吧，在我工厂旁有2万平方米空地，我们合作种树苗吧！树苗多少钱1棵呢？”

“40元。”井植又说：“好！2万平方米大约能种2万多棵树苗，成本大概是100多万元。3年后，1棵可卖多少钱呢？”

“大约3000元。”“100万元的树苗成本与肥料费由我支付，以后3年，你负责除草和施肥工作。3年后，我们就可以获得至少5000多万元的利润。到时候我们每人一半。”

听到这里，园艺师傅却拒绝说：“我可不敢做那么大的生意！”

最后，他还是在井植家中栽种树苗，按月拿取工资，白白失去了致富良机。

启示　要想赚大钱，非得有胆量不可。一个没有胆识的人，面对再好的机会，也不敢去把握与尝试。不去尝试，固然不会失败，但也失去了成功的机会。世界上本没有路，我们走过之后，路便形成了。

学历和实力

著名企业家陈茂榜的讲演经常能折服所有的听众。他记数字的本事高人一等，世界各国的面积、人口、贸易额等，他都如数家珍。

事实上，陈茂榜只有小学学历，但他却荣获了美国圣若望大学颁发的名誉商学博士学位。一个只有小学文化的人，能够荣获名誉博士学位，主要凭的就是他的实力。他的实力源于不间断的晚间自修。

陈茂榜辍学后，到一家书店当店员，他每天从早到晚工作 12 个小时，但是下班以后，他便开始享受读书。书店变成了他的书房，或坐或卧，任他遨游。日子一久，他养成了每晚至少读两小时书的习惯。他在书店工作了 8 年，也读了 8 年书，从而获得了宝贵的真才实学。

启示　学历固然有用，但更有用的是真才实学。珍惜时间多学习将使你受益无穷。

活着的每一天都是特别的日子

一位太太刚去世不久，她丈夫在整理她的东西的时候，发现了一条丝质围巾，那是他们去纽约旅游时，在一家名牌店买的。那是一条雅致、漂亮的名牌围巾，标着高昂价格的卷标还挂在上面。他太太一直舍不得用，想等一个特殊的日子再用。他喃喃自语：“不要把好东西留到特别的日子再用，你活着的每一天都是特别的日子！”

想要做一件事，不要等待，请马上去做。

我们常想跟老朋友聚一聚，但总是说“找机会”。

我们常想拥抱一下已经长大的孩子，但总是等适当的时机。

我们常想写封信给亲人，表达一下浓郁的情意，但总是告诉自己不急。

……

到头来，我们留下了很多不该留下的东西，包括遗憾。

启示 生活应当是我们珍惜的一种经历，而不是要挨过去的日子。每一天，每一分钟都是那么可贵。每天早上我们睁开眼睛时，都要告诉自己这是特别的一天。你该尽情跳舞，尽情去爱。

精卫填海

精卫是海边的一种小鸟。这种鸟外表和乌鸦差不多，头上的羽毛有花纹，嘴是白色的，脚是红色的。这种小鸟有个奇特的习性，就是经常把岸上的小树枝、小石块用嘴衔着丢到大海里。

关于这种小鸟有个古老的神话：

传说在远古时代，炎帝的小女儿去东海边游玩，不幸跌到海里淹死了。她死后变成了一只鸟，就是精卫鸟。精卫鸟因为大海会淹死人，就发誓要填平它。于是，不管春夏秋冬，酷夏严寒，刮风下雨，精卫鸟每天都衔来小树枝、小石块，丢到大海里。

一只小鸟想用这种办法填平大海，谈何容易！不过它有这样的决心和毅力，却是难能可贵的。

启示 小鸟尚有填海之志，我们要成就一番事业也应有远大的志向。只有这样，才能使事业成功。有志者，事竟成！

去南海

古时候，有一个和尚决定要到南海去。去南海路途遥远，交通极不方便。和尚身无分文，但他没有被困难所吓倒，他只有一个信念：我一定要到南海去。

于是，他沿途化缘，一步一步往南海的方向前进。路过一个村庄时，他到一个有钱人家去化缘。有钱人问他：“你化缘干什么？”

和尚坚定地回答：“我要去南海！”

有钱人不由得哈哈大笑起来。“凭你也想到南海？！我好几年前就计划前往南海，但一直没有准备充分。像你这样贫穷的人，还没到南海，就算不累死也会饿死。你还是趁早找个寺庙安稳度日吧！”

和尚不为所动，坚定地说：“我迟早一定要赶到南海。”

几年以后，当和尚从南海返回的途中又到这个有钱人家里化缘时，这个有钱人还在准备他的南海之行。

启示

有志者，事竟成。在我们生活的社会中，有许多人在计划、梦想、等待、准备之中蹉跎了无数岁月，仍然没有行动。缺乏动力的人永远只是一个可怜的空想家，他一直都在准备、计划之中，但他明天、明年也许永远不会比今天、今年准备得更充分、更好。他始终不明白这个道理，缺乏身体力行的精神，最后又往往把自己的失败归咎于命运的安排。是的，他的失败和庸碌无为也只能是“命中注定”了。

米契尔勇敢面对命运

在经历了两次意外事故之后，米契尔的脸因植皮而变成“花脸”，手指没了，双腿瘫痪，只能坐在轮椅上。可他与人合开了一家公司，又通过竞选担任了科罗拉多州孤峰顶镇镇长。他为保护小镇的美景付出了很多努力，获得了大家的尊敬。尽管相貌骇人，行动不便，可他仍然坠入爱河，结了婚。不仅如此，他还拿到公共行政硕士学位，并坚持环保运动和公共演说，以及飞行活动。他说：“我从来不把自己的挫折当作放弃努力的借口。”

启示

这是敢于面对困难，便没有什么能够难倒你。

艾可卡临危受命

在美国第三大汽车企业克莱斯特公司濒于破产之际，艾可卡被聘为该公司董事长。当时，该公司不但欠下巨债，而且还人心惶惶，管理瘫痪。但是，艾可卡并没有被困难吓倒。他满怀自信地宣布：放弃36万美元年薪，只领取1美元。同时，他还削减了高级雇员10%的工资，取消本公司员工购买股票的优惠。随后，他又和工会谈判，将工人每小时工资减少2美元。但工人们并不生气，因为他们知道，只领1美元的艾可卡是在全心全意地尽义务工作，只有大家都节衣缩食，才能共渡难关。艾可卡深知作为领导者，必须设法取得整体上的信任。要做一件事，如果只是头脑想做，可腹部、足部、股部、耳部、眼部、口部都不动，是不行的。光是头脑在那儿空想又有什么用呢？艾可卡作为一个公司董事长，他在公司最困难的时候要做的第一件事就是以身作则，与大家同呼吸共命运；把无数个体头脑变成息息相通的整体头脑。当时，艾可卡每天都深入基层与大家谈心，并约请工会领导参加董事会。这在美国历史上是前所未有的。正是通过这样的努力，凭着这份自信，在美国经济衰退的大环境下，艾可卡使公司提前 7 年还清了 12 亿美元的贷款，1984 年一年赢利 2.4 亿美元。

启示　自信是一股整体合一的力量。

兄弟二人的命运转折

在武汉著名的汉正街上，有对亲兄弟，哥哥叫王仁昌，弟弟叫王仁忠。哥哥在 1990 年就已经成为汉正街上的百万富翁，他还亲自动笔写出小说《风流巨贾》，这部作品还被拍成电视连续剧《汉正街》；而弟弟却是下岗工人，一家 3 口只能靠 100 元生活费过日子。面对困境，弟弟并没有气馁，积极钻研。他用 3 年时间，日以继夜地写下了 20 多千克重的读书笔记和设计图纸。反复实验使他欠下了 30 多万元外债，但他终于成功研制了世界首创的曲线地板及其制造机械。1998 年，王仁忠成立了武汉连城实业股份有限公司，解决了 1000 多名下岗职工的生计。各国经销商纷至沓来，公司资产迅速达到 5000 万元。而在这 10 年间，哥哥却由于决策不当和消极度日，几乎把百万财富都折腾光了。于是，哥哥开始为弟弟打工，每月工资 1000 元。

一提起致富，有人就会首先想到钱。是啊，干什么都需要资金，可是，资金并不是最主要的。我们应该看到的是：人的主观努力很重要。对于那些丧失主观能动性的人来说，有多少钱也只会坐吃山空。当一个人具有了自我把握的能力之后，无论他面对多少困难，照样能于困境中崛起。兄弟俩的老父亲临终前留下遗言：穷莫倒志，富莫癫狂。说的就是，人要学会在主观上把握自己。

启示　许多时候，人的命运是靠“主观”把握能力决定的。

牛继业一人打 8 份工

牛继业是个农民。他来到南京市，在小区自行车棚里看自行车，一边看车一边给邻居们代订报纸、订牛奶，擦自行车，修理家具，卖鸡蛋。后来，把孩子老婆从乡下接来之后，他又到外边工厂做了一份兼职。现在，他一个月收入不菲，孩子也送进重点小学借读，接受良好的教育，小日子过得很红火。他不明白，为什么有那么多城里人不愿意挣这些唾手可得的钱呢？

启示

对于一个人来说，自立是生存的基础。先生存，后发展。人要想自立，就必须在适当的时候，让自己实实在在地接触一切，拥有乐观的精神，抓住时机，做事迅速，及时修正，自我激励。无论你有什么雄才大略，不付诸行动，都等于零。能够脚踏实地地养活自己，不给别人添麻烦的“牛继业”们，都是伟大的。而那些总是空想，怨天尤人而又不肯自食其力的人则是可悲的。

幸福的种子

有两个追求幸福的穷苦青年，经过艰难的跋涉，终于在一个很远的地方找到了幸福的使者。使者见他们都有一颗善良的心，便给了他们每人一颗幸福的种子。一个青年回去后，将种子撒在自己的土地里，不久他的土地里就长出了一棵树苗。他每天辛勤地浇灌，第二年小树枝繁叶茂，果实挂满枝头。他继续努力，渐渐拥有了大片的果园，成了远近闻名的富足之人。

他娶了妻子，有了儿子，过上了幸福生活。

另一个青年回去后设了一个神坛，将幸福的种子供奉在上面，每天虔诚地祈祷。青年把头发都熬白了，却仍然一贫如洗。他十分生气，又跋山涉水来到幸福使者面前，抱怨使者骗他，幸福使者笑而不答，只让他到当年的同伴那里看看。当他看到同伴大片的果园时，顿时醒悟，急忙回去将那颗种子埋到土里，但幸福的种子已被虫蚀空，再也无法发芽了。

启示

一个人的成功是靠辛勤的努力获得的，当我们发现一个机会时，我们所要做的是如何通过各种方法抓住这个机会，使它开花结果，而不是等待。

铸剑

生铁经过好几轮在火中灼烧、打造、淬火，终于变成了钢，最后被制成一把锋利的剑。在一边堆放的炭对剑说：“人只要用一只小拇指就可以将你卷起，被称为‘绕指柔’，但依然可以削金断铁，吹一口气就可以将毛发削断。这是为什么？”剑谦虚地说，“我的根基来自生铁啊，好剑取自好钢，好钢来自生铁。生铁比较接近天然，硬度也不小，但剑并不是越硬越好，俗话说：‘至刚则易摧’。只有经历锤炼，才能变成像我这样能屈能伸的模样。”

启示

人的成长也要经历这么一个过程。每一个痛苦的情景，对于人的成长都是有益的。人必须有自己的原则，失去基本原则，就失去了做人的根本。如同剑一样，必须锋利。要铸成一把好剑，必须学会适当的妥协。不懂妥协的人，虽然可爱可敬，但是并不高明。既坚持了原则，又懂得适当妥协，使得事情的结果朝着自己预期的方向发展，而不是一个死结，这才是做事情的最佳境界。

乌龟爬过草地

乌龟陶陶听说在硅谷可以找到风险投资，可以创业，可以上市，可以赚到大把大把的美金，于是决定去看看。

它上路了。不错，它是一只乌龟，天下的乌龟爬起来都是很慢的，陶陶也不例外。

结果它碰见了蜘蛛发发，还有一大群乌鸦。

它们听到陶陶的计划后，都先愣了一下，然后是规劝，免不了也会嘲笑。因为一个简单的道理就是，现在美国的互联网行业非常不景气，许多网站都倒闭了，硅谷的人都开始往外走了，股市也崩盘了，即使乌龟到了硅谷也没有什么油水可捞了，再说乌龟爬得很慢，猴年马月才能到硅谷呀。

但是陶陶执意前行。

蜘蛛发发只好抱住头咯咯大笑。它不但腿比乌龟灵巧，而且腿的数量也多了一倍，可是它没想过去硅谷——因为现在时机不对，它只想老老实实地织它已经织了一辈子的网。

乌鸦不停地劝说陶陶不要去了，现在的硅谷一片裁员之声，就是去了也找不到工作，风险资金已经不青睐网络经济了，可是陶陶执意要去。

不用说，乌龟陶陶爬到硅谷的时候已经是好多年以后的事了。那时，硅谷一片繁荣，人们忙忙碌碌的，陶陶问道：“现在的硅谷还好吗？”

有人告诉它，危机已经过去了，经济已经全面地复苏，裁员已经成为历史，前景一片光明，资本市场重新开始昌盛，网络的泡沫已经被释放。

陶陶高兴地开始了创业。

启示　当你认准了要做的事业并努力去做的时候，就要勇往直前、埋头苦干、不怕嘲笑。这样，你还有什么做不成的呢？

个人素质篇

第二部分

THE SECOND PART

积极心态

国王与宰相的故事

有一天，国王切水果时不小心切掉了小拇指，就问：“宰相啊！你说切掉了小拇指是好事还是坏事啊？”宰相说：“好事！”国王大怒，将宰相关入地牢，自己独自去打猎了。打猎时，国王中了食人族的陷阱，被活捉了，好在食人族酋长认为国王不是完整的人（缺手指），把他放了。死里逃生的国王回想起宰相的话，赶紧回宫将宰相从地牢里放出来，又问宰相：“被关在地牢里感觉好不好啊？”宰相答：“好！好极了！要不是陛下将微臣关在地牢，微臣恐怕就要陪陛下去打猎，进而被食人族捉走吃掉了。”

启示

人要有平常心，凡事有利有弊，要善于从积极的角度去考虑问题，乐观处事。记住这样的一段话：太棒了！这种事居然发生在我身上，又给了我上升的空间。每件事的发生必有其目的，必有利于我！

骆驼

小骆驼问妈妈：“妈妈，为什么我们的睫毛那么长？”骆驼妈妈说：“当风沙来的时候，长长的睫毛可以让我们在风暴中看到方向。”

小骆驼又问：“妈妈，为什么我们的背那么驼，丑死了！”

骆驼妈妈说：“这个叫驼峰，可以帮我们储存大量的水和养分，让我们能在沙漠里无水无食坚持十几天。”

小骆驼又问：“妈妈，为什么我们的脚掌那么厚？”

骆驼妈妈说：“那可以让我们重重的身子不至于陷在软软的沙子里，便于长途跋涉。”

小骆驼高兴坏了：“原来我们这么有用啊！”

启示

天生我才必有用，每个人的潜能是无限的，关键是要找到一个能充分发挥潜能的舞台。

态度决胜负

如果老天爷不曾给你显赫的家世和名校的学历，那么，“态度”将是唯一能使你胜出的金钥匙。当木工师傅、服装设计师开始以100%的态度为工作创造价值时，你是否已具备进入知识工作时代的态度？

1997年12月，英国路透社发出一张英国查尔斯王子与一位街头游民合影的照片。这是一段令人惊异的相逢！原来，查尔斯王子在寒冷的冬天拜访伦敦穷人时，意外遇见以前的足球球友。这位游民克鲁伯·哈鲁多说：“殿下，我们曾经就读于同一所学校。”王子问他：“在什么时候？”他说：“在山丘小屋的高等小学，我们还曾经互相取笑彼此的大耳朵。”

王子的同学沦落街头，这是一段无奈的人生巧遇。克鲁伯·哈鲁多出身于金融世家，就读贵族学校，后来成为作家。老天爷送给他两把金钥匙——“家世”与“学历”，让他可以很快进入成功者的俱乐部。但是，在两度婚姻失败后，克鲁伯开始酗酒，逐渐让他从名作家沦为街头游民。打败克鲁伯的是英国不景气的经济吗？不是，而是他的态度——从放弃正面的态度那刻起，他就输掉了一生。

曾经不景气的经济形势让很多瓷砖师傅没了工作，但是瓷砖师傅吴清吉的工作已排到明年。他长年为政商要人的房子忙碌。找吴清吉铺过地砖的人称他是“国宝级的地砖师傅”。吴清吉铺地砖的价格高，请他铺砖要等待的时间也很长，但工作还是接不完。

只有小学文化、年近60岁的蓝领工人是被职场淘汰的高危人群，但吴清吉却稳如泰山，这是因为他拥有另一把更可贵的人生金钥匙——追求100分的工作态度。态度改变了吴清吉的人生。

态度是什么？如果家世与高学历是迈向成功的两把金钥匙，那态度就是最关键的第三把金钥匙！

启示

态度比教育、金钱、环境还重要。80％的CEO，不是靠特殊才能而是凭借态度获得成功的。你的人生拥有几把金钥匙？如果拥有第一把与第二把金钥匙的机会已经失去，那么取得第三把金钥匙的主控权在你手上。

小黑点

念中学时，一位老师和我们玩了一个游戏。他拿起一张白纸，纸上有一圆形小黑点，问我们看到什么，10个人有9个人回答："黑点"。

"这就是我们看人的角度，"老师语重心长地说："我手里拿着的明明是张雪白的纸，它只不过有一个小黑点，你们便忽略了大部分的白色面积，只看到了那个小黑点。"

老师的教导使我深思。我们总会在意别人的缺点，而忽视了他们的优点，有时甚至会把一个缺点放大到等同整个人。

启示

这个游戏不单能使人端正看人的态度，还可以使人在遇到不快时释怀。考试不及格、遗失了钱包、被老板开除、跟人闹翻、遭朋友出卖、没有中彩票……这些都是令人不快的原因，但它们不过是一大张白纸中的小黑点而已，你还有健康的身体、清醒的脑袋、关怀你的家人朋友和许许多多值得你高兴的事。不开心吗？对着镜子笑一笑，保证海阔天空。

最优秀和最聪明的

1960年，哈佛大学的罗森塔尔博士曾在加州一所学校做过一个著名的实验。

新学年开始时，罗森塔尔博士让校长把三位教师叫进办公室，对他们说："根据你们过去的教学表现，你们是本校最优秀的老师。因此，我特意挑选了100名全校最聪明的学生组成三个班让你们教。这些学生的智商比其他孩子都高，希望你们能让他们取得更好的成绩。"

三位老师都高兴地表示一定会尽力。校长又叮嘱他们，不要让孩子或孩子的家长知道他们是被特意挑选出来的，老师们都答应了。

一年之后，这三个班的成绩果然排在整个地区的前列。这时，校长告诉了老师们真相：这些学生并不是刻意选出的最优秀的学生，只不过是随机抽调的最普通的学生。老师们没想到会是这样，都认为是自己的教学水平高的原因。这时校长又告诉了他们另一个真相。那就是，他们也不是被特意挑选出来的全校最优秀的教师，也不过是随机抽调的普通老师罢了。

这个结果正如博士所料到的：这三位教师都认为自己是最优秀的，并且学生又都是高智商的，因此对教学工作充满了信心，工作自然非常卖力，进而获得了极佳的结果。

启示　在做任何事情以前，如果能够充分肯定自我，就等于已经成功了一半。面对挑战时，你不妨告诉自己：你就是最优秀的和最聪明的。这样一来，肯定会顺利很多。

让失去变得有价值

在高速行驶的火车上，一个老人不小心把刚买的新鞋从窗口掉了一只，周围的人倍感惋惜，不料老人立即把第二只鞋也从窗口扔了下去。这举动更让人大吃一惊。老人解释说：“这只鞋无论多么昂贵，对我而言已经没有用了，如果有谁能捡到一双鞋子，说不定他还能穿呢！”

启示　同样一件事情的价值，可以体现在许多的方面。成功者善于放弃，善于从损失中看到价值。

“免费大学”

当我们踏入社会，为五斗米折腰的感觉常使工作成为苦差事。如果试着想象进入一家公司就如同进入一所社会大学，那种感觉会不会更好呢？在这所“大学”，你不必交任何学费就可以学习到许多东西、做各种实验，进而增长见识、能力，同时每个月又定期有奖学金（薪水）可领，这多么令人兴奋啊！相对而言，不管在学校或是各种补习班就读时，要想学习东西，我们是要付出学费才能上课的。

启示　人生本来就是不断学习与成长的过程，通过工作可以充实人生、丰富人生。好好把握眼前的工作，享受“免费大学”的乐趣，自然就不会烦、不会累了。这就是经常保持工作热忱的秘诀。

乐观的拿破仑

拿破仑在一次与敌军作战时，遭遇顽强的抵抗，队伍损失惨重，形势非常危险。

拿破仑本人也不慎掉入泥潭中，被弄得满身泥巴，狼狈不堪。

可此时的拿破仑对眼前的窘境浑然不顾，内心只有一个信念，那就是无论如何也要打赢这场战斗。只听他大吼一声：“冲啊！”

他手下的士兵见到他那副滑稽模样，不由得哈哈大笑起来。一时间，战士们群情激昂、奋勇当先，终于取得了战斗的最后胜利。

启示

无论在任何危急的困境中，都要保持乐观积极的心态。你的自信可以感染到无数你接触到的人。你是否拥有乐观自信的态度将直接影响事情的成败。

乐观者与悲观者

父亲欲对一对孪生兄弟做“性格改造”，因为其中一个过分乐观，而另一个则过分悲观。一天，他买了许多色彩鲜艳的新玩具给悲观的孩子，又把乐观的孩子送进了一间堆满马粪的马棚里。

第二天清晨，父亲看到悲观的孩子正泣不成声，便问：“为什么不玩那些玩具呢？”

“玩了就会坏的。”孩子哭着说。

父亲叹了口气，走进马棚，却发现乐观的孩子正兴高采烈地在马粪里掏着什么。

“告诉你，爸爸，”那孩子得意洋洋地向父亲宣称，“我想马粪堆里一定还藏着一匹小马呢！”

启示

乐观者能在每次危难中看到机会，而悲观者在每个机会中都能看到危难。乐观者与悲观者之间的差别是很有趣的：乐观者看到的是甜甜圈，悲观者看到的则是一个窟窿。

昂起头来真美

珍妮是个总爱低着头的小女孩，她一直觉得自己长得不够漂亮。有一天，她到饰物店买了只绿色蝴蝶结，店主不断赞美她戴上蝴蝶结变漂亮了。珍妮虽不信，但是戴上之后还是挺高兴的。因此不由得昂起了头，急于让大家看看，即使出门与人撞了一下都没在意。

珍妮走进教室，迎面碰上了她的老师，“珍妮，你昂起头来真美！”老师拍拍她的肩说。

那一天，她得到了许多人的赞美。她想一定是蝴蝶结的功劳，可一照镜子，她才发现自己的头上根本就没有蝴蝶结，是自信使她美丽。

启示

自信原本就是一种美丽，而很多人却因为太在意外表而失去很多快乐。无论是贫穷还是富有，无论是貌若天仙还是相貌平平，只要你昂起头来，快乐会使你变得可爱——人人都喜欢的那种可爱。

塞尔玛的故事

有一位女士叫塞尔玛，她随丈夫去从军。没想到，部队驻扎的地方在沙漠地带，住的是铁皮房子。她与周围居民语言不通。当地气温很高，连仙人掌阴影下的温度都达到 40 摄氏度以上。更糟糕的是，后来丈夫奉命远征，只留下她孤身一人。她整天愁眉不展，度日如年，只好写信给父母。父母回信说，何不以积极的心态发现身边的美好呢？

于是，她开始主动和当地居民交朋友，结果使她十分惊喜，因为她发现他们都十分好客、热情；她又开始研究沙漠里的仙人掌，并做了详细的观察笔记。她惊奇地发现那些仙人掌千姿百态，令人着迷；她欣赏沙漠的落日，感受沙漠里的海市蜃楼。经过这样的改变，塞尔玛发现周围的一切都变得美好了，她仿佛每天都沐浴在春光里。

沙漠还是原来的沙漠，铁皮房还是那个铁皮房，当地居民也都没有改变，唯一改变的是她的内心。过去她习惯选择从消极的一面看待问题，现在她习惯选择从积极的一面看待问题。后来，她根据自己的亲身经历写了一本叫《快乐城堡》的书，引起了很大的轰动。

启示

积极的心态、积极的选择对每个人来说都非常重要，因为任何事情都有两面——积极的和消极的。每个人也都有优点和缺点，这也是两面。既然有两面，就需要我们去选择。我们从早到晚也都在做着选择，比如出门看见邻居，是微笑着打招呼还是形同陌路？清晨是立刻起床还是睡懒觉？无数成功的事例告诉我们，积极的选择可以帮助人树立自信，克服自卑，还可以帮助人克服忧虑和烦恼、调整心态。

不要忘记回来

人的一生一定要努力避开一种人——那种时常泼你冷水的人。

有个妈妈在厨房洗碗，她听到小孩在后院蹦蹦跳跳玩耍的声音，便对他喊道："你在干什么？"小孩回答："我要跳到月球上！"你猜妈妈怎么说？她没有泼冷水骂他"小孩子不要胡说"或叫他赶快进来洗干净，而是说："好，不要忘记回来喔！"这个小孩后来成为第一位登陆月球的人，他就是阿姆斯特朗。

"热忱"就是一种热情，一种对人的热情、对事情的热情、对学习的热情，还有对生命的热情。人的热忱如果被浇灭了，是很可惜的事。

有时候，我想邀朋友一起去听音乐会，他们常常泼我冷水："算了吧，还搞这套！"我说要去看芭蕾舞，他们更不屑："你真的有这个兴致？那你自己去吧！"

谈到热忱，我真心觉得不该泼别人冷水，最好也不要跟爱泼冷水的人在一起，因为，拥有热忱，可以让你做出很多原本可能做不到的事。

启示 鼓励、支持别人，比否定、打击别人强百倍。请给世界一个微笑！因为，笑容能够融化一切！

气球

有一次，一个推销员在纽约街头推销气球。生意稍差时，他就会放出一个气球。当气球在空中飘浮时，就有一群新顾客聚拢过来，这时他的生意又会好一阵子。他每次都会变换所放出的气球的颜色，起初是白的，然后是红的，接着是黄的。过了一会儿，一个黑人小男孩拉了一下他的衣袖，望着他，并问了一个有趣的问题："先生，如果你放出一个黑色气球，它会不会升到空中？"气球推销员看了一下这个小孩，以一种同情、智慧和理解的口吻说："孩子，是气球内所装的东西使它们上升的。"

启示 恭喜这个孩子，他碰到了一位肯给他的人生指引方向的推销员。气球内所装的东西使它们上升，我们内在的东西使我们进步。成功的关键在于你自己，你有权决定你的命运！

窗外的天空

比尔大学毕业后应征入伍，被派遣到美国海军第七陆战队第五特遣队。就在比尔兴冲冲地报到一周后，还没等他充分欣赏和享受加州那迷人的海滩、和煦的阳光，他所在的部队便奉命开赴沙漠地区，进行野外生存训练了。对比尔来说，这次训练令他兴奋又令他紧张。兴奋的是可以领略沙漠美丽的风光，紧张的是他不知道即将开始的生活是什么样的。然而，初见广阔沙漠的喜悦和兴奋，也就在他的内心停留了两三天，便被严酷的生存训练课所吞噬。

比尔躺在自己挖的沙窝里，一分一秒地忍受着耐力训练给他带来的孤寂与焦躁。他想找个人聊一聊，可他离最近的列兵约翰也有 30 米远，他们无法交谈；他想睡一会儿，可又怕毒蛇和沙暴的突然袭击，他只感觉眼前漫天的黄沙仿佛是一台榨油机，正一点点将他内心的那份坚强与自信榨干。

然而，这一切只是他们这次训练的开始。就在他来沙漠的第 15 天，他给他的父亲——一位陆军将军写了一封信，希望父亲利用他在军界的关系将他调离特遣队。

之后，等待便成了他每日军营生活中唯一的希望。一周后，他接到了父亲的回信，父亲在信中给他讲了这样一个故事：那是在第二次世界大战时，在纳粹的奥斯维辛集中营的一间狭窄的囚室里关着两个人，他们唯一能了解世界的地方，是囚室那扇一尺见方的窗口。每天早上，他俩都要轮流去窗口眺望外面的世界。一个人总爱看窗外的天空，看蓝色天空中的小鸟自由地翱翔；另一个人却总是关注高墙和铁丝网。前者的内心豁达而高远，后者的心里充满了焦躁与恐惧。半年后，后者因忧郁死在狱中；前者却坚强地活了下来，直到获救。同样的环境为什么孕育了两种不同的人生态度？还有什么事情比一个人每天努力地活下去更了不起呢？还有什么能够比一个人每天早上醒来，看见早上的阳光、蓝天，更令人愉快呢？如此一想，比尔的心窗亮了。在接下来的训练中，比尔的内心仿佛又充满了活力，他没有辜负父亲的用心，在那次艰苦的训练中，因表现出色而获得嘉奖。

启示

人生中，确实会有许多问题困扰着你。同样的困境中，有的人失败了，有的人却成功了。之所以会出现这样的差别，是因为有人只希望脱离苦海，有人却希望获得应对问题的力量。

祈祷

据传，法国一个偏僻的小镇有一眼特别灵验的泉水，人们都说那泉水可以医治各种疾病，满足各种愿望。有一天，一个拄着拐杖、少了一条腿的退伍军人，一跛一跛地走过镇上的马路，旁边的镇民带着同情的口吻说：“可怜的家伙，难道他要让神泉使他再有一条腿吗？”这句话被退伍军人听到了，他转过身对他们说：“我不是要向神泉祈求一条新的腿，而是要祈求它帮助我，叫我没有一条腿后，也知道如何过日子。”

启示

学习为所失去的感恩，也接纳失去的事实。不管人生的得与失，总是要让自己的生命充满亮丽与光彩。不要再为过去掉泪，要努力地活出自己未来的精彩。

你的心态

古时有一位国王，梦见山倒了，水枯了，花也谢了，便叫王后给他解梦。王后说：“大事不好！山倒了指江山要倒；水枯了指民众离心，君是舟，民是水，水枯了，舟也不能行了；花谢了指好景不长了。”国王惊出一身冷汗，从此患病，且越来越重。

一位大臣参见国王，国王在病榻上说出他的心事。大臣一听，大笑说：“太好了，山倒了指从此天下太平；水枯指真龙现身，国王，你是真龙天子；花谢了，才能见果子呀！”国王听后全身轻松，很快痊愈。

有这样一个老太太，她有两个儿子，大儿子是染布的，二儿子是卖伞的，她整天为两个儿子发愁。天一下雨，她就会为大儿子发愁，因为不能晒布了；天一放晴，她就会为二儿子发愁，因为不下雨二儿子的伞就卖不出去。老太太总是愁眉紧锁，没有一天开心的日子，弄得疾病缠身，骨瘦如柴。一位哲学家告诉她，为什么不反过来想呢？天一下雨，你就为二儿子高兴，因为他可以卖伞了；天一放晴，你就为大儿子高兴，因为他可以晒布了。在哲学家的开导下，老太太以后天天都是乐呵呵的，身体健康起来了。

强者对待事物，不看消极的一面，只取积极的一面。如果摔了一跤，把手摔出血了，他会想：多亏没把胳膊摔断；如果遭了车祸，撞折了一条腿，他会想：大难不死必有后福。强者把每一天都当作新生命的诞生而充满希望，尽管这一天有许多麻烦事等着他；强者还把每一天都当作生命的最后一天，倍加珍惜。

启示

美国潜能成功学家罗宾说：“面对人生逆境或困境时所持的信念，远比任何事都重要。”这是因为，积极的信念和消极的信念直接影响着创业者的成败。

燃烧成功的欲望

美国人约翰·富勒家中有 7 个兄弟姐妹，他从 5 岁开始工作，9 岁时会赶骡子。他有一位了不起的母亲，她经常和儿子谈到自己的梦想：“我们不应该这么穷。不要说贫穷是上帝的旨意，我们很穷，但不是老天的错，那是因为你爸爸从未有过改变贫穷的欲望，家中每一个人都胸无大志。”这些话深植于富勒的心里，他一心想跻身富人之列，开始努力追求财富。

12 年后，富勒接手一家被拍卖的公司，并且陆续收购了 7 家公司。他谈及成功的秘诀，还是用多年前母亲的话回答：“我们很穷，但不是老天的错，那是因为你爸爸从未有过改变贫穷的欲望，家中每一个人都胸无大志。”富勒在演讲中多次强调：“虽然我不能成为富人的后代，但我可以成为富人的祖先。”

启示

你是否有改变自己的强烈欲望？你是否有做富人祖先的雄心大志？你的欲望有多强烈，就能爆发出多大的力量；当你有足够强烈的欲望去改变自己命运的时候，所有的困难、挫折、阻挠都会为你让路；欲望有多大，就能克服多大的困难，就能战胜多大的阻挠。你完全可以挖掘生命中巨大的能量，激发成功的欲望，因为欲望即力量。

一只蜘蛛和三个人

雨后，一只蜘蛛艰难地向墙上已经支离破碎的网爬去，由于墙壁潮湿，它爬到一定的高度，就会掉下来，它一次次地向上爬，一次次地掉下来。

第一个人看到后，叹了一口气，自言自语道：“我的一生不正如这只蜘蛛吗？忙忙碌碌而一无所得。”于是，他日渐消沉。

第二个人看到后，说：“这只蜘蛛真愚蠢，为什么不从旁边干燥的地方绕一下再爬上去？我以后可不能像它那样愚蠢。”于是，他变得聪明起来。

第三个人看到后，立刻被蜘蛛屡败屡战的精神感动了。于是，他变得坚强起来。

启示

看问题的角度不一样，往往结论也不一样。积极的人，总能从事物中发现积极的一面，而消极的人，总是把一切都看成消极的。

赶考

有位秀才第三次进京赶考，住在一个经常住的店里。考试前两天他做了三个梦，第一个梦是梦到自己在墙上种白菜；第二个梦是下雨天，他戴了斗笠还打伞；第三个梦是梦到跟表妹背靠背坐在一起。

这三个梦似乎有些深意，秀才第二天就赶紧去找算命的解梦。算命的一听，连拍大腿说：“你还是回家吧。你想想，高墙上种菜不是白费劲吗？戴斗笠打雨伞不是多此一举吗？跟心上人背靠背坐在一起，就是走背运啊。”

秀才一听，心灰意冷，回店收拾包袱准备回家。店老板非常奇怪，问：“不是明天才考试吗，今天你怎么就回乡了？”

秀才如此这般说了一番，店老板乐了：“哟，我也会解梦。我倒觉得，你这次一定要留下来。你想想，墙上种菜不就意味着‘高中’吗？戴斗笠打伞不是说明你这次有备无患吗？跟你心上人背靠背坐在一起，不是说明你转运的时候就要到了吗？”秀才一听，觉得很有道理，于是精神振奋地参加考试，居然中了个探花。

启示　积极的人像太阳，照到哪里哪里亮，消极的人像月亮，初一十五不一样。想法决定我们的生活，有什么样的想法，就有什么样的未来。

单纯的喜悦

有一个小女孩每天都从家走路去上学。

一天早上天气不太好，云层渐渐变厚，到了下午时风吹得更急，不久便开始电闪雷鸣，下起大雨来。

小女孩的妈妈很担心，她担心女儿会被打雷吓着，甚至被雷击到。雷雨下得越来越大，闪电像一把锐利的剑刺破天空，小女孩的妈妈赶紧开着车，沿着上学的路线去找小女孩。她看到自己的女儿一个人走在街上，却发现每次闪电时，她都停下脚步，抬头往上看，并露出微笑。看了许久，妈妈终于忍不住叫住女儿，问她说：“你在做什么啊？”

她女儿说：“老天爷刚才帮我照相呢，所以我要笑啊！”

启示　给心灵纯真的一隅，无论遇到什么都把它当成是上天的恩赐，坦然、欣然接受，这样才不至于经常患得患失、郁郁寡欢。

快乐的钥匙

每个人心中都有把快乐的钥匙,但有些人却常在不知不觉中把它交给别人掌管。

一位妻子抱怨道：“我活得很不快乐，因为先生常出差不在家。”她把快乐的钥匙放在先生手里。

一位妈妈说："我的孩子不听话，叫我很生气！"她把快乐的钥匙交到了孩子手中。

男人可能说："上司不赏识我，所以我情绪低落。"这把快乐的钥匙塞在了老板手里。

婆婆说："我的媳妇不孝顺，我真命苦！"

年轻人从文具店走出来说："那位老板服务态度恶劣，把我气炸了！"

这些人都做了相同的决定，就是让别人来控制他们的心情。当我们容许别人掌控我们的情绪时，我们便觉得自己是受害者，对现况无能为力，抱怨与愤怒成为我们唯一的选择。我们开始怪罪他人，并且传达了一个讯息："我这样痛苦，都是你造成的，你要为我的痛苦负责！"

这些人把一个重大的责任托给别人，即要求别人使他们快乐。

这些人似乎承认自己无法掌控自己，只能任人摆布。

这样的人使别人不喜欢接近，甚至望而生畏。

启示

一个成熟的人握住自己快乐的钥匙，他不期待别人使他快乐，反而能将快乐与幸福带给别人。他的情绪稳定，为自己负责，和他在一起是种享受，丝毫感受不到压力。你的快乐的钥匙在哪里？在别人手中吗？快去把它拿回来吧！

"成功先生"与"失败先生"

你的头脑是一个"思想制造工厂"，一个非常忙碌、每日制造无数思想的工厂。

工厂由两位工头负责。一位我们称它为"成功先生"，另一位我们称它为"失败先生"。"成功先生"负责正面思想的生产，它的专长是生产你可以、够资格，以及会成功的理由；"失败先生"负责生产负面、自贬的思想。

"成功先生"和"失败先生"都非常听话，你只要稍稍给它们信号，它们就马上采取行动，如果信号是正面的，成功先生就会出来执行命令。反之，收到负面的信号，"失败先生"就会出来完成任务。

想要了解这两位工头对你的影响，你不妨这么做：告诉你自己"今天真倒霉"。"失败先生"一接到这个信号，立刻制造出几个事实证明你是对的。它会让你觉得今天太热或太冷、生意冷清、售货量减少、有人不耐烦、你生病、你太太心情不好。"失败先生"非常有效率，不到一会儿工夫，你就感到今天真倒霉。

如果你告诉自己"今天是个好日子"，"成功先生"接到信号后就出来执行任务，告诉你“今天是个好日子、天气好、自己仍然快乐地活着、又可以赶些进程。”那么，今天就是个好日子。

同理，“失败先生”让你相信你无法说服史密斯先生，“成功先生”则告诉你可以。“失败先生”说你会失败，“成功先生”则让你相信你会成功。“失败先生”找了冠冕堂皇的理由叫你不喜欢别人，“成功先生”则叫你相信别人是值得喜欢的。

你给它们的信号越多，它们就变得越有权力。如果“失败先生”的工作增加，就会增添助手，占据脑部更多的空间。最后它就霸占了整个思想工厂，可想而知，所有生产出来的思想都将是负面的。

所以最聪明的办法就是开除“失败先生”。你不需要它，你也不想它在你旁边告诉你这不能、那办不到。既然它无法帮你达到成功的目的，干脆一脚把它踢开。

请重用“成功先生”，不论任何负面思想进入你的脑中，派“成功先生”去执行任务，它将引导你走向成功。

启示

每个人每天都有各种各样的情绪和想法，负面的思想会左右你的行动，阻碍你往成功的方向行动；而正面的思想将会促进你快速行动，引导你往成功的方向靠近。

心中的玻璃

一位业务员在体检时被发现身患癌症，医生说他只有3个月的寿命了。惊慌之余，他冷静地思考如何安排剩下的时日。他终于下定决心，打算不动声色，平静地走完最后的人生旅程，留下一个好名声。于是他在公司忠于职守，不再像往日般与同事、客户争辩，反而自认来日不多，一再忍让，保持和谐。在家中，他不再打骂小孩及太太，反而常常抽空与家人外出游玩。

3个月很快过去了，原本人人讨厌的他成了公司领导重视、同事爱戴、客户欢迎的模范员工，不但升职加薪，一家人更是其乐融融，幸福美满。

正当他鼓起勇气面对人生的最后一站时，却接到医院的通知，原来检查报告弄错了，他的身体健康，一切正常。

他还是他，只是因为本身态度的转变，整个人生也为之改观了。

启示

这个世界的好坏是由你自己决定的。但愿你心中的“玻璃”是透明的，这样才能看到美好的世界。

锲而不舍，金石可镂

著名电视制作人顾英德，在多年前任电视台业务组长时，为争取广告，求见铃木工业公司董事长，去了7次，留下7张名片，都无法见到要见的人。第8次拜访，王董事长才肯接见他，并且两人成为极好的朋友，使铃木工业公司成为电视台的大客户。

理想陶瓷公司董事长梁清政，10多年前创立理想工业公司，为推销理想牌瓦斯炉，拜访地区经销商时常遭拒绝。曾经有一位经销商，他一共拜访了六七次，留下六七张名片，才获得对方的接见与首肯。

保险从业人员在业务的开拓上，难免会碰上稍微棘手的人际关系难题，出现困难不仅不能逃避，还得积极去解决，进而顺利完成任务。成功与否，就看你付出的努力多大。

启示

坚持是成就一切事业的基础。抱着必定成功的心态，无论你遇到什么挫折和拒绝，都要毫不犹豫地再次行动，才会成功。多一次行动和付出，你就会多一次机会和成功！

天才老鼠之谜

若干年前，罗伯特博士在哈佛大学主持一项为期六周的老鼠通过迷宫吃干酪的实验。实验的对象是三组学生与三组老鼠。

他对第一组学生说："你们太幸运了，因为你们将跟一大群天才老鼠在一起。这群老鼠非常聪明，它们将迅速通过迷宫抵达终点，然后吃许多干酪，所以你们必须多买一些干酪放在终点喂它们。"

他对第二组学生说："你们将和一群普通老鼠在一起。这群老鼠虽不太聪明，也不太愚笨，它们最后还是会通过迷宫抵达终点，然后吃一些干酪。只是因为它们的智能平平，所以不要对它们期望太高。"

他对第三组学生说："很抱歉！你们将跟一群愚笨的老鼠在一起。这群老鼠笨极了，因此它们的表现会很差，如果它们能通过迷宫到达终点，那是意外，所以，你们根本不用准备干酪。"

6个星期之后，实验结果出来了。天才老鼠迅速通过迷宫，很快就抵达了终点；普通老鼠也到达了终点，不过速度很缓慢。至于愚笨的老鼠，只有一只通过迷宫，找到终点。

有趣的是，在这项实验中，根本没有所谓的天才老鼠与愚笨老鼠，它们通通是一窝普通的老鼠。

启示

学生们当然不懂老鼠的语言，然而老鼠却知道学生对它们的态度。这项实验证明了态度的神奇力量。既然态度能产生神奇的力量，那么我们应当对人生、事业、工作采取什么样的态度呢？你的态度决定了你是聪明的，或是愚笨的。用心去体验吧，然后端正心态，保持风度。

劣势与优势

有的时候，人的劣势未必就是劣势，可能反而成了优势。

有一个10岁的小男孩，在一次车祸中失去了左臂，但是他很想学柔道。

最终，小男孩拜一位日本柔道大师为师，开始学习柔道。他学得不错，可是练了3个月，师傅只教了他一招，小男孩有点弄不懂了。

他终于忍不住问师傅："我是不是应该再学学其他招式？"

师傅回答说："不错，你的确只会一招，但你只需要会这一招就够了。"

小男孩并不是很明白，但他很相信师傅，于是就继续照着师傅说的练下去。

几个月后，师傅第一次带小男孩去参加比赛。小男孩自己都没有想到他居然轻轻松松地赢得了前两轮。第三轮稍稍有点艰难，但对手还是很快就变得有些急躁，连连进攻，小男孩敏捷地施展出自己的那一招，又赢了。就这样，小男孩"误打误撞"地进入了决赛。

决赛的对手比小男孩高大、强壮许多，也似乎更有经验。有一度小男孩显得有点招架不住，裁判担心小男孩会受伤，打算就此终止比赛，然而师傅不答应，坚持说："继续下去！"

比赛重新开始后，对手放松了戒备，小男孩立刻使出他的那一招，制服了对手，赢了比赛，得了冠军。

回家的路上，小男孩和师傅一起回顾每场比赛的每一个细节，小男孩鼓起勇气道出了心里的疑问：

“师傅，我怎么凭一招就赢得了冠军？”

师傅答道：“有两个原因：第一，你几乎完全掌握了柔道中最难的一招；第二，就我所知，对付这一招唯一的办法是对手抓住你的左臂。”

所以，小男孩最大的劣势变成了他最大的优势。

启示　每个人都有自己的优势和劣势。要想取得成功，就要将自己的优势发挥出来，同时变自己的劣势为优势。

个人素质篇

第三部分

THE THIRD PART

目标设定

目标指引成功

20 世纪 50 年代，有一位女游泳选手发誓要成为世界上第一位横渡英吉利海峡的人。为了实现这个目标，她不断练习，不断为这历史性的一刻做准备。

这一天终于来临了。

女选手充满自信地昂首阔步，然后在众多媒体记者的注视下，满怀信心地跃入大海中，朝对岸的方向游去。

旅程刚开始时，天气非常好，女选手很轻松地向目标挺进。

但是随着越来越接近对岸，海上起了浓雾，而且越来越浓，几乎已到了伸手不见五指的程度。

女选手处在茫茫大海中，完全失去了方向感，她不晓得到底还要游多远才能上岸。

她越游越心虚，越游越疲惫。最后她终于宣布放弃了。

当救生艇将她救起时，她才发现只要再游 100 多米就到岸了。

众人都为她感到惋惜。她距离成功是这么的近。

她对着众多的媒体大声说："不是我为自己找借口，如果我知道距离目标只剩 100 多米，我一定可以坚持到底，完成目标的。"

启示 目标是我们人生之舟的航向与明灯，没有它的指引，我们就无法到达成功的彼岸。

鹅卵石的故事

在一次时间管理课上，教授在桌子上放了一个装水的罐子。然后又从桌子下面拿出一些正好可以从罐口放进罐子里的鹅卵石。当教授把石块放完后，便问他的学生："你们说这个罐子是不是满了？"

"是！"所有的学生异口同声地回答说。"真的吗？"教授笑着问。然后再从桌底下拿出一袋碎石子，把碎石子倒进罐子里，摇一摇，再加入一些碎石子，接着问学生："你们说，这罐子现在是不是满的？"这回他的学生不敢回答得太快。最后班上有位学生怯生生地细声回答道："也许没满。"

"很好！"教授说完后，又从桌下拿出一袋沙子，慢慢地倒进罐子里。倒完后，再问班上的学生："现在你们再告诉我，这个罐子满没满？"

"没满！"全班同学这下学乖了，大家很有信心地回答说。"好极了！"教授再一次称赞这些孺子可教的学生们。称赞完了，教授从桌底下拿出一大瓶水，把水倒在看起来已经被鹅卵石、小碎石、沙子填满了的罐子。当这些事都做完之后，教授严肃地问班上的同学："我们从上面这些事情得到什么重要的启示？"

班上一阵沉默，然后一位自以为聪明的学生回答说："无论我们的工作多忙，行程排得多么满，如果再逼自己一下的话，还是可以多做些事的。"这位学生回答完后心中很得意地想："这门课到底讲的是时间管理啊！"

教授听到这样的回答后，点了点头，微笑道："答案不错，但并不是我要告诉你们的重要信息。"说到这里，这位教授故意停顿了一下，用眼睛扫视了全班同学一遍后说："我想告诉各位最重要的信息是，如果你不先将大的鹅卵石放进罐子里去，你也许以后永远没机会把它们再放进去了。"

启示

对于我们工作中林林总总的事情，可以按重要性和紧急性的不同组合，确定处理的先后顺序。做到鹅卵石、碎石子、沙子、水都能放到罐子里去。

而对于我们人生旅途中遇到的事情，也应该如此处理。也就是平常所说的处在哪一年龄段就要完成哪一年龄段应完成的事。否则，时过境迁，失去机会就很难补救了。

分段实现大目标

1984 年，在东京国际马拉松邀请赛中，名不见经传的日本选手山田本一出人意料地夺得了世界冠军。当记者问他靠什么取得如此惊人的成绩时，他说了这么一句话："凭智慧战胜对手。"

当时许多人都认为这个偶然跑到前面的矮个子选手是在故弄玄虚。马拉松赛是考验体力和耐力的运动，只要身体素质好又有耐性，就有望夺冠，爆发力和速度都在其次，说用智慧取胜确实有点牵强。

两年后，意大利国际马拉松邀请赛在意大利北部城市米兰举行，山田本一代表日本参加比赛。这一次，他又获得了世界冠军。记者又请他谈经验。

山田本一性情木讷，不善言谈，回答的仍是上次那句话："用智慧战胜对手。"这回记者在报纸上没再挖苦他，但仍不能理解他口中的"智慧"指的是什么。

10年后，这个谜终于被解开了。山田本一在自传中是这么说的："每次比赛之前，我都要乘车把比赛的线路仔细地看一遍，并把沿途比较醒目的标志画下来，比如第一个标志是银行；第二个标志是一棵大树；第三个标志是一座红房子，这样一直画到赛程的终点。比赛开始后，我就以百米的速度奋力地向第一个目标冲去，等到达第一个目标后，我又以同样的速度向第二个目标冲去。40多公里的赛程，就被我分解成这么几个小目标，轻松地跑完了。起初，我并不懂这样的道理，我把我唯一的目标定在40多公里外终点线上的那面旗帜上，结果我跑到十几公里时就疲惫不堪了，被前面那段遥远的路程给吓倒了。”

启示

在现实中，我们做事之所以会半途而废，往往不是因为事情难度较大，而是觉得成功离我们较远。确切地说，我们不是因为失败而放弃，而是因为倦怠而失败。在人生的旅途中，我们稍微具有一点山田本一的智慧，就能减少许多懊悔和惋惜。

看不到目标比死还可怕

有一位军阀每次处决死刑犯时，都会让犯人选择：是一枪毙命，还是进入一个黑黝黝的洞口，命运未知。

所有犯人都宁可选择一枪毙命也不愿进入那个不知里面有什么东西的洞口。

一天，酒酣耳热之后，军阀显得很开心。

旁人大胆地问他：“大帅，您可不可以告诉我们，从这洞口走进去究竟会有什么结果？”

“没什么啦！其实走进洞口的人只要经过一两天的摸索便可以顺利逃生了，人们只是不敢面对不可知的未来罢了。”军阀回答。

启示

人生如果没有目标就等于行尸走肉。

选定目标不放弃

有一位老师在讲台上谆谆勉励学生做事要专心，将来才会有成就。为了具体说明专心的重要性，老师叫一名学生上台，双手各持一支粉笔，要求他在黑板上同时用右手画方，左手画圆，结果学生画得一团糟。老师说：“这两种图形都画得不像，那是因为分心的缘故。同时追逐两只兔，不如专心追逐一只兔。一个人同时有两个目标的话，到头来只会一事无成。”

启示

要成功，只能一次选定一个目标，咬住不放，锲而不舍。再冷的石头，坐上3年也会变暖的。

所以，不论就业或创业，一定要选好自己的目标，在选定了目标之后，

启示
万万不可操之过急，要勤奋努力，遭到挫折也不放弃。请记住这样一句名言：成功最大的障碍就是放弃。人生就像爬阶梯一样，必须一步一阶，丝毫不能取巧；只要一步一阶，终必抵达山顶。

每秒摆一下

我们常常不知道自己该做些什么。幼时的梦想逐渐远去，风霜的磨砺和肩上的重担时时让我们不知所措，不知道接下来该怎么办。

一只新组装好的小钟被放在了两只旧钟之间。两只旧钟“滴答”“滴答”一分一秒地走着。

其中一只旧钟对小钟说：“来吧，你也该工作了。可是我有点担心，你走完3200万次以后，恐怕便吃不消了。”

“天呐！3200万次。”小钟吃惊不已，“要我做这么大的事？办不到，办不到。”

另一只旧钟说：“别听它胡说八道。不用害怕，你只要每秒“滴答”摆一下就行了。”

“天下哪有这样简单的事情。”小钟将信将疑。“如果这样，我就试试吧。”

小钟很轻松地每秒钟“滴答”摆一下，不知不觉中，一年过去了，它便摆了将近3200万次。

启示
每个人都希望梦想成真，成功却似乎远在天边遥不可及，倦怠和不自信让我们怀疑自己的能力，放弃努力。其实，我们不必想以后的事——一年、甚至一月之后的事——只要想着今天我要做些什么，明天我该做些什么，然后努力去完成，就像那只钟一样，每秒“滴答”摆一下，成功的喜悦就会慢慢浸润我们的生命。

目标的重要性

曾有人做过一个实验：组织三组人，让他们分别步行前往10公里以外的3个村子。

第一组人不知道村庄的名字，也不知道路程有多远，只告诉他们跟着向导走就是了。刚走了两三公里就有人叫苦，走了一半时有人几乎愤怒了，他们抱怨为什么要走这么远，何时才能走到，有人甚至坐在路边不愿走了，越往后走他们的情绪越低落。

第二组人知道村庄的名字和路程，但路边没有里程碑，他们只能凭经验估计行程时间和距离。走到一半的时候大多数人就想知道他们已经走了多远，比较有经验的人说："大概走了一半的路程。"于是大家又簇拥着向前走，当走到全程的3/4时，大家情绪低落，觉得疲惫不堪，而路程似乎还很长，当有人说："快到了！"大家又振作起来，加快了步伐。

第三组人不仅知道村庄的名字、路程，而且公路上每一公里就有一块里程碑，人们边走边看里程碑，每缩短一公里大家便有一阵小小的快乐。行程中他们用歌声和笑声来消除疲劳，情绪一直很高涨，很快就到达了目的地。

启示 目标可以将你在人生之中的巨大难题化整为零，从而使你轻易地战胜它！

西游记与出租车

这个故事在中国家喻户晓：主人公有唐僧、孙悟空、猪八戒和沙僧，徒弟3人保护师父唐僧去西天取经。

在保护唐僧去西天取经的路上，孙悟空能72般变化、降妖除魔、冲锋陷阵；猪八戒虽然贪吃贪睡，但打起仗来也能上天入海，助猴哥一臂之力；沙僧憨厚老实、任劳任怨，把大家的行李挑到西天；唐僧最舒服，不仅一路上有马骑、有饭吃，而且妖魔挡道也不用其动一根指头，自有徒儿们奋勇上阵。

那么，在他们4个当中，谁最重要呢？唐僧！

为什么？人们发现，最没有本事的就是唐僧。他做事不明真伪，总是慈悲为怀，动不动还要给孙猴子念上几句紧箍咒。但是，就是他，在孙悟空一赌气回了花果山、猪八戒开小差跑回高老庄、沙僧也犹豫不决的情况下，毅然一个人奋勇向前，不达目的誓不罢休。因为，唐僧心里清楚地知道，他去西天的目的是要取回真经普度众生。他知道为什么要去西天，他知道自己要什么；而3个徒弟，他们并不知道为什么要去西天，他们只是知道保护好唐僧就行，至于为什么要保护好唐僧，他们不用去考虑，他们知道的是怎样做，并且把它做好。所以，无论路程多么艰险、无论多少妖魔挡道，唐僧都毫无畏惧，奋勇向进。最后，唐僧不仅取回了真经，而且还使曾经被称为妖精的3个徒弟，最终功德圆满成佛。

大家都坐过出租车。那么，请你今天出门再乘一次出租车，并做一个试验。上车后，你不要讲话，司机如果问你："去哪里？"你就说："你自己看着办吧！"你信不信，哪怕是开了几十年出租车的老司机，这个时候也没有任何办法把车开走。为什么？因为司机只是知道怎样选择最佳路线把你送到"你想去的地方"。他知道怎样做，他知道方法、手段和技巧，并且把它做好。至于把车往哪里开，至于你想去的地方，司机并不知道。只有你知道你想去的地方。如果连你都不知道你想去哪里，你就无法告诉司机开车的方向和目的地，司机当然也就不知道该往哪里开了。

启示　目的永远在技巧和方法前面。一个人如果一开始就不知道他要去的目的地在哪里，他就永远到不了他想去的地方。

直视目标

一对父子走在雪地里，父亲看到远处有棵大树，就对儿子说："我们来比赛，跑到那棵树，看谁在雪地上跑出的线最直。"儿子听了非常高兴，因为如果是比速度，父亲一定会赢，但比走直线便不一定了。所以他很小心地走，不断注意自己的双脚，把一只脚慢慢放到另一只脚前面。

好不容易走到大树旁，看见父亲已经先到，儿子并不觉得意外，但父亲走的路比较直，却令他很吃惊。父亲告诉他："要走成一条直线，最有效的方法是不要看脚，要把眼睛注视着前方的目标。只要眼睛始终不离开大树，就能不假思索地走成一条直线了。"

启示　生命中也有同样情形。有时候你必须小心地注视着自己的脚步，但多数情况下，你应该知道自己要往哪里去。明确目标，卓有成效。失去目标的行动常让人迷失。虽然路要踏踏实实地走，但千万不能缩手缩脚。

信念因为目标而产生

有一年，一支英国探险队进入了撒哈拉沙漠的某个地区。在茫茫沙漠里负重跋涉，阳光下，漫天飞舞的风沙像炒红的铁砂一般，扑打在探险队员的脸上。

口渴异常，心急如焚，大家的水都没有了。

这时，探险队长拿出一只水壶，说：

"这儿还有一壶水，但是在成功穿越沙漠前，谁也不能喝。"

一壶水，成了穿越沙漠的信念源泉，成了求生的寄托目标。

水壶在队员手中传递，那沉甸甸的感觉使队员们绝望的脸上又显露出坚定的神色。

终于，探险队顽强地走出了沙漠，挣脱了死神之手。大家喜极而泣，用颤抖的手拧开那壶支撑他们精神和信念的水——

缓缓流出来的，却是满满的一壶沙子！

启示　目标产生信念，清晰的目标产生坚定的信念，否则便是“苦海无边”。

篮球架子

留意过篮球架子吗？篮球架子为什么要做成现在这么高，而不是像两层楼那样高，或者跟一个人差不多高？不难想象，对着两层楼高的篮球架子，谁也别想把球投进篮圈，也就不会有人去打篮球了。然而，跟一个人差不多高的篮球架子，随便谁不费多少力气便能“百发百中”，大家也会觉得打篮球没啥意思。正是由于篮球架子设在了你跳一跳即够得着的高度，才使得篮球成为一个世界性的体育项目，引得无数体育健儿争相竞逐，也让许许多多的爱好者乐此不疲。

篮球架子的高度启示我们，“跳一跳，够得着”的目标最有吸引力。对于这样的目标，人们才会以高度的热情去追求。因此，要想调动人的积极性，就应该设置有着这种“高度”的目标。

这样说未免空泛，还是举个例子吧。一位父亲有个女儿，上小学三年级的时候，期中考试成绩是全班第 36 名。父亲给她提出的下学期奋斗目标是进入前 20 名，实现该目标的奖赏是假期里游泰山。她觉得这个目标不算太高，经过努力不难实现。在新学期里，她满怀信心向着这一目标奋斗，结果取得了全班第 19 名的成绩，并实现了登上泰山的梦想，同时也对自己的潜能有了更多的认识。父亲不失时机地提出了下学期进入前 10 名的要求，结果女儿努力后成了全班第 9 名。第三个目标是进入前 3 名，结果女儿成了全班第 2 名。第 4 个目标是在小学毕业时争取第 1 名，结果也如愿以偿。到初中一年级的时候，她已经是全年级第 1 名了。现在，这个女孩在中国人民大学读大三，她的高考成绩在我们县里排第 1 名，在全省也名列前茅。这位父亲是一名教师，多年的教学实践使他懂得，不能一下子把目标定得太高。因此，他提出的第一个目标是全班第 20 名而不是第 1 名。他的这个方法显然是成功的。

佛教经典《法华经》中有这样一个故事：很早很早以前，有一位导师带着一群人去远方寻找珍宝。由于路途艰险，他们晓行夜宿，很是辛苦。当走到半途时，大家累的发慌，便七嘴八舌地议论开了：“我们走了这么多路，脚酸腿软，口干舌燥，还不知珍宝在什么地方。真的不知道要走多远的路才能找到。”“我们还是回去吧，这样下去怕是累死也找不到珍宝。”导师见众人大有半途而废、放弃目标的打算，便暗使法术，在险道上幻化出一座城市，说：“大家看，前面不就是一座大城！过城不远，就是宝藏所在地啦。”

众人见眼前果然有座大城，便又重新鼓起劲头，振奋精神，继续前行。众人到了城里，感觉非常舒服，便又产生了不想再走的念头。导师见状便收起法术，灭掉化城，大声疾呼：“刚才的城市是我施展法术幻化出来，供大家暂时歇脚的。大家要继续努力，找到珍宝。”就这样，在导师的苦心诱导下，众人历尽千辛万苦，终于找到了珍宝，满载而归。

启示

作为一个管理者，也应具有这种“化城”的艺术，给全体员工“化”出一个个看得见而且“跳一跳，够得着”的目标，引导集体不断前进。某人在再生资源公司当经理，他刚上任时，接手的是一个烂摊子，企业连年亏损，员工士气低落，再讲什么宏伟蓝图也没人肯听。他来了个“小步快跑”：给每一个分支机构订一个力所能及的月度目标，然后在全公司开展“月月赛”。每到月末，他都亲自给优胜单位授锦旗，那份隆重劲，毫不亚于表彰战斗功臣。在每个月的表彰会上，同时下达下个月的任务，“誓师出征”。这样一来，全体员工的注意力都被吸引到努力完成当月任务上来了，没有人再去谈论公司的困境，也没人抱怨自己的任务太重。半年下来，全公司竟然扭亏为盈。这可是当初谁也没想到的“大”成果，全公司群情振奋，士气高涨，“鼓士气、正名气、复元气”的目标基本实现。这位经理又提出了“上水平、上等级、争一流”的更高奋斗目标。如今，这家公司已经成为在市内小有名气的先进企业了。

由此可见，在管理工作中，只有不断给员工订出一个“篮球架子”那么高的目标，让大家都能“跳一跳，够得着”，才能收到好效果。

生命期待

第二次世界大战期间，从奥斯维辛集中营活下来的人不到5%。据曾被关押其中的犹太心理学家弗兰克观察研究，几乎毫无例外，幸存者都是深知生命积极意义的人，他们顽强地活下来的主要原因是心里都有一个明确的目标。弗兰克的一个难友在那个与死神相伴的环境里，曾绝望地对他说：

“我对人生没有什么期待了。”

“不是你向人生期待什么，”弗兰克说，“而是生命期待着你！什么是生命？

它是一种追求，是对自己生命的贡献。”

他通过不断的鼓励和分析生命的意义、目的，使那位难友扭转了悲观的人生态度，重新燃起对生活的渴望。

启示 没有脱离远大人生目标的积极心态，也没有消极心态产生的远大人生目标。目标反映了心态，心态决定了目标。

抢救名画的故事

法国著名作家贝尔纳一生创作了大量的小说和剧本，在法国影剧史上占有特别的地位。有一次，法国一家报纸进行了一次有奖智力竞赛。其中有这样一个题目：如果法国最大的博物馆卢浮宫失火了，情况只允许抢救出一幅画，你会救哪一幅？结果在该报收到的成千上万答案中，贝尔纳以最佳答案获得该题的奖金。他的答案是：“我救离出口最近的那幅画。”

启示 无论做任何事情，都要在切实际可行的目标下进行，否则都将徒劳无功！

方向与关键

英国科学家赫胥黎应邀到都柏林演讲，由于时间紧迫，他一跳上出租车，就急着说：“快，快！来不及了！”司机遵照指示，猛开了好几分钟，赫胥黎才发现不太对劲，便问道：“我没有说要去哪里？”司机回答：“没有啊！你只叫我快开啊！”赫胥黎于是表示：“对不起，请掉头，我要去都柏林。”

有两名学生合租的房间，位于一栋高楼的第100层。有一天，电梯坏了，两人相约以爬山的心情爬楼梯回房间。一开始，两人有说有笑，到了六十几层时，只剩下此起彼落的喘气声，到了九十几层时，两人都近乎虚脱勉强爬到了房间门口后，两人如释重负地松了一口气。然而，一摸口袋，竟然都忘了取寄存在一楼管理室的钥匙。两人再也没有力气走下楼去拿了。

启示 这两则小故事说明，我们常常会走错方向，或者没有掌握解决问题的关键因素，最后只能空忙一场。

方向决定命运

在一座山上，有两块相同的石头，它们被同一位雕刻家取走，3年后发生了截然不同的变化，一块石头受到很多人的敬仰和膜拜，而另一块石头却受到别人的唾骂。受到唾骂的石头极不平衡地说道：“老兄呀，3年前，我们同为一座山上的石头，今天产生这么大的差距，我的心里特别痛苦。”另一块石头答道：“老兄，你还记得吗？3年前，面对雕刻家，你害怕割在身上一刀刀的痛，你告诉他只要把你简单雕刻一下就可以了；而我那时想象未来的模样，不在乎割在身上一刀刀的痛，所以产生了今天的不同。”

两者的差别：一个是关注想要的，一个是关注惧怕的。过去的几年里，也许同是儿时的伙伴，同在一所学校念书、同在一个部队服役、同在一家单位工作，几年后，发现儿时的伙伴、同学、战友、同事都变了，有的人变成了“佛像”石头，而有的人变成了另外一块石头。你期望自己怎样生活在这个世界上？期望自己成为一个什么样的人？你最想得到的是什么？假如有一辆没有方向盘的超级跑车，即使有最强劲的发动机，也一样会不知跑到哪里；同理，不管你希望拥有财富、事业、快乐，还是期望别的什么东西，都要明确它的方向在哪里，我为什么要得到它，我将以何种态度和行动去得到它。“人生教育之父”卡耐基说：“我们不要看远方模糊的事情，要着眼于身边清晰的事物。”假设今天老天给你一次机会，让你选择5个你想要的事物，而且都能让你梦想成真，你第一个想要的是什么？假如只要你选择一个，你又会做何选择呢？假如生命危在旦夕，你人生最大的遗憾，是什么事情没有去做或者尚未完成？假如给你一次重生的机会，你最想做的事情是什么？如果发现了你最想要的，就把它马上明确下来。方向就是力量，它会根植在你的思想意识里，深深地印在脑海中，让潜意识帮助你达成想要的一切。在这个世界上，没有什么做不到的事情，只有想不到的事情。只要你能想到，下定决心去做，你就一定能得到。

启示　人生方向是决定能否成功的关键。

找问题

老师给一群学生讲了一个故事：有三只猎狗追一只土拨鼠，土拨鼠钻进了一个树洞。这只树洞只有一个出口，可不一会儿，从树洞里钻出一只兔子。兔子飞快地向前跑，并爬上了一棵大树。兔子在树上，仓皇中没站稳，掉了下来，砸晕了正仰头看的三只猎狗。最后，兔子终于逃脱了。

故事讲完后，老师问："这个故事有什么问题吗？"学生说："兔子不会爬树。""一只兔子不可能同时砸晕三只猎狗。""还有吗？"老师继续问。直到学生再也找不出问题了，老师才说："还有一个问题，你们都没有提到：土拨鼠哪里去了？"

在追求人生目标的过程中，我们有时也会被途中的细枝末节和一些毫无意义的琐事分散精力，扰乱视线，以致中途停顿下来，或是走上岔路，而放弃了自己原先追求的目标。不要忘了时刻提醒自己，"土拨鼠"哪里去了？自己心目中的目标哪里去了？

启示

不要忘记你心中的最终目标，别迷失于中途的美景与诱惑。

一张价值2.5万美元的纸条

伯利恒钢铁公司总裁舒瓦普请效率专家利进行企业诊断，总裁介绍说："我们知道自己的目标，但不知怎样更好地执行计划。"利说："我可以在10分钟内给你一样东西，这东西至少能把公司业绩提高50%。"利递给总裁一张空白纸条，让他在纸上写下第二天要做的6件最重要的事。

总裁写完6件事后，利让他在纸条上用数字标明每件事对总裁及公司重要性的次序。利接着说："现在把这张纸放进口袋。明天早晨第一件事是把纸条拿出来，做第一项。不要看其他的，只看第一项。着手办第一件事，直到完成为止。然后用同样的方法做第二项、第三项直至你下班为止。如果你只做完第五件事或者第四件事，那也不要紧。因为你总是做着最重要的事。"

两人的会面不超过半个小时便结束了。几个星期后，利收到一张2.5万美元的支票和一封信。舒瓦普在信中说："从价值的观点看，这是我一生中最有价值的一课。"

启示

知道什么是重要的及现在做什么是最重要的，会给你带来很多个"2.5万美元"！

想象5年后的你

下面这则小故事，或许在某个阶段，可以很实际地帮助你走出困境。故事的主人公是一位美国音乐人。为方便起见，故事以第一人称讲述。

1976年的冬天，当时我19岁，在美国休斯敦太空总署的太空梭实验室里工作，同时也在总署旁边的休斯敦大学主修电脑。纵然忙于学业与工作——这占据了我的大部分时间——但只要有多余的一分钟，我总是会把所有的精力放在音乐创作上。

写歌词不是我的专长，所以在这段日子里，我处处寻找一位善写歌词的搭档，与我一起进行创作。我认识了一位朋友，她的名字叫凡·芮。自从20多年前离开得克萨斯州后，就再也没听过她的消息，但是她却在我事业起步时，给了我最大的鼓励。仅19岁的凡·芮在得克萨斯州的诗词比赛中，不知得过多少奖项。她写作的歌词总是让我爱不释手，当时我们的确合写了许多很好的作品，一直到今天，我仍然认为这些作品充满了特色与创意。

一个星期六的周末，凡·芮又热情地邀请我到她家的牧场烤肉。她的家族是得克萨斯州有名的石油大亨，拥有庞大的牧场。她的家庭虽然极为富有，但她的穿着、所开的车，与她谦和待人的态度，更让我加倍地打从心底佩服她。凡·芮知道我对音乐的执着，然而，面对那遥远的音乐界及整个美国陌生的唱片市场，我们一点思路都没有。那时，我们两个人都在得克萨斯州的乡下，我们不知道下一步该如何走。突然间，她冒出了一句话：

"想象一下你5年后在做什么？"

我愣了一下。

她转过身来，手指着我说："嘿！告诉我，你心目中最希望5年后的你在做什么？你那个时候的生活是一个什么样子？"我刚要开口回答，她又抢着说："别急，你先仔细想想，完全想好，确定后再说出来。"我沉思了几分钟，开始告诉她："第一，5年后，我希望能有一张唱片在市场上，而且这张唱片很受欢迎，可以得到许多人的肯定。第二，我住在一个音乐氛围很浓厚的地方，能天天与一些世界一流的乐师一起工作。"

凡·芮说："你确定吗？"

我慢慢腾腾地拉着长音回答："确定！"

凡·芮接着说："好，既然你确定了，我们就把这个目标倒推回来。如果第五年，你有一张唱片在市场上，那么你的第四年一定要成功跟一家唱片公司签约。"

"那么你的第三年一定要有一个完整的作品，可以拿给很多很多唱片公司听，对不对？"

"那么你的第二年，一定要有很棒的作品开始录音了。"

"那么你的第一年，就一定要把你所有要准备录音的作品全部编曲、排练到位。"

"那么你的第六个月，就是要把那些没有完成的作品修饰好，让你自己可以逐一筛选。"

"那么你的第一个月就是要把目前这几首曲子完成。"

"那么你的第一个星期就是要先列出整个清单，排列出哪些曲子需要修改、哪些需要完成。"

"好了，我们现在不就已经知道你下个星期一要做什么了吗？"凡·芮笑着说。

"喔，对了。你还说你5年后要生活在一个音乐氛围很浓厚的地方，与许多一流的乐师一起工作，对吗？"她急忙补充说。"如果，你的第五年已经在与这些人一起工作，那么你的第四年按理应该有你自己的一个工作室或录音室。那么你的第三年，可能是先跟这个圈子里的人在一起工作。那么你的第二年，应该不是住在得克萨斯州，而是已经住在纽约或是洛杉矶了。"

次年（1977年），我辞掉了令许多人羡慕的太空总署的工作，离开休斯敦，搬到了洛杉矶。

说也奇怪，不敢说是恰好5年，但大约可以说是第6年——1983年，我的唱片开始在亚洲热销起来，我一天24小时几乎全都忙着与一些顶尖的音乐高手一起工作。

每当我在最困惑的时候，我会静下来问自己：5年后你最希望看到你自己在做什么？

启示

如果你自己都不知道这个问题的答案的话，你又如何要求别人为你做选择或开路呢？别忘了，在生命中，自己所有选择的权力都在我们的手上。你对你的生命经常在问"为什么会这样？为什么会那样？"的时候，不妨试着问一下自己，你是否"清清楚楚"地知道你自己要的是什么。如果你连自己想要什么都不知道的话，那么别人又如何帮你安排呢？在你旁边的人，再怎么热心地为你敲锣打鼓，也顶多给一些安慰。如果连你自己都还没弄清楚你要的是什么，那么你又岂能怪别人没有为你开路呢？

目标要明确

有一位父亲带着3个孩子到沙漠去猎杀骆驼。他们到达目的地后，父亲问老大："你看到了什么呢？"老大回答："我看到了猎枪、骆驼，还有一望无际的沙漠。"父亲摇摇头说："不对。"父亲以相同的问题问老二。老二回答："我看到了爸爸、大哥、弟弟，猎枪、骆驼，还有一望无际的沙漠。"父亲又摇摇头说："不对。"父亲又以相同问题问老三。老三回答："我只看到了骆驼。"父亲高兴地点点头说："答对了。"这个故事告诉我们：一个人若想走上成功之路，首先必须有明确的目标。一旦确立目标，就要心无旁骛，集中全部精力，勇往直前。

启示　明确的目标是成功的关键。要盯紧它，不能有丝毫放松。这样可以减少很多成功路上的障碍。

师旷劝学

有一天，晋平公对一个名叫师旷的著名乐师说："我已经是70岁的人了，再想学习恐怕太晚了吧？"

师旷是个聪明人，他故意问："晚了，那为什么不赶快把蜡烛点起来？"

晋平公认为师旷很不礼貌，生气地说："我跟你讲正经事，你怎么能开玩笑？"

师旷认真地对他说："我听人家说过，少年时期就刻苦好学的人，好像早晨的太阳，前途无量；壮年时期开始刻苦学习的人，好像是烈日当空，虽然只有半天，可是锐气正盛；老年时期才开始刻苦学习的人，好像是蜡烛的光，虽然远远比不上太阳，但是比在黑暗中瞎碰乱撞，不知要好上多少倍啊！"

晋平公听了，连连点头称是。

启示　有志不在年高；活到老，学到老。只要有目标、有恒心、有信心、有决心，年纪与成功是无关的。

赵襄王学御

赵襄王向王子期学习驾驶马车，学习不久之后就和王子期比赛，赵襄王换了三次马，三次都落后了。

赵襄王说："你教我驾驶马车，没有把真本事全教给我。"

王子期回答说："本事都教给您了，但您使用得不对头呀！但凡驾车特别注重的是，要使马套在车辕里很舒适，人的心意要跟马的动作协调，这样才可以加快速度。现在国君在落后时就一心想追上我，跑在前面时又怕我赶上，其实比赛驾车这件事，不是跑在前面就是掉在后面。而您不管是跑在前面，还是掉在后面，都把心思用在和我比输赢上，这样怎么能有心思去调马呢？这就是您为什么会落后的原因。"

启示　关注自己的目标，加倍努力，这是成功的秘诀。

在北极

在耗费了巨大的人力和财力之后，一位勇敢的探险家成功抵达了北极。这时，一个当地人走上前来。

“早上好，先生，”这位当地人说，“看到您非常高兴，请问，您为什么来这里呢？”“为了荣耀。”这位勇敢的探险家简单地回答。“是的，是的，我懂了，”这位当地人固执地接着问，“但您的发现对人类有什么益处呢？想找到以前无法到达这里的通路？事实上，我是说，难道这有什么科学价值？”“要是我知道的话，那简直是痴人说梦了，”这位探险家回答得很坦率，“你得去问问探险的科学家们。”“但探险的科学家们会解释，他们正在全神贯注地关心他们的仪器和研究项目，他们觉得还没空去想这个问题。”

启示

太多的人关注着过程，但是目的却被渐渐忘却了。营销员在会议上滔滔不绝地大谈完美营销计划和实施方案的时候，是否想过做这些工作的目的是什么呢？

第四部分

THE FOURTH PART

人际沟通

穿对方的鞋，才知痛在哪里

A国普遍贫穷，购买任何东西都必须排队。有一个A国穷人，为了招待他的外国友人来访，正兴致勃勃地卖力打扫自己的房子。正当他很认真地扫地时，一个不小心，竟然将唯一的一柄扫把弄断了。他愣了一下，马上反应过来，接着跌坐在地上，号啕大哭起来。

他的几个外国朋友这时正好赶到，见到他望着断掉的扫把痛哭不已，便纷纷上前来安慰他。

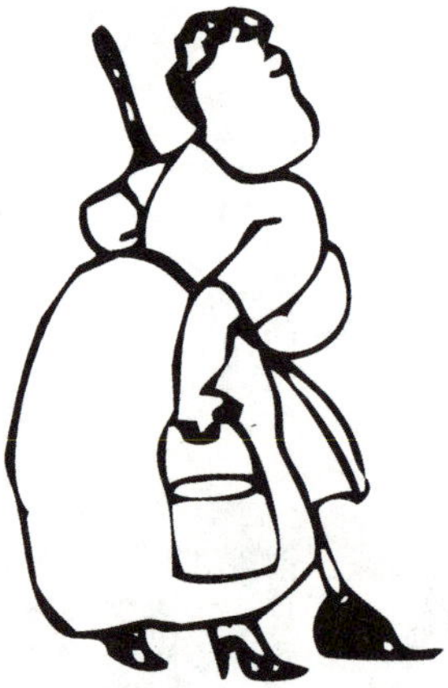

B国朋友道："唉，一柄扫把又值不了多少钱，再去买一把不就行了！又何必哭得如此伤心呢？"

C国朋友道："我建议你到法院去，控告制造这柄劣质扫把的厂商，请求赔偿；即使官司打输了，也不用你付钱啊！"

D国朋友道："你能够将这柄扫把给弄断，说明你的臂力很强，我连羡慕都还来不及呢，你又有什么好哭的啊？"

E国朋友道："不用担心，大家一起来研究看看，一定有什么东西可以将扫把粘得像新的一样。我们一定可以找到方法的！"

最后，可怜的A国人哭着道："你们所说的这些，都不是我哭的原因。我伤心的原因是，我明天非得要去排队，才可以买到一柄新的扫把，而不能搭你们的便车一起出去玩了。"

启示

人与人之间的同理心，一向是人际沟通当中最重要，也是最容易被忽略的关键。从故事中我们可以清楚地看到，缺乏同理心的人际互动，将会产生什么荒谬可笑的后果。每个人都有着自己既定的立场，也因此而习惯于执着在本身的领域当中，忘却了别人也和自己一样，有着固执的一面。所以，在考虑做任何事情之前，试着先将自己的想法放下，真正设身处地站在对方的立场，仔细地为别人想一想，你将会发现，许多事情的沟通，竟会变得出乎意料地容易。或许这样的道理你早就知道了，不就是"将心比心"吗？也没什么新鲜的。是的，许多又好又简单的成功法则，包括同理心的哲学，早就在我们的身边出现了很久，只不过我们一直未能将它真正做到最好罢了。

大王与小六

阿静一直以为儿子是一个很内向、不爱说话的人，但某天和儿子的一场扑克游戏改变了她的看法。两人玩的是一种通常被称为“争上游”的游戏，这是在中国老百姓中很流行的扑克玩法。它的规则是：在每次新开一局时，前一局的负者要向胜者上缴一张最好的牌。

有一局阿静输了，正好她手上有一张大王，这可是最大的一张牌。她想让儿子开心一下，于是说：“儿子，妈妈给你一张大王。”但儿子并不像想象中那样开心。阿静问他为什么给他大王还不高兴，儿子说：“我不想要大王，我想要一张小六。”原来他手上已经有三张小六了，再多一张就可以凑成“四大金刚”了。

阿静非常感慨，她一直以为自己已经给了儿子最好的东西了，没想到他需要的不是这个。他有他自己的需要。于是她问儿子：“你是喜欢妈妈给你买电脑、游戏机呢，还是喜欢妈妈跟你聊天、关心你？”儿子没有立即做选择，却说：

“妈妈，你再说一遍刚才的话。”

“为什么？”

“因为我想听。”

那天，阿静的儿子跟她聊了足足3个小时。

启示

其实，这是我们通常易犯的错误。人们经常会给孩子一堆高级玩具，给恋人昂贵的钻戒或项链，给父母补品或金钱，然后理直气壮地说：“我已经给了你最好的东西了，你还要怎样？”殊不知，有钱难买真情在。

道一声早安

20世纪30年代初的德国，一位犹太传教士每天早晨总是按时到一条乡间土路上散步。无论见到任何人，总是热情地打一声招呼：“早安。”

有一个叫米勒的年轻农民，对传教士的这声问候起初反应冷漠。在当时，当地居民对传教士和犹太人的态度是很不友好的。然而，年轻人的冷漠未曾改变传教士的热情。每天早上，他仍然给这个一脸冷漠的年轻人道一声早安。终于有一天，这个年轻人脱下帽子，也向传教士道一声：“早安。”

好几年过去了，纳粹党上台执政。

这一天，传教士与村中其他的犹太人一起被纳粹党卫军送往集中营。在列队前行的时候，有一个手拿指挥棒的指挥官，在队伍前面挥动着棒子，不停地喊着：“左，右。”被指向左边的是死路一条，被指向右边的则还有生还的机会。

传教士的名字被这位指挥官点到了，他浑身颤抖，走上前去。当他绝望地抬起头来，眼睛一下子和指挥官的眼睛相遇了。

传教士习惯地脱口而出：“早安，米勒先生。”

米勒先生虽然没有过多的表情变化，但仍禁不住还了一句：“早安。”声音低得只有他们两人才能听到。最后的结果是：传教士被指向了右边——意思是他有可能生还。

人是很容易被感动的，而感动一个人靠的未必都是慷慨的施舍、巨大的投入。往往一个热情的问候，温馨的微笑，也足以在人的心灵中洒下一片阳光。

启示

不要低估一句话、一个微笑的作用，它很可能使一个不相识的人走近你，甚至爱上你，成为你开启幸福之门的钥匙，成为你走上柳暗花明之境的一盏明灯。有时人缘的获得就是这样“廉价”而简单。

重复一次别人的话

一个大老板管理员工头头是道，可是却怎么也管不住自己的儿子，直到有一天，他试着重复儿子说过的话后，一切有了改变。

李先生是一个经营出口加工的公司老板，公司加工厂有五六百名员工的规模，由于自身积极地投入，不管是在业务上还是在管理上，均有相当的成效。李先生在运筹帷幄间，指挥若定，威风八面，宛如领兵千万的大将，好不神气。

可是，他就是对自己的儿子没办法。那种代沟，对他们父子俩，怎么样也无法跨越。每次一见面，没讲三句话，李先生又是拍桌又是摔门，弄得家里鸡飞狗跳的。

这天，家里又因为儿子的晚归而上演“大战”，就在双方面红耳赤之际，儿子突然间住了口，然后一字一字地说：“爸，再这样吵下去也不是办法，能不能请您把我刚刚说的那句话说一遍给我听？”

“什么？！”李先生吓了一跳，压根没想到儿子有这怪招。“你说做父亲的太能干，当然看不起儿子。”“不对！您再想想看，我是这么说的吗？”

“浑小子！那你怎么说的？你自己说过的话，你自己为何不再说一次？”

儿子突然间笑出声，“您看！从头到尾，我说什么您都没有在听，那些话是您自己想的，我可没那么说。我们不是要沟通吗？那么，我说什么，您重复一次给我听，再轮到您说，我来重复。”

“喂！哪有那么多时间重复来重复去的！！你是真的想气死我啊！”

“爸！我们就试试看吧！否则这种争吵会没完没了的，您再想一想我到底是怎么说的？”李先生想了想，终于承认：“我真的想不起来，你再说一次好了。”

“好吧！我说，父亲很能干，儿子一方面很佩服，一方面怕自己跟不上，心里多少有点儿压力。”

李先生冷静一想，儿子说得合情合理，自己怎么会那么激动？结果，这天晚上，父子俩竟然可以谈上两个小时而不吵架，这个效果连李先生也意想不到。一觉醒来，虽然睡眠不足，但李先生神清气爽，一大早就到了公司。

早上有一个重要的采购会议，讨论的是未来所要采购价值1000万元的机器，到底要用美国货还是日本货。依采购部的报价，日本货的价格便宜，东西也不差，可是工程师却主张买美国货。会上，李先生让总工程师发表意见，这是一种表面上的礼貌，总工程师也知道，老板做久的人，多少喜欢独断专行，什么事情早就心有定见，经验告诉他，老板问他只是个形式，谁不想省钱？老板要买哪一种大家早就心知肚明，因此他无精打采，说不到5分钟就说没意见了。

若是往常，李先生总是会在这个时候大唱独角戏，享受那种权威感，今天竟然说：“总工程师，我来重复你的观点，你看我说的跟你的意思是不是一样：日本生产的机器，价格虽然便宜，东西也不错，可是将来如果出了毛病，要他们来做售后服务，问题就来了，他们的人因为语言问题无法跟我们直接沟通，找来的翻译对精密仪器又是外行，机器坏在哪里，我们无法充分了解，下次再发生一样的问题，还是要请他们的人来，说不定还会耽误生产时间，如此算下来，买美国货还比较便宜。”

随着李先生的重复说明，总工程师的眼睛渐渐亮了起来，他打起精神，再次补充，就这么你一言我一语的，大家滔滔不绝地讨论了起来。

启示

我们的世界，若是只有我，没有你、没有他，我们纵然有理，也是孤独的、难受的。只有从自己与别人的角度去观看、去感受事情，才能有效地沟通。而通过沟通，我们才能有交流，我们才会感到自由，才会发展，才会有快乐。现实的生活中充满了荆棘与困难，因为人们往往只站在自己的角度来看事情，这就是为什么大家感到沟通困难的原因。如果是要吵架，彼此只顾着反击对方就好了；如果是要解决问题，就应该诚心理解对方的想法，那么，重复对方的话，一方面可以让对方放心，知道你们之间没有误解；另一方面，也可以让你在反击或下结论前，把对方的意思消化一下，通常，这时你会发觉，争论不再是吵架，而成了积极的沟通。

价值 20 美金的时间

一位爸爸下班回家很晚了，很累并有点烦，发现他 5 岁的儿子在门口等他。

“爸，我可以问您一个问题吗？”

“当然可以，什么问题？”父亲回答。

“爸，您 1 小时可以赚多少钱？”

“这与你无关，你为什么问这个问题？”父亲生气地说。

“我只是想知道。请告诉我，您 1 小时赚多少钱？”儿子哀求着。

“假如你一定要知道的话，我 1 小时赚 20 美金。”

“喔！”儿子接着说，“爸，可以借我 10 美金吗？”

父亲发怒了：“如果你问这问题只是要借钱去买毫无意义的玩具或东西的话，给我回到你的房间并上床好好想想为什么你会那么自私。我每天长时间辛苦工作着，没时间和你玩小孩子的游戏。”

儿子安静地回到自己房间并关上门。

这位父亲坐下来还对儿子的问题感到生气，他怎么敢只为了钱而问这种问题？

约 1 小时后，他平静下来了，开始想着他可能对儿子太凶了，或许他应该用那 10 美金买儿子真正想要的，他是不常常要钱的。

父亲走到儿子的房门并打开门，“你睡了吗？儿子？”他问道。

“爸，还没睡，我还醒着。”儿子回答道。

“我想过了，我刚刚可能对你太凶了。”父亲说着，“我将今天的闷气都发出来了。这是你要的 10 美金。”儿子笑着坐了起来：“爸，谢谢您。”儿子叫着，接着从枕头下拿出一些被弄皱了的钞票。当父亲看到儿子有钱却还跟自己要钱，就要再次发脾气。

儿子慢慢地数着钱，接着看着他的爸爸。

“为什么你已经有钱了还需要更多？”父亲生气地说。

“因为我之前钱不够，但现在足够了。”儿子回答。

“爸，我现在有 20 美金了，我可以向您买一个小时的时间吗？明天请早一点回家，我想和您一起吃晚餐。”

启示 沟通一定要让别人把话说完，一定要弄明白别人的意思。否则，你认为的只是代表你的观点，别人的意思你无法真正了解。

一位美国小姐在英国的一次旅游遭遇

一位前往英国旅行的美国小姐很喜欢吃“英国香口牌”小甜饼，并带了一盒；她对英国的绅士也情有独钟。在飞往英国的飞机上，一位绅士风度十足的成年人坐在小姐对面，该小姐产生了与这位绅士相识的愿望，但苦于不知如何开口。后来，两人间的小桌上出现了一盒小甜饼，小姐以为是自己带的那盒，很自然地就打开并吃了一块；那位绅士也拿了一块吃；小姐先是惊讶，后一想这是英国绅士的作风吧，又觉得很有意思，就这样，他们你一块我一块地吃了起来。随着绅士吃的块数增多，小姐开始暗自不悦、气愤。剩最后一块时，小姐和绅士你看看我、我看看你，在犹豫谁该吃这最后一块。最后绅士快了一步，把最后这块饼拿到了手里，并分成两半，给了小姐一半，小姐彻底失望了——这次英国之游一定糟透了，要知道英国的所谓绅士是这样，说什么也不会来英国。”

到了英国入住酒店后，小姐整理皮包时发现自己的包里竟有一盒小甜饼。直到这时这位美国小姐真的相信了：“英国男士的确很有绅士风度。”

启示　弄清楚事实之前最好不要轻易下结论，因为很多好的契机就是在草率之中被扼杀的。

听的艺术

有一天，美国知名主持人林克莱特采访一名小朋友，问他说：“你长大后想要做什么呀？”

小朋友天真地回答：“我要当飞机驾驶员！”

林克莱特接着问：“如果有一天，你的飞机飞到太平洋上空时，所有引擎都熄火了，你会怎么办？”

小朋友想了想：“我会先告诉坐在飞机上的人绑好安全带，然后我背上我的降落伞跳出去。”

当现场观众笑得东倒西歪时，林克莱特继续注视着这位小朋友，想看他是不是自作聪明的家伙。没想到，接着孩子的两行热泪夺眶而出，这才使得林克莱特发觉这孩子的悲悯之情远非笔墨所能形容。

于是林克莱特问他说：“为什么要这么做？”

小朋友的答案透露出一个孩子真挚的想法：“我要去拿燃料，我还要回来！我还要回来！”

启示

你听到别人说话时，真的听懂他说的意思了吗？如果不懂，就请听别人说完吧，这就是“听的艺术”。记住：听话不要听一半。还有，不要把自己的意思投射到别人所说的话上面。

穿衣记

5个家庭带孩子到外面喝茶聚餐，大人聊得兴高采烈时，忽然看见一个幼儿脱掉外衣裤，只剩无袖内衣及小内裤。

母亲们立刻说：“快穿上，会感冒喔！”“不穿衣服，不好看。”“羞羞羞，怎么脱成这样！”“我帮你穿上，好吗？”“再不穿，我叫你爸爸来打喔！”孩子仍坐在地板上，不穿衣服。

我走过去，坐下并抱住这个小小的4岁孩子，轻声问他：

“衣服怎么了？”

“湿了。”孩子有点儿委屈。

“哪里湿了？我们来找找看。”孩子自己找不到湿掉的地方。

我跟他说：“穿上比较好找，先穿上再找好吗？”

“好。”

穿上上衣，孩子终于在左边袖子中间找到一小块湿湿的地方。

我说：“湿衣服不想穿，我把它变干好吗？”

“好！”孩子乖巧地说。

我请孩子闭上眼，我边用卫生纸吸去水分，口中边念“变变变，衣服快变干”，而后请孩子张开眼睛。孩子再摸摸袖子，觉得不湿了，满意地站了起来。

我再继续追问：“这长裤是谁的？”

孩子说：“我的。”

“摆这里要送人还是要穿上？”

“要穿上。”孩子说。

孩子自动拿起长裤让我为他穿上，满意地跑去玩了。

启示

未成年人表达能力不佳，不代表他们没有意见，他们对大人的意见也是会选择的，不一定会照单全收。与他们对话不能一味逼迫利诱，要想改变他们的行为，应从理解他们的内心感受和想法做起。

同理心运动

小静是学临床心理学的。有一次，走在回家的路上，上小班的圆圆带着刚从麦当劳的儿童游戏区玩回来的满足，愉快地牵着小静的手。走着走着，她突然望着小静，轻轻地说：“阿姨，皮皮用学步车撞我。”哇！好严重的控诉！一时间，成人的道德判断立即浮上心头，小静想，这个小孩子居然会告状。瞬间，小静有些着急与失望。望着她那无辜闪亮的眼眸，小静突然记起，自己是学临床心理学的，“同理心”的训练是了解、尊重与接纳对方的第一要素。小静揣摩着自己是个3岁半的小孩被撞的疼痛，于是，响应她：“会痛”“对呀，好痛呢！”身体的记忆，有时难以言喻，但却十分真实。“真的，阿姨，被撞的时候，也好痛。”的确，小孩的学步车，在你意想不到时撞过来，还真的有些痛呢！“真的？”她仿佛明白了自己不是唯一的“受害者”。孤独的痛，原来可以被理解的。“嗯，皮皮不小心也撞到阿姨。你知道吗？你小时候坐学步车也会不小心撞到阿姨，阿姨也会痛的！”

“真的啊！嘻嘻！”看着圆圆会意的眼眸，小静想，她真的懂了。

“真的，阿姨知道你小时候还小，不是故意撞我的。皮皮也还小，不是故意撞你的。你要不要原谅他？”“对啊，皮皮还小，不是故意撞我的。阿姨，妈妈说皮皮还小，要原谅他。”“嗯！”她们继续踩着轻快的步伐回家去。回到家，她立即快活地和弟弟玩成一团。小静知道，她已经完完全全谅解这段小小的“受苦经验”了！

小皮皮正值学步阶段，“横冲直撞”是他驾驭学步车的写照。带着可以随意移动的自由度来探索世界，这个年纪的幼童正学习着人际关系与自我行为的第一个人生大课题。当然，这个阶段的他们仍然十分“以自我为中心”。念小班的圆圆则在“自我与他人”的理解上，成熟多了。

其实，“皮皮还小，要原谅他”是她被撞时妈妈就告诉她的话。然而，少了中间这段“同理”的处理，疼痛的记忆仍留在皮肉间，委屈也钻进小小的心灵当中了。

启示

“将心比心”“设身处地”是我们常常教人体谅他人的教化用语。其实，如何做到恐怕才是最要紧的。人本心理学大师罗杰斯博士提出“同理心”的概念，认为那是帮助人类突破受苦经验，让自我更臻成熟，让人际更添和谐的主要动力。穿上你的鞋，才知你脚底下踩的是硬是软。人的七情六欲，都是可以用心揣摩的。孩子成长的道路上，处处充满生机，等着温暖、接纳与尊重的你带领他前行！

永远替客户着想

有一次，美国大思想家爱默生与儿子欲将牛牵回牛棚，两人一前一后使尽所有力气，牛怎么也不进去。家中女佣见两个大男人满头大汗，徒劳无功，于是便上前帮忙，她仅拿了一些草让牛悠闲的嚼食，并一路喂它，很顺利就将牛赶进了棚里，剩下两个大男人在那里目瞪口呆。

猫、狗是天生就喜欢吃骨头，不喜欢吃肉？或这只是人类一厢情愿的想法，强迫它们无奈地接受呢？

当我们向客户推销业务时，要对客户说他们想听的话，而不是你自己想说的话。

启示

要知道客户所需要的是什么，然后针对其需要，说些他们想听的建议，而不是硬向客户推销你想卖出去的产品。记住，钓鱼时用的鱼饵，不是你所喜欢吃的东西，而是鱼最喜欢吃的食物。与客户交谈沟通时，要记得“投其所好”，先设法了解客户最关心的是什么，再思考如何满足他的需要。

己所不欲，勿施于人

这是一个真实故事，发生在非洲某个国家。那个国家的白人政府曾经实施“种族隔离”政策，不允许黑人进入白人专用的公共场所。白人也不喜欢与黑人来往。

有一天，有个长发的白人女孩子在沙滩上进行日光浴，由于过度疲劳，她睡着了。当她醒来时，太阳已经下山了。此时，她觉得肚子饿，便走进沙滩附近的一家餐馆。

她推门而入，选了个靠窗的座位坐下。她坐了约15分钟。没有侍者前来招待她。

她看着那些侍者都忙着招待比她来得还迟的顾客，对她则不屑一顾。她顿时满腔怒气，想走上前去责问他们。

当她站起身来，正想向前时，眼前有一面大镜子，她看着镜子中的自己，眼泪不由得夺眶而出。

原来，她已被太阳晒黑了。

此时，她才真正体会到黑人被白人歧视的滋味！

启示

无论做任何事，我们都要设身处地去为他人着想。正如孔子所言：“己所不欲，勿施于人。”身为一名尽责的推销商，应要有商业道德，不要只为赚取更多的利润，而硬将顾客不需要或品质差的产品推给顾客。试想，若你也遭受这种待遇，滋味又会如何呢？

太阳和风

一天，太阳和风在争论谁更强大、更有威力。

风说：“我来证明我更行，看到那儿有个穿大衣的老头吗？我打赌我能比你更快使他脱掉大衣。”

于是，太阳躲到云层后面，风就开始吹起来，越吹越大，大到像一场飓风。但是风吹得越急，老人越把大衣紧裹在身上。

终于，风平息下来，放弃了。然后太阳从云后露出，开始以它温和的微笑照着老人。不久，老人开始擦汗，继而脱掉了大衣。

太阳对风说：“温和与友善总是要比愤怒和暴力更强而有力。”

启示

太阳的温和使人们乐意脱去外衣，风的冷峻反而使人们更加裹衣防卫。一个人的亲切、友善、赞美的态度，能使另一个人抛弃成见、抛弃自私而趋于理性，接受正确的观念；而强加于人，过分地批评和责备，只能使人们逃避和远离你。

罗丝玛利用事实说话

某大公司办公室主任罗丝玛利，一直想让公司花钱买一台全自动文字处理机。因为办公室目前的打字机质量太差，又慢又容易出错，工作效率很低，秘书们也都很有意见。她打了一份请求购买的报告给经理，可经理却说预算紧张不能买。罗丝玛利并不灰心，又打了一份报告。这回，她的报告改换了方式，专门提醒经理注意这样的事实：公司花300元一小时雇请的6位律师就等在那里，可我们的打字员虽然全力以赴，但还是要因为打字机的原因出错。当费劲打出来的草稿送到律师手中时，改过的痕迹随处可见。如果我们能有一台新的文字处理机，就会节省很多时间和律师费。这正是文字处理机的潜在生产力和利润所在。

这回，罗丝玛利终于说服了上司。

启示 有时候，你需要从"客观"角度拿出"事实"来，因为事实更能说服人。

无敌大律师

美国有位非常著名的律师——盖瑞·史潘赛。他不但因为打赢了"丝伍德核电厂案"并担任NBC电视台"辛普森案"的法律特派员而闻名，更令人难以置信的是，他当律师的几十年来，居然没有输过一场刑事官司。

当我第一次听说这件事，心想：美国的刑事案件都有陪审团，他担任辩护律师一定得说服陪审团，如果我是陪审团的一员，知道他有这样的纪录，一定会想挑战他一下，他说的，我就不听。

可是，为什么几十年来他居然能场场都赢呢？难道就没有陪审员存心跟他过不去吗？

后来，我读了他写的书《怎样赢得每一次辩论》之后，我懂了。书上讲了这样一件事。有一次，他遇到的正是比较有个性的陪审团，就在陪审团要做最后决定，宣布被告有罪或无罪之前，盖瑞·史潘赛对他们说了个故事：从前有一老一少，老人很聪明，年轻人总想胜过他。有一天，年轻人想出个点子，他去抓了一只小鸟，藏在两只手之间，走到老人面前说："您猜，我手上的小鸟是活的，还是死的？"如果老人猜是死的，年轻人会把手张开，让小鸟飞走，表示老人猜错了。相反，如果老人猜是活的，年轻人会偷偷双手用力，把小鸟捏死。那么，老人也猜错了。你们想，老人怎么说？老人笑笑，说："朋友！现在可怜的小鸟在你手里，它是死是活，全由你决定！"故事说完，陪审团进去开会，结果出来，盖瑞·史潘赛又赢了。

史潘赛没有在整个辩护过程中，表现出滔滔不绝的辩才，而是在最后把姿势放低，将陪审团高高举起，仿佛告诉大家："不错！我是个很有名的律师，我的辩护也很有力。但最后的决定，也就是这个被告的生与死，仍然握在各位的手里啊！"

启示 人都要面子，也都要情，你先把对方的面子给足了，再狠的人，也会为你留点面子。

聪明的米开朗琪罗

人们公认的意大利艺术家米开朗琪罗最伟大的作品，应该是他的大理石雕像“大卫像”。各位可知道，当米开朗琪罗刚雕好大卫像的时候，主管这件事的官员跑去看，竟然不满意。

“有什么地方不对吗？”米开朗琪罗问。“鼻子太大了！”那位官员说。“是吗？”米开朗琪罗站在雕像前看了看，大叫一声：“可不是吗？鼻子是大了一点，我马上改。”说着就拿起工具爬上架子，叮叮当当地修饰起来。随着米开朗琪罗的凿刀，掉下好多大理石粉，那官员不得不躲开。

隔了一会儿，米开朗琪罗爬下架子，请那位官员再去检查：“您看，现在可以了吧！”官员看了看，高兴地说：“是啊！好极了！这样才对啊！”送走了官员，米开朗琪罗赶紧去洗手。为什么？因为他刚才只是偷偷抓了一小块大理石和一把石粉，到上面做做样子。从头到尾，他根本没有改动原来的作品。

启示

请各位想想：如果米开朗琪罗不这样做，而跟那位官员争，会有这么好的结果吗？如果双方产生了矛盾，首先认错，然后给别人按照他的意图去做的感觉，无论你是否真正去做，问题就能够得到很好的解决。

5元钱的误会

有一位明星前往一座城市拍电影，她打电话叫了无线电出租车回家，下车时计费表上显示的是180元，她拿出200元给司机，司机默默地收了。

以那座城市的计费标准，计费表上的价格加15元等于车费，她稍微等了一下，以为司机会找5元给她，但司机一点儿动静也没有，她想，算了，才5元嘛，就拉开车门下车了。

关上车门的那一刹那，她才猛然想起自己是叫无线电出租车的，按规定需再加叫车费10元，是她还欠司机5元才对。于是她又敲敲前车窗，赶紧把5元钱递给了司机。

司机冷冷地摇下前车窗来，说：“哼，亏你想到了，不然我还以为连你这样的名人，也想贪我5元钱的小便宜呢！”

虽然误会是化解了，但明星心里非常不舒服，她说：“他为什么不直接告诉我，我少给了他5元呢？”

启示

是不是有些时候，我们像那个司机一样，无声地忍耐着某个人的作为，而事实上，我们的沉默反而误解那个无辜的人，让他根本不知道哪里得罪了你。你心里因为这样不舒服，他的名誉也因而受损。为什么你不说出口呢？很多类似这种“5元钱”的问题影响了我们的朋友情谊、爱情品质、人际关系，甚至人的情感……婆婆嫌媳妇洗的碗不干净，怕变成坏婆婆，忍着不说，自己把媳妇洗过的碗再洗一遍，媳妇当然老大不高兴；觉得媳妇的菜不顺口，硬把每餐揽来自己弄，背地里又感到自己好委屈。办公室里也一样，你虽然喜欢帮助人，但因别人搞不清楚你“助人”的尺度为何，常提出你认为过分的要求，你默默做了，却咬牙切齿地记在心里，在别的同事面前对他表示不屑。忍，不一定都是美德，除非你心甘情愿地忍了就忘了，但有多少人能够做到呢？我们想认亏了事，不愿表达自己的看法，但在无意间，我们却以成见伤害了彼此的关系或无辜者的名誉。“不知者不怪”，如果对方并不知道他哪里得罪了你，你的忍耐只会造成他受损而已。忍耐人的时候，脸色通常很难好看，如果你忍耐的对象是自己很亲密的人，他的情绪和你们的关系，一定受损得更严重。所以，有话不妨直说。

化敌为友

有一个发生在欧玛尔身上的故事，他与一个敌人争斗了30年。对手非常强大，争斗一直持续着——那是一生的战斗。

最后，有一天机会来了。敌人从他的马上摔下来，欧玛尔拿着长矛跳在他身上，仅在一秒钟之内长矛就可以刺穿敌人的心脏，一切就都能结束了。但就在那一瞬间，敌人做了一件事：他向欧玛尔的脸上吐唾沫，长矛停住了。

欧玛尔摸了摸他的脸，起身对敌人说：“明天我们重新开始。”

敌人糊涂了，他说：“这是怎么回事？我等这一刻等了30年，你等这一刻也等了30年。我一直在等待，希望有一天我能持着长矛骑在你胸前，事情就了结了。那种机会从未光顾我，却被你遇上了，你可以在一瞬间就把我干掉。你这是怎么啦？”

欧玛尔说：“这不是一场普通的战斗。我起了一个誓，一个至高无上的誓言：我将不带怒气作战。30年以来，我力争不带怒气作战，但有时愤怒又来了。当你啐我的时候，我感到愤怒，这成了私人化的事了。我想杀了你，30年来，我们为了一个目标而战。你不是我的敌人，对手无论如何都不是私人化的。我对杀你这一点没有兴趣；我只想达到这个目标，但就在刚才一瞬间，我忘记了这个目标：你是我的敌人，我想杀了你。那就是为什么我不能杀你。所以，明天我们重新开始。”

但这场争斗永远没有重新开始，因为那个敌人成了他的朋友。他说：“教教我，做我的师傅，让我做你的学生。我也想不带怒气作战。”

启示　取胜的全部秘密就是作战没有自我情绪，如果你能够没有自我情绪地作战，那么你就可以没有自我情绪地做任何事情。

梯子考验

小时候我家在新泽西州北部一座小镇的山坡上。我们家是一栋三层的房子，拥有薄荷绿的墙面、深绿色的百叶窗，以及一个老式的需要整修的铺木瓦屋顶。我们家经济拮据，因此父亲常利用晚上与周末亲自动手整修房顶。我们姊妹 20 多岁时，这个屋顶发挥了另外一项功能：父亲利用它来观察前来探访我们的年轻人。

每当年轻人初次登门造访时，父亲都会先到外面去，倚着墙撑起伸缩梯子。他会将铁锤放在梯子底端，然后爬到屋顶上假装忙碌地工作，当来访的年轻人把车子开上车道时，父亲便会很亲切地说：“喂！年轻人，我的铁锤掉了，麻烦你把它扔给我。”

如果那年轻人不情愿下车，我们的约会就会泡汤了（幸好我们都很聪明，不曾将这样的人请到家里来）。但是，如果这个人把铁锤捡起，爬上梯子，在半途就将铁锤如父亲所说的那般扔给他，那么，此人只会得到一颗星。也就是说，跟此人约会一次便已足够。

如果这个人爬上梯子把铁锤递给父亲，然后友善地和父亲闲聊，他便会得到两颗星。这表示我们可以再次与他约会。如果他真诚地与父亲交谈，他便能得到三颗星，以及父亲的尊重。

我曾有一个手艺很好的男友。他非常希望获得我的欢心，因此，他爬上梯子，花了一整个下午的时间帮父亲拆掉屋顶上的木瓦，让我一个人焦虑地守在厨房里。后来，父亲对我说此人有奇佳的人品，会试图安抚我曾受创的感情。父亲还说如果我要考虑成家的话，可以“留下这一个”（我很后悔没有照他的话做）。

我姐姐的朋友约翰帮父亲铺上木瓦，他后来成了我的姐夫。

屋顶完工后，我父母便将房子卖掉，移居他州。我的小妹无法从“梯子考验”中受益。我常忍不住想：如果父亲有另一个屋顶可修的话，我们的生活是否会平顺些。花朵很甜美、糖果很可口，但一个值得我们珍惜的男人会手拿着锤子，毫不伪装地面对我父亲，这点是鲜花与糖果无法帮我们实现的。

启示 为了判断复杂的人性，有时不得不设一些“梯子”，但只要你是真金，始终会发光的！

善听弦外之音

曹操很喜爱曹植的才华，因此想废了曹丕转立曹植为太子。当曹操将这件事征求贾诩的意见时，贾诩却一声不吭。曹操很奇怪地问：“你为什么不说话？”

贾诩说：“我正在想一件事呢！”

曹操问：“你在想什么事呢？”

贾诩答：“我正在想袁绍、刘表废长立幼招致灾祸的事。”

曹操听后哈哈大笑，立刻明白了贾诩的言外之意，于是不再提废曹丕的事了。

南北朝时，齐高帝曾与当时的书法家王僧虔一起研习书法。有一次，齐高帝突然问王僧虔说：“你和我谁的字更好？”

这问题比较难回答，说高帝的字比自己的好，是违心之言；说高帝的字不如自己，又会使高帝的面子挂不住，弄不好还会将君臣之间的关系弄得很糟糕。

王僧虔的回答很巧妙：“我的字臣中最好，您的字君中最好。”

皇帝就那么几个，而臣子却不计其数，王僧虔的言外之意是很清楚的。

高帝领悟了其中的言外之意，哈哈一笑，也就不再提这事了。

启示 在许多场合，有一些话不好直说、不能直说也无法明说，于是，旁敲侧击绕道迂回，就成为人们所采用的好方法。

找怀表

一个住在城里的地主到乡下收田租，到了佃农的谷仓，地主东看看西看看，不知何时把心爱的怀表弄丢了。地主心急如焚，佃农也不知如何是好，只好去把村里所有人发动起来搜寻怀表。翻遍谷仓，但是怀表依然不见踪影。

天色渐渐黑了，地主一脸失望的神情，村里的人也一个个回家去了，但是有个人留了下来。“我有把握找到你心爱的怀表。”这人告诉地主，信心十足。

"好吧！那就麻烦你，找到了我会奖赏你的。"

只见这个人再一次走进谷仓，找定位置后，静静地坐了下来。一切都安静了，悄然无声，但是有个小小的声音从谷仓的右后方角落传来。"滴答，滴答，滴答……"

这人像猫一样踏着几乎无声的脚步，循声走向右后方角落。到了附近，他伏身下来，耳朵贴地，在一堆稻草中找到了怀表。

启示

人生会遭遇许多事，其中很多是难以解决的。遇事时，人们心中被盘根错节的烦恼纠缠着，茫茫然不知如何面对。如果能静下心来思考，往往会恍然大悟。心静则一切豁然开朗。

钥匙

一把结实的大锁挂在大门上，一根铁杆费了九牛二虎之力，还是无法将它撬开。

钥匙来了，它瘦小的身子钻进锁孔，只轻轻一转，那大锁就啪的一声打开了。

铁杆奇怪地问："为什么我费了那么大力气也打不开锁，而你却轻而易举地就把它打开了呢？"

钥匙说："因为我最了解它的心。"

启示

每个人的心，都像上了锁的大门，任你再粗的铁杆也撬不开。唯有关怀，才能把自己变成一把细腻的钥匙，进入别人的心中，了解别人。唯有穿鞋的人，才知道鞋的哪一处挤脚。

巧用放大镜与望远镜

有一次，某位公关培训师谈到建立良好人际关系时，举了一个实例。他说无论多么漂亮的小姐，如果美容师以500倍的放大镜看她美丽的脸庞，看到的一定是坑坑洼洼，凹凸不平，使人大失所望。同样地，当我们拿望远镜看青山时，入目的尽是如画的风景，迷人的山色令人心旷神怡。然后他进一步分析道：在人际关系上，有人是永远拿着放大镜，令对方原形毕露，显得一无是处，也使自己无法相信他人、交到朋友。相反，有的人是拿着望远镜，永远都欣赏到人美丽的一面，就是这不拘小节的特性，使他们无往不利。说到这里，培训师话锋一转，告诉在座的每一位听众，这并不是说放大镜没有用，不过放大镜的焦点应该对准自己，而非别人。如果能虚心地请教他人，自觉意识到自己的不足，这样放大镜便能发挥最大的效用。

启示 严于律己，宽以待人，正是对放大镜与望远镜最好的解释。请思考，与人交往时，用放大镜或望远镜，哪一种会使你更受欢迎？

青蛙吃黄牛

有只青蛙在地上拾到一根牛毛，便把牛毛衔在嘴边，到处吹嘘说：“我今早吞了一只大黄牛。”

许多动物听了都十分惊愕，不敢相信。麻雀摇着头说：“青蛙，你就别瞎吹了，你都没有牛蹄大，怎能吞下一头牛呢？”

青蛙挺起身来，摸摸肚皮，神气地说：“哼，不相信吗？你看我嘴里还留着一根牛毛呢！”

此时，迎面刚好有头黄牛走来。

麻雀便向青蛙提出挑战：“是真是假，现在就可以马上试验，你再将这头黄牛吞下去吧！”

青蛙连忙摇手道：“不，不，今天早上才吞下一头，肚子还胀着呢，待明天饿了，我一定将这头黄牛吞下去！”

这时，黄牛走过来，牛蹄朝青蛙身上踏去。幸好，青蛙赶紧跳开，否则就会被黄牛踩死。

青蛙吓得脸色苍白。这时在树上的麻雀大声笑道：“青蛙，且慢跑开，还有几根毛你忘了拿吧！”

启示 讲大话虽不需要什么本钱，但过分夸大某种商品的好处或个人的才能，往往让人有种被骗的感觉。或许会骗过一时，但事情的真相最终会水落石出。

双倍学费

有一个年轻人向大哲学家苏格拉底请教演讲的方法。他为了表示自己有好口才，滔滔不绝地讲了许多话。

末了，苏格拉底要他缴纳双倍学费。

那位年轻人惊诧地问道：“为什么要我加倍付费呢？”

苏格拉底说：“因为我得教你两样功课，一是怎样闭嘴，另外才是怎样演讲。”

启示

成功的演讲家，应该是有张有合的。该讲则讲，不该讲则不讲；该点则点，点到即止，恰到好处。对这种似懂非懂，对演讲技巧一窍不通而又自作聪明的人来讲，教起来只会更费劲。

搬家

有一只小鸟收拾家当准备搬家时遇到了它的邻居。

它的邻居问："你要往哪里去？"

小鸟答："我要搬到东边的树林去。"

邻居又问："在这里住得好好的，为什么要搬呢？"

小鸟回答："你真的有所不知！这里的人都讨厌我的歌声，说我唱得太难听，所以我必须搬家。"

邻居答道："其实你不用搬家，只要改变唱歌的声音便可以。如果你不改变唱歌的声音，就算你搬到东边的树林去，那里的人也一样会讨厌你。"

启示

有人经常埋怨环境、埋怨别人不适合自己，或者自己不适合别人，于是就不断做出改变，希望可以找到一个安身立命的地方，找到一个情投意合的人。这些其实只是将责任推卸给环境和别人的借口，但问题根本不在外界和别人身上。正所谓"人贵自知"，如果一个人不懂得自我反省，无论他去到世界任何一个地方，都会犯同一个错误，最终只会落得心力交瘁、精疲力竭，不知道自己应该归向何处。

施舍

拉哈布昂着头，大步走着，他没有带遮阳伞，对灼人的烈日毫不在意。拉哈布恪守自己的处事原则，他天生一副傲骨，不屈从任何人和事。他尽自己的能力帮助别人，却从不指望得到旁人的任何恩惠。他追求的只是一辈子活得有尊严、有骨气。

拉哈布正走着，一个车夫拉着黄包车来到他身边。车夫摇着铃铛问道："先生，您需要车吗？"

拉哈布转过头，发现那个人瘦得皮包骨头，目光里似乎透露出贪婪的神情。"只有那些没有人性的家伙才会以黄包车代步。"这是拉哈布坚定不移的观点。因此，他一辈子连轿子都没有坐过一回，认为那简直就是犯罪。他用那粗布缝制的甘地服的袖子擦擦头上的汗珠，连声说道：“不，不，我不要。”说完继续走自己的路。

车夫拉着车子跟在他后面，一路不停地摇铃。忽然间，拉哈布的脑子里闪出一个念头：也许拉车是这个穷汉唯一的生存手段。拉哈布是个有学问的人，许多概念——资本主义、平等、穷苦人、劳动分配、农村的赤贫、工业、封建主义等——片刻之间都闪进了他的脑海。他又一次回头看了看那车夫——天呐，他是那样的面黄肌瘦！拉哈布心里顿时对他生出了怜悯之情。

车夫摇着铃铛，又招呼拉哈布道：“来吧，先生！我送您，你要去哪里？”

“去希布塔拉，你要多少钱？”

“6便士。”

“好吧，你跟我来！”拉哈布继续步行。

“请上车，先生。”

“跟我走吧！”拉哈布加快了脚步。

车夫跟在他后面小跑。时不时地，拉哈布回头对车夫说：“跟着我！”到了希布塔拉，拉哈布从衣兜里掏出6便士递给车夫，说：“拿去吧！”

“可您根本没坐车呀。”

“我不坐黄包车，我认为那是一种犯罪。”

“啊？可您一开始就该告诉我！”车夫的脸上露出一种鄙夷的神情。他擦了擦脸上的汗，拉着车子走开了。

“把这钱拿去吧，它是你应得的！”

“可我不是乞丐！”车夫拉着车，消失在街的拐角处。

启示　不要用自己的观念去衡量别人的所作所为。

个人素质篇

第五部分

THE FIFTH PART

情绪控制

不是为了生气而种兰花的

有一位禅师非常喜爱兰花，在平日弘法讲经之余，花费了许多时间栽种兰花。有一天，他要外出云游一段时间，临行前交代弟子们要好好照顾寺里的兰花。在这期间，弟子们总是细心照顾兰花，但有一天在浇水时却不小心将兰花架碰倒了，所有的花盆都跌碎了，兰花散了满地。弟子们非常恐慌，打算等师父回来后，向师父赔罪领罚。

禅师回来后，不但没有责怪弟子们，反而说道："我种兰花，一来是希望用来供佛，二来也是为了美化寺里环境，不是为了生气而种兰花的。"

禅师说得好，"不是为了生气而种兰花的。"而禅师之所以看得开，是因为他虽然喜欢兰花，但心中却不太在意兰花这个事物。因此，兰花的得失，并不影响他心中的喜怒。

启示

同样地，在日常生活中，我们牵挂得太多。我们太在意得失，所以我们的情绪总是跌宕起伏，我们不快乐。在生气之际，我们如能多想想："我不是为了生气而工作的""我不是为了生气而教书的""我不是为了生气而交朋友的""我不是为了生气而做夫妻的""我不是为了生气而生儿育女的"，那么我们会为我们烦恼的心情辟出另一片天空。

钉子

有一个脾气很坏的男孩，他父亲给了他一袋钉子，并且告诉他，每当他发脾气的时候就钉一个钉子在后院的围栏上。第一天，这个男孩钉下了37根钉子。慢慢地，每天钉下的数量减少了，他发现控制自己的脾气要比钉下那些钉子容易。终于有一天，这个男孩再也不会失去耐性，乱发脾气了。他告诉父亲这件事情。父亲又说，现在开始每当他能控制自己脾气的时候，就拔出一根钉子。一天天过去了，最后男孩告诉他的父亲，他终于把所有钉子给拔出来了。

父亲拉着他的手来到后院，说："你做得很好，我的好孩子，但是看看那些围栏上的洞。这些围栏将永远不能恢复到从前的样子。你生气的时候说的话就像钉子一样会给别人留下疤痕。如果你拿刀子捅别人一刀，不管你说了多少次对不起，那个伤口将永远存在。话语带来的伤痛就像真实的伤痛一样令人无法承受。

启示　人与人之间常常因为一些无法释怀的坚持而造成永远的伤害。如果我们都能从自己做起，开始宽容地看待他人，相信你一定能收到许多意想不到的结果。为别人开启一扇窗，也能让自己看到更完整的天空。

掉在地上的冰激凌

一个小男孩高兴地拿着一个大蛋卷冰激凌，一边走一边吃，好不快活。忽然一个不小心，整个冰激凌掉到地上，散成一片。

小男孩待在那里不知所措，甚至也哭不出来，只是睁大了眼睛看着一地的冰激凌。

这时有个老太太走过来，对小男孩说：“好吧，既然你碰到这样坏的遭遇，脱下鞋子，我给你看一件有意思的事情。”

老太太接着说：“用脚踩冰激凌，重重地踩，看冰激凌从你脚趾缝隙中冒出来。”小男孩照着她的话做了。

老太太高兴地笑着说：“我敢打赌，这里没有一个孩子有过光脚踩冰激凌的感觉。现在跑回家去，把这有趣的经历告诉你妈妈。要记住，不管遭遇什么，你总可以在其中找到乐趣。”

启示　任何事情都有两面，何必一定要被负面的情绪所捆绑？换个心情去享受眼前的一切吧。不同的心情必会产生不同的乐趣。

好心情

杰瑞是美国一家餐厅的经理，他总是心情很好，当别人问他最近过得如何，他总是有好消息可以说。

当他换工作的时候，许多服务生都跟着他从这家餐厅换到另一家，为什么呢？因为杰瑞是个天生的激励者，如果有某位员工今天运气不好，杰瑞总是适时告诉那位员工往好的方面想。

看到这样的情境真的让我很好奇，所以有一天我到杰瑞那里问他：“我认为没有人能够老是那样积极乐观，你是怎么办到的？”

杰瑞回答：“每天早上起床后，我会告诉自己，今天有两种选择：可以选择好心情，也可以选择坏心情，我总是选择好心情；即使有不好的事发生，我可以选择做个受害者，或是选择从中学习，我总是选择从中学习；每当有人跑来跟我抱怨，我可以选择接受抱怨，或者指出生命的光明面，我总是选择指出生命的光明面。”

“但并不是每件事都那么容易啊！”我抗议说。

“的确如此。”杰瑞说，“生命就是一连串的选择，每个状况都是一个选择，你选择如何响应，你选择人们如何影响你的心情，你选择处于好心情或是坏心情，你选择如何过你的生活。”

数年后，我听说杰瑞做了一件你绝对想不到的事：

有一天他忘记关上餐厅的后门，结果3个武装歹徒在早上闯入抢劫，他们胁杰瑞打开保险箱。由于过度紧张，杰瑞弄错了一个号码，惊慌的抢匪开枪打了杰瑞。杰瑞很快被邻居发现，紧急送到医院抢救，经过18小时的外科手术，杰瑞终于脱离了生命危险，但还有粒子弹留在他身上。

事件发生6个月之后我遇到杰瑞，我问他最近怎么样，他回答：“我很幸运了。要看看我的伤痕吗？”

我婉拒了，但我问了他一个问题：当抢匪闯入的时候，他在想什么。

杰瑞答道：“我第一件想到的事情是我应该锁后门的，当他们击中我之后，我躺在地板上，还记得我有两个选择：我可以选择生，或选择死。我选择活下去。”

“你不害怕吗？”我问他。

杰瑞继续说：“医护人员真了不起，他们一直告诉我没事，放心。但是在他们将我推往手术室的路上，我看到医生和护士脸上露出忧虑的神情，我真的被吓坏了，他们的眼神好像在说：他已经是个死人了。我知道我需要采取行动。

“当时你做了什么？”我问。

杰瑞说：“当时有个高大的护士用吼叫的音量问我一个问题。她问我是否会对什么东西过敏。”

我回答：“有。”

这时医生跟护士都停下来等待我的回答。

我深深地吸了一口气喊着：“子弹！”

这时医生和护士都在笑，脸上的忧虑神情都渐渐消失了，听他们笑完之后，我告诉他们：“我现在选择活下去，请把我当作一个活生生的人来开刀！”

启示

每天你都能选择享受你的生命，或是憎恨它，这是唯一真正属于你的权利，没有人能够控制或夺去的东西，就是你的态度。如果你能时时注意这个事实，你生命中的其他事情都会变得容易许多。

你喜欢生气吗

有一个叫作爱地巴的人，每次生气和人起争执的时候，就以很快的速度跑回家去，绕着自己的房子和土地跑3圈，然后坐在田地边喘气。爱地巴工作非常勤劳努力，他的房子越来越大，土地也越来越广，但不管房子和土地有多大，只要与人争论，他还是会绕着房子和土地跑3圈。所有认识他的人心里都对他为何这样做感到疑惑，但是不管怎么问他，爱地巴都不愿意说明。

直到有一天，爱地巴很老了，他的房子和土地已经非常广大了。他生气后，拄着拐杖艰难地绕着土地跟房子转，等他好不容易走完3圈，太阳都下山了。爱地巴独自坐在田边喘气，他的孙子在身边恳求他："您已经年纪大了，这附近的人也没有人的土地比您的更大，您不能再像从前，一生气就绕着土地跑啊。您可不可以告诉我这个秘密，为什么您一生气就要绕着土地跑上3圈？"

爱地巴禁不起孙子恳求，终于说出了隐藏在心中多年的秘密："年轻时，我一和人吵架、争论、生气，就绕着房子和土地跑3圈，边跑边想，我的房子这么小，土地这么小，我哪有时间，哪有资格去跟人家生气。一想到这里，气就消了，于是就把所有时间用来努力工作。"

孙子问道："您现在年纪老了又是这里最富有的人，为什么还要这样跑？"

爱地巴笑着说："我现在还是会生气，生气时绕着房子土地走3圈，边走边想，我的房子这么大，土地这么多，我又何必跟人计较？一想到这里，气就消了。"

启示

每一枝玫瑰都有刺，正如每一个人的性格中，都有你不能容忍的部分，爱护一枝玫瑰，并不是得努力把它的刺根除，只能学习如何不被它的刺刺伤。人还要学习如何不让自己的刺刺伤所爱的人。

我该让谁来决定我的行为

著名专栏作家哈理斯和朋友在报摊买报纸，朋友礼貌地对报贩说了声"谢谢"，但报贩却冷着一张脸，没发一言。

"这家伙态度很差，是不是？"他们继续前行时，哈理斯问道。

"他每天晚上都是这样的。"朋友说。

"那么你为什么还对他那么客气？"哈理斯问他。

朋友答道："为什么我要让他决定我的行为？"

启示　别人的态度很差，或许是他的习惯，或许是他现在的心情不好。我们没有必要因为他而弄坏自己的心情。

生气的背后

有位父亲下班回家，一进门就看到10多岁的女儿正在用他的工具修理东西，而工具散落一地，使客厅凌乱不堪，他便忍不住开始破口大骂，聪明的女儿在收拾干净后跑来拥抱他，然后问："爸爸，你今天在办公室里一定遇到了不愉快的事，是吗？"

这位懂事的女孩了解爸爸的怒气不完全是针对她，而是他可能因为别的事受伤了，因此她没有情绪反应，反而能安慰爸爸，这是极大的智慧。

我们在生活中是否也常遇到类似的状况？例如，孩子放学回来重重地把书包一摔，问他发生了什么事，他却不礼貌地说："你好烦喔！"

太太问先生晚上吃什么，先生竟不客气地说："跟你结婚这么久了，我爱吃什么你还不知道吗？"

先生下班回来看到太太抱着孩子沮丧地坐在客厅里，便过去关心地问："心情不好吗？"没想到太太却生气地说："你怎么到现在才回来？"

在这些情况中，若当事人都认为对方针对你在发脾气，一定也会开始生气，不是骂或回一句难听的话，就是用冷漠与回避来拒绝对方。因为我们也受伤了，需要自我防卫。

但如果我们能看到：他对我凶，是因为他受伤了，事情就能比较正确地解决。

我们该如何去面对一个心灵受伤的人呢？首先，他需要被了解，被接纳。

妈妈可以对孩子说："你今天在学校受委屈了，来，告诉我发生了什么事。"

太太可以对发脾气的先生说："你心情不好，除了我之外，还有谁惹你生气啊？"

而那位先生可以对沮丧的太太说："一整天在家带孩子真辛苦，你希望我现在为你做什么吗？"

如此，对方的情绪一定能很快稳定下来，在感受到被了解与接纳后，他甚至可能因刚才失礼的表现觉得内疚。

从另一个角度来看，当我们自己成为那个敏感、易怒、无理、情绪失控的人的时候，我们也应意识到其原因很可能是我们曾经受伤，而伤口尚未复原。就像有次我的脚趾受伤，家人从我身边经过碰到了它，我痛得本能地大叫：“你为什么踩我？很痛！”

我把家人吓了一跳。他是故意踩我吗？绝不是。其实他只是碰了一下，也不是故意要伤害我。

但若没有伤口，就算他踩到了，我也不会生气。我又痛又叫是因为有个未复原的伤口存在，每当别人去碰它一下，或自己不小心踢到，就痛得生气，也使对方不敢接近我。

心灵的伤口也是一样。有位姐姐在电话中啜泣着对我说：“我觉得我快把我的孩子毁了，她们一点儿小小的错误，就会让我气得对她们怒吼，我知道我不该说那些难听的话，但就是没办法控制。”

我对她说：“那是因为你自己曾经受过很深的伤害，没有完全被医治，而她们碰到了你的伤口。”

这位姐姐的伤口是自卑感，不确定自己的价值，以致当孩子表现不佳，她就觉得被否定了，愤怒只是被否定之后的本能反应。

启示　若我们能了解自己内心尚待医治或解决的问题，再正确地对症下药，必能成为情绪稳定、别人喜欢接近的人。不快乐不是别人造成的，乃是自己内心出了问题。

盛赞之下怒气消

相传古时有一个宰相请一个理发师理发。理发师给宰相理到一半时，也许是过分紧张，不小心把宰相眉毛刮掉了。呀！不得了了，理发师暗暗叫苦，深知宰相必然会怪罪下来，那可吃不消呀！

理发师是个常在江湖上走的人，深知人的一般心理：盛赞之下怒气消。他情急智生，连忙停下剃刀，故意两眼直愣愣地看着宰相的肚皮，仿佛要把宰相的五脏六腑看个透。

宰相见他这模样，感到莫名其妙，迷惑不解地问道：“你不修面，却光看我的肚皮，这是为什么呢？”

理发师忙解释说：“人们常说，宰相肚里能撑船，我看大人的肚皮并不大，怎能撑船呢？”宰相一听理发师这么说，哈哈大笑：“那是说宰相的气量最大，对一些小事情，都能容忍，从不计较的。”

理发师听到这话，“扑通”一声跪在地上，声泪俱下地说：“小的该死，方才修面时不小心，将相爷的眉毛刮掉了！相爷气量大，请千万恕罪。”

宰相一听啼笑皆非：没有眉毛，叫我今后怎么见人呢？不禁勃然大怒，正要发作，但又冷静一想：自己刚讲过宰相气量最大，怎能为这小事，给他治罪呢？

于是，宰相便豁达温和地说："无妨，且去把笔拿来，把眉毛画上就是了。"

启示

一声盛赞，令人怒不起来。企业管理者在与人沟通时一定要运用赞美的办法，往往能够得到意想不到的结果。

什么样的人最快乐

英国《太阳报》曾以"什么样的人最快乐"为题，举办了一次有奖征答活动，从应征的8万多封来信中评出4个最佳答案：

（1）作品刚刚完成，吹着口哨欣赏自己作品的艺术家；

（2）正在用沙子筑城堡的儿童；

（3）为婴儿洗澡的母亲；

（4）千辛万苦开刀后，终于挽救了危重病人的外科医生。

启示

要使自己成为快乐的人，从第一个答案中，我们知道必须工作，有工作，就会使人快乐。

第二个答案告诉我们，要学会快乐，必须充满想象，对未来充满希望。

第三个答案告诉我们，要学会快乐，一定要心中有爱——那种无私的、不计回报的爱。

第四个答案告诉我们，要学会快乐，一定要有能力，要有助人为乐的技能。

只有这样的人，世人才会给他最美妙的报偿。

脱掉你的外套

一个女孩毫无道理地被老板炒了鱿鱼。

中午，她坐在单位喷泉旁边的一条长椅上黯然神伤，她感到她的生活失去了颜色，变得黯淡无光。这时她发现有一个小男孩站在她的身后咯咯地笑，她就好奇地问小男孩在笑什么。

"这条长椅的椅背是早晨刚刚漆过的，我想看看你站起来时的后背是什么样子。"小男孩说话时一脸得意的神情。

女孩一怔，猛地想到：昔日那些刻薄的同事不正和这小家伙一样躲在我的身后想窥探我的失败和落魄吗？我决不能让他们得逞，我决不能丢掉我的志气和尊严。

女孩想了想，指着前面，对那个小男孩说："你看那里，那里有很多人在放风筝呢。"等小男孩发觉到自己受骗而恼怒地转过脸时，女孩已经把外套脱了拿在手里，她身上穿的鹅黄色毛线衣让她看起来青春漂亮。小男孩甩甩手，嘟着嘴，失望地走了。

启示

生活中的失意随处可见，真的就如那些油漆未干的椅背在不经意间让你苦恼不已。但是如果已经遇上了，也别沮丧，以一种"猝然临之而不惊，无故加之而不怒"的心态面对，脱掉你脆弱的外套，你会发现，新的生活才刚刚开始！

误会

很久以前，在美国阿拉斯加某地有一对年轻夫妇，太太因难产而死，遗下一个孩子。丈夫忙于生活，没什么空看孩子。因而他训练了一只狗，那狗聪明听话，能照顾孩子，咬着奶瓶喂奶给孩子喝。有一天，主人出门去了，叫狗照顾孩子。他到了别的地方，因遇大雪，当日不能回来，第二天才赶回家。他把房门打开一看，到处是血，抬头一望，床上也是血，孩子不见了，狗在身边，满口也是血。主人发现这种情形，以为狗兽性发作，把孩子吃掉了，盛怒之下，拿起刀来向着狗头一劈，把狗杀死了。

之后，他突然听到孩子的声音，又见孩子从床下爬了出来，于是抱起孩子，虽然孩子身上有血，但并未受伤。他很奇怪，不知究竟是怎么一回事。于是他看向狗，才发现狗身上、腿上的肉被咬掉了好多，狗旁边有一只死狼，嘴里还咬着狗肉。原来，狗救了小主人，却被主人误杀。这真是可悲的误会。

启示

误会往往在人不了解、不理智、无耐心、缺少思考，未能体谅对方，反省自己，感情极为冲动的情况下所发生。人困于误会之中，只会想到对方的千错万错。这样一来，误会便越来越严重，弄到不可收拾的地步。人对小动物——狗所发生的误会，尚且有如此可怕的后果。如果人与人之间发生误会，后果更是难以想象。

消气

古时候，有一个妇人，特别喜欢为一些琐碎的小事生气，她也知道自己这样不好，便去求一位高僧为自己谈禅说道，开阔心胸。

高僧听了她的讲述，一言不发地把她领到一座禅房中，落锁而去。

妇人气得跳脚大骂。骂了许久，高僧也不理会。妇人又开始哀求，高僧仍置若罔闻。妇人终于沉默了。高僧来到门外，问她："你还生气吗？"

妇人说："我只为我自己生气，我怎么会到这地方来受这份罪。"

"连自己都不原谅的人怎么能心如止水？"高僧拂袖而去。

过了一会儿，高僧又问她："还生气吗？"

"不生气了。"妇人说。

"为什么？"

"气也没有办法呀。"

"你的气并未消逝，还压在心里，爆发后将会更加剧烈。"高僧又离开了。

高僧第三次来到门前，妇人告诉他："我不生气了，因为不值得气。"

"还知道值不值得，可见心中还有衡量，还是有气根。"高僧笑道。

当高僧迎着夕阳立在门外时，妇人问高僧："大师，什么是气？"

高僧将手中的茶水倾洒于地。妇人视之良久，顿悟。叩谢而去。

启示

何苦要生气？气便是别人吐出而你却接到口里的那种东西，你吞下便会反胃；你不理会时，便会消散。生气是用别人的过错来惩罚自己的蠢行。夕阳如金，皎月如银，人生的幸福和快乐尚且享受不尽，哪里还有时间去生气呢？

小河与沙漠

有一条小河从遥远的高山上流下来，经过了很多个村庄与森林，最后来到了一片沙漠。它想：我已经越过了重重障碍，这次应该也可以越过这片沙漠吧！当决定越过这片沙漠的时候，它发现它的河水渐渐消失在泥沙当中，它试了一次又一次，总是徒劳无功，于是它灰心了："也许这就是我的命运了，我永远也到不了传说中那个浩瀚的大海。"它颓丧地自言自语道。

这个时候，四周响起一阵低沉的声音："如果微风可以跨越沙漠，那么河流也可以。"原来这是沙漠发出的声音。小河很不服气地回答说："那是因为微风可以飞过沙漠，可是我却不行。”

“因为你坚持你原来的样子，所以你永远也无法跨越这片沙漠。你必须让微风带着你飞过这片沙漠，到达你的目的地。只要你愿意改变你现在的样子，让自己蒸发到微风中。”沙漠用低沉的声音说道。

小河从来不知道有这样的事情。“放弃我现在的样子，那么不等于是自我毁灭了吗？我怎么知道这是真的？”小河问道。

“微风可以把水汽包含在它之中，然后飘过沙漠，到了适当的地点，它就把这些水汽释放出来，变成雨水。然后这些雨水又会形成河流，继续向前进。”沙漠很有耐心地回答道。“那我还是原来的河流吗？”小河问。“可以说是，也可以说不是。”沙漠回答。“不管你是一条河流或是看不见的水蒸气，你内在的本质从来没有改变。你之所以会坚持你是一条河流，是因为你从来不知道自己内在的本质。”

此时，小河隐隐约约地想起了似乎自己在变成河流之前，似乎也是由微风带着自己，飞到内陆某座高山的半山腰，然后变成雨水落下，才变成今日的河流。于是小河终于鼓起勇气，投入微风张开的双臂，消失在微风中，让微风带着它，奔向它的目的地。

启示

我们生命的历程也像小河一样。想要跨越生命中的障碍，达成某种程度的突破，向我们的愿景和目标迈进，也许要有放下自我，改变自我的智能与勇气，迈向未知的领域。

斗鸡的心理战术

周宣王很喜欢观看斗鸡。他的臣子中有位专门驯养斗鸡的纪浪子。

有一天，有人从外地送来一只很强壮的斗鸡，周宣王很高兴地将它交给了纪浪子。过了几天，周宣王问道：“几天前交给你的斗鸡，你将它训练得怎样了？可以上场比斗了吗？”纪浪子说：“还不可以，因为这只鸡血气方刚，斗志高昂，还不宜上场。”再过几天，急性的周宣王又问同样的问题。纪浪子回答说：“还不能上场。因为这只鸡看到其他鸡的影子，就会冲动，所以还不能上场。”又过了几天，周宣王再问。这回，纪浪子说：“可以了！因为当它看到其他斗鸡，听到它们的声音时，一动也不动，它的心已不受外物所动，就像木鸡一样，现在可以上场了！”

于是，周宣王便用这只鸡去参加斗鸡比赛，它一上场就稳稳站立，一动不动，即使其他斗鸡在它身边百般挑逗，它仍然无动于衷，以眼睛注视对方，对方被吓得连连后退，没有一只鸡敢向它挑战。

启示

我们要以宽容的心去对待每个人，不要动不动就心浮气躁，以为别人都在与我们作对。例如，当别人对我们的建议或言论提出异议时，不要轻易动怒，应心平气和地聆听，有时则应“大智若愚”，发挥“斗鸡的心理战术”——以静制动，往往会取得意想不到的效果。

抓住生命的树枝

一个旅行者在草原上被一只狂怒的野兽追赶。旅行者为了逃生，藏到一口无水的井口，然而，他看见井底有一条巨蟒，张着血盆大口想吞噬他。这个不幸的人不敢爬出井口，否则会被狂怒的野兽吃掉；他也不敢跳入井底，否则会被巨蟒吞噬，他死死地抓住井缝里生长出来的野灌木枝条。他的手越来越无力，他感到不久后就会向危险投降，那危险正在井口和井底两头等着他。他仍然死死地抓住灌木。忽然，两只老鼠开始啃咬他抓住的灌木主枝。灌木随时都会断裂，旅行者随时都会落入蟒的巨口。旅行者目睹着这一切，深知必死无疑，而在他死死抓住灌木的时候，却看见灌木的树叶上挂着几滴汁液，他便把舌头伸过去，舔舐着这最后的快乐。

启示

在紧要关头消除某种单一的压力和恐惧，对于勇者来说，也许并没什么了不起；而要消除多方面的压力和恐惧，在进退两难的境遇中，以全部的力量向险恶的势力抗争，格外不易。倘若面对无法抗衡的压力的威胁，等到生命的最后时刻，仍能够镇定自如地去发现和体味鲜有的快乐，则体现出一种真正强悍和超然的英雄本色。

各有其用

有一天，眼睛、鼻子和口在开会，大家都对眉毛表示抗议。眼睛说：“眉毛有什么用处？凭什么要在我们的上面？我眼睛可以看东西，我要是不看，人连路都走不成了！”鼻子听了不服气：“我鼻子可以嗅香和臭，感觉最灵敏，眉毛算什么？它怎么可以站在我们的上面？”

听了这一段话后，口也不服了，说：“脸上我最重要！我一不吃东西人就活不了。我应该站在最上面。眉毛最没用，它应该站在最下面才对！”眼睛、鼻子及口都在互相争执，对眉毛发出抗议。

眉毛听后，心平气和地对它们说：“既然你们都以为自己最有用，那我就在你们的下面吧！”

说着，眉毛便走到眼睛下，后到鼻子下，再到口下，结果人家都认为难看极了。眼睛、鼻子和口只好决定让眉毛回到原处去，还是那里看起来比较适合。

启示

很多人都将自己看得过高，自认样样都好，而别人则个个不如自己，唯有自己看自己最顺眼，这是非常错误的。世上每个人都有优点值得我们学习，因此我们必须“取他人之长，补自己之短”。这样才能胜人一筹。

自寻烦恼

有一个人去看医生，对医生说自己好像得了癌症。医生给他仔细地做了全面检查之后说：“没有任何症状表明你得了癌症。”这个人说：“可是根据医书上说，癌症初期无症状呀。”

有一项针对忧虑的研究调查显示，人们所忧虑的事情当中：

有 40% 的事情是从未发生过的。

有 30% 是过去发生的事情，再忧虑也无法改变的事实。

有 12% 是担心自己的健康问题，而这些忧虑是多余的。

另外有 10% 是忧虑那些琐碎的事情。比如明天会不会下雨等等。

只有 8% 是真正值得忧虑的事情。而 8% 里面的一半，也就是 4% 是完全不能控制的事情。例如会不会发生战争等等。因此，从这个研究中指出我们所有忧虑的事情当中，竟然高达 96% 是多余的。

启示

万事无忧三守则：

第一条：不要为小事担忧。

第二条：所有事情都是小事。过 5 年、10 年再看看，所有事不都是小事吗？

第三条：万一真的碰上大事，请看第二条。

小和尚扫树叶

有个小和尚，每天早上负责清扫寺庙院子里的落叶。

清晨起床扫落叶实在是一件苦差事，尤其在秋冬之际，每一次起风时，树叶总是随风落下。

每天早上都需要花费许多时间才能清扫完树叶，这让小和尚头痛不已，他一直想要找个好办法让自己轻松些。

后来有个和尚对他说："你在明天打扫之前先用力摇树，把落叶统统摇下来，后天就可以不用扫落叶了。"

小和尚觉得这是个好办法，于是隔天他起了个大早，使劲摇晃大树，这样他就可以把今天跟明天的落叶一次扫干净了。一整天小和尚都非常开心。

第二天，小和尚到院子里一看，傻眼了——院子里如往日一样落叶满地。

老和尚走了过来，对小和尚说："傻孩子，无论你今天怎么用力，明天的落叶还是会飘下来的。"

小和尚终于明白了。世上有很多事是无法提前预料的，唯有认真地活在当下，才是最正确的人生态度。

启示

许多人喜欢预支明天的烦恼，想要早一步解决掉明天的烦恼。明天如果有烦恼，在今天是无法解决的，每一天都有每一天的人生功课要交，努力做好今天的功课再说吧！

个人素质篇

第六部分

THE SIXTH PART

自我设限

单纯能处理任何危机

英国某家报纸曾举办了一项高额奖金的有奖征答活动：

在一个充气不足的热气球上，载着三位关系世界兴亡命运的科学家。

第一位是环保专家，他的研究可使人免于因环境污染而面临死亡的噩运。

第二位是核专家，他有能力防止全球性的核战争，使地球免于遭受灭亡的绝境。

第三位是粮食专家，他能在不毛之地运用专业知识成功地种植农作物，使几千万人脱离饥荒。

此刻，热气球即将坠毁，必须丢出一个人以减轻载重，使其余的两人得以存活，请问该丢下哪一位科学家？问题刊出之后，因为奖金数额庞大，信件如雪片飞来。

在这些信中，每个人皆竭尽所能，甚至天马行空地阐述他们认为必须丢下哪位科学家的宏观见解。最后结果揭晓，巨额奖金的得主是一个小男孩。他的答案是：将最胖的那位科学家丢出去。

启示 有时候我们面对问题的时候患得患失，而不能从根本上解决问题。如果我们能单纯一点儿，很多问题就能轻松解决。

盲者的启示

在从纽约到波士顿的火车上，我发现隔壁座位的老先生是位盲人。我的博士论文指导教授就是位盲人，因此我和盲人谈起话来，一点儿困难也没有，我还弄了杯热腾腾的咖啡给他喝。

我们谈到了种族偏见的问题。

老先生告诉我，他来自美国南方，从小就瞧不起黑人，他家的用人是黑人，他在南方时从未和黑人一起吃过饭，也从未和黑人一起上过学。到了北方念书，有次，他被班上同学指定办一次野餐会，他居然在请帖上注明“我们保留拒绝任何人的权利”。在美国南方，这句话就是“我们不欢迎黑人”的意思，当时全班哗然，他还被系主任抓去骂了一顿。他说有时碰到黑人店员，付钱的时候，他总将钱放在柜台上，让黑人去拿，不肯和黑人的手有任何接触。

我笑着问他：“那你当然不会和黑人结婚了。”

他大笑起来："我不和他们来往，如何会和黑人结婚？说实话，我当时认为任何白人和黑人结婚，都会使父母蒙羞。"但他在波士顿念研究生的时候，发生了车祸。虽然大难不死，可是眼睛完全失明，什么也看不见了。他进入一家盲人康复院，在那里学习如何使用盲文，如何靠手杖走路等等。慢慢地，他终于能够独立生活了。

他说："我最苦恼的是，我弄不清楚对方是不是黑人。我向我的心理辅导员谈到这个问题，他也尽量开导我，我非常信赖他，什么都告诉他，将他看成良师益友。

有一天，那位辅导员告诉我，他本人就是黑人。从此以后，我的偏见完全消失了。我看不出对方是白人还是黑人，对我来讲，我只知道他是好人，不是坏人，至于肤色，对我已毫无意义了。"

车快到波士顿了，老先生说："我失去了视力，也失去了偏见，这是一件多么幸福的事啊。"在月台上，老先生的太太已在等他，两人亲切地拥抱。我猛然发现他太太竟是一位满头银发的黑人。

启示

眼睛在很多时候误导甚至欺骗了我们，盲者倒是幸运，因为他必须用心去感受这个世界，这种感受更为真切。所以，看待事物不仅要用眼，还要用心。仅用眼睛去观察世界，多半是不全面的；而用心则能体悟到真谛。

蜜蜂和苍蝇的不同命运

如果你把 6 只蜜蜂和 6 只苍蝇装进一个玻璃瓶中，然后将瓶子平放，让瓶底朝着窗户，会发生什么情况？

你会看到，蜜蜂不停地想在瓶底上找到出口，一直到它们力竭倒毙或饿死；而苍蝇则会在两分钟之内，穿过另一端的瓶颈逃逸一空，事实上，正是由于对光亮的喜爱，由于较高的智力，蜜蜂才没有找到出口。

蜜蜂以为，囚室的出口必然在光线最明亮的地方；它们不停地重复着这种合乎逻辑的行动。对蜜蜂来说，玻璃是一种超自然的神秘之物，它们在自然界中从没遇到过这种突然不可穿透的透明之物；而它们的智力越高，这种奇怪的障碍就越显得无法接受和不可理解。

那些愚蠢的苍蝇则对事物的逻辑毫不留意，全然不顾亮光的吸引，四下乱飞，结果误打误撞地碰上了好运气；这些头脑简单者总是在智者消亡的地方顺利得救。因此，苍蝇得以发现出口，并因此获得自由和新生。

上面所讲的故事并非寓言，而是美国密歇根大学教授卡尔·韦克转述的一个绝妙的实验。韦克是一个著名的组织行为学者，著有《组织的社会心理学》等书。

韦克总结道："这件事说明，实验、坚持不懈、试错、冒险、即兴发挥、最佳途径、迂回前进、混乱、刻板和随机应变，所有这些都有助于应对变化。"

启示

企业生存的环境可能突然从正常状态变得不可预期、不可想象、不可理解，企业中的"蜜蜂"们随时会撞上无法理喻的"玻璃之墙"。领导者的工作就是赋予这种变化以合理性，并找出带领企业走出危机的办法，从混乱中理出秩序。但在一个经常变化的世界里，混乱的行动也比有序的停滞好得多。如果你想成为非常成功的人，必须有全新的思维。这个世界变化太大，我们需要张开双臂，全身心地投入这一时代，学会用不同的方式思考问题，在这个充满变革的时代里，我们要加快速度前进，努力创新，才会有前途。

汽车的马力有多大

俄克拉何马州的土地上发现了石油，该地的所有权属于一位年老的印第安人。这位老印第安人终生都在贫穷之中，一发现石油以后，顿时变成了有钱人。于是他买下一辆凯迪拉克豪华旅行车，还买了一顶林肯式礼帽，戴了蝴蝶结，并且抽着一根黑色大雪茄，这就是他出门时的装备。每天他都开车到附近的小俄克拉何马城。他想看到每一个人，也希望被每个人所看到。他是一个友善的老人，当他开车经过城镇时，会把车一下子开到左边，一下子开到右边，跟他所遇见的每个人说话。有趣的是，他从未撞过人，也从未伤害人。理由很简单，在他的大汽车正前方，有两匹马拉着。

当地的技师说那辆汽车一点儿毛病也没有，这位老印第安人永远学不会插入钥匙去发动引擎，汽车内部有 100 马力，而现在许多人都误以为那辆汽车只有 2 马力而已。

启示

现在的科学表明，我们一个人的一生，所开发使用的能力是本身所拥有的 2% ~ 5%。问题的关键不是我们笨，而是我们要学会“插入钥匙去发动引擎”，调动我们内在的能力去创造一个更美好的未来。人类最大的悲剧并不是天然资源的巨大浪费，而是人力资源的浪费。

鲨鱼与热带鱼

曾有人做过实验，将一只最凶猛的鲨鱼和一群热带鱼放在同一个池子，然后用强化玻璃隔开。最初，鲨鱼每天不断地冲撞那块看不到的玻璃，可是这只是徒劳，它始终不能游到对面去。而实验人员每天都放一些小鱼在池子里，所以鲨鱼也不缺少食物，只是它仍想到对面去，想品尝那美丽的热带鱼的美味。它试了每个角落，每次都是用尽全力，但每次也总是弄的伤痕累累，有好几次都浑身破裂出血。每当玻璃一出现裂痕，实验人员就会加上一块更厚的玻璃。

后来，鲨鱼不再冲撞那块玻璃了，对那些斑斓的热带鱼也不再在意，好像它们只是墙上会动的壁画，它开始等着每天固定会出现的小鱼，然后用敏捷的本能进行狩猎，好像回到海中不可一世的凶狠霸气。但这一切只不过是假象罢了，实验到了最后的阶段，实验人员将玻璃取走，但鲨鱼却没有反应，每天仍是在固定的区域游着，它不但对那些热带鱼熟视无睹，甚至于当有些小鱼游到鲨鱼那一边时，它也会立刻放弃对它们的追逐，说什么也不愿再过去。实验结束了，实验人员讥笑它是海里最懦弱的鲨鱼。

启示

长期的失败会挫伤我们的锐气，甚至毁灭我们的理想和信心。当周围的条件已经改变的时候，当我们可以轻松成功的时候，却因为先前的失败失去了尝试和努力的愿望。

心中的顽石

从前有一户人家的菜园摆着一块大石头，宽度大约有 40 厘米，高度有 10 厘米。来到菜园的人，不小心就会踢到那块儿大石头，不是跌倒就是擦伤。

儿子问：“爸爸，那块讨厌的石头，为什么不把它挖走？”

爸爸回答：“你说那块石头喔？从你爷爷的时代，它就在那里了，它的体积那么大，不知道要挖到什么时候，没事无聊挖石头，不如走路小心一点儿，还可以训练你的反应能力。”

这块大石头被留到了下一代，当时的儿子娶了媳妇，并当上了爸爸。

有一天媳妇气愤地说："菜园那块大石头，我越看越不顺眼，改天请人搬走好了。"

丈夫回答说："算了吧！那块大石头很重的，可以搬走的话在我小时候就搬走了，哪会让它留到现在啊？"

媳妇心底非常不是滋味，那块大石头不知道让她跌倒多少次了。

有一天早上，媳妇带着锄头和一桶水，将整桶水倒在大石头的四周。

十几分钟以后，媳妇用锄头把大石头四周的泥土搅松。

媳妇早有心理准备，可能要挖一天吧。谁都没想到几分钟就把石头挖了起来，看看大小，这块儿石头没有想象的那么大，人们被那个巨大的外表蒙骗了。

启示

阻碍我们去发现、去创造的，仅仅是我们心理上的障碍和思想中的顽石。你抱着下坡的想法爬山，便无法爬上山去。如果你的世界沉闷而无望，那是因为你自己沉闷而无望。要想改变你的世界，必先改变你自己的心态。

跳蚤与爬蚤

科学家做过一个有趣的实验：

把跳蚤放在桌子上，一拍桌子，跳蚤立即跳起，跳起的高度都在其身高的100倍以上。从比例上来讲，跳蚤堪称世界上跳得最高的动物。然后，科学家把跳蚤放到一个玻璃罩里，再让它跳。这一次，跳蚤碰到了玻璃罩。连续跳多次以后，跳蚤改变了跳跃高度以适应环境，每次跳蚤总保持在罩顶以下的高度。接下来科学家逐渐降低玻璃罩的高度，跳蚤都在碰壁后主动改变自己的高度。最后，玻璃罩的高度接近桌面，这时跳蚤已无法再跳了。科学家把玻璃罩打开，再拍桌子，跳蚤仍然不会跳，变成"爬蚤"了。

跳蚤变成了"爬蚤"，并非它已丧失了跳跃的能力，而是在一次次受挫学乖了、习惯了、麻木了。最可悲的是，事实上玻璃罩已经不存在了，它却连"再试一次"的勇气都没有了。玻璃罩已经罩在了跳蚤的潜意识里，罩在了它的心灵上，行动的欲望和潜能被自己扼杀了！

启示

很多人的遭遇与此极为相似。在成长的过程中，特别是在幼年时代，人们遭受了外界太多的批评、打击和挫折，于是奋发向上的热情和欲望被"自我设限"压制扼杀。由于没有得到及时的疏导和激励，既对失败惶恐不安，又对失败习以为常，逐渐丧失了信心和勇气，养成了懦弱、疑虑、狭隘、自卑、孤独、害怕承担责任、不思进取，不敢拼搏的习惯。

小白鼠与科学家

有个科学家在研究人类潜在的生命力。他在实验室里，用小白鼠做实验。每天一大早，他就从笼子里抓出那只小白鼠，放进一个透明的玻璃水池内，然后立即计算时间。

科学家在玻璃池旁观察小白鼠在水里挣扎的情况，直到那只小白鼠快要淹死时，科学家才赶快将它捞出来，放回笼中。当然，科学家没忘记计算时间。这样的试验进行了一星期，每天的记录显示，小白鼠的挣扎时间在增加。

有一天早晨，科学家又继续他的实验。他将小白鼠丢进池中，不久，电话响了。

科学家便转身去接电话。那是他的女朋友打来的电话，情话绵绵，那位科学家忘记了池中的小白鼠。

当他想起时，小白鼠已经浮在水面上了。

小白鼠的死，是因为那个“致命的电话”吗？

当然不是，那又是谁害死了它呢？

原来，每次科学家将它丢进池中，过了不久，便会将它抓上来。过了几天，小白鼠便告诉自己：何必这么辛苦挣扎呢！最终会有一只手捞我上去的！就因为这个观念，它不去发挥其潜能从而挣扎生存，最终被淹死了。

启示　小白鼠是因为太依靠人而死亡的。若想成功，他人的帮助是件好事，但最终还是要靠自己。自力更生才能左右自己的命运与前程。

童言无忌

元朝大画家何澄根据刘义庆《世说新语》中记载的故事绘制了一幅《陶母剪发图》：陆逵去拜访他的朋友——一个叫陶侃的贫困青年因为没有钱买酒招待客人，陶侃的母亲在仓促之间便把她的头发剪下来去卖钱换酒。

这幅画被年仅8岁的岳柱看到了。他毫不客气地指出了画中矫情悖理之处：陶侃的母亲手上戴着金手镯，却要剪下头发去换取酒食，这是不合情理的。因为金首饰很值钱，完全可以用它去换酒，何必匆匆忙忙把头发剪了去换酒招待客人呢？

作为一个孩子，他根本不去考虑《陶母剪发图》所宣扬的魏晋名士风度，而是根据自己对生活、对人事有限的直观认识，去理解画面的意思。所以他的诘问一针见血，切中问题的要害。

启示

成年人总是以为自己看过、经历过的事情太多了，总是在强调一种成熟。中国自古就有“嘴上无毛，办事不牢”这样的话。其实，有时候社会“新鲜人”独特的视角正是久经沙场的老将们所不及的地方。因为单纯所以直接，于是他们所提的方案可能就最有效。一个成熟的管理者是不会正面否定年轻下属的新创意、新想法的，这一次也许不能用，但是下一次就可能发挥出重要作用。

独木桥的走法

弗洛姆是美国著名的心理学家。一天，几个学生向他请教：心态对一个人会产生什么样的影响？

他微微一笑，什么也不说，把他们带到一间黑暗的房子里。在他的引导下，学生们很快就穿过了这间伸手不见五指的神秘房间。接着，弗洛姆打开房间里的一盏灯，在这昏黄如烛的灯光下，学生们才看清楚房间的布置，不禁吓出了一身冷汗。原来，这间房子的地上有一个很深很大的水池，池子里蠕动着各种毒蛇，包括一条大蟒蛇和 3 条眼镜蛇，有好几只毒蛇正高高地昂着头，朝他们“嘶嘶”地吐着信子。就在这蛇池的上方，搭着一座很窄的木桥，他们刚才就是从这座木桥上走过来的。

弗洛姆看着他们，问：“现在，你们还愿意再次走过这座桥吗？”大家你看看我，我看看你，都不作声。

过了片刻，终于有 3 个学生犹犹豫豫地站了出来。其中一个学生一上去，就异常小心地挪动着双脚，速度比第一次慢了好多倍；另一个学生战战兢兢地踩在小木桥上，身子不由自主地颤抖着，才走到一半就挺不住了；第三个学生干脆弯下身来，慢慢地趴在小桥上爬了过去。

“啪”，弗洛姆又打开了房内另外几盏灯，灯光一下子把整个房间照亮了。学生们揉揉眼睛再仔细看，才发现在小木桥的下方装着一道安全网，只是因为网线的颜色极暗淡，他们刚才都没有看出来。弗洛姆大声地问：“你们当中还有谁愿意现在就通过这座小桥？”

学生们没有作声。“你们为什么不愿意呢？”弗洛姆问道。“这张安全网的质量可靠吗？”学生们心有余悸地反问。

弗洛姆笑了：“我可以解答你们的疑问了。这座桥本来不难走，可是桥下的毒蛇对你们造成了心理威慑，于是，你们就失去了平静的心态，乱了方寸，慌了手脚，表现出各种程度的胆怯——心态对行为当然是有影响的啊。”

启示

其实人生又何尝不是如此呢？在面对各种挑战时，也许失败的原因不是因为势单力薄、不是因为智力低下，也不是没有把整个局势分析透彻，反而是把困难看得太清楚、分析得太透彻、考虑得太详尽，才会被困难吓倒，举步维艰。倒是那些没把困难完全看清楚的人，更能够勇往直前。如果我们在通过人生的独木桥时，能够忘记背景，忽略险恶，专心走好自己脚下的路，我们也许能更快地到达目的地。

狗与主人手上图钉的故事

主人用右手抚摸小狗，小狗很舒服。主人用左手又抚摸小狗，主人的左手指间夹了一个图钉，令小狗尖叫不已，很警惕地看着主人的左手。主人又换了右手抚摸小狗，一下又一下，小狗很享受。于是，主人又换了左手去抚摸，小狗又尖叫地跳了起来，又很警惕地注视着主人的左手。小狗迷糊了：到底主人的手怎么了，为什么让我舒服又让我痛苦？于是，小狗对手产生了恐惧和排斥。不论谁的手，它一概抱着仇恨的态度。

启示

曾经的痛苦经历限制了我们，使我们无法享受“抚摸”。

用筷子怎么喝汤

许多外国人到中国来，热衷学习使用筷子，坚持拒绝使用刀叉，好像不用筷子就不能品味中餐的美味。可是有一件事许多外国人始终搞不明白，那就是用筷子怎么喝汤。我曾经听见有外国人自作聪明地说：“一定是有一种像吸管那样的筷子，平时夹菜吃饭，喝汤的时候就放在嘴里吸。”我告诉他们，中国人喝汤的时候把筷子放在一边，或用勺子喝，或端起碗喝。外国人听了，似信非信：“就这么简单？”

听了外国人的困惑，不禁想起我在法国的一次经历。有次，我在巴黎的一个餐厅点了半只烤鸡，侍者送上来半只从胸脯劈开的烤鸡，带着一只翅膀一条腿。我拿着刀叉下手，先把鸡大腿割了下来，然后小心翼翼地用叉子固定住鸡腿，用刀纵向切割，鸡腿在光滑的盘子上移来移去，就是切不下来一块肉。无奈之中，看看邻座的法国人，我惊讶地发现人家手持鸡大腿在啃呢！嘿！就是这么简单！

启示

经验是一把“双刃剑”，不小心就会被它刺伤！

个人素质篇

第七部分

THE SEVENTH PART

习惯心理

丢宝石下海

有个年轻人，想发财想到几乎发疯的地步。每每听到哪里有财路，他便不辞劳苦地去寻找。有一天，他听说附近深山中有位白发老人，若有缘与他见面，则有求必应，肯定不会空手而归。

于是，这个年轻人便连夜收拾行李，赶上山去。

他在那儿苦等了5天，终于见到了传说中的老人。他向老人请求赐珠宝给他。

老人告诉他说："每天早晨，太阳还没有从东方升起时，你到村外的沙滩上寻找一粒'心愿石'。其他石头是冷的，而那颗'心愿石'却与众不同，握在手里，你会感觉到很温暖，而且它会发光。寻到那颗'心愿石'后，你想要的东西就都可以得到了。"

年轻人很感激老人，便赶快回到村里去。

每天清晨，这个年轻人便在沙滩上捡石头，不温暖也不发光的，他便丢下海去。日复一日，月复一月，这个年轻人在沙滩上寻找了大半年，始终也没找到温暖发光的"心愿石"。

有一天，他如往常一样，在沙滩开始捡石头，一发觉不是"心愿石"，他便丢下海去。1颗、2颗、3颗……

突然，青年人哭了起来，为什么？因为他刚才习惯性地将一颗石头随手丢下海后，才发觉它是温暖且发光的"心愿石"！

启示 实际上，当机会降临时，很多人都习惯性地让它从手上溜走，一旦发觉时，追悔莫及。要知道"哭"和"早知道"都是没用的。

塑造意志力

陈阿土是一位地道的农民，从来没有出过远门。攒了半辈子钱，他终于参加一个旅游团出了国。国外的一切都是非常新鲜的，关键是，陈阿土参加的是豪华团，一个人住在酒店的豪华标准间里。这让他新奇不已。

早晨，服务生来敲门送早餐时大声说道："Good morning，Sir！"（"早上好，先生！"）陈阿土愣住了。这是什么意思呢？在自己的家乡，一般陌生人见面都问"您贵姓？"于是陈阿土大声说道："我叫陈阿土！"如此这般，连着3天，都是那个服务生来敲门，每天他都大声说："Good morning，Sir！"而陈阿土也大声回道："我叫陈阿土！"但他非常地生气。这个服务生也太笨了，天天问自己叫什么，告诉他又记不住，很烦的。终于，他忍不住去问导游“Good morning，Sir！”是什么意思，导游告诉了他。天啊！真是丢脸。

陈阿土反复练习“Good morning，Sir！”这句话，以便能体面地应对服务生。

又一天早晨，服务生照常敲门，门一开陈阿土就大声说道：“Good morning，Sir！”与此同时，服务生说的是：“我叫陈阿土！”

由于陈阿土每次都大声地以“我叫陈阿土！”回答服务生，使服务生认为“我叫陈阿土！”是与“Good morning，Sir！”相对应的回答语。这次，陈阿土用英语打招呼，服务生则以中文回应。陈阿土一个土生土长的农民影响了一个见过大世面的服务员。

启示

这个故事告诉我们，人与人交往常常是意志力与意志力的较量。不是你影响他，就是他影响你。而我们想成功，一定要培养自己的影响力，只有影响力大的人才能成为最强者。

多年的习惯

有一个步兵第一次和女朋友约会，第二天，当朋友打电话问步兵昨晚如何时，步兵沮丧地说：“我没有希望了！”

于是朋友问他：“你是不是忘了替她开车门？”

步兵说：“不，我替她开了车门，她很高兴！”

朋友又问：“你是不是忘了帮她入座？”

步兵说：“不，我帮她入座了，她说我是绅士！”

于是朋友又问：“你是不是在她说话的时候东张西望？”

步兵说：“不，我一直看着她，她说我很温柔，并且说我的眼睛很有魅力！”

朋友最后问：“那你是不是在某事上让她自己动手了？”

步兵沮丧地说：“如果真是这样就好了。我们回家时，她说口渴，于是我就跑去替她买饮料。”朋友说：“那很好呀！”

步兵又说：“可是出于多年的习惯，我一拉开饮料罐，就向她扔了过去，自己躲到了草丛里。”

启示

好习惯使我们终身受益，但好习惯一定要用对地方。如果我们只是条件反射般做事情，即使是好习惯，也会把事情搞砸。

儿子与牛的故事

一对住在山上的父子，每天都要赶牛车下山卖柴。老父有经验，坐在前面驾车；山路崎岖，弯道特别多，儿子眼神较好，总是在要转弯时提醒道："爹，转弯啦！"有一次，父亲因病没有下山，儿子一人驾车。到了弯道，牛怎么也不肯转弯，儿子用尽各种方法，下车又推又拉，用青草诱之，牛一动不动。

到底是怎么回事？儿子百思不得其解。最后只有一个办法了，他左右看看无人，贴近牛的耳朵大声叫道："爹，转弯啦！"牛应声而动。

启示

牛用条件反射的方式活着，而人则以习惯生活。一个成功的人知道如何培养好习惯来代替坏习惯，当好的习惯积累多了，自然会有一个好的人生。

小狮子的故事

一个猎人，打猎时捡了几只刚出生不久的小狮子，把它们带回家中精心喂养。这几只小狮子慢慢长大了，它们生活得无忧无虑，有吃有喝，自在幸福。当然，它们都被关在笼子里，猎人给它们设计的笼子也是温暖而舒适的。没想到，一次不小心，一只小狮子从笼子里跑了出去，猎人到处寻找也没有找到。而其他几只呢？还在受着保护。

一天，那个猎人外出打猎后再也没有回来，习惯了被喂养和保护的小狮子们最后被活活饿死了。而那只当年跑出去的小狮子已经变成了一只野狮子。它独自在野外时，饿了自己找食吃；渴了自己找水喝；有了伤，它学会了用舌头舔伤口；遇到敌人，它知道怎样保护自己。正是这种独立的、不依靠别人的习惯，使它在大自然中顺利地活了下来。

启示

一个人从呱呱坠地到长大成人、成家立业，是一个从依赖到独立的过程。如果一个人过于依赖父母，养成了习惯，对于迟早到来的独立将是极为不利的。因此，养成独立生活的习惯是一个人的首要任务，也是一个人真正成长为一个成年人所必须具备的素质。

别让习惯左右你

我国古代有位画家擅长用红色颜料画竹子，当时人称“朱竹”。一天，一个人问画家：“你为什么用红色颜料来画竹呢，难道你看到过红色的竹子吗？”画家回答说：“难道你看见过黑色的竹子吗？”

问话的人无言以对。

当大多数的人都习惯以黑墨为颜料来画画时，我们便会视为当然，并习以为常，甚至不再接受以其他颜料来作画了。于是当“朱竹”出现时，人们便觉得新奇和惊讶了。

启示

从这个故事中，我们可以看到习惯带给人们的束缚，无形中产生“应该这样做”的观念，而许多想法与意见就在这种“理所当然”中受到了限制，这是一种无形的自我限制。因而一个人的潜能也在其中受到限制而无法获得适当的开发。

青蛙实验

生物学界有一项实验，生物学家把一只青蛙放在一个盛满凉水的容器里，然后在容器下用热源给容器快速加温。感到容器中的水在快速升温后，青蛙会马上从容器中跳出来。如果用热源慢慢地给盛有青蛙的容器加温，控制在每两天升温1℃的状态，那么，即使水温到了90℃——虽然这时青蛙几乎已经被煮熟了，也不会主动从容器中跳出来。

启示

每一个人都有创造一种舒适环境的辉煌经历，并在这种环境下逐渐形成了熟悉的工作和生活模式。一个单位也如此。一个单位若形成了固定的管理模式，也会失去竞争优势。对于个人而言，在一个安逸的工作氛围中无忧无虑地工作，就会失去竞争意识；缺乏必要的刺激，这个人就会失去工作的活力，工作的效率就会越来越低。对环境的敏感度降低，最后只有

启示

被淘汰。所以，请注意有以下几点：

（1）大环境的改变能够决定我们的成功与失败。大环境的改变有时候是看不到的，我们必须时时注意，多学习，多警醒，并善于改变，才不至于太迟。

（2）太舒适的环境就是最危险的时刻。习惯的生活方式，也许就是你最危险的生活方式。不断创新，打破旧有的模式，相信任何事情都有可改善的地方。

（3）要想觉察到趋势的细微变化，就必须停下来，从不同的角度来思考、学习。

被绑的猫

有一个国王，每当与大臣们商议国事时，有只王室宠物猫总在四周走动凑热闹。国王对猫的气味敏感，喷嚏连连，忍无可忍，下令将猫绑在门口以限制它的行动。后来经常这样，特例就变成了惯例了，国王满意，猫也高兴。一年又一年，国王老去，新国王虽然对猫毫不过敏，但议事时，照样把猫绑在门柱上。猫最终也老去了，臣子们反而感到失落，最后又在王宫里找到一只猫，把它绑在门口。于是，这变成了王室的一个传统。

启示

在我们生活中，不是有很多没有理由的习惯吗？或许就如同这个的故事一样，我们把别人的一次“特殊”，当成了必然。

绝不墨守成规

有一天，两个和尚结伴从一座庙走到另一座庙去。走到半路，突然被一条河挡住了去路。这条河上没有桥，水并不太深，他们决定涉水而过。

正在这时，一位貌美的妇人也来到河边，她说有急事必须过河，可是又怕河水把她冲走。第一个和尚见此情景，毫不犹豫地背起妇人，涉水过河，把她安全地送到了对岸。第二个和尚跟在后面也顺利地过了河。

两个和尚默不作声地继续赶路。又走了好几里路，第二个和尚终于憋不住了，对第一个和尚说：“师兄，我们和尚绝不能近女色，可刚才你为何犯戒背着那个妇人过河呢？”第一个和尚淡淡地回答：“我一过河就把她放下来了，怎么你走了好几里路，到现在还‘背’着她呢！”

启示

一位哲人告诉我们："做人做事不要轻易被一个成规束缚住。"墨守成规是前进的绊脚石，真正成功的人，本质上不会被条条框框束缚住。

将军的马

有一位勇猛的将军，年轻的时候特别喜欢饮宴。每次他都喝得酩酊大醉，一边东摇西晃，一边同女人调笑。他总是到离家有一段距离的一个村子里享受他的放荡生活，通常一周去一次。他的青春年华就这样一天天虚度，武艺也渐渐荒废了。

终于，有一天早上，将军的母亲狠狠地训斥了他一顿，责怪他不该像一个花花公子那样无所事事。母亲情真意切的话令他猛醒，将军惭愧万分，向母亲发誓他再也不会去那个村子了。从此，他开始拼命训练，立志成为一个品行优秀的人。

一天傍晚，在进行了整日的野外训练之后，将军又累又乏，伏在他的爱驹上睡着了。马本来应该驮他回家，但这天恰好是周末，也就是以前他去那个村子游乐的时间。受过主人良好调教的马，竟带他往他曾经的乐土去了。

当将军醒来时，发现自己违背了对母亲的誓言，又去了不该去的地方。想到自己失信了，将军忍不住掉下泪来。他凝视着自己的马，这是他孩提时就伴随着他的亲密伴侣，是他除了亲人以外的至爱。经过长久的沉默，他拔出剑来，杀了这匹马。

启示

变革是痛苦的，无论一场变革可能为你带来多大的好处，它都会使你失去一些古老的、你所熟悉的、让你感到舒服的东西。旧习惯的根除并不那么容易。

作为企业的领导者，你必须清楚，改变人们的行为是一个巨大的挑战。人们不喜欢变化，陈旧的做事方式既省心，又容易，而且步骤也十分清楚。曾有一家公司的老总，要试用一套新的软件系统，没有跟任何人商量就采取了行动，他利用周末的时间把新软件装到了所有人的电脑上。星期一早晨员工上班的时候，一打开电脑，软件就已经在里面了，可以立刻使用，可是这套软件系统完全失败了，因为人们反感他们所不知道的东西、反感变化。

启示

这个故事的另一个寓意是：任何时候，当一家公司寻求改变旧有的东西时，它必须准备放弃旧方式所带来的种种好处。很多公司坚持沿用旧流程，是因为旧流程能够产生益处。如果你想改变这些流程，切记：你注定会失去旧流程带来的益处。所以，在采取变革行动之前，必须仔细地计算这样做的成本。

捡起一根大头针之后

在每个人的天性中，都有一些习惯上的思维定式。比如说，法国银行大王恰科就是一个天生谨慎的人。他之所以走上银行管理的成功之路，是因为他具有“谨慎”的特性。

恰科年轻时，曾经有很长时间找不到工作，他到处求职却总被拒绝。当他第53次被银行老板拒绝之后走出门外时，不经意间发现地下有一个大头针。他想，如果这大头针被别人不小心踩到，受了伤，就不好了。于是，他就弯腰把它捡了起来。没想到，他的这个动作正好被刚刚将他拒之门外的银行老板看见了。老板认为，如此谨慎负责的人，很适合在银行工作。就这样，他被录取了。

启示

有时候，这种由谨慎所引发的习惯性“冲动”，竟然也能改变一个人的命运。

小偷与母亲

有个小孩叫小明，经常在学校内偷同学的东西。有一次，他偷了同学的书本，并拿回家交给母亲。母亲不但没有责备他，还称赞了一番。过了几天，小明又偷了支钢笔，回来交给母亲，母亲再次夸奖了他。

慢慢地，小明长大了，偷窃成了他的习惯。有一回，他偷了别人的自行车，被警察发现，当场被捉，被押送到了警局。他母亲闻讯后赶来，捶胸痛哭。这时，小明要求与母亲贴耳说几句话。当母亲走上前去时，小明便衔住母亲的耳朵，使劲地咬了下来。母亲痛苦万分，痛骂小明不孝，做错事还不知改过，甚至将母亲的耳朵弄残。

小明回答说：“当初我偷书本交给你时，如果你打我一顿，我今天就不会落到这种地步了！”

启示

这是一个告诉家长要为孩子树立好榜样的故事。同样，作为领导，也应树立好的榜样，对下属要赏罚分明，不可纵容他们的坏习惯。否则，这种习惯将成为坏风气，最终受害的将是整个组织。

倒霉的乌贼

一只乌贼在浅海里游玩，一条大鱼朝它扑过来，想吃了它。乌贼使出它祖传的绝招，一边后退，一边吐墨汁。大鱼眼前漆黑一片，什么也看不见，只好扫兴地游走了。过了几天，乌贼又到海面上游玩，它怕自己被大鱼发现，就吐出一口墨汁，把周围的海水染黑。一只海鸟在海面上飞，看到有一片海水变黑了，知道是乌贼在那里，于是从上面扑下来，抓住了它。

启示

乌贼只知道墨汁可以掩护自己，却不知道墨汁也会暴露自己，使自己丧命。所以，乌贼的绝招是好是坏要看它使用的对象是谁。一个企业掌握了一种有效的对付竞争对手的方法，却不会变通使用，只是习惯使用不习惯创新。那这种惯用的方法，往往会成为竞争对手做出攻击的利器。凡事有利必有弊，有了本领还要灵活使用才行。

大象的脚环

在泰国，大象是很有效的运输“工具”。每只大象都力大无穷，载运几吨的原木或拖拉很重的货物，对大象而言，实在是易如反掌。可是，人们却发现一个有趣的现象：大象休息时，主人通常用一条麻绳绑住大象的脚，而绳子的另一端则系在一截小木桩上。以大象的蛮力可以轻而易举地扯断绳子或拔起木桩，但奇怪的是，大象一旦套上脚环，就会乖乖地绕着木桩，在绳子的范围内活动，从来就不会脱逃。这是什么原因呢？原来大象小的时候力气小，皮也很薄，用力拉扯之后，往往会把自己弄伤，痛苦不堪；几次后，小象眼看劳而无功又伤痕累累，于是就再也不会为了挣脱脚环而自讨苦吃。尽管长大后，象的力气变大，皮也厚了，不会轻易受伤，可是一旦套上脚环想起昔日的血淋淋教训，就自然断了挣脱的念头而顺从地任凭主人摆布。

启示

如果不能挣脱思想上、经验上自我设限的框框，即使拥有无限的潜力，恐怕也无济于事，甚至会任人摆布。

第八部分

THE EIGHTH PART

创新思维

反转你的脑

在课堂上，爱因斯坦对学生说："有两位工人去修理一个老旧的烟囱，当他们从烟囱里爬出来的时候，一位很干净，另一位却满脸满身的煤灰。请问，你们认为谁会去洗澡呢？"

一位学生说："当然是那位满脸满身煤灰的工人会去洗澡喽！"

爱因斯坦说："是吗？请你们注意，干净的工人看见另一位满脸满身的煤灰，他觉得从烟囱里爬出来真是肮脏。另一位看到对方很干净，就不这么想了。我现在再问你们，谁会去洗澡？"

有一位学生很兴奋地发现了答案："我知道了！干净的工人看到肮脏的工人时，觉得他自己必定也是很脏的。但是肮脏的工人看到干净的工人时，却觉得自己并不脏，所以一定是那位干净的工人跑去洗澡了。"

爱因斯坦看了看其他的学生，所有的学生似乎都同意这个答案。

只见爱因斯坦慢条斯理地说："这个答案是错的。两个人同时从老旧的烟囱里爬出来，怎么可能一个是干净的，另一个却是脏的呢？这就叫作——逻辑。"

启示

当一个人的思路受到牵制时，往往就不能十分清晰地寻找到一切事情的根源。要想找到事情的根源，就要跳出"习惯上的桎梏"；避开"思路上的陷阱"；逃离"认知上的迷雾"。要想寻找事情的根源，就要脱离一切人为的布局。

割草男孩的故事

一个割草打工的男孩打电话给陈太太说："请问，您需不需要割草工？"

陈太太回答说："不需要，我已有了割草工。"

男孩又说："我会帮您拔掉花丛中的杂草。"

陈太太回答："我的割草工也会这样做。"

男孩又说："我会帮您把草与走道的四周割齐。"

陈太太说："我请的那人也已经这样做了，谢谢你，我不需要新的割草工人。"

男孩便挂了电话，此时男孩的室友问他说："你不是就在陈太太那儿割草吗？为什么还要打这电话？"

男孩说："我只是想知道我做得有多好！"

启示　只有不断地探询客户的评价，你才有可能知道自己的长处与短处。

拉上你的窗帘

据说美国华盛顿广场有名的杰弗逊纪念大厦，因年深日久，墙面出现了裂纹。为能保护好这幢大厦，有关专家进行了专门研讨。

最初大家认为损害建筑物表面的元凶是侵蚀性强的酸雨。专家们进一步研究，却发现对墙体侵蚀最直接的原因，是每天冲洗墙壁用的水所含的清洁剂对建筑物有酸蚀作用。而每天为什么要冲洗墙壁呢？是因为墙壁上每天都有大量的鸟粪。为什么会有那么多鸟粪呢？因为大厦周围聚集了很多燕子。为什么会有那么多燕子呢？因为墙上有燕子爱吃的蜘蛛。为什么会有那么多蜘蛛呢？因为大厦四周有蜘蛛喜欢吃的飞虫。为什么有这么多飞虫？因为飞虫在这里繁殖特别快。开着的窗阳光充足，大量飞虫聚集在此，飞快地繁殖。

由此，人们发现解决的办法很简单，只要拉上整幢大厦的窗帘就可以了。此前专家们设计的一套套复杂而又详尽的维护方案也就成了一纸空文。

启示　我们处理问题，若能透过重重迷雾，追本溯源，探究事物的根源，往往能够收到四两拨千斤的功效。就如杰弗逊大厦出现的裂纹，只要拉上窗帘就能节省几百万美元的维修费用，这是那些专家始料不及的。在遇到困难的时候，你真的能"拉上你的窗帘"吗？

过正原则

有位老人有午休的习惯，可是每天中午，有一群小孩放学之后，都跑到他房子外面玩耍，儿童吵闹的声音很大，老人一点儿也睡不着。老人愤怒地驱赶他们，可是不起作用。后来，他想了一个办法。当那些小孩又来玩的时候，他对孩子们说："欢迎你们来玩，从现在开始谁叫得最响，我给他发奖金。"当孩子们要走的时候，他发给叫声最高的小孩 1 元奖金；第二天，当孩子们吵闹完之后，他发给叫声最高的小孩 5 角；第三天，他给 2 角；第四天，分文不给，到了第五、第六天，孩子们气极了，说那老头儿骗人，再也不来了。

启示

这种现象，在心理学上称为“过正原则”。例如，当人们做一项他们喜欢的活动并因这项活动而得到外在的鼓励时，过正的情形就会出现。过正一旦生成，经常发生的情形是，一个人的内在动机或兴趣在那项活动中减少了。如果这些人后来再做这项活动而外在鼓励减少时，他们就不大愿意做这件事了。

黑石子和白石子

从前，在欠债不还便足以使人入狱的时代，伦敦有位商人，欠了一位放高利贷者一笔巨款。那个又老又丑的债主，看上了商人青春美丽的女儿，便要求商人用女儿来抵债。

商人和女儿听到这个提议都十分恐慌。狡猾伪善的高利贷债主故作仁慈，建议这件事听从上天安排。他说，他将在空钱袋里放入一颗黑石子和一颗白石子，然后让商人女儿伸手摸出其一，如果她摸中的是黑石子，她就要成为他的妻子，商人的债务也不用还了；如果她摸中的是白石子，她不但可以回到父亲身边，债务也一笔勾销。但是，假如她拒绝伸手一试，她父亲就要入狱。

虽然很不情愿，商人的女儿还是答应试一试。当时，他们正在花园中铺满石子的小径上，达成协议之后，债主随即弯腰拾起两颗小石子，放入袋中。敏锐的女孩突然察觉：两颗小石子竟然全是黑的！

如果你是那个不幸的女孩，你要怎么办？

女孩一语不发，冷静地把手伸入袋中，眼睛看着别处，漫不经心地摸出一颗石子。突然，女孩手一松，石子便顺势滚落在路上的石子堆里，分辨不出是哪一颗了。

“噢！看我笨手笨脚的，”女孩惊呼道，“不过没关系，现在只要看看袋子里剩下的这颗石子是什么颜色，就可以知道我刚才选的那一颗是黑是白了。”

当然了，袋子中剩下的石子一定是黑的，恶债主当然不能承认自己的诡诈，也就只好承认她选中的是白石子。

启示

一场债务风波有惊无险地落幕了。这不是“解决导向”的思考模式所能处理的。因为，这种思考方式关键不在选出的石子上，而是换一个角度来看“袋子里剩下的石子是什么颜色”才能逢凶化吉，把最险恶的危机变成最有利的情况。

花瓶的规律

如果花瓶碎了，怎么办？大多数人的做法是把碎片扔掉，且一扔了事，干脆利索，全然不曾思考与之有关的规律。那么，这里有规律吗？

有。这就是，将碎片按大小排列并称过重量后即可发现：10 ~ 100克的最少，1 ~ 10克的稍多，0.1 ~ 1克以下的最多。尤其有趣的是，这些碎片的重量之间有着规律性的倍数关系，即最大碎片与次大碎片的重量比为16 ∶ 1，次大碎片与中等碎片的重量比为16 ∶ 1，中等碎片与较小碎片的重量比为16 ∶ 1，较小碎片与最小碎片的重量比也是16 ∶ 1。于是，发现这一倍数关系的人便将此规律用于考古研究或天体研究，从而由已知文物、陨石的碎片推测它的原状，并迅速恢复它们的原貌。

这位极善思考的聪明人，就是丹麦科学家雅各布·博尔。

启示

打碎瓶子的经历，我们肯定有过。可是，当包含其间的规律从我们身边淘气地溜走时，我们挽留过它吗？没有。如此看来，花瓶碎了并不可怕，可怕的是，我们一不留神，把自己的聪明打碎了。

哲学家和失恋的女孩

有一天，一个失恋的女孩在公园哭泣。

这时，一位哲学家走过来，轻声地问她：“你怎么啦？为何哭得如此伤心？”

失恋的女孩回答说：“我好难过，为何他要离我而去？”

不料这位哲学家却哈哈大笑，并说：“你真笨。”

失恋的女孩很生气地说：“你真过分！我失恋了，非常难过，你不安慰我就算了，还骂我！”

哲学家回答她说：“傻瓜，你根本就不用难过啊！真正该难过的是他。因为你只是失去了一个不爱你的人，而他却失去了一个爱他的人及爱人的能力。”

启示

或许你遭受了挫折，或许你遇到了失败，难过之后换个角度思考，你会发现，其实痛苦、难过的不应该是你。

一扇门

学校大厅的门被踢坏了。

——可怜的门，自打安上那天起，几乎就没有一天不挨踢。十五六岁的少年，正是撒欢的年龄，他们总是用脚开门、用脚关门。学校教导员为此伤透了脑筋，他曾在门上张贴过五花八门的警示语，什么“足下留情”“我是门，我也怕痛”，诸如此类。可是，不管用。

大厅的门被踢坏的那一天，教导员找到校长：“干脆，换成大铁门——他们脚上不是长着牙吗？那就让他们去‘啃’那铁家伙吧！”

校长笑了，说：“放心吧，我已经定做了最坚固的门。”很快，旧门被拆下来，新门被装上去。

新装的大门似乎挺有人缘，装上以后居然没有挨过一次踢。孩子走到门口，总是不由自主地放慢脚步。阳光随着门扉旋转。穿过门的时刻，少年的心感到了爱与被爱。

这扇门怎能不坚固——它捧出一份足够的信任，它把一个易碎的梦大胆地交到孩子们手中，让他们在美丽的忧惧中学会了珍惜和呵护。

——这是一道玻璃门。

启示　对天真的孩子交出一份沉甸甸的信任，也会得到一份沉甸甸的回报。有时候，如果转变一下自己的假设系统，会得到意想不到的收获。

赚钱智慧只需一点点

两个青年一同开山，一个人把石块砸成石子运到路边，卖给建房人，另一个人直接把石块儿运到码头，卖给杭州的花鸟商人。因为这里的石头总是奇形怪状的，他认为卖重量不如卖造型。3 年后，卖怪石的青年成为村里第一个盖起瓦房的人。

后来，不许开山，只许种树，于是这里成了果园。这里的梨汁浓、肉脆，香甜无比，每到秋天，漫山遍野的鸭梨吸引来了八方客商。他们把堆积如山的梨成筐成筐地运往北京、上海，然后再发往韩国和日本。就在村上的人为鸭梨带来的小康日子欢呼雀跃时，曾卖过怪石的人卖掉果树，开始种柳树。因为他发现，来这里的客商不愁挑不上好梨，只愁买不到盛梨的筐。5 年后，他成为第一个在城里买房的人。

再后来，一条铁路从这里贯穿南北，这里的人乘车可以到天南海北，北到北京，南抵九龙。果农也由单一的水果销售开始转向果品加工及市场开发。就在一些人开始集资办厂的时候，那个人又在他的地头砌了一道 3 米高、百米长的墙。这道墙面向铁路，背依翠柳，两旁是一望无际的万亩梨园。坐火车经过这里的人，在欣赏盛开的梨花时，会醒目地看到 4 个大字：可口可乐。据说这是 500 里山川中唯一的广告位，那人仅凭这面墙，每年又有 4 万元的额外收入。

20世纪90年代末，日本一家著名公司的高管来华考察。当他坐火车经过这个小山村的时候，听到这个故事，马上被此人惊人的商业头脑所震惊，当即决定下车寻找此人。

当日本人找到这个人时，他正在自己的店门口与对门的店主吵架。原来，他店里的西装标价800元一套，对门就把同样的西装标价750元；他标750元，对门就标700元。一个月下来，他仅批发出8套，而对门的客户却越来越多，已经卖出了800套。

日本人一看这情形，对此人失望不已。但当他弄清真相后，又惊喜万分，当即决定以百万年薪聘请他。原来，对面那家店也是他的。

启示

当你在马路上散步的时候，当你坐在火车上向外眺望的时候，假如有一个相貌平平的人，说赚钱是一件很容易的事，仅需要一点点智慧就够了，你千万不要对他嗤之以鼻，说不定他就是一个身价过亿的人。

杯子外面的世界

你手头有一个杯子需要卖出，它的成本是一元钱，能卖多少钱？如果仅仅是卖一个杯子，也许最多只能卖两元；如果你卖的是一种款式最流行的杯子，也许可以卖到三四元；如果它是一个出名品牌的杯子，说不定能卖到五六元；如果这个杯子据说还有其他功能的话，它可能卖到七八元；如果这个杯子外面再加上一套高级包装，卖10元、20元也是有可能的；如果这个杯子正好是某个名人用过的，能与某个历史事件联系起来，一二百元也有人要。

启示

“工夫在诗外”的道理，并不仅仅限于诗。归根结底，广告、营销、市场分析、产品包装，都在解决一个问题：人们需要的究竟是什么？价值究竟在哪里？人们不只为了居住而购买住房，他们购买的还有归宿感和安全感；人们不只为了御寒而购买服装，他们购买的更是信心与形象。杯子外面的世界，永远会远远大于杯子里面的世界。

出卖“原始感”的村庄

日本有一个十分贫穷落后的小村子，居民几乎与世隔绝。他们没有走吸引外资办厂开发的路子，而是干脆在树上架起小屋，身穿树皮草裙，过起了原始人的生活。经过新闻报道之后，喜欢猎奇的城里人纷至沓来；有钱人都来这个村子，在村子附近开起了商店、宾馆和饭店。很快，这里的村民都富起来了，他们白天上树扮演原始人，夜晚回到地面享受现代化的生活。

启示 充分利用现有资源、条件，打破传统思维，策划与守旧的结合是可以创造出奇迹的。

打进国际市场的花农

当你在微观视野上一筹莫展的时候，一旦打开宏观视野就会豁然开朗。

王庚年是南方一个普通的花农，一辈子种花，侍弄盆景，然后挑到镇上卖。卖的钱不多，刚好够家里花用，而且有不少盆景还卖不出去。不久，儿子搬回一台电脑，通过互联网找到世界各国的花市信息，发现有一个外国商家很想买一批中国的盆景。王庚年从商家发布的样品信息中发现，那些样品还没有自己做得好呢。于是，他就马上让儿子发邮件与对方联系。没想到，那个商人真来了。从此，世界花卉市场的大门就在他的眼前打开了。王庚年再也不用为卖花和卖盆景的事犯愁了。

启示 有时候，小人物也需要在坚持“个性”生活的同时，把握“宏观”信息。

福特为一人买一个公司

思坦因曼思是美国一家小公司的工程师。有一次，他应约给福特汽车公司修电机。他在这台大电机旁边听了3天，不断地爬上爬下，琢磨来琢磨去。最后，他在马达的一个部位用粉笔画了一道线，写上几个字：“这里的线圈多了16圈。”这16圈线圈被取下之后，电机便运转正常了。福特汽车公司创始人福特要把他挖到福特公司来，可他认为，原来的公司对他不错，他不能见利忘义。于是，福特就把这家小公司也买下来了。福特认为，公司为凝聚人才要不遗余力。

启示 人人都想得到有用的人才和资源，关键是要有确实有效的办法。

各式各样的幽默经营

澳大利亚有一家怪味餐厅。这里专门提供一些怪味食品，都是用当地生长的一些动植物做的。如“炒鸵鸟蛋”“红烧魔女蛾”“焖蝼蛄”“生烩大蛆”等。好奇者趋之若鹜。

智利有一家动物餐厅。这里有鹦鹉向顾客问好，有金丝猴为顾客挂衣帽，有大耳犬叼菜单请客人点菜。

日本松本市有一家颠倒餐厅。在这里，房子屋顶朝下，门口的哈哈镜照出的客人都是头朝下的镜像。大钟逆转，茶杯和茶壶都是底朝上。连电视屏幕上的字都是倒着的。可生意却蒸蒸日上。

美国有一家经营了18年的“最差餐厅”。他们自称“菜肴特差，服务特坏”，可每一位顾客都会在这受到最好的接待。

据说，这类特色餐厅还有许多，什么“矮人餐厅”“故事餐厅”“服务员穿滑冰鞋送餐的餐厅”“童话世界餐厅”，这些餐厅都能令人发出会心的笑声。生活本来是一场游戏，做生意也没必要总是那么严肃。生活离不开笑声，好笑的总是最受欢迎的。

启示　乐观的精神一旦沁入经营中的每个环节，生意状况就会变得更加乐观。这些都是乐观与变化相结合的思维结果。

让动物出笼撒野园中

一家私人动物园开放时间已经很长了，游客日渐稀少，几乎入不敷出，园长先生很着急。怎样才能进一步吸引游客呢？当时，他有几种选择，他可以降低门票价格，可以把动物园承包出去，也可以在园内开发别的项目，还可以增加一些新动物，可这些方法无疑都会增加成本投入与风险。怎样才能在现有基础上改变局面呢？园长想，人看动物是有些腻了，如果让动物看人，不就够刺激了吗？于是，他就把园中各种动物都分区域放出铁笼，再让游客们乘坐有铁护栏的汽车，让他们周游于园中，供野兽“欣赏”。为了让游客接近野兽，他还特意修了一条钢化玻璃长廊，让游客坐在长廊中一边聊天吃东西，一边与那些垂涎欲滴、虎视眈眈的野兽们对看。于是游客们果然又都来了。

启示　有时候，变化只是视角的转换。思维的转变，往往会创造出意想不到的结果。

无噪音鼓风机的诞生

日本西村电机公司曾经就无噪音鼓风机的课题进行过多次实验，但都以失败告终。一次，一位工人由于粗心大意，将鼓风机装反了。没想到，鼓风机的噪音马上消失了。于是，在经过反复实验之后，无噪音鼓风机诞生了。现在，随着环保的需要，无噪音鼓风机已经成了西村电机的拳头产品，四面八方的订单雪片般飞来。

启示　世界上有很多问题的解决，有时相当简单，你只要把它颠倒一下就行了。有时候，方位颠倒就能产生新的创造。

用破车做广告获奇效

一般的广告都是要展示产品那光彩照人的一面，并以此吸引顾客。但是，顾客所要了解的，却是产品的全面情况。对于那些虚假广告，人们都很反感。广告人的匠心只有建立在实在准确的基础上才能真正长久地打动人心。

有家公司的汽车广告所展示的是一堆汽车残骸。广告语是：SAAB 汽车将会牺牲它自己以拯救你的生命。

1990 年的一次撞车事故使这部小汽车永远不能开动了，但司机却安然无恙地走出了驾驶室。原来这部车的车头和车尾是经过特殊改造的，是可压缩部分。当剧烈碰撞发生时，它就会凹陷下去，以吸收冲击力，而车的中间部位是用强化钢板保护的驾驶室和乘客座舱。

看了这个广告，很多人都为之感动，购者如潮。

启示　那些只会抓住产品的正面形象大做文章的广告，有时显然是力不从心的。而这个广告却让人们在这“悲观”画面的变化中，看到了这台汽车最值得肯定的价值所在。这就是经过“悲观”与适度肯定之后的变化结果。

皮鞋的由来

很久很久以前，人类都光着双脚走路。

有一位国王到一个偏远的乡间旅行，因为路面崎岖不平，有很多碎石头，刺得他的脚又痛又麻。回到王宫后，他下了一道命令，要将国内的所有道路都铺上一层牛皮。他认为这样做，不只是为自己，还可造福他的人民，让大家在走路时不再受刺痛之苦。

但即使杀尽国内所有的牛，也筹措不到足够的皮革，而所花费的金钱、动用的人力，更是不计其数。但因为这是国王的命令，大家也只能摇头叹息。

一位聪明的仆人大胆向国王提出谏言："国王啊！为什么您要劳师动众，牺牲那么多头牛，花费那么多金钱呢？您何不只用两小片牛皮包住您的脚呢？"国王听了很惊讶，但也当下领悟，于是立刻收回成命，采用这个建议。据说，这就是皮鞋的由来。

启示

想改变世界，很难；要改变自己，则较为容易。与其改变世界，不如先改变自己，"将自己的双脚包起来"。改变自己的某些观念和做法，眼中的世界自然也就跟着改变了。如果你希望看到世界改变，那么第一个必须改变的就是你自己。

沙漠里的水源

在非洲的大沙漠里，有很多部落，所有部落都面临着同样一个问题——缺乏水源。每天，人们都要去很远的地方挑水来维持生活。

A 部落的酋长和长老们一致认为：每天这样从每户人家中派人去那么远的地方挑水，实在是太浪费劳动力了。所以，他们决定从村里选出两个身强力壮的劳力来负责挑水供应全部落人的用水，然后部落付给他们每个月 2000 美金的报酬。这个报酬对于他们来说，是非常丰厚的。所以，部落里的每一个人都渴望获得这份工作。

最终，部落里的两个年轻人获得了这份工作。他们开始高高兴兴地挑水，一趟又一趟，日复一日。半年过去以后，有一个年轻人觉得这份工作太辛苦，太无聊了，虽然报酬优厚，但是他还是决定放弃这份工作。部落的人都觉得不可思议，但是由于竞争这份工作的人很多，所以也就让他走了。从那以后，部落里就再没有人见过这位年轻人了。

半年以后，那位年轻人又出现了，而且他带来了水源！原来，他消失的这半年，将距离部落很远的水源，用管道连接到了部落里。他向全部落人宣布，从今以后，部落里的用水由他一个人供应，而且只收取 1500 美金。

从此，挑水的人失业了，不仅仅是 A 部落的挑水人，包括邻近部落的，甚至远方部落的，每一个人都效仿他的做法，或是从他那里又接了一条支道出去。当然，这需要每月付给他一定的费用……

启示 “水源”是我们解决问题的关键，只有改变原来的思维，找到水源才能一劳永逸。

两座庙

有一个县太爷，计划重新建县城当中两座比邻的寺庙。公示一经张贴，前来竞标的队伍十分踊跃。经过层层筛选，最后有两组人被选中：一组为工匠，另外一组则为和尚。县太爷说：“各自整修一座庙宇，所需的器材工具，官家全数供应。工程必须在最短的时间内完成，整修成绩要加以评比，得胜者将获得重赏。”

此时的工匠团队，迫不及待地请领了大批工具，以及五颜六色的油漆彩笔。经过全体工匠不眠不休地整修与粉刷之后，整座庙宇顿时恢复了雕梁画栋、金碧辉煌的面貌。

另一组，却见和尚们只请领了水桶、抹布与肥皂而已，他们只不过是把原有的庙宇玻璃擦拭明亮而已。

到了工程结束的时候，已是日落时分，正是评比揭晓的关键时刻。这时，从天空中所照射下来的落日余晖，把工匠修整的寺庙映得更加绚丽。

这时候，和尚所整修的庙宇，呈现出柔和而不刺眼、宁静而不嘈杂、含蓄而不外显、自然而不做作的高贵气质来，与工匠所整修的寺庙，呈现出非常强烈的对比。

事实上，庙是一个净化心灵的场所，太过于华丽铺陈，相反会让其失去真正的功能。和尚与工匠修庙的境界，高下立判。

和尚与工匠整修庙宇的理念迥然不同。和尚利用最简单的法则来驾驭最复杂的环境，用最少的资源创造最大的成效，用无形的观念超越有形的物质。换句话说，就是充分的借用、活用及善用别人的无形资源罢了！

启示 未来时代的竞争，已经慢慢从有形的资源移转到无形的资源上。因此，谁能够充分地运用与开发资源，谁就是这个时代的最大赢家。我们必须时时用心体会身旁所发生的事情，从中萃取知识，我们更要虚心把自己放空，善用无形的资源，容纳不同的看法，这样才有永续的竞争力。

“牛仔裤大王”李维斯

“牛仔裤大王”李维斯的发迹史是一段传奇。

当年，他像许多年轻人一样，带着梦想前往美国西部追赶淘金潮。一日，突然

间他发现有一条大河挡住了他西去的路。苦等数日，被阻隔的行人越来越多，但都无法过河。于是陆续有人向上游、下游绕道而行，也有人打道回府，更多的则是怨声一片。而心情慢慢平静下来的李维斯想起了曾有人传授给他的一个“思考制胜”的法宝。这法宝是一段话：“太棒了，这样的事情竟然发生在我的身上，又给了我一个成长的机会。事情的发生必有其因果，必有助于我。”于是他来到大河边，非常兴奋地不断重复着对自己说：“太棒了，大河居然挡住我的去路，又给我一次成长的机会，事情的发生必有其因果，必有助于我。”果然，他真的有了一个绝妙的创业主意——摆渡。没有人吝惜用一点儿小钱坐他的渡船过河。他人生的第一笔财富居然因大河挡道而获得。

一段时间后，摆渡生意进入淡季。他决定放弃，并继续前往西部淘金。来到西部，四处是人，他找到一块合适的空地，买了工具便开始淘起金来。没过多久，有几个恶汉围住他，叫他走开，别侵犯他们的地盘。他刚理论几句，那伙人便失去耐心，对着李维斯一顿拳打脚踢。无奈之下，他只好灰溜溜地离开。好容易找到另一处合适的地方，没多久，同样的悲剧再次重演，他又被人轰了出来。在他刚到西部的那段时间，多次被欺侮。终于，最后一次被人殴打之后，看着那些人扬长而去的背影，他又一次想起他的“制胜法宝”：“太棒了，这样的事情竟然发生在我的身上，又给了我一次成长的机会，事情的发生必有其因果，必有助于我。”他真切地、兴奋地反复对自己说着，终于，他又想出了另一个绝妙的主意——卖水。

西部不缺黄金，但似乎自己无力与人争雄；西部缺水，可似乎没什么人想到以此盈利。不久，他卖水的生意便红火起来。慢慢地，也有人参与了他的新行业，再后来，竞争的人越来越多。终于有一天，在他旁边卖水的一个壮汉对他发出通牒：“小个子，以后你别来卖水了，从明天早上开始，这卖水的地盘归我了。”他以为那人是在开玩笑，第二天依然来了，没想到那家伙立即走上来，不由分说，将他一顿暴打，最后还把他的水车也一起砸烂。李维斯不得不再次无奈地接受现实。然而当那家伙扬长而去时，他却立即开始调整自己的心态，再次强行让自己兴奋起来，不断对自己说着：“太棒了，这样的事情竟然发生在我的身上，又给我一次成长的机会，事情的发生必有其因果，必有助于我。”他开始调整自己注意的焦点。他发现在来西部淘金的人，衣服极易磨破，同时又发现西部到处都有废弃的帐篷，于是他又有了一个绝妙的好主意——把那些废弃的帐篷收集起来，洗洗干净，就这样，他缝成了世界上第一条牛仔裤！从此，他的生意一发不可收，最终成为举世闻名的“牛仔裤大王”。

启示

如果我们只知道说那句话，那就成了不折不扣的阿Q；如果我们把那句话作为我们走出沮丧的警句，转变面对失败时的心态，换个角度思考、行动，成功的就有可能是你！

“一滴智慧”造就石油大王

有一位青年在美国某石油公司工作，他所做的工作连小孩都能胜任，就是巡视并确认石油罐盖有没有自动焊接好。

石油罐在输送带上移动至旋转台上，焊接剂便自动滴下，沿着盖子回转一周，作业就算结束。他每天如此，好几百次地注视着这种作业，厌烦极了。由此，他想创业，可又无其他本事。他发现罐子旋转一次，焊接剂滴落39滴，焊接工作便结束了。他想，在这一连串的工作中，有没有什么可以改善的地方呢？一天，他突然想到：如果能将焊接剂减少一两滴，是不是能节省成本？

于是，经过一番研究，他终于研制出“37滴型”焊接机。但是，利用这种机器焊接出来的石油罐，偶尔会漏油，并不理想。但他不灰心，又研制出“38滴型”焊接机。这次的发明非常完美，公司对他的评价很高，不久便量产了这种机器。改用新的焊接方式，虽然节省的只是一滴焊接剂，但“一滴”却给公司带来了每年5亿美元的新利润。

这位青年，就是后来掌握全美石油业95%实权的石油大王约翰·洛克菲勒。

启示

人生的改变总是从小的方面开始的。“改良焊接机”改变了洛克菲勒的人生，他成功的关键在于：他特别注意普通人往往会忽略的平凡小事。能见别人所未见，才能做别人所不能做。有了这种基础，企业必定能够做到“人无我有，人有我新，人新我变”。

一道受用终身的测试题

给你做一道题吧，测试一下看看你是不是通得过自己对自己的考验。

这是一家公司的面试题：

你开着一辆车。

在一个暴风雨的晚上，你经过一个车站。

有3个人正在等公共汽车。

一个是快要死的老人，好可怜的；

一个是医生，他曾救过你的命，是大恩人，你做梦都想报答他；

还有一个是你做梦都想的人，也许错过就没有机会了。

但你的车只能坐一个人，你会如何选择？请说明你的理由。

在你看下面的话之前仔细考虑一下！

老人快要死了，你首先应该先救他。然而，每个老人最后都只能把死作为他们的终点站，你先让那个医生上车，因为他救过你，你认为这是个报答他的好机会。同时，有些人认为一样可以在将来某个时候去报答他，但是你一旦错过了这个机会，你可能永远不能遇到一个让你这么心动的人了。

在200个应征者中，只有一个人被雇用了，他并没有解释他的理由，他只是说了以下的话："给医生车钥匙，让他带着老人去医院，而我则留下来陪我的梦中情人一起等公交车！"

启示

我们是否从未想过要放弃我们手中已经拥有的优势（车钥匙）？有时，如果我们能放弃一些我们的固执、狭隘和一些优势的话，我们可能会得到更多。

知道自己"有限"的聪明

有一天，妈妈带着儿子到杂货店去买东西，老板看到这个可爱的小男孩，就打开一罐糖果，要小男孩自己抓一把糖果。

但是这个小男孩却没有任何的动作。几次邀请未获回应之后，老板亲自抓了一大把糖果放进他的口袋中。回到家中，妈妈很好奇地问小男孩，为什么没有自己去抓糖果而要老板抓呢？

小男孩回答得很妙："因为我的手比较小呀！而老板的手比较大，所以他抓的一定比我抓的多很多！"

启示

这是一个聪明的孩子，他知道自己的"有限"，而更重要的是，他也明白别人比自己强。凡事不只要靠自己的力量，学会适时的依靠他人，是一种谦卑，更是一种聪明。

在影子中寻找自己的价值

有一个愣头愣脑的流浪汉，常常在市场里走动，许多人很喜欢开他的玩笑，并且用不同的方法捉弄他。其中一个大家最常用的方法，就是在手掌上放一个5角和1元的硬币，由他来挑选，而他每次都选择5角的硬币。大家看他傻乎乎的，连5角和1元都分不清楚，都捧腹大笑。每次看他经过，都一再用这个手法来取笑他。过了一段时间，一个有爱心的老妇人忍不住问他："你真的连5角和1元都分不出来吗？"

流浪汉露出狡黠的笑容说："如果我拿1元，他们下次就不会让我挑选了。"

启示 当人自以为聪明时，其实正显出愚昧和无知。让我们多以柔和谦卑的态度与人相处，那才真正是智者的作为。

一个赚钱的行当——卖豆子

如果豆子卖得动，直接赚钱。

如果豆子滞销，分三种办法处理：

（1）让豆子沤成豆瓣，卖豆瓣；如果豆瓣卖不动，腌了，卖豆豉；如果豆豉还卖不动，加水发酵，改卖酱油。

（2）将豆子做成豆腐，卖豆腐；如果豆腐不小心做硬了，改卖豆腐干；如果豆腐不小心做稀了，改卖豆腐花；如果实在太稀了，改卖豆浆。

（3）让豆子发芽，改卖豆芽；如果豆芽还滞销，再让它长大点儿，改卖豆苗；如果豆苗还卖不动，再让它长大点儿，干脆当盆栽卖，命名为"豆蔻年华"，卖的是文化而非食品；如果还是卖不动，把豆苗种下去，灌溉施肥，除草种牧，3个月后，收成豆子，再拿去卖。

启示 在身处困境之时不是没有解决办法，而是我们"脑袋"有没有去思考创新的办法。

与蜗牛散步

上帝给了某人一个任务，叫他牵一只蜗牛去散步。他不能走得太快，蜗牛已经尽力了，每次总是向前挪那么一点点。

他催它，他吼它，他责备它，蜗牛用抱歉的眼光看着他，仿佛在说："人家已经尽了全力！”

他拉，他扯，他甚至想踢它，蜗牛受了伤，它流着汗，喘着气，往前爬。真奇怪，为什么上帝要他牵一只蜗牛去散步？

“上帝啊！为什么？”天上一片安静。

“唉！也许上帝去抓蜗牛了！”好吧！松手吧！反正上帝不管了，他还管什么？

任蜗牛往前爬，他在后面生闷气。

他闻到花香，原来这里有个花园。

他感到微风吹来，原来夜里的风这么温柔。

慢着！他听到鸟声，他听到虫鸣，他看到满天的星斗。咦？以前怎么没有这些体会？他忽然想起来，莫非是自己弄错了，原来上帝是叫蜗牛牵他去散步。

启示 换一个角度想问题，无论生活给了你什么，别怨恨，因为每一件事物都有其可爱之处，专注美好，忽略瑕疵，总能找到生活的乐趣。

哥伦布立蛋

在一次宴会上，一位客人对哥伦布说：“你抵达了美洲大陆有什么了不起，美洲大陆只不过是客观的存在物，刚巧被你撞上了。”

哥伦布没有同他争论，而是拿出一只鸡蛋，让他把鸡蛋立在光滑的桌面上。

这位客人试来试去，无论如何也不能把鸡蛋立起来。

这时，只见哥伦布拿起鸡蛋轻轻往桌面上一磕，下面的蛋壳破了，但鸡蛋稳稳地立在了桌面上。之后，哥伦布说了一句颇富哲理的话：“不破不立也是一种客观存在，但就是有人发现不了。”

启示 我们当中的许多人不是也成天在抱怨嘲笑别人这也不行，那也不对吗？而当换成让他自己去干时，他却什么也干不了。传统的思维已成为一种定势，让他在自缚的茧中无力自拔，当一种新生事物来临时，他除了嘲笑、怀疑之外便是无动于衷，无能为力。

骂出来的发明

日本古时候，有一个穷困潦倒之人，处处都叫人看不起，但他却并没有放弃自己的追求。一天大清早，他的妻子就开始骂他。妻子说：“昨天晚上，你烧的火灰还没熄灭，这样一旦着火不是把房子烧了么？”这时他就想，经过一夜还没有熄灭的灰应该是有用的。就是因为妻子的责骂所激发出来的灵感，使他发明了一种专供老人和值夜者使用的暖炉，并因此成为富翁。如果他的老婆不骂（激励）他那么一顿，他哪能有灵感呢？

启示 经过“激励”，能找到“灵感”。

图德拉的成功协调术

什么叫协调？协调就是协同配合加以适当调节的办法。用这个办法解决问题，会让各个方面各得其所，加以统一。

图德拉听说，阿根廷要买2000万美元的丁烷。可当他以阿拉斯加玻璃制造商的身份赶到那时，发现对手竟然是英国石油公司和壳牌石油公司！面对如此强大的对手，如果硬碰硬是必然要失败的。那么，还有没有迂回协调之路呢？经过调查，他发现，由于牛肉过剩，阿根廷人非常希望能把牛肉卖出去。于是，他在与阿根廷人谈判时，就对阿根廷人说，如果你们把这2000万美元丁烷的合同给我，我就买你们2000万美元的牛肉。就这样，他果然拿到了2000万美元丁烷的合同。西班牙一家大造船厂急于卖船，在图拉德的游说之下，他们买下了阿根廷的牛肉（图拉德赚了一笔）。然后，图拉德又把这个西班牙船厂的一条船卖给了缺乏运力的太阳神石油公司（图拉德又赚了一笔）。

启示 协调可以让个人利益融入各方利益。

看自己

纽约有一位拥有一栋摩天大楼的老板，每个月都为昂贵的电梯修理费苦恼。大楼很高，电梯不是一叫就来，乘客往往等得不耐烦，一直连续按按钮，所以电梯按钮坏得很快。人们虽看见电梯钮已经亮了，但还是要再按一下才安心，好像别人按的都不算，非得自己的“魔术指”按一下，电梯才会来。这个老板在电梯旁贴了很多告示，都无效。最后他贴出悬赏，若有人能使乘客改变习惯，将给予重奖。

结果一名心理学家在电梯门上装了一片大镜子，轻易解决了问题。因为镜子使乘客看见自己的猴急样：只要一站到镜子前，立刻变得有礼貌了，原先不耐烦的人们，在镜子前都成了绅士、淑女，耐心地等待电梯。这就是镜子的妙用。

启示　让人们可以检视自己，知道自己是谁。或许当看到自己对待客户的冷面孔时，服务态度会好一点；当看到自己工作的态度不认真时，会感到自惭。

跳跳糖和孩子的共性

商品设计需要技术，但也需要设计者不断把握消费者的共性特征。孩子们有一个喜欢新奇好玩事物的共性特征。凡是抓住这个特征设计的玩具和用品都有销路。跳跳糖的出现就说明了这一点。

跳跳糖的主要成分只是固体小苏打和柠檬酸。5.5 克一袋，一斤能装近百袋，一袋能卖一元多钱。把这种糖放到嘴里，遇到唾液，碳酸盐和碱化学反应，产生二氧化碳，释放气体时，这些小糖块就会蹦跳起来，发出噼噼啪啪的声响。一个孩子吃，别的孩子就会很羡慕。于是你买我也买。他们不是在吃糖，而是在比看谁的嘴里响声大。

启示　这是抓住孩子们喜欢变化的共性心理所进行的成功设计。

顺其自然的设计最好

美国发明家斯坦·梅森发明了一种微波炉专用烹饪盘。这种烹饪盘能够接受最大密度的微波能量，使食物受热均匀。他介绍说，在设计之初，他并没有使用任何仪器测试，只是把一层层放有苞米的隔板放进微波炉，然后通过观察哪个部位的苞米先爆成爆米花，来确定微波炉内的热点分布状况。他发现，微波炉内的热点分布模式呈现蘑菇云状。他设计的烹饪盘就是据此设计的。

而一位建筑师的获奖设计也正合此道。他叫人把办公大楼前面的空地都铺上草坪，夏天过后，草坪上被踩出三条小路。一条宽些，另两条有些窄。看上去这三条路显得蜿蜒起伏，错落有致。于是，这位设计师就让施工人员在人们踩出的路痕上铺就了通向大楼的人行道。人们都赞叹这位设计师的设计水平高超，可他却说自己只不过是尊重了人们的自然选择。

启示　把握“认可先行”的“客观”，更容易成功。

钻小孔发巨财的人们

有个日本人，在妇女衣扣上钻了个小孔，注入香水，液体可进不可出，名曰“香扣子”。妇女们争相购买。

在打火机的火蕊盖上钻个小孔，就能使原来灌一次油维持10天的打火机维持50天之久。这项发明，使发明者接到50万单订货。

在方糖包装盒上钻个小孔，就能使这些方糖盒具有防潮通风的功效。由于此项发明为美国制糖公司解决了方糖出口南美洲时，因受潮而损失巨大的问题。所以，发明者获得了100万美金。

启示　在“深入”“细致”的领域里，照样也有无限商机。

虚掩着的门

一天，某公司总经理叮嘱全体员工：“谁也不要走进8楼那个没挂门牌的房间。”但他没解释为什么。

在这家效益不错的公司里，员工们都习惯了服从，大家牢牢记住了领导的吩咐，谁也不去那个房间。

一个月后，公司又招聘了一批年轻人，同样的话，总经理又向新员工重复了一遍。这时，有个年轻人在下面小声嘀咕了一句：“为什么？”

总经理看了他一眼，满脸严肃地说：“不为什么。”

回到岗位上，那个年轻人的脑子里还在不停地闪现着那个神秘的房间：又不是公司部门的办公用房，又不是什么重要机密存放地，为什么不让进呢？年轻人想去敲门看看到底是怎么回事。

同事们纷纷劝他，不听经理的话不会有好果子吃，这份工作来之不易呀！

小伙子来了牛脾气，执意要去看个究竟。他轻轻地叩门，没有人应声，他随手一推，门开了，不大的房间中只有一张桌子，桌子上放着一张纸条，上面用红笔写着几个字：“拿这张纸条给经理。”

小伙子很失望，但既然做了，就做到底，他拿着纸条去了总经理办公室。他不但没有被解雇，反而被任命为销售主管。

“销售是最需要创造力的工作，只有不被条条框框限制住的人才能胜任。”总经理给了大家这样一个解释。后来，那个小伙子果然没有让总经理失望。

启示　善于创新，不被条条框框所限制是营销精神所在，执着于原有的营销思维，过分依赖原有的营销优势和营销经验是营销工作的大敌。

1加1大于2

在奥斯维辛集中营，一个犹太人对他的儿子说："现在我们唯一的财富就是智慧，当别人说1加1等于2的时候，你应该想到大于2。"纳粹在奥斯维辛毒死50万人，父子俩却活了下来。

1946年，他们来到美国，在休斯敦做铜器生意。一天，父亲问儿子一磅铜的价格是多少，儿子答35美分。父亲说："对，整个得克萨斯州都知道每磅铜的价格是35美分，但作为犹太人的儿子，你应该说3.5美元。你试着把一磅铜做成门把手看看。"

20年后，父亲死了，儿子独自经营铜器店。他做过铜鼓、做过瑞士钟表上的簧片、做过奥运会的奖牌。他曾把一磅铜卖到3500美元，这时他已是麦考尔公司的董事长。

然而，真正使他扬名的，是纽约州的一堆垃圾。

1974年，美国政府为清理给自由女神像翻新扔下的废料，向社会广泛招标，但好几个月过去了，没人应标。正在法国旅行的他听说后，立即飞往纽约，看过自由女神像下堆积如山的铜块、螺丝和木料后，未提任何条件，当即就签了字。

纽约许多运输公司对他的这一愚蠢举动暗自发笑，因为在纽约州，垃圾处理有严格规定，弄不好会受到环保组织的起诉。就在一些人要看他的笑话时，他开始组织工人对垃圾进行分类。他让人把废铜熔化，铸成小自由女神像；他把木头等加工成底座；废铅、废铝做成纽约广场的钥匙。最后，他甚至把从自由女神像身上扫下的灰尘都包装起来，出售给花店。不到3个月的时间，他让这堆垃圾变成了350万美元现金，每磅铜的价格整整翻了1万倍。

启示

在商业化社会里，是没有等式可言的。当你抱怨生意难做时，也许有人正数钞票数到手软。这里面的差别可能就在于：你认为1加1应该等于2，而他认为1加1永远大于2。商机永远存在于会思考的脑袋里。

个人素质篇

第九部分

THE NINTH PART

爱心激励

电梯里的那面镜子

时下的综艺节目中常常穿插一些由现场嘉宾来回答的问题，嘉宾们凭着十分丰富的想象，往往能将答案猜个八九不离十。然而却有一次例外。

那是我们十分熟悉的东西——电梯。问题是：电梯里总有一面大镜子，那个大镜子是干什么用的呢？

回答踊跃如常：

用来对镜检查一下自己的仪表；

用来看清后面有没有跟进来不怀好意的人；

用来扩大视觉空间，增加透气感。

一再启发后，主持人终于说出了非常简单的正确答案：肢残人士摇着轮椅进来时，不必费心转身即可从镜子里看见楼层的显示灯。

原来是这样！原本活泼靓丽、机智风趣的嘉宾们多少有些尴尬，其中有一位颇有些抱屈地说："这我们怎能想得到呢？"

是啊，怎能想得到呢？时至今日，我们的确越来越聪明，我们的知识面的确越来越宽广，我们思考一个问题时常可以海阔天空。但不幸的是，无论思路扩展到多远，我们往往还是从自己出发的。

启示

电梯里的镜子，有人用来装饰自我，有人用来保护自我，有人用来舒适自我，为什么没有想到"自我"之外的"他人"呢？细品之下，我们不难想到我们的出发点总是离不开自身！

"空中"牛肉面

大部分人是在当爸爸以后才学会当爸爸的，他却是在父亲过世以后才学会当儿子的。

那些年，他忙于事业。深夜回家，悄悄推开家门，退休的父亲总是等在客厅。

他点亮客厅的灯，老父站起身来："回来啦。饿不饿？要不要我替你下一碗牛肉面？"

晚归已是莫大的罪恶，怎忍心在半夜烦劳老父为他煮面？他每次都忙不迭地回上一句："我不饿，我不饿！"听了儿子善意的拒绝，父亲站起身来，步履蹒跚地走回卧室。

那是他们父子一天中唯一能相见的时光。他赶早出门时，父亲仍在梦中；待到他拖着疲惫的身子回家时，等候的父亲也已准备进入梦乡。

他们的对话一直只是那些："饿不饿？""我不饿，我不饿。"

后来他上船工作，几年后成为大副，已经考上船长执照，就等这趟航行结束后接掌真正属于他的船只。然而，他却收到电报——父亲病逝。

船还在海上，他还得等上 15 天，才能靠港上岸。以秒计数的 15 天，父子相处的片段，一幕一幕在脑中重现。

"饿不饿？"

"我不饿！"

如果放下自以为是的体贴，想想父亲等候的心情呢？

如果把"我不饿"改成"我饿了"，这一天中难得的父子对话就不会只剩下一个寂寥的句号，孤单地随着父亲走进卧室的身影结束。

如果是"我饿了"，那么——

老父亲会很高兴地走进厨房，卷起袖子下一碗热腾腾的牛肉面。

他会坐在父亲面前，隔着面碗蒸腾的雾气，让父亲看见他吃面的馋相。

他们会有一段短短的对话，父亲会因此知道他今日的种种情况，他也会因此知道父亲的。

他可以说："谢谢爸爸，牛肉面很好吃！"父亲会觉得很满足。然而没有，这一切从来不曾在现实中发生。

他只说过："我不饿！"这个体贴的惊叹号结束了一切温暖的可能。因为儿子自以为是的孝心，父亲期待的午夜牛肉面从来没煮成。

这碗牛肉面变成了"空中"牛肉面，与父亲失望走回卧室的身影一起存在于大脑中。

他 15 天后下了船，放弃了船长执照，放弃了人人艳羡的高薪，回到陆地工作。他失去了父亲，仁慈的上帝给了他赎罪的机会——他还有母亲。

启示

对待父母，我们不要自以为是地去理解他们，父母感到高兴，感到欣慰的不一定是整天清闲地待在家里，或许他们的愿望是能够帮我们做点什么，渴望能够跟我们在一起说说话。

宽大

这是一个关于越战结束后一位士兵的故事。

他打完仗回来，从旧金山给父母打了一个电话："爸爸，妈妈，我要回家了。但我想请你们帮我一个忙，我要带我的一位朋友回来。"

“当然可以。”父母回答道，“我们见到他会很高兴的。”

“有些事情必须告诉你们，”儿子继续说，“他在战斗中受了重伤。他踩着了一个地雷，失去了一只胳膊和一条腿。他无处可去，我希望他能来我们家和我们一起生活。”

“我很遗憾听到这件事，孩子，也许我们可以帮他另找一个地方住下。”

“不，我希望他和我们住在一起。”儿子坚持。

“孩子，”父亲说，“我不知道你在说些什么，这样一个残疾人将会给我们带来沉重的负担，我们不能让这种事干扰我们的生活。我想你还是快点回家，把这个人给忘掉，他自己会找到活路的。”就在这个时候，儿子挂了电话。父母再也没有得到儿子的消息。

过了几天后，父母接到旧金山警察局打来的一个电话，电话中说他们的儿子跳楼而死，警察局认为是自杀。悲痛欲绝的父母飞往旧金山。在停尸间里，他们惊愕地发现，他们的儿子只有一只胳膊和一条腿。

启示 故事中的父母就和我们大多数人一样。要喜好面貌姣好或谈吐风趣的人很容易，但是要喜爱那些造成我们不便或不快的人却太难了。我们总是和那些不如我们聪明、美丽或健康的人保持距离。然而有些人却不会对我们如此残酷，他会无怨无悔地爱我们，不论我们多么糟，总是愿意接纳我们。

蓝丝带的故事

我们很容易看到别人的优点，像是某人很漂亮，工作能力很强，人缘很好，但我们很少能看到自己的长处及自己的价值。这也许是一种传统教育下过度谦虚的表现，因为要严于律己，所以对自己的要求与批评就很多，期望也就过高，常常造成否定自己的心态，认为自己很多地方都不够好。久而久之，就产生了自卑感，失去了自信心，认为自己的存在没有什么价值，因而活得非常消沉。

有鉴于此，美国的布里居丝女士发起了一个叫作蓝色丝带的运动：每一个美国人都能拿到一条她设计的蓝色丝带，上面写着“Who I Am Makes A Difference”。也就是“我可以为这个世界创造一些价值”的意思。

她到处散发这样的蓝丝带，鼓励大家把蓝丝带送给家人和朋友，谢谢这些在我们四周的人。

她四处演讲，强调每个人的价值。结果因为这些蓝丝带的传送，引发了许多感人的故事，也改变了许多人的生命。其中有一个故事十分发人深省。

有一次，布里居丝女士给了一个朋友 3 条蓝丝带，希望他能送给别人。这位朋

友送了一条给他不苟言笑、事事挑剔的上司，他觉得由于他的严厉使他多学到许多东西，另外他还多给了上司一条蓝丝带，希望上司能拿去送给另外一个影响他生命的人。

他的上司非常吃惊，因为所有的员工一向对他敬而远之。他知道自己的人缘很差，没想到还有人会感念他严苛的态度，把它当作正面的影响，而向他致谢。这使他的心顿时温柔起来。

这个上司一个下午都若有所思地坐在办公室里，而后他提早下班回家，把那条蓝丝带给了他正值青春期的儿子。他们父子关系一向不好，平时他忙着公务，不太顾家，对儿子也只有责备，很少赞赏。那天他怀着一颗歉疚的心，把蓝丝带给了儿子，同时为自己一贯的态度道歉。他告诉儿子，其实儿子的存在带给他这个父亲无限的喜悦与骄傲，尽管他从未称赞儿子，也少有时间与儿子相处，但是他是十分爱儿子的，也以儿子为荣。”当他说完了这些话，儿子竟然号啕大哭起来。

儿子对父亲说：“我以为父亲一点也不在乎我，我觉得人生没什么价值，我不喜欢自己，恨自己不能讨父亲的欢心。”没想到父亲的一番言语，打开了心结。

这位父亲从此便改变了自己的态度，调整了生活的重心，也重建了亲子关系，加强了儿子对自己的信心。

就这样，整个家庭因为一条小小的蓝丝带而彻底改观。一条蓝色的丝带为什么有这么大的魔力？因为它是一个提醒：提醒我们看到自己的价值；提醒我们要接受自己、关爱自己。

启示　我们是可以创造奇迹、创造不同的人，不论我们是谁，都有这样的能力。也只有如此，我们才能看到这世界的美好、光明的一面，也才能生活得愉快，真正去爱，去创造生命的价值。

菩萨的脚印

有一天晚上，一个人做了个梦，梦见和菩萨一起走在沙滩上，空中忽然闪过了他一生中的点点滴滴：

他发现在每一幕里，沙滩上都有两对脚印，一对是他的，另一对是菩萨的。当最后一幕划过后，他再回头看着沙滩上的脚印，却发现有好几次，沙滩上却都只有一对脚印而已！而且那些时候都正好是他生命中最痛苦、最难过的时候。

他很困惑地问菩萨："你答应我的，你说你会救人苦难，你会一直走在我身边护持我，但是我发现在我生命中最难受痛苦的时候，沙滩上却只有一对脚印而已啊！我不懂，为什么在我最需要你帮助的时候，慈悲的你却舍我而去？"

菩萨慈悲柔和地回答说："我忆念你，护持你，而且我永远不会离开你。在那些你最困难最痛苦的时候，你只看到一对脚印，那是因为我抱着你在走的。"

启示

当我们面临考验之际，往往会一直以为是自己孤军奋战，在我们最觉得孤立无援的时候，静下来看一看，你就会发现其实很多人都在旁边陪着你。

良心光芒

一位老人，为了让儿子们多一些人生历练，便对他的 3 个儿子说："你们 3 人出门去，3 个月回来，把旅途中最得意的一件事告诉我。我要看你们哪一个所做的事最让人敬佩。"他的 3 个儿子听完后，就动身出发了。

3 个月到了，3 个人都回来了，老人就问他们每人所做的最得意的事。长子说："有个人把一袋珠宝存放在我这里，他并不知道袋子里有多少颗宝石，假如我拿他几个，他也不知道。等到后来他向我要时，我原封不动地还给了他。"老人听了之后说："这是你应该做的事，若是你暗中拿他几颗，你想你会变成什么样的人？"长子听了，觉得这话不错，便退了下去。

次子接着说："有一天我看见一个小孩落入水里，我救他起来，他的家人要送我厚礼，我没有接受。"老人说："这也是你应该做的事，如果你见死不救，你心里过得去吗？"次子听了，也没话说。

最小的儿子说："有一天我看见一个病人昏倒在危险的山路上，一个翻身就可能摔死。我走上前一看，发现那人竟然是我的仇敌，过去我几次想报复，都没有机会。这回我要弄死他，可说是不费吹灰之力，但是我不愿意暗地里害他，我把他叫醒，并且送他回家。"老人不等他说完，就十分赞赏地说道："你的两个哥哥做的也是符合良心的事，不过你所做的事是以德报怨，是更难得的。"

启示

做该做的事是不昧良心，但做到原来不易做到的事，更能彰显良心的光芒。长子不贪图非分之财与次子的不见死不救，是我们一般人都能确认的伦理原则。小儿子宽恕仇敌并适时地援助对方，不仅不做恶事，还行人所不易行之善，更彰显了人性的高贵。

骑电动自行车的夫妇

有一个人因为生意失败，迫不得已变卖了心爱的小跑车，改以电动自行车代步。有一天，他和太太一起约了几对关系很好的夫妻外出游玩，其中一位朋友的新婚妻子因为不知详情，见到他们夫妇共乘一辆电动自行车来到约定地点，便冲口而出地问：“为什么你们骑电动自行车来？”场面变得很尴尬，但这位妻子不急不缓地回应答：“我们骑电动自行车，因为我想抱着他。”

启示

什么是真正的爱？能够甘苦与共的夫妇，他们的爱是一种不离不弃的感情，无论面前是顺境抑或逆境，双方都会互相支持、共同面对。纵使缘分由天，但怎样去相处始终是事在人为。爱是发自内心的，当你时时刻刻想起当初的那份真挚的感情，你就自然知道应该怎样与你的伴侣携手去走以后的路。

忍着不死的母亲

一位从越南归来的美国战地记者给MBA学员放映一部他在战场上实拍的影片：画面上有一群人在奔逃，远处突然传来机枪扫射的声音，小小的人影一一倒下。放完了，他问同学们看见了什么。“是血腥的杀人画面！”他没有说话，把片子又放了一遍，并指着其中一个人影：“你看！大家都是同时倒下去的，只有这一个，倒得特别慢，而且不是向前扑倒，她慢慢地蹲下去。”看到同学们还是看不懂的神色。他居然哭了起来：“当枪战结束之后，我走近一看，发现那是一个抱着孩子的年轻妈妈，她在中枪之后，居然还怕摔伤了幼子，而慢慢地蹲下去。她是忍着不死啊。”

“忍着不死！”何等伟大的母亲！

启示

其实世界上远不止人类有母爱。动物也有伟大的母爱。到南极洲考察的科学家，在风雪中经常看到成千上万的企鹅面朝着同一个方向立着。是什么原因使它们能如此整齐地朝同一个方向呢？细细观察后，考察队员们终于发现，每一只大企鹅的前面，都有着一团毛茸茸的小企鹅。原来它们是一群伟大的母亲，守着面前的孩子，因为自己的腹部太圆，无法俯身在小企鹅之上，便只好立着以自己的身体，遮挡刺骨的寒风。多么伟大的母爱群像啊！

时间和爱的故事

从前有一个小岛，上面住着快乐、悲哀、知识和爱，还有其他各类情感。

一天，情感们得知小岛快要下沉了，于是，大家都准备船只，离开小岛。只有爱留了下来，它想要坚持到最后一刻。

过了几天，小岛真的要下沉了，爱想请人帮忙。

这时，富裕乘着一艘大船经过。

爱说："富裕，你能带我走吗？"

富裕答道："不，我的船上有许多金银财宝，没有你的位置。"

爱看见虚荣在一艘华丽的小船上，说："虚荣，帮帮我吧！"

"我帮不了你，你全身都湿透了，会弄脏了我这漂亮的小船。"

悲哀过来了，爱想向它求助："悲哀，让我跟你走吧！"

"哦，爱，我实在太悲哀了，想自己一个人待一会儿！"

快乐走过爱的身边，但是它太快乐了，竟然没有听到爱在叫它！

突然，一个声音传来："过来！爱，我带你走。"

这是一位长者。爱大喜过望，竟忘了问它的名字。登上陆地以后，长者独自走开了。

爱对长者感恩不尽，问另一位长者知识："帮我的那个人是谁？"

"它是时间。"知识老人答道。

"时间？"爱问道，"为什么它要帮我？"

知识老人笑道："因为只有时间才能理解爱有多么伟大。"

启示 无私的爱是没有回报的，它能够穿越岁月时空。

海星的故事

一个人到墨西哥旅游。一天黄昏时，他正在海滩漫步，忽然看见远处有一个人在跳舞。走近些时，发现原来是一位当地人在沙滩上拾起一些东西，然后用力地扔到海里去，循环往复。

再走近些时，他看清楚原来这当地人在不停地拾起被潮水冲到沙滩上的海星，然后用力地把它扔回大海去。

他于是奇怪地走向前去，对当地人说："晚安！朋友，我不明白你在干什么。"

那人说："我在把这些海星扔回海里。你看，现在正是潮退，海滩上这些海星全是被潮水冲到岸上来的，很快这些海星便会因缺氧而死了！”

“我明白。不过这海滩有数不尽的海星，成千上万的，你能把它们全部送回大海吗？就算你真能做到，试想，这海岸有过百的海滩，你又怎能有工夫去处理呢？你可知道你所做的事情作用不大啊！”

那位当地人微笑着，继续拾起另一只海星，一边扔一边说：“但起码我改变了这只海星的命运呀！”

旅人恍然大悟：是呀！虽然有很多美好的事情我们不能去实现，但从现在做起，兴许就改变了一切！

启示　需要帮助的人太多了，凭我们个人的力量，我们能够帮助的又太少了，但是对于我们帮助过的人来说，却具有重大的意义。

一块砖头

一位年轻的总裁，以相对快的车速，开着他的新车经过住宅区的街道，他必须小心游戏中的孩子突然跑到路中央，所以当他觉得小孩子快跑出来时，就要减慢车速。

就在他的车经过一群小朋友的时候，一个小朋友丢了一块砖头打到了他的车门，他很生气地踩了刹车并后退到砖头丢出来的地方。

他跳出车外，抓住那个小孩，把他顶在车门上说：“你知道你刚刚做了什么吗？你知不知道你要赔多少钱来修理这台新车，你到底为什么要这样做？”小孩子求着说：“先生，对不起，我不知道我还能怎么办？”

“我丢砖头是因为没有人停下来。”小孩一边说，眼泪一边从脸颊落到车门上。

他接着说：“我哥哥从轮椅上掉了下来，我没办法把他抬回去。”

那孩子啜泣着说：“你可以帮我把他抬回去吗？他受伤了，而且他太重了，我抱不动。”

这些话让这位年轻的总裁深受感动，他抱起男孩受伤的哥哥，帮他坐回轮椅上。并拿出手帕擦拭他哥哥的伤口，以确定他哥哥并无大碍。

那个小男孩感激地说：“谢谢您，先生，上帝保佑您。”然后他看着男孩推着他哥哥回去。

年轻的总裁慢慢地、慢慢地走回车上。他决定不修它了，他要让那个凹洞时时提醒自己：“不要等周围的人丢了砖头过来，自己才注意到生命的脚步已走得过快。”

启示

当生命想与你的心灵窃窃私语时，若你没有时间，你有两种选择：倾听你心灵的声音或让砖头砸向你。请问你是否曾因为生活太快、太忙碌而忽略了你所爱的人，然后开始怀疑你是不是真的爱他们呢？

一碗白饭

20年前的一天黄昏，有一名看似大学生的男孩徘徊在台北街头的一家自助餐店前，等到吃饭的客人大都离开了，他才面带羞涩地走进店里。

“请给我一碗白饭，谢谢！”男孩低着头说。

店内刚创业的年轻夫妻老板，见他没有选菜，一阵纳闷，却也没有多问，立刻就盛了满满一碗的白饭递给他。男孩付钱的同时，不好意思地说了一句：“我可以在饭上淋点菜汤吗？”

老板娘笑着回答：“没关系，你尽管用，不要钱！”

男孩吃饭吃到一半，想到淋菜汤不要钱，于是又多叫了一碗。

“一碗不够是吗？我这次再给你盛多一点！”老板很热情地响应。

“不是的，我要拿回去装在饭盒里，明天带到学校当午餐。”

老板听了，在心里猜想，男孩可能来自经济条件不是很好的家庭，为了不肯放弃读书的机会，独自一人在外求学，甚至可能半工半读，处境可想而知。于是，他悄悄在饭盒的底部先放入一大匙店里的招牌肉燥，还加了一颗卤蛋，最后才将白饭满满覆盖上去，乍看之下，以为只是白饭而已。

老板娘见状，明白老板想帮助那个男孩，但却搞不懂，为什么不将肉燥大大方方地加在饭上，却要藏在饭底？老板贴着老板娘的耳边说：

“男孩若是一眼就见到白饭加了料，说不定会认为我们是在施舍他，这不等于直接伤害了他的自尊吗？这样，他下次一定不好意思再来。如果转到别家一直只是吃白饭，怎么会有体力读书呢？”

“你真是好人，帮了人还替对方保留面子！”

“我不好，你会愿意嫁给我吗？”

年轻的夫妻，沉浸在助人的快乐里。

“谢谢，我吃饱了，再见！”男孩起身离开。

当男孩拿到沉甸甸的饭盒时，不禁回头望了老板夫妻一眼。

“要加油喔！明天见！”老板向男孩挥手致意，话语中透露着请男孩明天再来店里用餐的意思。

男孩眼中泛起泪光，却也没有让老板夫妻看见。从此，男孩除了连续假日以外，

几乎每天黄昏都会来，同样在店里吃一碗白饭，再外带一碗走，当然，带走的那一碗白饭底下，每天都藏着不一样的秘密。直到男孩毕业，往后的20年里，这家自助餐店再也不曾出现过男孩的身影。

有一天，将近50岁的自助餐店老板夫妻，接到有关部门强制拆除违章建筑店面的通告。面对中年失业，平日储蓄又都给了在外留学的儿子，想到生活无着，经济陷入困境，老板不禁在店里抱头痛哭了起来。就在这个时候，一位身穿名牌西装，像是大公司经理级的人物突然来访。

“你们好，我是某大企业的副总经理，我们总经理命我前来，希望能请你们在我们即将要启用的办公大楼里开自助餐厅，一切设备与食材均由公司出资准备，你们仅须带领厨师负责菜肴的烹煮，至于盈利的部分，你们和公司各占一半！”

“你们公司的总经理是谁？为什么要对我们这么好？我们不记得认识这么高贵的人物！”老板夫妻一脸疑惑。

“你们夫妻是我们总经理的大恩人兼好朋友，总经理尤其喜欢吃你们店里的卤蛋和肉燥，我就只知道这么多。其他的，等你们见了面再谈吧！”

终于，那每次用餐只叫一碗白饭的男孩，再度现身了，经过艰辛的创业，男孩成功地建立了自己的商业帝国。他说，眼前这一切，全都要感谢自助餐店老板夫妻的鼓励与暗助。否则，他当初根本无法顺利完成学业。话过往事，老板夫妻打算告辞，总经理起身对他们深深一鞠躬并恭敬地说：“加油喔！公司以后还需要靠你们帮忙，明天见！”

启示　欢喜“施”，感恩“受”，人间处处有温情。帮助别人就是帮助自己。

依侔的故事

在一个岛上，有一位常年驻守的动物学家，他专门从事对猴子的研究工作。一天，一只小猴子出生了，动物学家给它取名叫“依侔”。

在一个清晨，出生后不久的依侔独自向海边走去，那一刻，岛上的猴子们全都安静了，整个小岛也宁静了，动物学家那一刻也停住了，大家好像都在等待着什么，所有猴子的眼睛和动物学家的眼睛都随着依侔向海边移动。

为什么会这样？原来，在依侔出生前，岛上的猴子们没有一只曾到过海边，没有一只猴子碰过海水。至于什么原因，动物学家也百思不得其解，自他见到岛上第一只猴子起，他就从未见过有哪只猴子靠近过海水。他也曾试着用各种方法让猴子们去接近大海，但都未成功，或许是第一只猴子就不曾到过海边的原因，以后在这个岛上出生的猴子就没有一只敢靠近海了。

不一会儿，依侬走到了海边，它先用一只脚沾了沾清凉的海水，然后又用另一只脚也沾了沾。随后大家发现依侬竟跳进海水，用两只胳膊拍打起海水来，样子看上去很欢快，它在海水中跑着、跳着，并且还招呼其他猴子跟它一起来玩海水，可是，其他猴子没有一个敢过来的，依侬仍旧在海边玩着。

一天就这样过去了。这一天对那位动物学家来说非同寻常：第一次，一只猴子，自己下水了。

以后，一直都是依侬独自在海边玩耍，在海里洗澡。

不久，岛上又出生了一只小猴子。在一个温暖的早晨，整个小岛又一次宁静了，原来所有猴子和那位动物学家看到依侬竟然拉着那只小猴子，向海边走去。一会儿的工夫，它们到了海边，随后大家见到它们俩在海水中玩得是那样开心、欢畅，它们向岛上的其他猴子招手，让它们也到海水中一起玩耍。但，最终仍只是它们俩在快乐地玩着。动物学家在海边观察着它们，竟兴奋地一整夜没睡觉，他要为那只小猴起个名字。清晨，动物学家想出了一个很好听的名字“海星”，他决定，以后岛上出生的小猴，只要能去海里玩耍的，都叫它们“海星”。

不久，岛上又出生了一只小猴子，同样是依侬带着它到海边，接触海水，最后它们在海中高兴地跳着。就这样，每出生一只猴子，依侬都会带它去海边玩耍。

现在依侬已有了 99 只“海星”。直到有一天，岛上又出生了一只猴子，它是依侬在这个岛上出生后的第 100 只猴子，但动物学家和其他岛上的猴子们却发觉这次依侬并没有来牵它的手去海边。

猜猜看，依侬去了哪里？后来，动物学家和岛上所有的猴子看到，那只小猴子竟然像当初依侬那样独自走向海边，小岛又一次宁静了，当大家的目光跟着小猴子移到海边时，整个小岛欢呼了！原来依侬早已在海边等它了。岛上有了第 100 只“海星”。

启示 敢吃螃蟹的人是勇敢的，教给别人吃螃蟹，使别人也吃上螃蟹的人是有爱心的。

最美好的礼物

这一年的圣诞节前不久，保罗的哥哥送给他一辆新车作为圣诞礼物。圣诞节的前一天，保罗从他的办公室出来时，看到街上一名男孩在他闪亮的新车旁走来走去，并触摸它，满脸羡慕的神情。

保罗饶有兴趣地看着这个小男孩，从他的衣着来看，他的家庭显然不属于自己这个阶层。就在这时，小男孩抬起头，问道："先生，这是您的车吗？"

"是啊，"保罗说，"我哥哥给我的圣诞礼物。"

小男孩睁大了眼睛："您是说，这是您哥哥给您的，而您不用花一分钱？"

保罗点点头。小男孩说："哇！我希望——"

保罗认为他知道小男孩希望的是什么：有一个这样的哥哥。但小男孩说出的却是：

"我希望自己也能当这样的哥哥。"

保罗惊讶地看着这个男孩，然后他问："要不要坐我的新车去兜风？"

小男孩惊喜万分地答应了。

逛了一会儿之后，小男孩转身向保罗说："先生，能不能麻烦您把车开到我家前面？"

保罗微微一笑，他理解小男孩的想法，坐一辆大而漂亮的车子回家，在小朋友的面前是很神气的事。但他又想错了。

"麻烦您停在两个台阶那里，等我一下好吗？"

小男孩跳下车，三步并做两步跑上台阶，进入屋内，不一会他出来了，并带着一个显然是他弟弟的孩子。那孩子因患病而跛着一只脚。他把弟弟安置在下边的台阶上，紧靠着坐下，然后指着保罗的车子说："看见了吗，就像我在楼上跟你说的一样，很漂亮对不对？这是他哥哥送给他的圣诞礼物，他不用花一分钱！将来有一天我也要送给你一部和这一样的车子，这样你就可以看到我一直跟你讲的橱窗里那些好看的圣诞礼物了。"

保罗的眼睛湿润了，他走下车子，将小弟弟抱到车子里，他的哥哥眼睛里闪着喜悦的光芒，也爬了上来。于是三人开始了一次令人难忘的假日之旅。

启示　给予比接受更令人快乐。

为孩子鼓掌

有个人应邀参加一所小学举行的六一儿童节汇报演出。孩子们的演出非常精彩，不断博得观众们的阵阵掌声。

正当他使劲鼓掌的时候，旁边一位热泪盈眶的男子碰了碰他的胳膊："对不起，请帮个忙。"他疑惑地回头看了看他。"你能再鼓几下掌吗？"他更加奇怪——你自己就不能鼓掌吗？那人伸出手来："今天演出的孩子中有一个是我的儿子，我想为他鼓掌，可惜我只有一只手，无法为他鼓掌。"

他半天才明白过来是怎么回事，不禁为这份诚挚的父爱所感动。他使出平生最大的力量来给这位父亲帮忙。

台上的那个男孩向这个方向看着，他想，孩子一定听到了，最响亮的掌声是从他父亲所在的这个方向发出的。

启示　一个只有一只手的父亲都能想方设法为孩子鼓掌，想方设法赞美和激励自己的孩子，那么作为正常人的我们，又怎能不加倍为孩子鼓掌呢？

只有你能欣赏我

一位妈妈第一次参加家长会，幼儿园老师说："您的儿子有多动症，在板凳上连3分钟都坐不住，您最好带他去医院看一看。"

回家的路上，儿子问她老师都说了些什么，她鼻子一酸，差点流下泪来。因为全班30位小朋友，唯有他表现最差；唯有对他，老师表现出不屑。然而她还是告诉她的儿子："老师表扬你了，说宝宝原来在板凳上坐不了1分钟，现在能坐3分钟了。其他妈妈都非常羡慕妈妈，因为全班只有宝宝进步了。"

那天晚上，她儿子破天荒吃了两碗米饭，并且没让她喂。

儿子上小学了。家长会上，老师说："这次数学考试，全班50名同学，你儿子排第40名，我们怀疑他智力上有些问题，您最好能带他去医院查一查。"

回去的路上，她流下了泪。然而，当她回到家里，却对坐在桌前的儿子说："老师对你充满信心。他说了，你并不是个笨孩子，只要能细心些，会超过你的同桌，这次你的同桌排在第21名。"

说这话时，她发现儿子黯淡的眼神一下子充满了光，沮丧的脸也一下子舒展开来。她甚至发现，儿子温顺得让她吃惊，好像长大了许多。第二天上学，去得比平时都要早。

儿子上了初中，又一次家长会。她坐在儿子的座位上，等着老师点她儿子的名字，因为每次家长会，她儿子的名字在差生的行列中总是被点到。然而，这次却出乎她的预料——直到结束，都没有听到。

她有些不习惯，临走时去问老师，老师告诉她："按您儿子现在的成绩，考重点高中有点危险。"

她怀着不平静的心情走出校门，此时她发现儿子在等她。路上她扶着儿子的肩膀，她告诉儿子："班主任对你非常满意，他说了，'只要你努力，很有希望考上重点高中。’”

高中毕业了。第一批大学录取通知书下达时，学校打电话让她儿子到学校去一趟。她有一种预感，她儿子被清华大学录取了。因为在报考时，她跟儿子说过，她相信他能考取这所大学。

她儿子从学校回来，把一封印有清华大学招生办公室的特快专递交到她的手里，突然转身跑到自己的房间里大哭起来，边哭边说：“妈妈，我知道我不是个聪明的孩子，可是，这个世界上只有您能欣赏我。”

这时，她悲喜交加，再也按捺不住十几年来凝聚在心中的泪水，任它打在手中的信封上。

启示

请好好欣赏周围的人吧！只要拥有积极的心态和正确的激励方式，相信每个人都可以发挥自己无限的潜能，实现很多原本以为实现不了的目标，人生最大的辉煌就是超越自己！

一捧沙

一个即将出嫁的女孩，问了母亲一个问题：“妈妈，婚后我该怎样把握爱情呢？”母亲听了女儿的问话，温情地笑了笑，然后从地上捧起一捧沙。

女孩发现那捧沙在母亲的手里，满满的，没有一点儿流失，没有一点儿散落。接着母亲用力将双手握紧，沙子立刻从母亲的指缝间落下来。待母亲再把手张开时，原来那捧沙已所剩无几，原本圆圆的形状也早已被压得扁扁的，毫无美感可言。

启示

爱情无须刻意去把握，越是想抓牢，反而容易失去自我，失去原则，失去彼此之间应该保持的宽容和谅解，爱情也会因此而变成毫无美感的形式。每个人都希望自己永远拥有幸福美满的爱情，那么不妨学着用一捧沙的情怀来对待爱情，好好珍惜，好好把握，爱情必定会圆满。

佛祖的心事

有个年轻美丽的女孩，出身豪门，多才多艺，日子过得很好，媒婆也快把她家的门槛给踩烂了，但她一直不想结婚，因为她觉得还没见到她真正想要嫁的那个男人。

直到有一天，她去一个庙会散心，在拥挤的人群中看见了一个年轻的男人，不用多说什么，反正女孩觉得那个男人就是她苦苦等待的那个人。可惜，庙会太挤了，她无法走到那个男人的身边，就这样眼睁睁地看着那个男人消失在人群中。后来的两年里，女孩四处去寻找那个男人，但这人就像人间蒸发了一样，无影无踪。女孩每天都向佛祖祈祷，希望能再见到那个男人。她的诚心打动了佛祖，佛祖显灵了。

佛祖说："你想再看到那个男人吗？"

女孩说："是的！我只想再看他一眼！"

佛祖："那么你要放弃你现在的一切，包括爱你的家人和幸福的生活。"

女孩："我能放弃！"

佛祖："你还必须修炼5年道行，才能见他一面。你不后悔？"

女孩："我不后悔！"

女孩变成了一块大石头，躺在荒郊野外，4年多的风吹日晒，苦不堪言，但女孩都觉得没什么，难受的是这4年都没看到一个人，看不见一点点希望，这让她都快崩溃了。最后一年，一个采石队来了，看中了她的巨大，把她凿成一块巨大的条石，运进了城里，他们正在建一座石桥，于是，女孩变成了石桥的护栏。就在石桥建成的第一天，女孩就看见了——那个她等了5年的男人！他行色匆匆，像有什么急事，很快地从石桥的正中走过了，当然，他不会发觉有一块石头正目不转睛地盯着他。男人又一次消失了。

再次出现的是佛祖。

佛祖："你满意了吗？"

女孩："不！为什么？为什么我只是桥上的护栏？如果我被铺在桥的正中，我就能碰到他了，我就能摸他一下！"

佛祖："你想摸他一下？那你还得修炼5年！"

女孩："我愿意！"

佛祖："你吃了这么多苦，不后悔？"

女孩："不后悔！"

女孩变成了一棵大树，立在一条人来人往的官道上，这里每天都有很多人经过，女孩每天都在近处观望，但这更难受，因为无数次满怀希望地看见一个人走来，又无数次地希望破灭。要不是前5年的修炼，女孩早就崩溃了。日子一天天地过去，女孩的心逐渐平静了，她知道，不到最后一天，他是不会出现的。又是一个5年啊！最后一天，女孩知道他会来了，但她的心中竟然不再激动。来了！他来了！他还是穿着他最喜欢的白色长衫，脸还是那么俊美，女孩痴痴地望着他。这次，他没有急匆匆地走过，因为天太热了。他注意到路边有一棵大树，那浓密的树荫很诱人。休息一下吧，他这样想。他走到大树脚下，靠着树根，微微地闭上了双眼，他睡着了。女孩摸到他了！他就靠在她的身边！但是，她无法告诉他这多年的相思。她只有尽力把树荫聚集起来，为他挡住毒辣的阳光。男人只是小睡了一刻，因为他还有事要办，他站起身来，拍拍长衫上的灰尘，在动身前的一刻，他回头看了看这棵大树，又微微地抚摸了一下树干，大概是为了感谢大树为他带来清凉吧。然后，他头也不回地走了。

就在他消失在她视线中的那一刻，佛祖又出现了。

佛祖："你是不是还想做他的妻子？那你还得修炼。"女孩平静地打断了佛祖的话："我是很想，但是不必了。"

佛祖吃惊地说："哦？为什么呢？"

女孩："这样已经很好了，爱他，并不一定要做他的妻子。"

佛祖："哦！"

女孩："他命中注定的妻子也像我这样受过苦吗？"

佛祖微微地点点头。

女孩微微一笑："我也能做到的，但是不必了。"

就在这一刻，女孩发现佛祖微微地叹了一口气，或者是说，佛祖轻轻地松了一口气。女孩有几分诧异："佛祖也有心事？"

佛祖的脸上绽开了一个笑容："因为这样很好，有个男孩可以少等10年了，他为了能够看你一眼，已经修炼了20年。"

启示　生命总是平衡的，以一种我们了解或是不了解的方式。

种朵白玫瑰

男孩问老人什么是爱情。

老人叫他到花园走一次，要不回头地走，在途中摘一株最美最好的玫瑰。但只可以摘一次。男孩觉得很兴奋，跑进花园，眼前尽是一片各色各样的玫瑰。他东看看西望望，都好漂亮。

他首先看上了一株红玫瑰，娇艳欲滴，鲜红亮丽。男孩心想，摘这一株好了，刚要伸手，却见到密布的长刺，男孩心想，这红玫瑰虽美，刺却太长太多了，便放弃了红玫瑰，继续前进。

接着他又被一株黄玫瑰深深吸引，艳黄芬芳，浓郁馨香。男孩心想：摘这一株好了，刚要伸手，却见到蜜蜂群集。男孩心想：这黄玫瑰虽香，却招来了恼人的蜜蜂，便放弃了黄玫瑰，继续前进。

然后他看到了一株白玫瑰，没有鲜艳的色彩，却淡淡地映照着彩霞的光辉，没有扑鼻的浓香，却隐约地吐露着淡雅的气息。男孩一直看着白玫瑰，看了很久，越看越觉得它真美、真好，男孩于是伸手摘了这株白玫瑰，触碰到它微细柔软的刺，

青翠光滑的叶，男孩觉得白玫瑰太完美了。捧着白玫瑰，男孩走过其余的玫瑰，他看着其他的玫瑰，觉得都比不上手中的白玫瑰。

男孩回去后，高兴地告诉老人："我找到了。"这时，老人告诉男孩：这就是爱情。

男孩于是又问老人什么是婚姻。

老人叫他照顾白玫瑰3个月，再给他答案。

3个月后，男孩抱着种在花盆中、长的健康漂亮的白玫瑰来找老人。

老人问："这3个月你是如何照顾白玫瑰的呢？"

男孩回答说："第一个月时，我因为求方便，把玫瑰放在玻璃水瓶中，但是白玫瑰因为失去泥土的养分，开始凋零；我也想时时刻刻看到白玫瑰，于是我把它放在我的房内，然而白玫瑰因为失去阳光的照射，渐渐枯萎；我又想常常闻到白玫瑰的幽香，于是我一直近距离的抚摸它，靠近它，结果白玫瑰因为太多的碰触，慢慢憔悴。于是，第二个月为了让白玫瑰不再凋零枯萎、不再憔悴，我把它种到花园中，白玫瑰有了泥土的养分，有了阳光的照射，与我有了一点距离，它开始茁壮生长，但我却舍不得它被风吹雨淋，被邻人折枝采香，也因无法常常看到，忘了浇水、除草，甚至忘了它的模样和芬芳。所以，第3个月，我试着把白玫瑰种到花盆中，给它养分，放在房间的窗台上，给它阳光，让我每天早晚可以照顾它、欣赏它，现在它开得好美丽，我也好快乐、好满足，我要一直和白玫瑰在一起。"

这时，老人告诉他说："这就是婚姻。"

启示 爱情是一种了解，不是盲目地追求。婚姻是一种和谐，而不是委屈将就。

我要你给我一个承诺

在一个风雪交加的夜晚，一位年轻人因为汽车抛锚被困在郊外，正当他万分焦急的时候，有位骑马的男子正巧路过这里。男子二话不说便用马帮助他把车子拉到了小镇上。事后，正当这位感激不尽的年轻人拿出钞票表示酬谢时，骑马的男子说："我不需要回报，但你要给我一个承诺，当别人有困难时，你也要尽力帮助他。"

于是，在后来的日子里，年轻人帮助了许许多多的人，并且每次都没有忘记转述那句同样的话给所有被他帮助的人。几年后，年轻人被突然而至的洪水困在孤岛上，一位勇敢的少年冒着被洪水吞噬的危险救了他。当他表示感谢的时候，少年竟然说出了那句年轻人自己曾经说过无数次的话："我不需要回报，但我要你给我一个承诺，当别人有困难时，你也要尽力帮助他。"年轻人心中顿时涌起了一股暖流。

启示

不要回报的爱会得到最珍贵的回报。

欲速则不达

有一个小孩在草地上发现了一个蛹。他把蛹捡起来带回家，要看看蛹是怎样羽化为蝴蝶的。

过了几天，蛹上出现了一道小裂缝，里面的蝴蝶挣扎了好几个小时，身体似乎被什么东西卡住了，一直出不来。

小孩子于心不忍，心想：我必须助它一臂之力。于是，他拿起剪刀把蛹剪开，帮助蝴蝶脱蛹而出。可是，这只蝴蝶的身躯臃肿，翅膀干瘪，根本飞不起来，不久就死去了。

启示

从这个故事里，我们可以体会到"揠苗助长""欲速则不达"的真谛。瓜熟蒂落，水到渠成，蝴蝶必得在蛹中痛苦挣扎，直到它的双翅强壮了，才会破蛹而去。

人又何尝不是如此呢？煎熬、磨炼、挫折、挣扎，这些都是成长中不可或缺的过程。急于成功的人，别忘了一句哲人的名言：人生必须背负重担，一步一步慢慢地走，稳稳地走，总有一天，你会发现自己是走得最远的人。

扫阳光

有兄弟二人，年龄不过四五岁，由于卧室的窗户整天都密闭着，他们认为屋内太阴暗，看见外面灿烂的阳光，觉得十分羡慕。兄弟俩商量说："我们可以一起把外面的阳光扫一点儿进来。"于是，兄弟两人拿着扫帚和畚箕，到阳台上去扫阳光。

等到他们把畚箕搬到房间里的时候，里面的阳光就没有了。这样一而再再而三地扫了许多次，屋内还是一点儿阳光都没有。正在厨房忙碌的妈妈看见他们奇怪的举动，问道："你们在做什么？"他们回答说："房间太暗了，我们要扫点儿阳光进来。"妈妈笑道："只要把窗户打开，阳光自然会进来，何必去扫呢？"

启示　把封闭的心门敞开，成功的阳光就能驱散失败的阴暗。

送你一束花

有一个人在拥挤的车潮中驾车缓缓前进，在等红灯时，一个衣衫褴褛的小男孩，敲着车窗问他要不要买花，他递出两美金，由于绿灯已亮，而后面的人正猛按喇叭催着，因此他粗暴地对正问他要什么花的男孩说："什么都可以，你只要快一点就好。"

那男孩十分礼貌地说："谢谢您，先生。"在开了一小段路后，他有些良心不安，他粗暴的态度，却得到对方如此有礼的回应，他把车停在路边，回头走向孩子表示歉意，并且又再给了两美金，要他自己买一束花送给喜欢的人，这个孩子笑了笑并道谢接受。

当他回去发动车子时，发现车子出故障了，动也动不了，在一阵忙乱后，他决定步行找拖吊车帮忙，正在思索时，一辆拖吊车已经迎面驶来，他大为惊讶，司机笑着对他说，有一个小孩给了我 4 美元，要我开过来帮你，并且还写了一张纸条，他打开一看，上面写着："这代表一束花。"

启示　立即表达心中的想法，勇于认错才是真正的勇者，你的一份善意往往能立即得到回报，而内心的释怀正是最好的报答。

是他给了我商人的自尊

人在落魄的时候，往往也会很自卑。这时他如果能够树立自尊，也许就能站起来。

有一个大商人讲过一个他自己经历过的真实故事，下面用第一人称叙述。

那是在我还很年轻的时候，由于家里穷，每天只能穿着一身破衣服到处推销打火机。有一天，我拿着一盒打火机又去一家小饭馆去推销，一个客人随手扔过两元钱到我的盒子里，我递上打火机，可那位客人当时却摆摆手没要，只是顾着与人说话。当时和他一起说话吃饭的人穿得都很体面，我怕打扰人家，只好离开。就在我推门往外走的时候，那位客人突然赶过来对我说："来，小伙子，给我一只打火机。咱们都是商人。这也是一笔正经生意。"听了这话，我顿时感到自己突然变得很高大了，我没想到，还有人把我也看作商人，而且他还说我做的是正经生意。而在这之前，我一直把自己看作一个乞丐。正是因为他给了我这份自尊，从此之后，我才一步一步地成了真正的商人。

启示　有时候，能给人自尊也是功德无量的事。

重视别人

纽约电话公司曾就电话对话做过一项调查，看在现实生活中哪个字使用频率最高。在500个电话对话中，“我”这个字被使用了大约3950次。这说明，不管你是什么人，不管你实际状况如何，在内心中都是非常重视自己的。

有个业务员曾说过这样一个例子：他的工作是为强生公司拉客户。客户中有一家是药品杂货店，每次他到这家店里去的时候，总要先跟营业员寒暄几句，然后才去见店主。有一天，他到这家商店去，店主突然告诉他今后不用再来了，他的店不想再卖强生公司的产品了。这个业务员只好离开商店，他开着车子在镇子上转了好久，最后决定再回到店里，把情况说清楚。

走进店里的时候，他照常和柜台上的营业员打过招呼，然后再到里面去见店主。店主见到他很高兴，笑着欢迎他回来，并且比平常多订了一倍的货。这个业务员对此十分惊讶，不明白自己离开店后发生了什么事。店主指着一个卖饮料的男孩说：“在你离开店铺以后，卖饮料的男孩走过来告诉我，说你是到店里来的推销员中，唯一会同他打招呼的人。他告诉我，如果有什么人值得做生意伙伴的话，就应该是你。”店主同意这个看法，从此成了这个推销员最好的客户。这个推销员说：“我永远不会忘记，关心、重视每一个人是我们必须具备的特质。”

启示　关心别人、重视别人必须具备高尚的情操和磊落的胸怀。当你用诚挚的心灵使对方在情感上感到温暖、愉悦，在精神上得到充实和满足时，你就会获得一种美好、和谐的人际关系，你就会拥有许多朋友。

老鹰喂食的故事

这是一个适者生存的故事。老鹰是所有鸟类中最强壮的，根据动物学家的研究，这可能与老鹰的喂食习惯有关。

老鹰一次生下四五只小鹰，由于它们的巢穴很高，所以猎捕回来的食物一次只能喂食一只小鹰，而老鹰的喂食方式并不是依平等的原则，而是哪一只小鹰抢得凶就给哪只小鹰吃。在此情况下，吃不到食物的小鹰都饿死了，最凶狠的小鹰存活了下来，代代相传，老鹰一族越来越强壮。

启示

这个故事告诉我们："公平"不能成为组织中的公认原则，组织若无适当的淘汰制度，常会因小仁小义而耽误了"进化"，在竞争的环境中将会遭到淘汰。

爱分享

有位妇人走到屋外，看见前院坐着3位长着白胡须的老人。她并不认识他们。于是说："我想我并不认识你们，不过你们应该饿了，请进来吃点东西吧。"

"家里的男主人在吗？"老人们问。

"不在，"妇人说，"他出去了。"

"那我们不能进去。"老人们回答说。

傍晚，当她的丈夫回家后，妇人告诉丈夫事情的经过。

"去告诉他们我在家里了，并邀请他们进来！"

妇人走出去邀请三位老人进屋。

"我们不可以一起进去。"老人们回答说。

"为什么呢？"妇人感到疑惑。

其中一位老人指着他的一位朋友解释说："他的名字是财富。"

然后又指着另外一位说："他是成功，而我是爱。"接着又补充说："你现在进去跟你丈夫讨论看看，要我们其中的哪一位到你们的家里。"

妇人进去告诉她丈夫刚刚谈话的内容。

她丈夫非常高兴地说："原来是这么回事啊！让我们邀请财富进来！"

妇人并不同意，说道"亲爱的，我们何不邀请成功进来呢？"

他们的儿媳妇在屋内的另一个角落聆听到了他们的谈话并给出了自己的建议："我们邀请爱进来不是更好吗？"

妇人点点头，到屋外问那三位老者："请问哪位是爱？"

爱起身进屋，另外两人也跟着他一起进去。

妇人惊讶地问财富和成功："我只邀请爱，怎么连你们也一道来了呢？"

老人们齐声回答："如果你邀请的是财富或成功，另外两人都不会跟进，而你邀请爱的话，那么无论爱走到哪，我们都会跟随。哪里有爱，哪里就有财富和成功！"

启示

爱可以消融一切矛盾，爱可以带来财富和成功。在营销管理中，处于同一团队的每个人如果以爱来做事业，那么就没有任何竞争对手能够战胜你！

自己的孩子

有一位年轻的母亲，在家照顾她仅两岁半的儿子，玩了一会，孩子睡着了。于是母亲把儿子放在小床上，她想趁儿子熟睡这段时间去附近的菜市买点儿菜。

这位母亲顾不上讨价还价，买完菜就匆匆走向住的方向并向楼上望了一眼。这一望不打紧，她发现四楼阳台处有个小黑点在那里蠕动。“啊，我的儿子，明明！”她大叫一声，疯狂地向前跑，边跑还边喊：“明明，不要往外爬！”但是孩子哪能听懂呀，他看到妈妈朝他招手，兴奋得乱蹬乱舞，拼命向外爬。这时要跑到四楼阻止儿子已经来不及了，这位妈妈发誓要在儿子掉下来时接住他。于是她拼命跑，刚好在儿子掉下来的一刹那跑到了楼下，并且不顾一切地伸出双臂稳稳地把儿子接住了。

这件事立即轰动了当地，电视台记者赶来了，要把这人间奇迹还原一次。这位母亲惊恐地摇摇头，死也不干。记者说：“不是让你的儿子重新来，只是把一个布娃娃从四楼抛下来，你再去接住。”这位母亲同意了。

但是，一次，两次，三次……布娃娃都掉在了地上。

这是为什么？

这位母亲吐露了真心话：“因为这只是一个布娃娃，而不是自己的孩子。”

启示

真爱可以使一个人爆发出意想不到的力量并创造奇迹。

个人素质篇

第十部分

THE TENTH PART

哲理人生

钓竿

有个老人在河边钓鱼，一个小孩走过来看。老人技巧纯熟，所以没多久就钓了满篓的鱼，老人见小孩很可爱，要把整篓的鱼送给他，小孩摇摇头，老人惊异地问道："你为何不要？"

小孩回答："我想要你手中的钓竿。"

老人问："你要钓竿做什么？"

小孩说："这篓鱼没多久就吃完了，要是我有钓竿，我就可以自己钓，一辈子也吃不完。"

我想你一定会说：好聪明的小孩。

错了，他如果只要钓竿，那他一条鱼也钓不到。因为他不懂钓鱼的技巧，光有钓竿是没用的，因为钓鱼重要的不在钓竿，而在钓技。

启示

有太多人认为自己拥有了人生道路上的"钓竿"，再也无惧于路上的风雨，如此，难免会跌倒于泥泞之中。就如小孩看老人，以为只要有钓竿就有吃不完的鱼；就像职员看老板，以为只要人坐在办公室里，就有源源不断的财源。

红舞鞋的故事

这是一个流传甚广的故事。

有一双非常漂亮、非常吸引人的红色舞鞋，女孩子把它穿在脚上，跳起舞来都会感到更加轻盈、富有活力。因此姑娘们见了这双红舞鞋，眼光都会发亮，兴奋得喘不过气来，谁都想穿上这双红舞鞋翩翩起舞一番。可是姑娘们都只是想想而已，没有谁敢真的把它穿在脚上去跳舞。因为这双红舞鞋具有魔力，一旦穿上跳起舞来就会永无休止地跳下去，直到耗尽舞者的全部精力为止。但仍有一个热爱跳舞、年轻可爱的姑娘实在抵挡不住这双红舞鞋的魅力，不听家人的劝告，悄悄地穿上它跳起舞来。果然，她的舞姿更加轻盈，她的激情更加奔放，姑娘感到有无尽的热情与活力。她穿着红舞鞋跳过街头巷尾、跳过田野乡村，她跳得青春美丽焕发，真是人见人爱，人见人羡。姑娘自己也感到极大地满足和幸福，她不知疲倦地舞了又舞。夜幕在不知不觉之中降临了，观看姑娘跳舞的人群也都回家休息了。姑娘也开始感到了倦意，她想停止跳舞，可是，她无法停下脚步，因为红舞鞋还要跳下去。狂风暴雨袭来，姑娘想停下来去躲风避雨，可是脚上的红舞鞋仍然在快速地带着她旋转，姑娘只得勉强在风雨中跳下去。姑娘跳到了陌生的森林，她害怕起来，想回温暖的家，可是红舞鞋还在不知疲倦地带着她往前跳，姑娘只得在黑暗中一面哭一面继续跳下去。最后，当太阳升起来的时候，人们发现姑娘安静地躺在一片青青的草地上，她的双脚又红又肿，姑娘累死了。她的旁边散落着那双永不知疲倦的红舞鞋。

启示

这个故事真使人感慨万分，相信谁听到这个故事，心里都很难过，都会同情那位可爱的姑娘。从理智上来说，人们绝不会以生命为代价去追求个人事业上的短暂成功。可是人们还具有太多的不受理性控制的感情方面的因素。人生道路上像红舞鞋这样的诱惑是随处可见、时时可见的。要面对它而能够做到心不为所乱，行不为所动，实在是很不容易的事情。

不过一碗饭

两个不如意的年轻人，一起去寺庙拜见一位师父：“师父，我们在办公室被欺负，太痛苦了，我们是不是该辞掉工作？”两个人一起问。

师父闭着眼睛，过了好一会儿，吐 5 个字：“不过一碗饭。”就挥挥手，示意年轻人退下了。

一回到公司，一个人递上辞呈，回家种田，另一个什么也没做。

转眼 10 年过去了。回家种田的年轻人以现代方法经营，加上品种改良，居然成了农业专家。另一个留在公司的年轻也不差。他忍着气努力学，渐渐受到器重，成了经理。

有一天，两个人遇到了。

“奇怪，师父给我们同样‘不过一碗饭’这 5 个字，我一听就懂了。不过一碗饭嘛，日子有什么难过？何必硬待在公司？所以辞职了。你当时为何没听师父的话呢？”农业专家问另一个人。

“我听了啊。”那经理笑道，“师父说‘不过一碗饭’，是让我想通不过为了混碗饭吃，老板说什么是什么，少赌气，少计较，就成了，师父不是这个意思吗？”

两个人又去拜见师父，师父已经很老了，仍然闭着眼睛，过了好一会儿，答了 5 个字：“不过一念间。”然后挥挥手。

启示

其实，很多事情真的是一念之间的决策。

博士的光环

有位留美计算机博士，揣着一摞证书到电脑公司求职，但由于种种原因没被录取，其中原因之一就在于他的学历太高。他再三思索后决定以一名打工者的身份出现，很快被一家公司录用。他从一名电脑程序员做起，由于成绩突出被老板提升为部门经理，这时他亮出了学士证书；经过一段时间，他又有了新的突破，老板又指定他为系统软件开发的负责人，并进入公司的决策层，这时他又亮出了硕士证书；后来，老板又根据他的潜力，再次提拔他为公司副总经理并给予部分股权让他技术参股，他成为这里的老板之一，这时他才亮出博士证书。从打工仔到老板，他只用了两年多的时间。

启示　人们在称赞老板有眼力的同时，更欣赏博士不怕被人“看低”，坚持从“低”做起的务实精神。

不肯放手的孩子

一个早上，妈妈正在厨房清洗早餐的碗碟。她4岁的小孩正自得其乐地在沙发上玩耍。

不久之后，妈妈听到孩子的哭声。究竟发生了什么事呢？妈妈还没有来得及将手擦干，就冲到客厅看看孩子到底怎么了。

原来，孩子仍坐在沙发上。但是，他的手却插进了放在茶几上的花瓶里。花瓶是上窄下阔的那种，所以他的手伸了进去，却拿不出来。母亲用了不同的办法，想把卡着的手拿出来，但就是拿不出来。

妈妈非常着急，她稍微用一点力，小孩就痛得大哭。在无计可施的情况下，妈妈想了一个下策，就是把花瓶打碎。可是她稍有犹豫，因为这个花瓶不是普通的花瓶，而是一件价值连城的古董。不过，为了儿子的手能够拿出来，这是唯一的办法。最后，她忍痛将花瓶打破了。

虽然损失不小，但儿子平平安安，妈妈也就不太计较了。她叫儿子把手伸给她看看有没有损伤。虽然孩子完全没有任何外伤，但他的拳头仍是紧握住无法张开。是不是抽筋呢？妈妈又惊慌失措了。

原来，小孩子的手不是抽筋，他的拳头张不开，是因为他紧攥着一个1元硬币。他是为了拾这一个硬币，所以令手卡在花瓶的口内。小孩子的手拿不出来，其实不是因为花瓶口太窄，而是因为他不肯放手。

感情的事，很多时候也是这样的。

你曾为她做的事，当时，你觉得是多么的天经地义；今天，你却感到荒谬至极。盲目是幸福的，只要盲目能维持一生一世。问题是，有一天，她和你都会发现自己被感情问题卡住了，动弹不得。

问题出现了，你希望寻求方法解脱，但全都徒劳。别人说："问题不是你所想的那样复杂，只要你肯放手就解决了。"你却偏偏不肯放手。

这时，你不会想："这样值不值？"你只会自问："我还爱不爱？"只要是爱，你觉得再没有什么要犹豫。你会很努力地解决彼此之间的问题。你一直守下去，你不会放手。

其实，放手就能立刻解决问题，只是大家都逃避这个事实。你宁愿受着牢笼之苦，都不愿解脱。"这段感情值得这样耗下去吗？"你的朋友会劝你放弃。

你不相信，这份爱，只是一枚一元硬币。你忍痛执着这份感情，不惜代价，消耗了许多眼泪，虚度了不少岁月，放弃了很多机会。

启示

放手，带来更大的释放。为了区区一元，打碎了一个古董花瓶，小孩子当时不会了解，也不会后悔，因为那时他全无体会。他不了解他执着那个硬币的机会成本是那么大。他长大之后，才会了解花瓶的价值，才会明白自己昔日的愚昧。

人生的秘诀

30年前，一个年轻人离开故乡。他的第一站，是去拜访本族的族长，请求指点。老族长正在练字，他听说本族有位后辈开始踏上人生的旅途，就写了3个字：不要怕。然后抬起头来，望着年轻人说："孩子，人生的秘诀只有6个字，今天先告诉你3个，供你半生受用。"

30年后，这个从前的年轻人已人到中年，有了一些成就，也添了很多伤心事。归程漫漫，到了家乡，他又去拜访那位族长。他到了族长家里，才知道老人家几年前已经去世，家人取出一个密封的信封对他说："这是族长生前留给你的，他说有一天你会再来。"还乡的游子这才想起来，30年前他在这里听到人生的一半秘诀。拆开信封，里面赫然是3个大字：不要悔。

中年以前不要怕，中年以后不要悔。

启示　年轻人需要的是冲劲和锐气，敢作敢为、勇于冒险的精神；而到了中年之后，就要面对现实，而不是整天生活在对过去生活的埋怨当中。

自己救自己

某人在屋檐下躲雨，看见观音正撑伞走过。这人说："观音菩萨，普度一下众生吧，带我一段如何？"

观音说："我在雨里，你在檐下，而檐下无雨，你不需要我度。"这人立刻跳出檐下，站在雨中："现在我也在雨中了，该度我了吧？"观音说："你在雨中，我也在雨中，我不被淋，因为有伞；你被雨淋，因为无伞。所以不是我度自己，而是伞度我。你要想度，不必找我，请自找伞去！"说完便走了。

第二天，这人遇到了难事，便去寺庙里求观音。走进庙里，才发现观音像前也有一个人在拜，那个人长得和观音一模一样，丝毫不差。

这人问："你是观音吗？"

那人答道："我正是观音。"

这人又问："那你为何还拜自己？"

观音笑道："我也遇到了难事，但我知道，求人不如求己。"

启示　很多人遇到困难挫折，首先想到的是寻求别人的帮助，殊不知，在这个世界上，真正能够帮助你的只有你自己。

抽水机旁的水瓶

有一个旅人，在沙漠中行走了两天，途中遇到沙尘暴，一阵狂沙吹过之后，他已辨认不清正确的方向。正当快撑不住时，突然，他发现了一幢废弃的小屋，便拖着疲惫的身子走进了屋内。这是一间不通风的小屋子，里面堆了一些枯朽的木材，他几近绝望地走到屋角，却意外地发现了一台抽水机。

他兴奋地上前汲水，却任凭他怎么抽水，也抽不出半滴来。他颓然坐在地上，却看见抽水机旁有一个用软木塞堵住瓶口的小瓶子，瓶上贴了一张泛黄的纸条。纸条上写着："你必须用水灌入抽水机才能引水！不要忘了，在你离开前，请再将水装满！"他拔开瓶塞，发现瓶子里果然装满了水！这时，他的内心开始交战起来——如果自私点，只要将瓶子里的水喝掉，他就不会渴死，就能活着走出这间屋子；如果照纸条做，把瓶子里的水倒入抽水机，万一水引不上来，他就会渴死在这个地方——到底要不要冒险？

他犹豫了很久。

最后，他决定把瓶子里的水全部灌入看起来破旧不堪的抽水机里，用颤抖的手汲水，水真的大量涌了出来！

他喝饱后，把瓶子装满水，用软木塞封好，然后在原来那张纸条后面，再加上他自己的话："相信我，真的有用。"

启示 在取得之前，要先学会付出。不要犹豫不决，现在就付出你的爱心，它不但可以拯救你自己，同时还可以拯救其他人。

不如意事

一位商人在经历一段长时间的创伤沉寂后，终于重新找到了一个比较适合投资开发的项目。他很想把握好这一机会，东山再起，却又常因上次的重创而犹豫不决。在朋友的劝说下，他决定先到当地一家寺庙去卜个吉凶，寻求佛的保佑。

商人礼佛的虔诚，感动了寺庙的方丈。方丈在了解商人的心思后，故意为商人准备了一个凡人不易懂的"下下上上签"。当商人求解时，方丈送给他一个信封，嘱咐他到家后再看。

商人到家后迫不及待地拆开信封，只见方丈手书："人生不如意事，十之常有八九，看目标伤口不痛，看伤口目标模糊。"商人大悟，遂放下心中的创伤，放开手脚朝着目标去努力，最终取得成就。

启示 得意事来处之以淡，失意事来处之以忍。

弹性生存

加拿大魁北克有一条南北走向的山谷。山谷没有什么特别之处，唯一能引人注意的是它的西坡长满松柏等树，而东坡却只有雪松。

这一奇异景色之谜，许多人不知所以，然而揭开这个谜的，竟是一对夫妇。

那是1993年的冬天，这对夫妇的婚姻正濒于破裂，为了找回昔日的爱情，他们打算进行一次浪漫之旅，如果能找回爱情就继续生活，否则就友好分手。当他们来到这个山谷的时候，下起了大雪，他们支起帐篷，望着满天飞舞的大雪，发现由于特殊的风向，东坡的雪总比西坡的大而密。不一会儿，雪松上就落了厚厚一层雪。

不过当雪积到一定程度，雪松那富有弹性的枝丫就会向下弯曲，直到雪从枝上滑落。这样反复地积，反复地弯，反复地落，雪松完好无损。可其他的树却因没有这个本领，树枝被压断了。妻子发现了这一景观，对丈夫说："东坡肯定也长过杂树，只是不会弯曲才被大雪摧毁了。"

少顷，两人突然明白了什么，拥抱在一起。

启示 生活中我们承受着来自各方面的压力，积累着，终将让我们难以承受。这时候，我们需要像雪松那样弯下身来，释下重负，才能够重新挺立，避免被压断的结局。弯曲，并不是低头或失败，而是一种弹性的生存方式，是一种生活的艺术。

严于律己

有4个和尚为了修行，一起参加禅宗的"不说话修炼"。在4个和尚中，有3个道行较高，只有一个道行较浅，由于修炼时必须点灯，所以点灯的工作就由道行浅的和尚D负责。

修炼开始了，4个和尚围着那盏灯，闭眼打坐。几小时过去了，4个人始终默不作声。这时，油灯中的油越燃越少，眼看就要枯竭了。和尚D始终盯着那盏灯，见此情景甚为着急，可是他不敢说话。

突然，一阵风吹来，灯火被风吹得左摇右晃，眼看就要熄灭了。和尚D实在忍不住了，他大叫一声说道："糟糕！灯熄了！"其他3个和尚，一听到和尚D的叫喊声，都睁开了眼睛。和尚C立刻斥责和尚D说："你叫什么！我们是在进行'不说话修炼'，你怎么能够开口说话呢！"和尚B闻声大怒，他冲着和尚C说："你不是也说话了吗？太不像话了！"和尚A傲视着另外3个和尚说："哈哈！只有我没说话了。"

启示 看起来，"严于责人，宽以待己"是人性的通病，那3个和尚在指责别人"说话"之时，却不知道自己也犯下了"说话"的错误了。请记住这样一句名言：我们往往只看见别人的过失，却看不见自己的错误。只有严于律己，才是成就事业的开始。

仇恨袋

古希腊神话中有一位大英雄叫海格里斯。一天，他走在坎坷不平的山路上，发现脚边有个袋子似的东西很碍脚，海格里斯踩了那东西一脚，谁知那东西不但没被踩破，反而膨胀起来，加倍地扩大着。海格里斯恼羞成怒，操起一条碗口粗的木棒砸它，那东西竟然膨胀到把路堵死了。正在这时，山中走出一位圣人，对海格里斯说："朋友，快别动它，忘了它，离开它远去吧！它叫仇恨袋，你不犯它，它便小如当初；你若犯它，它就会膨胀起来，挡住你的路，与你敌对到底！"

启示　任何人都难免与别人产生摩擦、误会，甚至仇恨，但别忘了在仇恨袋里装满宽容，那样就会少一点阻碍，多一份成功的机遇。否则，将会永远被挡在通往成功的道路上，直至被打倒。

学无止境

这是美国东部一所大学期终考试的最后一天。在教学楼的台阶上，一群工程学高年级的学生挤成一团，正在讨论几分钟后就要开始的考试，他们的脸上充满了自信。这是他们参加毕业典礼和工作之前的最后一次测验了。

一些人在谈论他们现在已经找到的工作；另一些人则谈论他们将会得到的工作。带着经过4年的大学学习所获得的自信，他们感觉自己已经准备好了，并且能够征服整个世界。

他们知道，这场即将到来的测验将会很快结束，因为教授说过，他们可以带自己想带的任何书或笔记，要求只有一个，就是他们不能在测验的时候交头接耳。

他们兴高采烈地冲进教室。教授把试卷分发下去。当学生们注意到只有5道评论类型的问题时，脸上的笑容更灿烂了。

3个小时过去了，教授开始收卷。学生们看起来不再那么自信了，他们的脸上是一种恐惧的表情。没有一个人说话，教授手里拿着试卷，面对着整个班级。

他俯视着眼前那一张张焦急的面孔，然后问道："完成5道题目的有多少人？"

没有一只手举起来。

"完成4道题的有多少？"

仍然没有人举手。

"3道题？ 2道题？"

学生们开始有些不安，在座位上扭来扭去。

"那1道题呢？"当然有人完成了1道题。

但是整个教室仍然很沉默。教授放下

试卷，“这正是我期望得到的结果。”他说。

“我只想要给你们留下一个深刻的印象，即使你们已经完成了4年的工程学习，关于这项科目仍然有很多的东西你们还不知道。这些你们不能回答的问题是与每天的日常生活实践相联系的。”然后他微笑着补充道：“你们都会通过这个课程，但是记住——即使你们现在已是大学毕业生了，你们的教育仍然只是刚刚开始。”

随着时间的流逝，教授的名字已经被遗忘了，但是他教的这堂课却没有被遗忘。

启示　学无止境，我们每天都学到了很多，可是我们未知的领域更为广阔，要提升自我，任何一天都应该是我们的起点，而不是终点。

鹅卵石与钻石

一天晚上，一群游牧部落的牧民正准备安营扎寨休息的时候，忽然被一束耀眼的光芒所笼罩，他们知道神就要出现了。因此，他们满怀殷切地期盼，恭候着来自上苍的重要旨意。

最后，神终于说话了：“你们要沿路多捡一些鹅卵石，把它们放在你们的马褡子里。明天晚上，你们会非常快乐，但也会非常后悔。”

说完，神就消失了。牧民们感到非常失望，因为他们原本期盼神能够给他们带来无尽的财富和健康长寿，但没想到神却吩咐他们去做这件毫无意义的事。但是不管怎样，那毕竟是神的旨意，他们虽然有些不满，但是仍旧各自拾了一些鹅卵石，放在他们的马褡子里。就这样，他们又走了一天，当夜幕降临，他们开始安营扎寨时，忽然发现他们昨天放进马褡子里的鹅卵石竟然都变成了钻石。他们高兴极了，同时也后悔极了——后悔没有拾更多的鹅卵石。

启示　其实，在我们的日常生活、工作、学习中又何尝不是这样呢？眼前有许多看似鹅卵石一样的东西被我们弃如敝屣，然而，忽然有一天，当我们需要它的时候，它就变成了钻石，而我们却不得不为以前丢弃它而懊悔不迭。

国王的7个女儿

国王有7个女儿，这7位美丽的公主是国王的骄傲。

她们那一头乌黑亮丽的长发远近皆知。

所以国王送给她们每人100个漂亮的发夹。

有一天早上，大公主醒来，一如往常地用发夹整理她的秀发，却发现少了一个发夹，于是她偷偷到二公主的房里，拿走了一个发夹；

二公主发现少了一个发夹，便到三公主房里拿走了一个发夹；

三公主发现少了一个发夹，也偷偷地拿走了四公主的一个发夹；

四公主如法炮制，拿走了五公主的发夹；

五公主一样拿走了六公主的发夹；

六公主只好拿走了七公主的发夹。

于是，七公主的发夹只剩下了 99 个。

第二天，邻国英俊的王子来到王宫，对国王说："昨天我养的百灵鸟叼回了一个发夹，我想这一定是属于公主们的，而这也真是一种奇妙的缘分，不晓得是哪位公主掉了发夹？"公主们听到了这件事，都在心里想说："是我掉的，是我掉的。"

可是她们头上明明完整的别着 100 个发夹，所以都懊恼得很，却说不出。只有七公主走出来说："我掉了一个发夹。"

话刚说完，七公主一头漂亮的长发因为少了一个发夹，全部披散了下来，王子不由得看呆了。

最后，王子与七公主从此一起过着幸福快乐的日子。

启示

为什么一有缺憾就拼命去补足？100 个发夹，就像是完美圆满的人生，少了一个发夹，这个圆满就有了缺憾；但正因缺憾，未来就有了无限的转机、无限的可能性，何尝不是一件值得高兴的事！你该怎样面对人生不可免的缺憾呢？逃避不一定躲得过，面对不一定最难受；孤单不一定不快乐，得到不一定能长久；失去不一定不再有；转身不一定最软弱；别急着说别无选择，别以为世上只有对与错；许多事情的答案都不是只有一个。所以，我们永远有路可以走，你能找个理由难过，也一定能找到快乐，懂得放心的人能找到轻松，懂得遗忘的人能找到自由，懂得关怀的人能找到朋友，天冷不是冷，心寒才是寒，愿你的心都是暖暖的！

过桥

那是地形险恶的峡谷，涧底奔腾着湍急的河流，几根光秃秃的铁索横亘在悬崖峭壁间，这就是过河的桥。一行 4 人来到桥头，一个盲人，一个聋人，两个耳聪目明的健全人。

4 个人一个接一个地抓住铁索，凌空行进。结果呢？盲人、聋人过了桥，一个耳聪目明的人也过了桥，另一个则跌下去，丧了命。

难道耳聪目明的人还不如盲人、聋人吗?

其实，他的弱点恰恰源于耳聪目明。

盲人说："我眼睛看不见，不知山高桥险，心平气和地攀索。"聋人说："我的耳朵听不见，不闻脚下河水咆哮怒吼，恐惧相对减少很多。"那么过桥的健全人呢?他的理论是："我过我的桥，险峰与我何干?急流与我何干?只管一心过桥就够了。"

启示 很多时候，成功就像攀附铁索，失败的原因，不是因为智商低下，也不是因为力量薄弱，而是惧怕环境，被周围的声势吓破了胆。

流浪汉的故事

美国从事个性分析的专家罗伯特·菲力浦，有一次在办公室接待了一个因自己开办的企业倒闭、负债累累而离开妻女到处流浪的流浪汉。那人进门打招呼说："我来这里，是想见见这本书的作者。"说着，他从口袋中拿出一本名为《自信心》的书，那是罗伯特许多年前写的。流浪汉继续说："一定是命运之神在昨天下午把这本书放入我口袋中的。我已经看破一切，已经绝望，所有人包括上帝在内已经抛弃了我，但还好，我看到了这本书。它使我产生了新的看法，为我带来了勇气及希望，并支持我度过昨天晚上。我已下定决心，只要我能见到这本书的作者，他一定能协助我再度站起来。现在，我来了，我想知道你能替我这样的人做些什么。"

在他说话的时候，罗伯特从头到脚打量着流浪汉。他茫然的眼神、十来天未刮的胡须以及紧张的神态，无不向罗伯特显示，他已经无可救药了。但罗伯特不忍心对他这样说。因此，罗伯特请他坐下来，要他把他的故事完完整整地说出来。

听完流浪汉的故事，罗伯特想了想，说："虽然我没有办法帮助你，但如果你愿意的话，我可以介绍你去见这栋大楼里的一个人，他可以帮助你赚回你所损失的钱，并且协助你东山再起。"罗伯特刚说完，流浪汉立刻跳了起来，抓住罗伯特的手，说道："看在老天爷的分上，请带我去见这个人。"

他会为了"老天爷的分上"而做此要求，显示他心中仍然存着一丝希望。所以，罗伯特拉着他的手，引导他来到从事个性分析的心理试验室里，和他一起站在一块看来像是挂在门口的窗帘布之前。罗伯特把窗帘布拉开，露出一面高大的镜子，他可以从镜子里看到他的全身。罗伯特指着镜子说："就是这个人，在这世界上，只有一个人能够使你东山再起，除非你坐下来，彻底认识这个人——当作你从前并未真正认识他。在你对这个人做充分的认识之前，对于你自己或这个世界来说，你都将是一个没有任何价值的废物。"

他朝着镜子走了几步，用手摸摸他长满胡须的脸孔，对着镜子里的人从头到脚打量了几分钟，然后后退几步，低下头，开始哭泣起来。

几天后，罗伯特在街上碰到了这个人，而他不再是一个流浪汉形象，他西装革履，步伐轻快有力，头抬得高高的，原来那种衰老、不安、紧张的状态已经消失不见。他感谢罗伯特先生让他找回了自己，又很快找到了工作。

后来，那个人真的东山再起，成为芝加哥的富翁了。

启示 在这个世界上，能够拯救你，使你东山再起的，只有你自己！

人的一生到底在追求什么

有一个美国商人坐在墨西哥海边一个小渔村的码头上，看着一个墨西哥渔夫划着一艘小船靠岸。小船上有好几尾大黄鳍鲔鱼，这个美国商人对墨西哥渔夫能抓到这么高档的鱼恭维了一番，还问要多少时间才能抓这么多。墨西哥渔夫说，才一会儿工夫就抓到了。美国人再问："你为什么不待久一点儿，好多抓一些鱼？"

墨西哥渔夫不以为然："这些鱼已经足够我一家人生活所需啦！"

美国人又问："那么你一天剩下那么多时间都在干什么？"

墨西哥渔夫解释："我每天睡到自然醒，出海抓几条鱼，回来后跟孩子们玩一玩，再跟老婆睡个午觉，黄昏时晃到村子里喝点小酒，跟哥们玩玩吉他，我的日子可过得充实又忙碌呢！"

美国人不以为然，帮他出主意，他说："我是美国哈佛大学企管硕士，我倒是可以帮你忙！你应该每天多花一些时间去抓鱼，到时候你就有钱去买条大一点儿的船。自然你就可以抓更多鱼，再买更多渔船。然后你就可以拥有一个渔船队。到时候你就不必把鱼卖给鱼贩子，而是直接卖给加工厂。然后你可以自己开一家罐头工厂。如此你就可以控制整个生产、加工处理和销售。然后你可以离开这个小渔村，搬到墨西哥城，再搬到洛杉矶，最后到纽约，在那里经营你不断扩大的企业。"

墨西哥渔夫问："这又要花多少时间呢？"

美国人回答："15～20年。"

"然后呢？"

美国人大笑着说："然后你就可以在家当富翁啦！时机一到，你就可以宣布股票上市，把你的公司股份卖给投资者。到时候你就发啦！你可以几亿几亿地赚！"

"然后呢？"

美国人说："到那个时候你就可以退休啦！你可以搬到海边的小渔村去住。每天睡到自然醒，出海随便抓几条鱼，跟孩子们玩一玩，再跟老婆睡个午觉。黄昏时，晃到村子里喝点小酒，跟哥们玩玩吉他！"

墨西哥渔夫疑惑地说："我现在不就是这样了吗？"

启示

许多人一生都在盲目地追寻一些不切实际的目标，却忘了自己人生的初心是什么！也许过好当下，充实、快乐地活着，比那些虚无缥缈的空想要好得多。

人生的蝴蝶效应

一只蝴蝶在巴西扇动翅膀，有可能在美国的得克萨斯州引起一场龙卷风。

当我们听到这句话时，是不是想起了自己的命运？究竟是什么因素左右了我们的未来？是不是每个人生命中都有类似的"蝴蝶效应"？

一个微不足道的动作，或许会改变人的一生，这绝不是夸大其词，有不少可以作为佐证的事例。美国福特公司名扬天下，不仅使美国汽车产业在世界占据鳌头，而且改变了整个美国的国民经济状况，谁又能想到该奇迹的创造者福特当初进入公司的"敲门砖"竟是"捡废纸"这个简单的动作？

那时候福特刚从大学毕业，他到一家汽车公司应聘，一同应聘的几个人学历都比他高。福特感到没有希望了。当他敲门走进董事长办公室时，发现门口地上有一张纸，很自然地弯腰把它捡了起来，看了看，原来是一张废纸，就顺手把它扔进了垃圾篓。董事长对这一切都看在眼里。福特则说了一句话："我是来应聘的福特。"董事长听后发出了邀请："很好，福特先生，你已经被我们录用了。"这个让福特感到惊讶的决定，实际上源于他那个不经意的动作。从此以后，福特开始了他的辉煌之路。

平安保险公司的一个业务员也有与福特相似的经历。他多次拜访一家公司的总经理，而最终能够签单的原因，仅仅是他在去总经理办公室的路上，随手捡起了地上的一张废纸并扔进了垃圾桶。总经理对他说："我透过窗户玻璃观察了一个上午，看看哪个员工会把废纸捡起来，没有想到是你。"而在这次见总经理之前，他还被"晾"了3个多小时，并且有多家同行在竞争这个大客户。

福特和平安保险业务员的收获看似偶然，实则必然。他们下意识的动作出自一种习惯，而习惯的养成来源于他们的积极态度，这正如著名心理学家、哲学家威廉·詹姆士所说："播下一个行动，你将收获一种习惯；播下一种习惯，你将收获一种性格；播下一种性格，你将收获一种命运。"

事实上，被科学家用来形象地说明混沌理论的"蝴蝶效应"，也存在于我们的人生历程中：一次大胆的尝试，一个灿烂的微笑，一个习惯性的动作，一种积极的态度和真诚的服务，都可以成为生命中意想不到的起点，它能带来的远远不止于一点点喜悦和表面上的报酬。

启示

今天的企业，其命运同样受"蝴蝶效应"的影响，因为消费者越来越相信感觉，品牌消费、购物环境、服务态度……这些无形的价值都成为他们选择的因素。所以，只要稍加留意，我们不难看到一些管理规范、运作良好的公司在理念中出现这样的句子："对你而言，100 名客户中只有一位不满意，只有 1% 的不合格率；但对于该客户而言，他得到的却是 100% 的不满意。""你一朝对客户不善，公司便需要 10 倍甚至更多的努力去补救。""在客户眼里，你代表公司。"在市场竞争日渐激烈的今天，谁能捕捉到对生命有益的"蝴蝶"，谁就不会被社会抛弃。

和尚挑水的寓言

有两个和尚分别住在相邻的两座山上的庙里。两山之间有一条溪，两个和尚每天都会在同一时间下山去溪边挑水。久而久之，他们便成了好朋友。就这样，不知不觉已经过了 5 年。

突然有一天，左边这座山的和尚没有下山挑水，右边那座山的和尚心想："他大概睡过头了。"便没在意。哪知第二天，左边这座山的和尚还是没有下山挑水，第三天也一样，过了一个星期，还是一样。直到过了一个月，右边那座山的和尚终于受不了了。他心想："我的朋友可能生病了，我要过去拜访他，看看能帮上什么忙。"于是他便爬上了左边这座山去探望他的老朋友。

等他见到他的老友之后，大吃一惊，因为他的老友正在庙前打太极拳，一点儿也不像一个月没喝水的人。他好奇地问："你已经一个月没有下山挑水了，难道你可以不用喝水吗？"左边这座山的和尚说："来来来，我带你去看。"于是，他带着右边那座山的和尚走到后院，指着一口井说："这 5 年来，我每天做完功课后，都会抽空挖这口井。即使有时很忙，能挖多少就算多少。如今，终于让我挖出井水，我不必再下山挑水，可以有更多时间练我喜欢的太极拳了。"

启示 我们在工作中挣薪水就像是挑水，而我们常常会忘记把握下班后的时间，挖一口属于自己的井，培养自己另一方面的实力。这样当我们年纪大了，体力拼不过年轻人时，我们依然会有水喝，而且还能喝得很悠闲。

黄鹂鸟的启示

女儿第一次将男朋友带回家里，父亲在客厅里迎接他们，陪着女儿和男朋友，天南地北地聊着。

父亲问女儿的男友：“你喜欢打球吗？”

男朋友回答：“不，我不是很喜欢打球。我大部分的时间都用来看书，听音乐。”

父亲又问：“你喜欢看电视上的田径或是球类竞赛吗？”

男朋友：“不，对于这些有关竞赛性的活动我没什么兴趣。”

男朋友离开后女儿问父亲：“爸，你觉得这个人怎样？”

父亲回答：“你和他做朋友我不反对，但如果你想嫁给他，我坚决不赞成。”

女儿惊讶地问：“为什么呢？”

父亲说：“一般人养黄鹂鸟，绝不会将黄鹂鸟关在自家的鸟笼里，主人会带到茶馆，那里有许多黄鹂鸟。这只新的鸟，在茶馆听到同类此起彼落的鸣叫，便会不甘示弱，也引吭高歌。这是养鸟人训练黄鹂鸟的诀窍。”

女儿问：“这和我的男友有什么关系呢？”

父亲说：“养鸟人刺激黄鹂鸟竞争的天性，来训练黄鹂鸟展露优美的歌声，若是没有其他鸟的竞争，这只黄鹂鸟可能就终生不能发出任何叫声。”女儿似有所悟地点点头。

父亲继续道：“你的这位男朋友，经过我刚刚与他的一番谈话，发现他既不运动，也不喜欢运动，也不喜欢球赛，排斥所有竞赛性的活动，我认为，像这样的男人，将来恐怕难以有所成就，所以反对你嫁给他。”

启示 太多人因为恐惧失败，而不愿意参与竞赛，透过黄鹂鸟的启示，我们终于了解：竞赛的重点不在于胜负，而在于每一次投入，都能让自己成长。

记住“低头”

美国开国元勋之一的富兰克林，一生功绩卓绝，这与他的一次拜访不无关系。一次，富兰克林到一位前辈家拜访，一进门，他的头就狠狠地撞在了门框上，疼得他一边不住地用手揉搓，一边看着比正常标准低矮的门。出来迎接他的前辈看到他这副样子，笑笑说："很痛吧？可是，这将是你今天来访的最大收获。一个人要想平安无事地活在世上，就必须时时刻刻记住'低头'。这也是我要教你的事情，不要忘记了。"

富兰克林牢牢记住了前辈的教导，并把它列入生活准则之中。

启示　谦虚谨慎是做人的美德。

简单道理

从前，有两个饥饿的人得到了一位长者的恩赐：一根鱼竿和一篓鲜活肥硕的鱼。其中，一个人要了一篓鱼，另一个人要了一根鱼竿，于是他们分道扬镳了。得到鱼的人原地用干柴搭起篝火煮起了鱼，他狼吞虎咽，还没有品出鲜鱼的肉香，转瞬间，连鱼带汤就被他吃了个精光。不久，他便饿死在空空的鱼篓旁。另一个人则提着鱼竿继续忍饥挨饿，一步步艰难地向海边走去，可当他已经看到不远处那片蔚蓝色的海洋时，他最后一点力气也使完了，他也只能眼巴巴地带着无尽的遗憾撒手人寰。

又有两个饥饿的人，他们同样得到了长者恩赐的一根鱼竿和一篓鱼。只是他们并没有各奔东西，而是商定共同去找寻大海，他俩每次只煮一条鱼。他们经过长途跋涉，来到了海边，从此，两人开始了以捕鱼为生的日子。几年后，他们盖起了房子，有了各自的家庭、子女，有了自己建造的渔船，过上了幸福安康的生活。

启示　一个人只顾眼前的利益，得到的终将是短暂的欢愉；一个人目标高远，但也要面对现实的生活。只有把理想和现实有机结合起来，才有可能成为一个成功之人。有时候，一个简单的道理，却足以给人意味深长的生命启示。

金钱的危险性

在犹太人中间，流传着这样一个故事：

一天，一个拥有无数钱财的吝啬鬼去拉比那里乞求祝福。

拉比让他站在窗前，让他看外面的街上，问他看到了什么，他说："人们。"拉比又把一面镜子放在他面前，问他看到了什么，他说："我自己。"

拉比解释说，窗户和镜子都是玻璃做的，但镜子上镀了一层银。单纯的玻璃让我们能看到别人，而镀上银的玻璃却只能让我们看到自己。

启示 人们都知道犹太人挺会赚钱的。听听他们对金钱的看法，对于今天的我们来说不无裨益。单纯的玻璃只能看到别人，镀上银的玻璃只能看到自己，金钱的危险性一览无余。金钱的魅力可以转移人的目光，难怪有人说：有些人是金钱的奴隶。

金人

相传曾经有个小国派使者到宗主国去，进贡了三个一模一样的金人，把皇帝高兴坏了。可是这个小国同时出了一道题目：这三个金人哪个最有价值？皇帝想了许多办法，请来珠宝匠检查，称重量，看做工，都是一模一样的。怎么办？使者还等着回去汇报呢。泱泱大国，不会连这个小题目都不懂吧？

最后，有一位退位的老臣说他有办法。皇帝将使者请到大殿，老臣胸有成竹地拿着三根稻草，插入金人的耳朵里。第一个金人的稻草从另一边耳朵出来了。第二个金人的稻草从嘴巴里直接掉出来，而第三个金人，稻草进去后掉进了肚子，什么响动也没有。老臣说：第三个金人最有价值！听到正确答案后，使者哑口无言。

启示 这个故事告诉我们，最有价值的人，不一定是最能说的人。老天给我们两只耳朵一张嘴巴，本来就是让我们多听少说的。善于倾听，才是成年人最基本的素质。

龙卷风

在一个偏远、封闭的小镇只能听到两个电台：第一电台专门广播名人消息，或是热门歌曲排行榜，它的收听率相当高；第二电台则是气象专业电台，它的听众只有一小群人。一天晚上，气象专业电台发出紧急警告：一个威力惊人的龙卷风将在午夜袭击本镇，电台呼吁镇民立即疏散他处。这一小群听众立刻组织起来，有的去找镇长，有的到街上敲锣打鼓，有的打电话给第一电台，请求播出龙卷风来袭的消息，好保存身家性命。镇长说：“本镇从未有过龙卷风，龙卷风的消息是气象电台误报或捏造，为的是提高收听率。”敲锣打鼓的人则被视为疯子。而第一电台则以正在访问名人为由，不愿插播这一条“生死存亡”的消息。结果小镇被夷为平地，后来者没有人知道这块地曾经是一个小镇。

启示　每一天都可能是最后一天，我们要以敏锐的心过每一天，更要用心看看这个世界，用心看看自己，不要把每一件事都视为理所当然，因为所有的事情都会改变，且看你如何去衡量它。

看见自己

人的两只眼睛专门看别人，如果没有镜子，人是无法知道自己长得什么样子。

人类婴儿要到两岁左右才会知道镜中人是自己，其他灵长类动物除了黑猩猩外，都不知道镜中的动物是它自己。实验者把动物麻醉后，将红点涂到它脸上，醒来后再让它照镜子，结果除了黑猩猩会去摸自己的脸外，其余都不会，表示它们不知道镜中的人是自己，可见自知需要很高的智能。

有个实验非常有趣。实验者想知道寄生在别的窝里的小鸟，如何知道它自己是谁。像椋鸟专门把蛋下在麻雀窝，让麻雀替它孵蛋，但椋鸟长大了并不会以为自己是麻雀，还是去找椋鸟交配。它如何知道自己跟“养父母”不一样呢？康奈尔大学的实验者把刚孵出的椋鸟隔离长大，让它从来没有见过任何一只鸟，然后把一些小鸟的羽毛染色，另一些则保留原来颜色，等小鸟长到两个月大，再把两只成年椋鸟放进实验室，一只染了色，一只没染，结果发现小鸟喜欢跟自己一样颜色的大鸟在一起。这表示它会检视自己，知道自己的特征，在脑中形成样板模型，将其他鸟与自己相比，产生我们看到的“物以类聚”现象。

启示　“善于自知”是难能可贵的品格。

老人与树叶

从前有一个老人，一生相当坎坷，多种不幸都降临到他的头上：年轻时由于战乱几乎失去了所有的亲人，一条腿也在空袭中失去了；陷入困境时，妻子经受不了无休止的折磨，最终离他而去；不久，和他相依为命的儿子又因车祸丧生。

可是在人们的印象之中，老人一直矍铄爽朗而又随和。有一位年轻人终于冒昧地问：“您经受了那么多苦难和不幸，可是为什么看不出您有伤怀呢？”

老人无言地将年轻人看了很久，然后，将一片树叶拿到年轻人的眼前：“你瞧，它像什么？”

这是一片黄中透绿的叶子，这时候正是深秋。年轻人想这也许是白杨树叶，而至于像什么……

“你能说它不像一颗心吗？或者说就是一颗心？”

这是真的，叶子十分像心脏的形状。年轻人的心为之轻轻一颤。

“再看看它上面都有些什么？”老人将树叶凑近年轻人。年轻人清楚地看到，那上面有许多大小不等的孔洞。

老人收回树叶，放到手掌中，用厚重而舒缓的声音说：

“它在春风中绽出，阳光中长大。从冰雪消融到寒冷的秋末，它走过了自己的一生。这期间，它经受了虫咬石击，以致千疮百孔，可是它并没有凋零。它之所以能享尽天年，完全是因为对阳光、泥土、雨露充满了热爱，对自己的生命充满了热爱，相比之下，那些打击又算得了什么呢？”

老人最后把叶子放在了年轻人的手上，说：

“这答案交给你啦，这树叶是一段历史的记录，更是一种生存的哲学啊。”

如今，年轻人仍完好无损地保存着这片树叶。每当他在人生际遇中突遭打击的时候，他总能从它那里吸取足够的冷静和力量，不论在怎样的艰难之中，总能保持一份乐观向上的精神。

启示 无论你遭受多大的苦难，都要坦然面对一切。人生就像自然界的树叶，都要经受风吹雨打。

帮助别人就是帮助自己

第一个故事：在一场激烈的战斗中，上尉忽然发现一架敌机向阵地俯冲下来。照常理，发现敌机俯冲时要毫不犹豫地卧倒。可上尉并没有立刻卧倒，他发现离他四五米远处有一个小战士还站在那里。他顾不上多想，一个鱼跃飞身将小战士紧紧地压在了身下。此时一声巨响，飞溅起来的尘土纷纷落在他们的身上。上尉拍拍身上的尘土，回头一看，顿时惊呆了：刚才自己所处的那个位置被炸出了一个大坑。

第二个故事：古时候，兄弟二人各自带着一只行李箱出远门。一路上，重重的行李箱将兄弟俩都压得喘不过气来，他们只好左手累了换右手，右手累了又换左手。大哥停了下来，在路边买了一根扁担，将两个行李箱一左一右地挂在扁担上。他挑起两个箱子上路，反倒觉得轻松了很多。

把这两个故事联系在一起也许有些牵强，但它们确实有着惊人的相似之处：故事中的小战士和弟弟是幸运的，但更加幸运的是故事中的上尉和大哥，因为他们在帮助别人的同时也帮助了自己。

启示

在我们人生的大道上，肯定会遇到许许多多的困难，但我们是不是都知道，在前进的道路上，搬开别人脚下的绊脚石，有时恰恰是为自己铺路呢？

买油

从前，在山中的庙里，有一个小和尚被要求去买食用油。庙里的厨师交给他一个大碗，并严厉地警告：“你一定要小心，我们最近财务状况不是很理想，你绝对不可以把油洒出来。”

小和尚答应后就下山到城里，到厨师指定的店里买油。在上山回庙的路上，他想到厨师凶恶的表情及严重的告诫，越想越觉得紧张。小和尚小心翼翼地端着装满油的大碗，一步一步地走在山路上，丝毫不敢左顾右盼。

很不幸的是，他在快到庙门口时，由于没有向前看路，结果踩到了一个坑，虽然没有摔跤，可是却洒掉 1/3 的油。小和尚非常懊恼，紧张得手都开始发抖，无法把碗端稳。等到回到庙里时，碗中的油只剩一半了。

厨师拿到装油的碗时，当然非常生气，他指着小和尚大骂：“你这个笨蛋！我不是说要小心吗？为什么还是浪费这么多油，真是气死我了！”

小和尚很难过，开始掉眼泪。老和尚听到了，就跑来问是怎么一回事。了解原委以后，他就去安抚厨师的情绪，并私下对小和尚说：“我再派你去买一次油。这次我要你在回来的途中，多观察你看到的人和事物，并且需要跟我做一个报告。”

小和尚想要推卸这个任务，强调自己油都端不好，根本不可能既要端油，还要看风景、做报告。

不过在老和尚的坚持下，他只有勉强上路了。在回来的途中，小和尚发现其实山路上的风景真是美，远方看得到雄伟的山峰，又有农夫在梯田上耕种。走了一会，又看到一群小孩子在路边的空地上玩得很开心，而且还有两位老先生在下棋。在边走边看风景的情形下，不知不觉就回到庙里了。当小和尚把油交给厨师时，发现碗里的油满满的，一点儿都没有损失。

启示

其实，我们想比较快乐地过日子，也可以采纳老和尚的建议。与其天天在乎自己的成绩和物质利益，不如每天努力在上学、工作或生活中，享受其过程，并从中学习成长。一位真正懂得从生活经验中找到人生乐趣的人，才不会觉得自己的日子充满压力及忧虑。

你是胡萝卜，是鸡蛋，还是咖啡豆

一个女儿对父亲抱怨她的生活，抱怨事事都那么艰难。她不知该如何应对生活，想要自暴自弃了。她已厌倦抗争和奋斗，好像一个问题刚解决，新的问题就又出现了。

她的父亲是位厨师，他把她带进厨房。他先往三只锅里倒入一些水，然后把它们放在旺火上烧。不久，锅里的水烧开了。他往一只锅里放些胡萝卜，第二只锅里放入鸡蛋，最后一只锅里放入碾成粉末状的咖啡豆，一句话也没有说。

女儿咂咂嘴，不耐烦地等待着，纳闷父亲在做什么。大约 20 分钟后，父亲把火关了，把胡萝卜捞出来放入一个碗内，把鸡蛋捞出来放入另一个碗内，然后又把咖啡舀到一个杯子里。做完这些后，他才转过身问女儿："你看见什么了？""胡萝卜、鸡蛋、咖啡。"她回答。

父亲让女儿靠近些并让她用手摸摸胡萝卜。她摸了摸，注意到它们变软了。父亲又让女儿拿一只鸡蛋并打破它。将壳剥掉后，她看到的是只煮熟的鸡蛋。最后，他让她喝了咖啡。品尝到香浓的咖啡，女儿笑了。她问道："父亲，这意味着什么？"

他解释说，这三样东西面临同样的逆境——煮沸的开水，但反应各不相同。胡萝卜入锅之前是强壮的、结实的，毫不示弱，但进入开水之后，它变软了、变弱了。鸡蛋原来是易碎的，它薄薄的外壳保护着它呈液体的内部，但是经开水一煮，它的内部变硬了。而粉状咖啡豆则很独特，进入沸水之后，它们倒改变了水。

"哪个是你呢？"他问女儿，"当逆境找上门来时，你该如何反应？你是胡萝卜，是鸡蛋，还是咖啡豆？"

启示

你是看似强硬，但遭遇痛苦和逆境后畏缩了、变软弱了、失去了力量的胡萝卜吗？你是内心原本可塑的鸡蛋吗？你先是个性情不定的人，但经过厄运后，是不是变得坚强了，变得倔强了？你的外表看似从前，但你是不是因此有了坚强的性格，内心也变得更强大了？或者你像咖啡豆吗？咖啡豆改变了给它带来痛苦的开水，并在它达到高温时让它散发出最佳的香

启示　味。水最烫时，它的味道更好了。如果你像咖啡豆，你会在情况最糟糕时，变得有出息，并使周围的情况变好。

面对诱惑

曾经有一位哲人做过一个实验。他问两个男人，如果有人出100元买你们的爱妻，你们是否愿意？两人都摇头。他又问道，如果出100万元呢？其中一个点点头。他继续问，100亿元呢？结果另一个人也点了头。

在100元的价格上，两个男人都是道德的；100万元时，一个男人走向了不道德；100亿元时，另一个也下了水。

是不是选100亿元的男人比选100万元的男人更道德些呢？我们不能肯定，但有一点可以肯定，前者比后者经得起诱惑，他抗诱惑的临界点更高，因此，他可以在更多时候保持道德的风范。

英国大哲学家罗素说过："人之所以有道德，是因为受的诱惑太少。"

启示　在如今这个光怪陆离的人类社会中，权力，金钱，美色等等，如同一把把利剑高悬于我们的头上，自始至终伴随着我们走完人生的路程。面对如此众多的诱惑，我们不可能纯洁到视任何诱惑而不动心的地步，但我们可以提高自己抗诱惑的临界点，因为100亿元的诱惑毕竟不多。

宁静的真谛

国王拿出一大笔赏金，看谁画得出最能代表平静祥和的意境。很多画家将自己的作品送到皇宫，有的画了黄昏时的森林，有的画了宁静的河流，有的画了小孩在沙地上玩耍，有的画了高挂天上的彩虹，有的画了沾了几滴露水的玫瑰花瓣……

国王亲自看过每件作品，最后只选出两件。

第一件作品画了一池清幽的湖水，周围的高山和蓝天巨细靡遗地倒映在湖面上，天空点缀了几抹白云，仔细看的话，还可以看到湖的左边角落有座小屋，小屋的窗户开着，烟囱里有炊烟袅袅升起，表示有人在准备晚餐。

第二幅画也画了几座山，山形阴暗嶙峋，山峰尖锐孤傲。山上的天空漆黑一片，闪电从乌云中落下，也降下了冰雹和暴雨。

这幅画和其他作品格格不入，不过如果仔细一看，可以看到险峻的岩石堆中有个小缝，里面有个鸟窝。尽管身旁风狂雨暴，小燕子还是蹲在窝里，静静地望着外面的一切。

国王将朝臣召唤过来，将头奖颁发给第二幅画的作者，他的解释是：宁静祥和，并不是要到全无噪音、全无问题、全无辛勤工作的地方才找得到。宁静祥和的感觉，能让人即使身处逆境也能维持心中一片清澄。宁静的真谛就只有这么一个。

启示 一个成功的企业，一个优秀的人，并不是从不遇到困难、不遇到问题，而是能够具有处理问题、解决问题的能力。

4个男人和1只箱子

4个瘦得皮包骨头的男子，他们扛着一只沉重的箱子，在非洲茂密的丛林里踉踉跄跄地往前走。

这4个人分别是巴里、麦克里斯、约翰斯、吉姆，他们是跟随队长马克格夫进入丛林探险的。马克格夫曾答应给他们优厚的工资。但是，在任务即将完成的时候，马克格夫不幸得了病而长眠在丛林中。

这个箱子是马克格夫临死前亲手制作的。他十分诚恳地对4人说道："我要你们向我保证，一步也不离开这只箱子。如果你们把箱子送到我朋友麦克唐纳教授手里，你们将分得比金子还要贵重的东西。我想你们会送到的，我也向你们保证，比金子还要贵重的东西，你们一定能得到。"

埋葬了马克格夫以后，这4个人就上路了。但密林的路越来越难走，箱子也越来越沉重，而他们的力气却越来越小了。一切都像在做噩梦，而只有这只箱子是实在的，是这只箱子在撑着他们的身躯，否则他们全倒下了。他们互相凝视着，不准任何人单独乱动这只箱子。在最艰难的时候，他们想到了未来的报酬，当然，就是比金子还重要的东西。

终于有一天，绿色的屏障突然拉开，他们经过千辛万苦终于走出了丛林。4个人急忙找到麦克唐纳教授，迫不及待地问起应得的报酬。教授似乎没听懂，只是无可奈何地把手一摊，说道："我是一无所有啊，噢，或许箱子里有什么宝贝吧。"说完，他把箱子打开，发现里面只有一堆木头。

"这开的是什么玩笑？"约翰斯说。

"什么钱都不值，我早就看出那家伙有神经病！"吉姆吼道。

"比金子还贵重的报酬在哪里？我们上当了！"麦克里斯愤怒地嚷着。

此刻，只有巴里一声不吭，他想起了他们刚走出的密林里，到处是一堆堆探险者的白骨，他想起了如果没有这只箱子，他们4人或许早就倒下去了。巴里站起来，对伙伴们大声说道："你们不要再抱怨了。我们得到了比金子还贵重的东西，那就是生命！"

启示　马克格夫是个智者，而且是个很有责任心的人。从表面上看，他所给予的只是一堆谎言和一箱木头；其实，他给了他们行动的目的。人不同于一般动物之处是人具有高级思维能力，因此人就无法和动物一样浑浑噩噩地生活，人的行动是有目的的。有些目的最终仍无法实现，但至少，它们曾经激励支撑了我们的一段生活，这就值得感谢。一些现代人的无聊、缺少激情，大都源于丧失了目的。说到底，我们还得有所追求才好。

机会垂青准备更充分的人

同事A、B、C在合资公司做白领，都觉得自己满腔抱负却没有得到上级的赏识，都想找个机会向老总展示一下自己的才干。

同事A想，要是有机会见到老总就好了，我一定能展示自己的才干。

同事B也有同样的想法，于是进一步去打听老总上下班的时间，算好他大概会在何时进电梯，他也在这个时候去坐电梯，希望能遇到老总，有机会可以打个招呼。

同事C则更进一步。他详细了解了老总的奋斗历程，弄清了老总毕业的学校、处世风格、关心的问题，精心设计了几句简单却有分量的开场白，在算好的时间去乘坐电梯。跟老总打过几次招呼后，终于有一天跟老总长谈了一次，不久就争取到了更好的职位。

启示　愚者错失机会，智者善抓机会，成功者创造机会。机会只给准备好的人，这“准备”二字，并非说说而已。

锁链

有一位禁欲苦行的修道者，准备离开他所住的村庄，到无人居住的山中去隐居修行。他只带了一块布当作衣服，就一个人到山中居住了。后来他想到当他要洗衣服的时候，他需要另外一块布来替换，于是他就下山到村庄中，向村民们乞讨一块布当作衣服，村民们都知道他是虔诚的修道者，于是毫不犹豫地就给了他一块布，当作换洗用的衣服。

当这位修道者回到山中之后，他发觉在他居住的茅屋里面有一只老鼠，常常会在他专心打坐的时候来咬他那件准备换洗的衣服，他早就发誓一生遵守不杀生的戒律，因此他不愿意去伤害那只老鼠，但是他又没有办法赶走那只老鼠，所以他回到村庄中，向村民要一只猫来饲养。

得到了猫之后，他又想到了：“要吃什么呢？我并不想让猫去吃老鼠，但总不能跟我一样只吃一些野菜吧！”于是他又向村民要了一只乳牛，这样那只猫就可以靠牛奶为生。

但是，在山中居住了一段时间以后，他发觉每天都要花很多的时间来照顾那只乳牛，于是他又回到村庄中，找了一个可怜的流浪汉，让他随自己到山中居住，照顾乳牛。

流浪汉在山中居住了一段时间之后，跟修道者抱怨：“我跟你不一样，我需要一个太太，我要正常的家庭生活。”修道者想一想也有道理，他不能强迫别人一定要跟他一样，过着禁欲苦行的生活。这个故事就这样发展下去，你可能也猜到了，到了后来，也许是半年以后，整个村庄都搬到山上去了。

启示

这其实正是发生在我们每个人身边的故事。欲望就像一条锁链，一个牵着一个，永远都不能满足。而真正可悲的是：人是绝对不愁为自己的欲望找不到借口的。

农夫与神明

在古印度流传着一则寓言故事：有个农夫，他的小麦先是遭受蝗灾，接着又遭了洪灾。虽然他家仍有足够的粮食，不至于挨饿，但情形实在不能再这样继续下去了，于是他找到神明，祈求神明给他一个风调雨顺的丰收年。

“求神明给我足够的阳光与晴天；下的雨不要太多；不要有病虫害；另外还要有令人感觉舒爽的和风。”

神明依农夫的请求，一切都依他所愿地实现了，农夫也看着他的农作物长得又高又漂亮，于是他由衷地向神明表达他的感激之情，但就在这时候，远处传来他妻子的哀号声。他妻子剥开小麦的外壳时，才发现里面空无一物，因为小麦在毫无外力的干扰下，长得太好了，反而结不了籽，这时候，农夫跪在地上，继续祷告：“神明啊！求你明年赐给我足够的麻烦，好让我的小麦能长得壮实一些。”

启示

你总觉得自己根本就不需要有麻烦，然而，如果真的毫无麻烦，一切风调雨顺的话，这对你而言恐怕不是好事。就像小麦一样，也需要一些外力的干扰，好让你的人格变得更加强壮厚实。所以，建议你好好地面对人类所受的限制，承认人生的不完美之处，不要再浪费精力去掩饰人生一些负面性的事情。你绝对有创造与建设一切的潜能。为了能自我转变，你必须认识到，所遭遇的困难愈多，所了解的问题也就愈多。为了追求所想要的理想，你必须忍受一定的痛苦。

女人究竟真正要什么

有一个国王去打猎时坠落山谷，当孤立无援时，一只巨大的神龙出现了。神龙告诉国王一个交换条件：国王必须正确回答一个全世界最困难的问题，才能获得神龙的救助。

神龙发问："女人究竟真正要什么？"

国王被问倒了，于是想出缓兵之计。

国王说："神龙，你能否先救我，我将灵魂抵押给你，让我回到王宫寻求答案，7 日后我会带着答案再来找你。"

神龙说："可以，不过如果 7 日后你不信守承诺，你就会因失魂落魄而死。"

国王回到宫中，将经历告知内阁大臣，结果大家都想不出答案。

眼看日子一天天过去，期限只剩两天了。

一位国王的马夫说："城南有一位巫婆知识渊博，她应该知道答案。于是英俊潇洒的侍卫长立刻将巫婆请到宫中。"

巫婆到宫中后，国王将经历与神龙的问题告知巫婆。

巫婆说："答案我是知道的，国王的命我也能救，不过我有个交换条件，那就是要陛下的侍卫长在事成后娶我为妻。"

国王毫不考虑，一口就替侍卫长答应了，并立下诏书为凭。

巫婆说："答案是，女人真正要的，是能由自己决定主宰她自己的生活方式。"

国王告诉侍卫长关于巫婆的要求，侍卫长差点昏倒，但为了国王的性命，只能无奈地接受事实。

国王带着答案去找神龙赎回自己的灵魂，神龙听到正确答案后，称赞国王是全世界最聪明的男人，也依约将国王的灵魂还给国王。

一行人回到宫中后即开始筹备侍卫长与巫婆的婚礼。

婚礼当天，丑陋无比的新娘配上年轻英俊的侍卫长，喜宴上巫婆吃相难看不打紧，还边吃边大声放屁，不时发出不雅的笑声。侍卫长为了国家牺牲自我，男人的威严一点儿都不敢在喜宴中发作。好不容易熬到入洞房的时刻，当巫婆换下礼服，从淋浴间出来时，侍卫长不敢相信他的眼睛，因为走出来的是一个仙女般的女人。

她对侍卫长说："因为你信守承诺，没有对我发怒，容忍我在喜宴中放肆丢人，我决定往后每一天中有 12 小时变成温柔美女陪伴你，但是你可以决定我是在白天变美女，还是晚上变美女，而且选完就不能改变心意。"年轻英俊的侍卫长顿时陷入两难的局面。因为他不知应该选择白天带一位绝世美女出门向朋友炫耀，让众人羡慕，而晚间要和一位丑陋无比的巫婆同床共枕；还是白天让众人对老巫婆指指点点，而晚上他可以和超级美女夜夜春宵。

想了半天，年轻英俊的侍卫长最后向巫婆说："你自己决定何时要扮演你喜欢的角色就可以了，我不干涉你的生活方式。"巫婆听了很高兴，对年轻英俊的侍卫长说："由于你的包容与智慧，我决定天天 24 小时变成一个有教养的温柔美女陪伴你、照顾你。"

侍卫长突然惊讶地发觉：原来幸福竟然如此意外地降临在他身上。

国王、侍卫长、巫婆最后皆大欢喜。

启示

（1）人要信守承诺。

（2）别人的建议有时应参考一下。

（3）未经你的同意，你的主管替你承诺的事情还是要尽力完成。

（4）对别人一定要有包容心，让别人自己决定他自己的生活方式。

试金石

有一天，一位禅师为了启发门徒，给了他一块又大又美丽的石头，叫他去蔬菜市场，并且试着卖掉它。但是师父说："不要真卖掉它，只是试着卖掉它。注意观察，多问一些人，然后只要告诉我，在蔬菜市场它能卖多少钱。"这个人去了。在菜市场，许多人看着石头想：它可以被做成很好的小摆件，我们的孩子可以玩，或者我们可以把它当成称菜用的秤砣。于是他们出了价，但只不过是几元钱。门徒对师父说："它最多只能卖几元钱。"

师父说："现在你去黄金市场，问问那里的人。但是不要卖掉它，光问问价。"从黄金市场回来，这个门徒很高兴，说："这些人太棒了，他们愿意出 1000 元钱。"

师父说："现在你去珠宝商那里，但不要卖掉它。"他去了珠宝商那里。他简直不敢相信，他们竟然愿意出 5 万元，他不愿意卖，并继续抬高价格，珠宝商出到 10 万元。但是这个人说："我不打算卖掉它。"珠宝商说："我们出 20 万元、30 万元，或者你要多少就多少，只要你卖！"这个人说："我不能卖，我只是问问价。"他不敢相信："这些人疯了！"他自己觉得蔬菜市场的价已经足够了。

他回到师父那里，师父拿回石头说："我们不打算卖掉它，不过现在你明白了，这个要看你自己，看你是不是有试金石、理解力。如果你生活在蔬菜市场，那么你只有那个市场的理解力，你就永远不会认识到事情本身所存在的更高的价值。"

启示　一个人的能力，在不同的环境，会出现不同的价值。要想成功，找准自己的市场是至关重要的。

眼睛是心灵的窗户

很久以前的一天，一位老人站在河边等候过河。当时天气很冷，又没有桥，他只好想办法跟别人共骑一匹马才能到达对岸。等待了一段时间，他终于看到一群骑马的人来了。他让第一个通过，然后第二个、第三个、第四个，以及第五个也顺利通过。最后，仅剩下一个骑马的人了。他来的时候，老人看看他，并说："先生，你能不能让我跟你一起骑马过河呢？"骑马人不假思索地说："当然可以，请上来吧！"过河之后，老人就滑到地面站好。离去之前，这位骑马人说："老先生，我注意到你让所有其他骑马的人通过，而没有请求他们。但是当我来到你面前时，你立刻请求跟我一起骑马。这是为什么呢？"

老人平静地回答道："我看他们的眼睛就了解到他们并没有爱心，可是我从你的眼神里，看到了同情、爱与乐于帮助。我知道你会愿意让我跟你一起骑马过河的。"骑马人非常谦虚地说："我非常感谢你说的话，非常感谢。"他就是后来成为美国总统的托马斯·杰斐逊。

启示　有人曾说，我们的眼睛是灵魂之窗。在故事中，老人很正确地通过眼神辨别出了究竟谁有爱心。

生命的价值

在一次讨论会上，一位著名的演说家没讲一句开场白，手里却高举着一张崭新的 20 美元的钞票。

面对会议室里的 200 个人，他问："谁要这 20 美元？"一只只手举了起来。他接着说："我打算把这 20 美元送给你们中的一位，但在这之前，请允许我做一件事。"他说着将钞票揉成一团，然后问："谁还要。"仍有人举起手来。

他又说："那么，假如我这样做又会怎么样呢？"说完，他把钞票扔到地上，又踏上一只脚，并且用脚碾它。然后他拾起钞票，钞票已变得又脏又皱。

"现在谁还要？"还是有人举起手来。

"朋友们，你们已经上了一堂很有意义的课。无论我如何对待那张钞票，你们还是想要它，因为它并没贬值，它依旧值 20 美元。"

启示

人生路上，我们会无数次被自己碰到的逆境击倒，我们会觉得自己似乎一文不值。但无论发生什么，或将要发生什么，你永远不会丧失价值，依然是无价之宝。生命的价值不依赖我们的处境，也不仰仗我们结交的人物，而是取决于我们本身！你有独特的价值，永远不要忘记这一点！

生命清单

耳鼻喉科病房里同时住进来两位病人，都是鼻子不舒服。在等待化验结果期间，甲说，如果是癌，他要立即去旅行，并首先去拉萨。乙也同样如此表示。结果出来了，甲得的是鼻癌，乙长的是鼻息肉。

甲列了一张告别人生的计划表，离开了医院，乙住了下来。甲的计划表是：去一趟拉萨和敦煌；从攀枝花坐船一直到长江口；到海南的三亚以椰子树为背景拍一张照片；在哈尔滨过一个冬天；从大连坐船到广西的北海；登上天安门；读完莎士比亚的所有作品；写一本书。凡此种种，共 27 条。

他在这张生命的清单后面这么写道：我的一生有很多梦想，有的实现了，有的由于种种原因没有实现。现在我的时间不多了，为了不遗憾地离开这个世界，我打算用生命的最后几年去实现这剩下的这 27 个梦想。

随后，甲就辞掉了工作，去了拉萨和敦煌。第二年，又以惊人的毅力和韧性通过了一次高难度的考试。这期间，他登上过天安门，去了内蒙古大草原，还在一户牧民家里住了一个星期。现在这位朋友正在实现他出一本书的夙愿。

有一天，乙在报上看到甲写的一篇散文，打电话去问甲的病。甲说，“我真的无法想象，要不是这场病，我的生命该是多么的糟糕。是它提醒了我，去做自己想做的事，去实现自己想去实现的梦想。现在我才体味到什么是真正的生命和人生。你生活得也挺好吧！”乙没有回答。因为在医院时说的去拉萨和敦煌的事，早已因患的不是癌症而放到脑后去了。

启示

在这个世界上，其实每个人都患有一种“癌症”，那就是不可抗拒的死亡。我们之所以没有像那位患鼻癌的人一样，列出一张生命的清单，抛开一切多余的东西，去实现梦想，去做自己想做的事，是因为我们认为自己还会活得很久。然而也许正是这一点量上的差别，使我们的生命有了质的不同：有些人把梦想变成了现实，有些人把梦想带进了坟墓。

失误的上帝

有一天，上帝创造了三个人。他问第一个人：“到了人世间，你准备怎样度过自己的一生？”第一个人想了想，回答说：“我要充分利用生命去创造。”

上帝又问第二个人：“到了人世间，你准备怎样度过你的一生？”第二个人想了想，回答说：“我要充分利用生命去享受。”

上帝又问第三个人：“到了人世间，你准备怎样度过你的一生？”第三个人想了想，回答说：“我既要创造人生又要享受人生。”

上帝给第一个人打了 50 分，给第二个人打了 50 分，给第三个人打了 100 分，他认为第三个人才是最完美的人，他甚至决定多创造一些这样的人。

第一个人来到人世间，表现出了不平常的奉献感和拯救感。他为许许多多的人做出了许许多多的贡献。对自己帮助过的人，他从无所求。他为真理而奋斗，屡遭误解也毫无怨言。慢慢地，他成了德高望重的人，他的善行被人广为传颂，他的名字被人们默默敬仰。他离开人间，所有人都依依不舍，人们从四面八方赶来为他送行。直至若干年后，他还一直被人们深深怀念着。

第二个人来到人世间，表现出了不平常的占有欲和破坏欲。为了达到目的，他不择手段，甚至无恶不作。慢慢地，他拥有了无数的财富，生活奢华，一掷千金，妻妾成群。后来，他因作恶太多而得到了应有的惩罚。正义之剑把他驱逐出人间的时候，他得到的是鄙视和唾骂。若干年后，他还一直被人们深深痛恨着。

第三个人来到人世间，没有任何不平常的表现。他建立了自己的家庭，过着忙碌而充实的生活。若干年后，没有人记得他。

人类为第一个人打了 100 分，为第二个人打了 0 分，为第三个人打了 50 分。这个分数，才是他们的最终得分。

启示　单纯说来，人似乎只可以划分为这三种人。上帝的打分和人类的打分存在着天差地别。人要为自己活着，可不是为上帝而活。

使你自己成为珍珠

有一个自以为是全才的年轻人，毕业以后屡次碰壁，一直找不到理想的工作，他觉得自己怀才不遇，对社会感到非常失望，感到没有伯乐来赏识他这匹“千里马”。

痛苦绝望之下，有一天，他来到大海边散心。

一位老人看出他心事重重，便问他遇到了什么难处。他说自己得不到别人和社会的承认，没有人欣赏并且重用他。

老人从脚下的沙滩上捡起一粒沙子，让年轻人看了看，然后就随便扔在了地上，对年轻人说：“请你把我刚才扔在地上的那粒沙子捡起来。”

“这根本不可能！”年轻人说。

老人没有说话，从自己的口袋里掏出一颗晶莹剔透的珍珠，也随便扔在了地上，然后对年轻人说：“你能不能把这颗珍珠捡起来呢？”

“当然可以！”

“那你就应该明白是为什么了吧？你应该知道，现在你自己还不是一颗珍珠，所以你不能苛求别人立即承认你。如果要别人承认，那你就要想办法使自己成为一颗珍珠才行。”年轻人蹙眉低首，一时无语。

启示

有的时候，你必须知道自己是普通的沙粒，而不是价值连城的珍珠。如果忍受不了打击和挫折，承受不住忽视和平淡，就很难达到辉煌。若要自己卓然出众，那就要努力使自己成为一颗珍珠。

提醒自己

有个老太太坐在马路边望着不远处的一堵高墙，总觉得它马上就会倒塌，见有人走过去，她就善意地提醒道：“那堵墙要倒了，绕路走吧。”被提醒的人不解地看着她，大模大样地沿着墙根走过去了，那堵墙没有倒。老太太很生气：“怎么不听我的话呢？！”又有人走来，老太太又是劝告。三天过去了，许多人在墙边走过去，并没有遇上危险。

第四天，老太太感到有些奇怪，又有些失望，便走到墙根下仔细观看，然而就在此时，墙倒了，老太太被掩埋在灰尘砖石中，气绝身亡。

启示

提醒别人时往往很容易，很清醒，但做到时刻清醒地提醒自己却很难。所以说，许多危险来源于自身意识不够。

问路

有一对夫妇在乡间迷了路，他们发现一位老农夫，于是停下车来问：“先生，您能否告诉我们，这条路通往何处呢？”老农夫不假思索地说：“如果你们照正确的方向前进的话，这条路将通往世界上你想要去的任何地方。”

启示

这个故事告诉我们，你可能已经在正确的道路上，如果站着不动，你就好像迷路了。与“身在福中不知福”的道理一样，很多人都不珍惜自身所拥有，而叹息自己怀才不遇，其实我们只要认真把自己的本职工作做好，或者是比别人要求我们做的更多一点，将会发现世界在我们面前豁然开朗。

无心栽花

有这样一个人，自打一生下来，就对面包有着无比浓厚的兴趣，闻到面包的香气就如醉如痴。

长大后，他如愿以偿地成了面包师。他做面包时，要用绝对精良的面粉黄油；要用一尘不染、闪光晶亮的器皿；打下手的姑娘要令人赏心悦目；伴奏的音乐要称心宜人。四个条件缺一不可，否则酝酿不出情绪，便没有创作的灵感。

他完全把面包当作艺术品了，哪怕只有一勺黄油不新鲜，他也要大发雷霆，认为那简直是难以容忍的亵渎。哪一天要是没做面包，他就会满心愧疚：馋嘴的孩子和挑剔的姑娘只能去吃那些粗制滥造的面包了。他从来不去想今天少做了多少生意，然而他的生意却出人意料的好，超过了所有比他更聪明、更迫切赚钱的人。

还有一个药铺老板，幼年时父亲因抓不起药而命赴黄泉，他发誓要开一个乐善好施的药铺。当了老板之后，他不改初衷，童叟无欺。

他还自学成才，专给没钱看医生的穷人开方子。一些药界行家见此大摇其头：一副败家子作风，不赔本才怪！然而他的生意却日渐红火，超过了所有比他更精明强干的人。

启示

世间的许多事情都如此，当你刻意追逐时，它就像小鸟一样振翅飞远；当你摒去表面的凡尘杂念，为了社会，为了他人，专心致力于一项事情时，那意外的收获已在悄悄等候你。

无用的石头和有用的砖头

传说老子骑青牛过函谷关，在函谷府衙为府尹留下洋洋五千言《道德经》时，一位年逾百岁、鹤发童颜的老翁迢迢遥遥到府衙找他。老子在府衙前遇见老翁。

老翁对老子略略施了个礼说：“听说先生博学多才，老朽愿向您讨教个明白。”

老翁得意地说：“我今年已经 106 岁了。说实话，我从年少时直到现在，一直游手好闲，轻松度日。与我同龄的人都纷纷作古，他们开垦百亩沃田却没有一席之地，建了四舍屋宇却葬身于荒野郊外的孤坟。而我呢，虽一生不稼不穑，却还吃着五谷；虽没置过片砖只瓦，却仍然居住在避风挡雨的房舍中。先生，是不是我现在可以嘲笑他们忙忙碌碌劳作一生，只是给自己换来一个早逝呢？”

老子听了，微微一笑，吩咐府尹说：“请找一块砖头和一块石头来。”老子将砖头和石头放在老翁面前说：“如果只能择其一，仙翁您是要砖头还是愿取石头？”老翁得意地将砖头取来放在自己的面前说：“我当然择取砖头。”老子抚须笑着问老翁：“为什么呢？”老翁指着石头说：“这石头没棱没角，取它何用？而砖头却用得着呢。”老子又招呼围观的众人问：“大家要石头还是要砖头？”众人都纷纷说要砖而不取石。老子又回过头来问老翁：“是石头寿命长呢，还是砖头寿命长？”老翁说：“当然是石头。”

老子释然而笑说：“石头寿命长人们却不选它，砖头寿命短人们却选它，这就是有用和没用。天地万物莫不如此。寿虽短，于人于天有益，天人皆择之，皆念之，短亦不短；寿虽长，于人于天无用，天人皆弃之，倏忽忘之，长亦是短啊。”老翁闻言大惭。

启示 做人的价值在于你对别人来说是否有用。

下一个

球王贝利在20多年的足球生涯里，参加过1364场比赛，共踢进1282个球，并创造了一人在一场比赛中射进8个球的纪录。他超凡的球技不仅令千万观众心醉，而且常使球场上的对手拍手称绝。他不仅球技高超，而且谈吐不凡。当他个人进球纪录达1000个时，有人问他：“您哪个球踢得最好？”贝利笑了，意味深长地说：“下一个。”他的回答含蓄幽默，耐人寻味，像他的球技一样精彩。

启示 在迈向成功的道路上，人们每当实现了一个近期目标，决不应自满，而应把原来的成功当成新成功的起点，即抱持归零的心态。这样才永远有新的目标，才能攀登新的高峰，才能获得成功者无穷无尽的乐趣。

相信我，就将手放开

有个青年住在山顶，每次傍晚下班他都要走一段崎岖小路才能抵达家中。

有一天，工厂赶工，他必须加班。直到半夜才下班。当他在那段小路走着时，突然狂风大作，乌云密布，四周的灯又突然熄灭。此时，他心情非常紧张，便加快步伐赶路，在仓促间，突然，脚下一滑，掉进了一个大洞。

“救命啊！”在千钧一发之时，他抓住了一根树枝而没有摔到洞底。

那青年往下看，看不到洞底，四周又黑漆漆的，伸手不见五指。他双手一直抓住树枝不放。

他无数次地高喊救命，希望能碰到路人，把他救上来。

突然，他听到上面传来一个声音：“年轻人，你是不是在喊救命？”

“是啊，求您救救我！”

“年轻人，你要我救你，你一定要相信我！”那人说道。

“我相信你！”

“绝对相信？”

“绝对相信！”

“那好，放开你的双手吧！”

那个青年人抓紧树枝，大咒那个想害他的人：“你想害我，鬼才相信你呢！”他抓紧树枝拼命坚持，在他终于坚持不下去时，掉了下去。他心想，这下完了！还没等他叫出口，脚便落在坚实的地上。

天亮时，他看到落地的地方距离那树枝几乎触手可及。他很懊悔：我要是早相信那人，不早就转危为安了？

启示　人在很多时候，总是不能相信那些好心的陌生人，就这样错过了很多让自己成功的机会。

信任是一双希望的手

布鲁姆是小镇上出名的地痞，整日游手好闲，酗酒闹事，人们避之唯恐不及。一天，他醉酒后失手打死了前来讨债的债主，被判刑入狱。

入狱后的布鲁姆幡然悔悟，对以往的言行感到深深的懊悔。一次，他成功地协助监狱制止了越狱阴谋，获得减刑的机会。

布鲁姆从监狱中出来后，回到小镇上重新做人。他先是找地方打工赚钱，结果全被对方拒绝。这些老板全部遭受过布鲁姆的敲诈，谁也不要他这种人。食不果腹的布鲁姆又来到亲朋好友家借钱，遇到的都是一双双不相信的眼光，他那一点儿刚充满希望的信念，开始滑向失望的边缘。这时，镇长听说了，就取出了 100 美元，递给布鲁姆。布鲁姆接钱时没有特别激动，他平静地看了镇长一眼后，消失在通向镇外的小路上。

数年后，布鲁姆从外地归来。他靠 100 美元起家，苦命拼搏，终于成了一个腰缠万贯的富翁，不仅还清了亲朋好友的旧账，还领回来一个漂亮的妻子。他来到了镇长的家，恭恭敬敬地奉上了 100 美元。

事后，费解的人们问镇长，当初为什么相信布鲁姆日后能够还上 100 美元，他可是出了名的借钱不还的地痞。

镇长笑了笑，说："我从他借钱的眼神中看到了他的决心，相信他不会欺骗我，我那样做是让他感受到社会和生活不会遗弃他。"一个即将走向极端的人，被镇长拯救了过来。

启示　信任是伸向失望的一双手，一个小小的动作能改变一个人的一生，把信任撒向世界的每一个角落吧，说不定你的身边会出现一个奇迹。

幸福在身边

有一个人，生前善良且热心助人，他死后上了天堂，做了天使。他当了天使后，仍时常到凡间帮助人，希望感受到幸福的味道。

一日，他遇见一个农夫，农夫的样子非常苦恼，他向天使诉说："我家的水牛刚死了，没它帮忙犁田，叫我怎么种田呢？"于是天使赐他一头健壮的水牛，农夫很高兴，天使在他身上感受到幸福的味道。

又一日，他遇见一个男人，男人非常沮丧，他向天使诉说："我的钱被骗光了，没盘缠回家乡。"于是天使给他银两做路费。男人很高兴，天使在他身上感受到幸福的味道。

又一日，他遇见一个诗人，诗人年轻、英俊、有才华且富有，妻子貌美而温柔，但他却过得不快活。天使问他："你不快乐吗？我能帮你吗？"诗人对天使说："我什么都有，只欠一样东西，你能够给我吗？"天使回答说："可以。你要什么我都可以给你。"诗人直直地望着天使："我要的是幸福。"

这下子把天使难倒了，天使想了想，说："我明白了。"

然后天使把诗人所拥有的都拿走——天使拿走诗人的才华，毁去他的容貌，夺去他的财产和他妻子的健康。天使做完这些事后，便离去了。

一个月后，天使再回到诗人的身边，他那时饿得半死，衣衫褴褛地躺在地上挣扎。于是，天使把他的一切还给他。然后，又离去了。

半个月后，天使再去看望诗人。这次，诗人搂着妻子，不住地向天使道谢，因为，他得到幸福了。

启示

需要的时候得到的满足，就是一种幸福！

你曾觉得孤独？你尝过幸福的味道？

孤寂、璀璨本就是形容词，所有的形容词都是通过比较而得出的。

没尝过孤寂，又怎知何谓璀璨的人生？

孤寂又岂非人生之必经？

人很奇怪，每每要到失去，才懂得珍惜。

其实，幸福早就放就在你的面前：

肚子饿坏的时候，有一碗热腾腾的拉面放在你眼前，是幸福。

累得半死的时候，扑上软软的床，也是幸福。

号啕大哭的时候，旁人温柔地递来一张纸巾，更是幸福。

幸福本没有绝对的定义，平常一些小事也往往能撼动你的心灵，幸福与否，只在乎你的心怎么看待。

淹大水的那一天

这两年一下大雨就淹水，王老板最怕淹水，因为他卖纸，纸重，不能在楼上堆货，只好都放在一楼。

“天哪！还差半尺。天哪！只剩两寸了！”每次下大雨，王老板都不眠不休，盯着门外的积水看。所幸回回有惊无险，水正要淹进门的时候，雨就停了。

一年、两年，都这么度过。这一天，台风来了，除了下雨，还有河水泛滥，门前的积水一下子汇成了小河。转眼水位就漫过了门槛，王老板连沙包都来不及堆，店里价值几十万元的货就被大水淹了。

王太太、店员、甚至王老板才十几岁的儿子都出动了，试着抢救一点儿纸。问题是，纸会吸水，从下往上，一包渗向一包，而且外面的水还不断往店里灌。

大家正不知所措，却见王老板一个人冒着雨出去了。“大概是去找救兵了。”王太太说。但几个小时过去了，雨停了、水退了，才见王老板一个人回来。这时候就算他带几十个救兵回来，又有什么用？店里所有的纸都报销了，又因为沾上泥沙，连免费送去做回收纸浆，纸厂都不要。

王老板收拾完残局，就搬家了，搬到一个老旧公寓的一楼。他依旧做纸张的批发生意，而且一下子进了比以前多两三倍的货。

“他这是没被淹怕，等着关门大吉。”有职员私下议论。果然，台风又来了，又下大雨，河水又泛滥了，而且比上次更严重。好多路上的车子都被淹了，好多地下室都成了游泳池，好些人不得不爬上屋顶。

王老板一家人，站在店门口，左看，街那头淹水了；右看，街角也成了泽国，只有王老板店面的这一段，由于地势的原因，居然一点儿事都没有，连王老板停在门口的新车，都成了全市少数能够启动的车。王老板一下子发了，因为几乎所有的纸行都淹了水，连纸厂都没能幸免，人们急着要用纸，印刷厂急着要补货、出版社急着要出书，大家都抱着现款来求王老板。

“你真会找地方，”有同行问，“平常怎么看，都看不出你这里地势高，你怎会知道？”

“简单嘛，”王老板笑笑，“上次我店里淹水，我眼看没救了，干脆蹚着水、趁雨大，在全城绕了几圈，看看什么地方不淹水。于是，我找到了这里。”

王老板拍拍身边堆积如山的纸，得意地说：“这叫救不了上次，救下次，真正的‘亡羊补牢’呀！”

启示 当损失已经造成的时候，一定不要埋头于悲伤和痛苦之中，你要马上考察、分析，找到改正的方法，避免再次的损失。

一个半朋友

从前有一个仗义的、广交天下豪杰的武夫，临终前对他的儿子说：“别看我自小在江湖闯荡，结交的人如天上的繁星，其实我这一生就交了一个半朋友。”

儿子纳闷不已。他的父亲贴近他的耳朵交代一番，然后对他说：“你按我说的去见我的一个半朋友，朋友的要义你自然会懂得。”

儿子先去了父亲认定的“一个朋友”那里。对他说：“我是某某的儿子，现在正被朝廷追杀，情急之下投身到你这里，希望予以搭救！”这人一听，容不得思索，赶忙叫来自己的儿子，喝令儿子速速将衣服换下，穿在了这个并不相识的“朝廷要犯”身上，而让自己的儿子穿上“朝廷要犯”的衣服。

儿子明白了：在你生死攸关的时候，那个能与你肝胆相照，甚至不惜割舍自己的亲生骨肉来搭救你的人，可以称作你的一个朋友。

儿子又去了他父亲说的“半个朋友”那里，把同样的话说了一遍。这“半个朋友”听了，对眼前这个求救的“朝廷要犯”说：“孩子，这等大事我可救不了你，我这里给你足够的盘缠，你远走高飞快快逃命，我保证不会告发你。”

儿子明白了：在你患难时刻，那个能够明哲保身、不落井下石加害你的人，可称作你的“半个朋友”。

启示

那个父亲的临终告诫，不仅仅让他的儿子，也让我们懂得了一个交友的真理：你可以广交朋友，也不妨对朋友用心善待，但绝不可以苛求朋友给你同样的回报。善待朋友是一件纯粹的事，如果苛求回报，快乐就大打折扣，而且失望也同时隐伏。毕竟你待他人好和他人待你好是两回事，就像给予和被给予是两回事一样。你的善只能削减或者淡化别人的恶，但不要奢望根治。当然，偶尔你也会遇到善待你的人，你该庆幸那是你的福气，但绝不要认定这是一个常理。

一根绳子

这是一篇关于一位一心一意想要登上世界第一高峰的登山者的故事。

在经过多年的准备之后，他开始了他的挑战。但是，由于他希望完全由自己独得全部荣耀，所以他决定独自出发。他开始向上攀爬，但是时间已经开始变得有些晚了，然而，他非但没有停下来准备露营的迹象，反而继续向上攀登，直到四周变得非常黑暗。山上的夜晚显得格外的黑暗，这位登山者什么都看不见，到处都是黑漆漆的一片。

能见度是零，因为，月亮和星星刚好被云层给遮住了。即使如此，这位登山者仍然不断地向上攀爬着。就在离山顶只剩下几米的地方，他滑倒了，并且高速地跌了下去。

他不断下坠，而在这极其恐怖的时刻里，他的一生经历的事情，不论好与坏，也一幕幕地显现在他的脑海中。当他一心一意地想着，此刻死亡是正在如何快速地接近他的时候，突然间，他感到系在腰间的绳子重重地拉住了他。他整个人被吊在半空中，而那根绳子是唯一拉住他的东西。

在这种上不着天，下不着地，求助无门的境况中，他一点办法也没有，只好大声呼叫："上帝啊！救救我！"突然间，从天上有个低沉的声音回答他说："你要我做什么？""上帝！救救我！"

"你真的相信我可以救你吗？"

"我当然相信！"

"那就把系在你腰间的绳子割断。"

在短暂的寂静之后，登山者决定继续全力抓住那根救命的绳子。后来据搜救队告诉我们，他们在第二天发现了一个冻得僵硬的登山者的遗体就挂在一根绳子上。

登山者距离地面仅仅3米。

启示

如果发现自己只能陷在困境中而别无他法时，面对别人善意的建议一定要采用。

爱的润滑油

从前有一位老人，无论走到什么地方，身边总带着一小罐油。

如果他走过一扇门，发现门上发出碾轧般的响声，他就倒一点油在铰链上。如果他遇到一扇难开的门，他就涂一点油在门上。他常常这样做，使他以后的人得到便利。人们称他为怪人，但这位老人依旧做他的润滑工作，罐子里的油用完了再装，装完了再用。

有许多人，每天的生活很不和谐，发出粗糙的碾轧声，他们需要欢乐和温润的“润滑油”。你身上有没有带着“油”呢？从早到晚分给别人，从你最近的人分起。也许你早晨分给他的油，够他一日的润滑之用。把欢乐的“油”分给沮丧的人，对绝望者说一句鼓励的话，这是何等有意义的事。

启示

在人生的道路上，有许多人，我们也许一生只会遇到一次，以后永远不会再相逢了。若干因不和谐而变得僵硬的生命，可以用爱的润滑油使之柔软。

石头汤

在一个暴风雨的日子，有一个乞丐到富人家讨饭。“滚开！”仆人说，“不要来打搅我们。”乞丐说：“只要让我进去，在你们的火炉上烤干衣服就行了。”仆人以为这不需要花费什么，就让他进去了。这个可怜人，这时请求厨娘给他一个小锅，以便他“煮石头汤喝”。“石头汤？”厨娘说，“我想看看你怎样用石头做成汤。”于是她就答应了。乞丐于是到路上捡了块石头洗净后放在锅里煮。“可是，你总得放点盐吧。”厨娘说。她给了他一些盐，后来又给了豌豆、薄荷、香菜。最后，又把能收拾到的碎肉末都放在汤里。当然，你也许能猜到，这个可怜人后来把石头捞出来扔回路上，美美地喝了一锅肉汤。

启示

如果这个乞丐对仆人说：“行行好吧！请给我一锅肉汤。”会有什么结果呢？因此换个思路，坚持下去，方法正确，你就能成功。

用上所有的力量

一个星期六的上午，一个小男孩在他的玩具沙箱里玩耍。沙箱里有他的一些玩具小汽车、塑料水桶和一把亮闪闪的塑料铲子。在松软的沙堆上修筑公路和隧道时，他在沙箱的中部发现一块巨大的岩石。

小家伙开始挖掘岩石周围的沙子，企图把它从泥沙中弄出去。他是个很小的小男孩，而岩石却相当巨大。手脚并用，似乎没有费太大的力气，岩石便被他边推带滚地弄到了沙箱的边缘。不过，这时他才发现，他无法把岩石向上滚动、翻过沙箱边墙。

小男孩下定决心，手推、肩挤、左摇右晃，一次又一次地向岩石发起“进攻”，可是，每当他刚刚觉得取得了一些进展的时候，岩石便滑脱了，重新掉进沙箱。

小男孩急得哼哼直叫，拼出吃奶的力气猛推猛挤。但是，他得到的唯一回报便是岩石再次滚落回来，并砸伤了他的手指。

最后，他伤心地哭了起来。这整个过程，小男孩的父亲从起居室的窗户里看得一清二楚。当泪珠滚过孩子的脸庞时，父亲来到了小男孩身边。

父亲的话温和而坚定：“儿子，你为什么不用上所有的力量呢？”垂头丧气的小男孩抽泣道：“但是我已经用尽全力了，爸爸，我已经尽力了！我用尽了我所有的力量！”

“不对，儿子，”父亲亲切地纠正道，“你并没有用尽你所有的力量。你没有请求我的帮助。”

父亲弯下腰，抱起岩石，将它搬出了沙箱。

启示　人互有短长，你解决不了的问题，对你的朋友或别人而言或许就是轻而易举的。记住，他们也是你的资源和力量。

自己建造的房子

有个老木匠准备退休，他告诉老板，说要离开建筑行业，回家与妻子儿女享受天伦之乐。

老板舍不得他的好工人走，问他是否能帮忙再建一座房子，老木匠心不甘情不愿地答应了。大家都看得出来，他的心已不在工作上：他用的是好料，出的是粗活。房子建好的时候，老板把大门的钥匙递给他。

“这是你的房子，”老板说，“它是我送给你的礼物。”

他震惊得目瞪口呆，羞愧得无地自容。如果他早知道是在给自己建房子，他怎么会这样做呢？现在他要住在一幢粗制滥造的房子里！

启示

老木匠消极应付工作的行为反而自食其果，我们又何尝不是这样？我们漫不经心地“建造”自己的生活，不是积极行动，而是消极应付，凡事不肯精益求精，在关键时刻不肯尽最大努力。等我们惊觉自己的处境，早已深困在自己建造的“房子”里了。把自己当成那个木匠吧，想想你正在建造的“房子”，每天你敲进去一颗钉，加上去一块板，或者竖起一面墙，用你的智慧好好建造吧！你的生活是你一生唯一的创造，不能抹平重建，即使只有一天可活，那一天也要活得优美、高贵，墙壁上要写上：“生活是自己创造的。”

只贷1美元的犹太富豪

美国，华尔街，某大银行。

一位提着高级公文包的犹太老人，来到贷款部前，大模大样地坐了下来。

“请问先生，您有什么事情需要我们效劳吗？”贷款部经理一边小心地询问，一边打量着来人的穿着：名贵的西服，高档的皮鞋，昂贵的手表，还有镶着宝石的领带夹子。“我想借点钱。”

“完全可以，您想借多少呢？”

“1美元。”

“只借1美元？”贷款部的经理惊讶了。

“我只需要1美元。可以吗？”

“当然，只要有担保，借多少我们都可以照办。”

“好吧。”犹太人从公文包里取出一大堆股票、国债、债券等放在桌上：“这些做担保可以吗？”

贷款部经理清点了一下：“先生，总共50万美元，做担保足够了，不过先生，您真的只借1美元吗？”

“是的。”犹太老人面无表情地说。

“好吧，到那边办手续吧，年息为6%，只要您付6%的利息，一年后归还，我们就把这些作保的股票和证券还给您。”

“谢谢。”犹太富豪办完手续，准备离去。

一直在一边冷眼旁观的银行行长怎么也弄不明白，一个拥有50万美元的富豪，怎么会跑到银行来借1美元呢？

他追了上去："对不起，先生，可以问您一个问题吗？"

"你想问什么？"

"我是这家银行的行长，我实在弄不懂，您拥有 50 万美元的家当，为什么只借 1 美元呢？要是您想借 40 万美元的话，我们也会很乐意为您服务的。"

"好吧，既然你如此热情，我不妨把实情告诉你。我到这里来，是想办一件事情，可是随身携带的这些票据很碍事，我问过几家金库，要租他们的保险箱，租金都很昂贵，我知道银行的安保措施很好，所以嘛，就将这些东西以担保的形式寄存在贵行了，由你们替我保管，我还有什么不放心呢！况且利息很便宜，存一年才不过 6 美分。"

启示　任何一件事情，我们都不应该从表面现象去分析，而应该了解别人的真正的目的。

活着的感觉

一位得知自己不久于人世的老先生，在日记簿上记下了这些文字：

"如果我可以再从头活一次，我要尝试更多的错误，我不会再事事追求完美。"

"我情愿多休息，随遇而安，处事糊涂一点，不对将要发生的事处心积虑地算计。其实人世间有什么事情需要斤斤计较呢？"

"可以的话，我会去多旅行，跋山涉水，危险的地方也不怕。以前我不敢吃冰激凌，不敢吃豆，是怕健康有问题，此刻我是多么的后悔。过去的日子，我实在活得太小心，每一分、每一秒都不容有失。太过清醒明白，太过清晰合理。"

"如果一切可以重新开始，我会什么也不准备就上街，甚至连纸巾也不带一张，我会放纵地享受每一分、每一秒。如果可以重来，我会赤足走在户外，甚至整夜不眠，用整个身体好好地感受世界的美丽与和谐。还有，我会去游乐园多玩几圈木马，多看几次日出，和公园里的小朋友玩耍。"

"只要人生可以从头开始，但我知道，不可能了。"

启示　人生真的不可以再来一次，以有限追求无限，请珍惜活着的感觉！

幸运的小树桩

湖畔有两棵树，一棵粗如熊腰，一棵细若手臂。给湖底清理淤泥时，它们被锯掉了。工人离去后，岸上就多了两根树桩。

一天，来了一个花木工人，要挖掉它们重新植树。这时，一个散步的老人走过来，说："大的不敢保证，小的一定会活。"花木工人看了看树桩，没有动，收起工具走了。

一年过去了，小树桩上的嫩芽长成了手指粗的枝条，大树桩上的嫩芽长成了一丛灌木。花木工人很希望大树桩上的嫩芽也长出粗壮的枝条来。于是他砍去多余的枝条，留下最有希望的一枝。可是，一点都没用。3年后，这根拱过多次芽的大树桩在最后一根枝条枯萎后，悄无声息地死了。

后来，散步的老人又来到这里，花木工人再次遇见了他，很想解开心中的疑惑。老人说，树和人一样，凡是早年受挫的人都是幸运的，他们还有从头做起的时间，可以鼓起勇气，不忧不惧地学一门手艺，最后成为有用之才。而到了四五十岁才知灾祸临头的人，就真正可怜了，他就没有从头做起的时间和精力了。

启示 年轻时别畏惧挫折，因为还有时间重新再来。如果畏首畏尾，怕犯错误，什么都不敢做，到老的时候再遭挫折可能就没有机会翻身了。

一位英国主教的遗言

"当我年幼时，充满无限的幻想，我梦想着改变世界。"

"当我长大一点后，发现世界不会改变，我决定放短我的目光，去改变我的国家。但是，国家好像也不可能被我改变。"

"到了暮年，我决定做最后的尝试，只要改变我的家人——那些与我最亲近的人。然而，他们也不曾改变。现在，我的生命快要结束了，我突然醒悟到：如果首先我改变了自己，然后以身作则，我就可能改变我的家庭。而受到他们的鼓励，我可以使我们的国家变得更好一些；说不定，我还改变了整个世界。"

启示 只有首先改变自己，才能影响别人，使别人跟着改变。

钓鱼的故事

两个钓鱼高手一起到鱼池垂钓。这两人各凭本事，一展身手，过了不一会儿，皆大有收获。

忽然间，鱼池附近来了10多名游客。看到这两位高手轻轻松松就把鱼钓上来，不免感到几分羡慕，于是都在附近买了钓竿来试试自己的运气如何。没想到，这些不擅此道的游客，怎么钓也是毫无成果。

那两位钓鱼高手，个性迥然不同。其中一人性情孤僻，不爱搭理别人，单享独钓之乐；而另一位高手，却是个热心、豪放、爱交朋友的人。

爱交朋友的这位高手，看到游客钓不到鱼，就说："这样吧！我来教你们钓鱼，如果你们学会了我传授的诀窍，而钓到一大堆鱼时。每10尾就分给我1尾。不满10尾就不必给我。"双方一拍即合，欣然表示同意。

教完这一群人，他又到另一群人中，同样也传授钓鱼术，依然要求每钓10尾回馈给他1尾。一天下来，这位热心助人的钓鱼高手，把所有时间都用于指导垂钓者，竟获得了满满一大篓鱼，还认识了一大群新朋友，被左一声"老师"，右一声"老师"的声音环绕着，备受尊敬。

而同来的另一位钓鱼高手，却没享受到这种服务人们的乐趣。当大家围绕着他的同伴学钓鱼时，那人更显得孤单落寞。闷钓了一整天，看看竹篓里的鱼，远没有同伴的多。

启示

当你帮助别人获得成功之后，自然在助人为乐之余而得到回馈。这么美好的事情，有谁不愿意干呢？

被上帝照顾的老人

有一个老人以低价买下一块无人问津且长满野草的荒地。

老人每天早上6点就开始工作：除草、松土、播种、浇水、施肥、捕虫，每天都忙到太阳下山后才收工回家，真正是日出而作，日落而息。在老人辛辛苦苦地工作了半年后，这片原本没人要的荒地已经长满了鲜艳夺目的花树了。

这片艳丽的花园吸引了无数人，大家都赞不绝口。有一个人忍不住上前对老人说："老伯，您的花园真美，我非常羡慕，看来上帝真的很照顾您啊！"老人笑笑，回答说："先生，也许上帝真的很照顾我，但你是否知道我每天早上6点就开始努力地工作，直到傍晚才收工吗？"

启示

见别人站在领奖台上，亲述成功的心路，不要只是羡慕，应该体悟到别人在成功的背后所付出的努力。成功都是由许多辛酸和汗水所结成的果实。

面具与人心

从前，有一个制造面具谋生的青年。

有一天，他的一位远方朋友来访，见面就问他："你近来脸色不大好。到底是什么事使你生气呢？"

"没有呀！"

"真的吗？"他的朋友好像不大相信，也就回去了。

半年后，那位朋友再度来访，见面就说："你今天的脸色特别好，和从前完全不同，有什么事情使你这么高兴啊？"

"没有呀！"他还是这么回答。

"不可能的，一定有原因。"他的朋友道。

在他们交谈后，这名青年才想起，原来半年前，他正忙着做魔鬼强盗等凶残人物的假面具，做的时候自己总是在想咬牙切齿、怒目相视的面相，因此自然也表露在脸上了，使自己看起来很可怕。而最近，他正在制造善眉慈目的假面具，心里所想的，都是可爱的笑容，脸上也自然柔和了。

启示

"相由心生""心有所思，面有所示"。一个人心里想什么，有什么意图，将很自然地呈现在脸上，绝对无法掩饰。因此，当我们面对顾客时，必须以"诚意与爱心"相对，而那种诚意将会让对方感受到，进而更加接近我们、接受我们。在销售中绝不要"口是心非"，否则无论你多么努力表演，顾客也会感受到你的"心意"的！

颇翁摔瓮令车队通行

古时候，山道狭窄，商旅车队经常相遇。一天，商人刘颇带着他的货车车队行走在一条崎岖山路上。只见前面一辆满载瓦瓮的驮车打滑不前，堵住了后面几十辆货车的去路。如果自己不能在半个时辰之内赶到镇上，一大笔生意就没了。于是，刘颇问瓦瓮的主人："这车瓦瓮值多少钱？"那人说："8000钞"。于是，刘颇就叫人把钱如数付给他，然后，和大家一起把瓦瓮车推下山崖，使后面的货车顺利通行。

启示

有很多问题如果只在微观局部上纠缠是无法解决的，必要时，我们一定要从宏观大局出发，舍弃眼前利益。

水上漂的故事

某博士是研究所里学历最高的。

有一天，他到单位后面的小池塘去钓鱼，刚巧正、副所长在他的左右两侧，也在钓鱼。他只是微微点了点头——跟这两个本科生，没啥好聊的。

一会儿，正所长放下钓竿，伸伸懒腰，竟从水面上如飞地走到对面上厕所。

博士眼睛惊得都快掉下来了。水上漂？不会吧？这可是一个池塘啊。正所长上完厕所回来的时候，同样也是从水上走回来的。怎么回事？博士生又不好去问，自己是博士生呢！过了一阵，副所长也站起来，走过水面上厕所去了。这下博士更是差点昏倒：不会吧，难道到了一个江湖高手云集的地方了？

过了不久，博士生也想上厕所了。这个池塘两边有围墙，要到对面上厕所非得绕 10 分钟的路，而回单位上又太远，怎么办？博士生也不愿意去问两位所长，憋了半天后，也起身往水里跨：我就不信本科生能过的水面，我博士生不能过。

扑通一声，博士生栽到了水里。

两位所长将他拉了出来，问他为什么要下水，他问：“为什么你们可以走过去呢？”两位所长相视一笑：“这池塘里有两排木桩子，由于这两天下雨池塘涨水了，木桩正好在水面下被掩盖住了。我们都知道这木桩的位置，所以可以踩着桩子过去。你怎么不问一声呢？”

没有人能“水上漂”，这是博士生具备的经验常识。踩着木桩“水上漂”，两位所长已经历多次，这是两位所长积累的经验。博士自恃学历高，既违背了自己的常识，又没有学习踩着木桩“水上漂”的经验，所以栽了跟头。

启示 尊重有经验的人，才能少走弯路。学历代表过去，人生还有很多没有经历过的经验与常识，只有不断学习，才能加快把握这些经验与常识的速度。学习力代表将来。一个好的团队，也应该是学习型的团队。

明智的艺术

有一次，一只鼬鼠向狮子挑战，要同它一决雌雄。狮子果断地拒绝了。“怎么，”鼬鼠说，“你害怕吗？”

“非常害怕。”狮子说，“如果答应你，你就可以得到曾与狮子比武的殊荣。而我呢，以后所有的动物都会耻笑我竟和鼬鼠打架。”

对于低层次的交往和较量，大人物是不屑一顾的。你如果与一个不是同一重量级的人争执不休，就会浪费自己的很多资源，降低人们对你的期望，并无意中提升了对方的层面。

启示

一个人对琐事的兴趣越大，对大事的兴趣就越小；而非做不可的事越少，人们就越少遇到真正的问题，就越关心琐事。这就如同下棋一样，和不如自己的人下棋会很轻松，你也很容易获胜，但永远长不了棋艺，而且这样的棋下多了，棋艺会越来越差，所以好棋手宁可少下棋，也尽量不和不如自己的人较量。威廉·詹姆斯说过："明智的艺术就是清醒地知道该忽略什么的艺术。"不要被不重要的人或事过多打扰，因为"成功的秘诀就是抓住目标不放"。

3个旅行者

3个旅行者同时住进一家旅店。早上出门时，一个旅行者带了一把伞，另一个旅行者拿了一根拐杖，第三个旅行者则两手空空。晚上归来时，拿雨伞的人淋湿了衣服，拿拐杖的人跌得身上不少泥，而空手者却什么事都没有。前两人都很奇怪，问第三人这是为什么。第三个旅行者没有回答，而是问拿伞的人："你为什么淋湿而没有摔跤呢？""下雨的时候，我很高兴有先见之明，撑开伞大胆地在雨中走，衣服还是湿了不少。泥泞难行的地方，因为没有拐杖，走起来小心翼翼，就没有摔跤。"再问拿拐杖者，他说："下雨时，没有伞我就拣能躲雨的地方走或停下来休息。泥泞难行的地方我便用拐杖拄着走，却反而跌了跤。"空手的旅行者哈哈大笑，说："下雨时我拣能躲雨的地方走，路不好时我细心走，所以我没有淋着也没有摔着，你们有可凭借的优势，就不够小心，以为有优势就没问题，所以反而有伞的淋湿了，有拐杖的摔了跤。"

启示

很多时候，我们不是跌倒在自己的缺陷上，而是在自以为有优势的地方出了差错。因为缺陷常给我们以提醒，而优势则让人忘乎所以。

困境即是赐予

有一天，素有森林之王之称的狮子来到天神面前："我很感谢您赐给我如此雄壮威武的体格、如此强大无比的力气，让我有足够的能力统治这整片森林。"

天神听了，微笑地问："但是这不是你今天来找我的目的吧，看起来你似乎为了某事而困扰呢！”

狮子轻轻吼了一声，说：“天神真是了解我啊！我今天来的确是有事相求。每天早晨，我总是会被鸡鸣声给吓醒。神啊！祈求您再赐给我一个力量，让我不再被鸡鸣声吓醒吧！”

天神笑道：“你去找大象吧，它会给你一个满意的答复的。”

狮子兴冲冲地跑到湖边找大象，还没见到大象，就听到大象跺脚所发出的砰砰声。

狮子加速跑向大象，却看到大象正气呼呼地直跺脚。

狮子问大象：“你为什么发这么大的脾气？”

大象拼命摇晃着大耳朵，吼着：“有只讨厌的小蚊子，总想钻进我的耳朵里，害得我都快痒死了。”

狮子离开了大象，心里暗自想着：“原来体型这么巨大的大象，还会怕那么瘦小的蚊子，那我还有什么好抱怨呢？毕竟鸡鸣也不过一天一次，而蚊子却是无时无刻地骚扰着大象。这样想来，我可比它幸运多了。”

狮子一边走，一边回头看着仍在跺脚的大象，心想：“天神要我来看看大象的情况，应该就是想告诉我，谁都会遇上麻烦事，而它没法帮助所有人。既然如此，那我只好靠自己了！反正以后只要鸡鸣时，我就当作鸡是在提醒我该起床了，如此一想，鸡鸣声对我还算是有益处呢！”

启示

一个障碍，就是一个新的已知条件，只要愿意，任何一个障碍都会成为一个超越自我的契机。在人生的路上，无论我们走得多么顺利，但只要稍微遇上一些不顺的事，就会习惯性地抱怨老天亏待我们，进而祈求老天赐给我们更多的力量，帮助我们渡过难关。但实际上，老天是最公平的，就像它对狮子和大象一样，每个困境都有其存在的正面价值。

居安思危

一只野狼卧在草上勤奋地磨牙，狐狸看到了，就对它说：“天气这么好，大家都在休息娱乐，你也加入我们队伍中吧！”野狼没有说话，而是继续磨牙，把它的牙齿磨得又尖又利。狐狸奇怪地问道：“森林这么静，猎人和猎狗已经回家了，老虎也不在近处徘徊，没有任何危险，你何必那么用力地磨牙呢？”野狼停下来回答说：“我磨牙并不是为了娱乐，你想想，如果有一天我被猎人或老虎追逐，到那时，我想磨牙也来不及了。而平时我就把牙磨好，到那时就可以保护自己了。”

启示 洪水未到先筑堤，豺狼未来先磨刀。做事应该未雨绸缪，居安思危，这样在危险突然降临时，才不至于手忙脚乱。“书到用时方恨少”，平常若不充实学问，临时抱佛脚是来不及的。也有人抱怨没有机会，然而当升迁机会来临时，再叹自己平时没有积攒足够的学识与能力，以致不能胜任，也只好后悔莫及。

勇于冒险

有一天，龙虾与寄居蟹在深海中相遇，寄居蟹看见龙虾正把自己的硬壳脱掉，只露出娇嫩的身躯。寄居蟹非常紧张地说：“龙虾，你怎么可以把唯一保护自己身躯的硬壳也放弃呢？难道你不怕有大鱼一口把你吃掉吗？以你现在的情况来看，连急流也会把你冲到岩石去，到时你不死才怪呢！”

龙虾气定神闲地回答：“谢谢你的关心，但是你不了解，我们龙虾每次成长，都必须先脱掉旧壳，才能生长出更坚固的外壳，现在面对的危险，只是为了将来发展得更好而做出准备。”

寄居蟹细心思量一下，自己整天只找可以避居的地方，而没有想过如何令自己成长得更强壮，难怪发展得不好。

启示 对于那些害怕危险的人，危险无处不在。每个人都有一定的安全区，你想超越自己目前的成就，就请不要画地自限。勇于接受挑战，充实自我，你一定会发展得比想象中更好。

选择

有 3 个人要被关进监狱 3 年，监狱长给他们每人提一个要求的机会。

美国人爱抽雪茄，要了 3 箱雪茄。

法国人最浪漫，要一个美丽的女子相伴。

而犹太人说，他要一部能与外界沟通的电话。

3 年过后，第一个冲出来的是美国人。他嘴里、鼻孔里塞满了雪茄，大喊道：“给我火，给我火！”原来他忘了要火了。

接着出来的是法国人。只见他手里抱着一个小孩子，美丽女子手里牵着一个小孩子，肚子里还怀着第 3 个。

最后出来的是犹太人，他紧紧握住监狱长的手说：“这 3 年来我每天与外界联系，生意不但没有停顿，反而增长了200%。为了表示感谢，我要送你一辆劳斯莱斯！”

启示　这个故事告诉我们，什么样的选择决定什么样的生活。今天的生活是由我们的选择决定的，而今天我们的选择将决定我们今后的生活。我们要选择接触最新的信息，了解最新的趋势，从而更好地创造自己的将来。

生命中的5个球

在一所大学的开幕典礼上，可口可乐公司首席执行官布莱恩·戴森讲到生活与工作的关系：想象生命是一场不停丢掷5个球于空中的游戏。这5个球分别为工作、家庭、健康、朋友和心灵。你很努力地掷着这5个球，不让它们落地。很快地，你会了解到工作是一个橡皮球。如果你不幸失手让它掉落，它还是会弹回来。但是家庭、健康、朋友和心灵这4个球是用玻璃做成的。一旦你失手，它们可能会少了一角，留下无法挽回的伤痕，甚至完全破碎。它们将永远不会跟以前一样。你必须了解这个道理，并且致力为平衡你的生命而努力。但要怎样才做得到呢？那就是别拿自己和他人比较，这只会降低你原有的价值，因为我们都是独一无二的，因为我们每个人都很特别。别人认为重要的事不是你该追求的目标，只有你才知道什么最适合你。不要将贴近你的心的人、事、物视为理所当然。你必须将其视为你的生命一般，好好抓牢。没有这些，生命将失去意义。别让你的生命总在依恋过去或寄望未来中逝去。如果你活在每个当下，你就活出了生命中的每一天。当你还能给予的时候别轻言放弃，只要你不放弃，就有无限延伸的可能。别害怕承认你并非完美，正因如此，我们才得以借由这脆弱的细丝紧密地绑在一起。别害怕遇到危险，正因如此，我们才得以借由这些机会学习勇敢。别拿爱太难当借口而紧闭你的心门，最迅速找到爱的方法就是散播你的爱；最快速失去爱的方法就是紧紧地守着你的爱不放；维持爱的最好方式就是给它一双翅膀。莫要匆忙地过着你的一生，匆忙让你忘了曾经到过哪里，也让你忘了你要去哪里。别忘记，情感上最大的需要是感恩。莫害怕学习，知识没有重量，它是可以随意携带的宝贝。别漫不经心地蹉跎光阴或口无遮拦。时间与言词两者都是一放便收不回来的。生命不是一场赛跑，而是一步一个脚印的旅程。昨天已是历史，明天尚是未知，而今天则是一个上天的礼物：那就是我们为什么称它为“现在”的原因。

启示　如果你活在每个当下，你就活出了生命中的每一天。

信任

公元前4世纪，在意大利，有一个名叫皮斯阿司的年轻人触犯了暴君，被判绞刑，将在一个法定的日子被无辜处死。皮斯阿司是个孝子，在临死之前，他希望能与远在百里之外的母亲见最后一面，以表达他对母亲的歉意，因为他不能为母亲养老送终了。他的这一要求被告知了国王。国王感其诚孝，决定让皮斯阿司回家与母亲相见，但条件是皮斯阿司必须找到一个人来替他坐牢，否则他的这一愿望只能是镜中花水中月。这是一个看似简单，其实近乎不可能实现的条件。恐怕没人肯冒着被杀头的危险替别人坐牢。但茫茫人海，就有人不怕死，而且真的愿意替别人坐牢，他就是皮斯阿司的朋友达蒙。

达蒙进了牢房以后，皮斯阿司回家与母亲诀别。人们都静静地看着事态的发展。日子如水，皮斯阿司一去不回头。眼看刑期在即，皮斯阿司却没有回来的迹象。人们一时间议论纷纷，都说达蒙上了皮斯阿司的当。行刑日是个雨天，当达蒙被押赴刑场之时，围观的人都在笑他的愚蠢，那真叫愚不可及，幸灾乐祸的人大有人在。但刑车上的达蒙，不但面无惧色，反而有一种慷慨赴死的豪情。追魂炮被点燃了，绞索也已经挂在达蒙的脖子上。有胆小的人吓得闭紧了双眼，他们在内心深处为达蒙深深地惋惜，并痛恨那个出卖朋友的小人皮斯阿司。但就在这千钧一发之际，皮斯阿司飞奔而来，他高喊着："我回来了！我回来了！"

这真正是人世间最感人的一幕。大多数的人都以为自己在梦中，但事实不容怀疑。这个消息宛如长了翅膀，很快便传到了国王的耳中。国王闻听此言，也以为这是痴人说梦。国王亲自赶到刑场，他要亲眼看一看自己优秀的子民。最终，国王万分喜悦地为皮斯阿司松了绑，并赦免了他。

启示 有关朋友的解释只需两个字，那就是：信任。

买啤酒的少年

早年，喜马拉雅山南麓很少有外国人涉足。一天，几位日本摄影师请当地一位少年帮忙买啤酒，这位少年跑了3个多小时才把啤酒买到。第二天，那个少年又自告奋勇地再替他们买啤酒。这次摄影师们给了他很多钱，但直到第三天下午那个少年还没回来。于是，摄影师们议论纷纷，都认为那个少年把钱骗走了。没想到，第三天夜里，那个少年却敲开了摄影师的门。

原来，他一开始只买到4瓶啤酒，然后，又翻了一座山，蹚过一条河才买到另外6瓶，回来的时候摔坏了3瓶。他哭着拿着碎玻璃片，向摄影师交回零钱，在场的人无不动容。

启示　诚信是一个人优秀的品质，诚信能够感动人。

被人相信是一种幸福

一艘货轮在烟波浩渺的大西洋上行驶。一个在船尾搞勤杂的黑人小孩不慎掉进了波涛滚滚的大西洋。孩子大喊救命，无奈风大浪急，船上的人谁也没有听见，他眼睁睁地看着货轮托着浪花越来越远。

求生的本能使孩子在冰冷的水里拼命地游，他用全身的力气挥动着瘦小的双臂，努力使头伸出水面，睁大眼睛盯着轮船远去的方向。船越来越远，到后来，什么都看不见了，只剩下一望无际的汪洋。孩子力气也快用完了，实在游不动了，他觉得自己要沉下去了。“放弃吧！”他对自己说。这时候，他想起了老船长那张慈祥的脸和友善的眼神。“不，船长知道我掉进海里后，一定会来救我的！”想到这里，孩子鼓足勇气用生命的最后力量朝前游去。

船长终于发现那黑人孩子失踪了，当他断定孩子是掉进海里后，下令返航，回去找。这时，有人规劝：“这么长时间了，就是没有被淹死，也让鲨鱼吃了。”船长犹豫了一下，还是决定回去找。又有人说：“为了一个小勤杂工，值得吗？”船长大喝一声：“住嘴！”

终于，在那孩子就要沉下去的最后一刻，船长赶到了，救起了孩子。当孩子苏醒过来之后，跪在地上感谢船长的救命之恩时，船长扶起孩子问：“孩子，你怎么能坚持这么长时间？”孩子回答：“我知道您会来救我的，一定会的！”“你怎么知道我一定会来呢？”“因为我知道您是那样的人！”听到这里，白发苍苍的船长扑通一声跪在黑人孩子面前，泪流满面：“孩子，不是我救了你，而是你救了我啊！我为我在那一刻的犹豫而感到耻辱。”

启示　一个人能被他人相信也是一种幸福。他人在绝望时想起你，相信你会伸出援手，更是一种幸福。

诚信的故事

一个顾客走进一家汽车维修店，自称是某运输公司的汽车司机。“在我的账单上多写点零件，我回公司报销后，有你一份好处。”他对店主说。但店主拒绝了这样的要求。顾客纠缠说："我的生意不算小，会常来的，你肯定能赚很多钱！"店主告诉他，这事无论如何也不会做。顾客气急败坏地嚷道："谁都会这么干的，我看你是太傻了。"店主生气了，他要那个顾客马上离开，到别处谈这种生意去。这时顾客露出微笑并满怀敬佩地握住店主的手："我就是那家运输公司的老板，我一直在寻找一个信得过的维修店，你还让我到哪里去谈这笔生意呢？"

启示　面对诱惑，不为其所惑，虽平淡如行云，质朴如流水，却让人领略到一种山高海深。这是一种闪光的品格——诚信。

上帝给你打几分

3个商人死后见上帝时，讨论他们在世时的功绩。

一个商人说："尽管我经营的生意濒于倒闭，但我和我的家人并不在意，我们生活得非常快乐。"上帝听罢，给他打了50分。

第二个商人说："我很少有时间和家人待在起，我只关心我的生意。你看，我死之前，是一个亿万富翁！"上帝听罢默不作声，也给他打了50分。

这时，第三个商人开口了："我在世时，虽然每天忙着赚钱，但我同时也尽力照顾我的家人，朋友们和我很谈得来，我们经常在钓鱼或打高尔夫球时，就谈成了一笔生意。活着的时候，人生多么有意思啊！"上帝听他讲完，立刻给他打了满分。

启示　人生是一个综合的过程，我们只有协调好生活的各个方面，顾及生活的每一个角落，拥有平衡的生活，才称得上拥有成功的人生。

没问题和有问题

有一个企业家坐在餐厅的角落里，独自一个人喝着闷酒。一位热心人走上前去，问道："您一定有什么难题，不妨说出来，让我给您帮帮忙吧！"

企业家看了他一眼，冷冷地说："我的问题太多了，没有人能帮我的忙。"这位热心人立刻掏出名片，要企业家明天到他的办公室去一趟。

第二天，企业家依约前往，热心人说："走，我带你去一个地方。"企业家不知道他葫芦里卖的是什么药。热心人用车子把企业家带到荒郊野地，二人下了车，热心人指着前面的坟场对企业家说："你看看吧，只有躺在这里的人才统统是没有问题的。"

企业家恍然大悟。

启示 请记住这样一句话：只要有问题，就有存活的希望。只要敢于正视问题、解决问题，就可以前进。

生命是有张力的

有一个人，每天跑10000米，别人曾问他一个不是问题的“问题”：“累不累？”他说：“跑累，不跑更累。”“跑累”，很简单，是体力上的累。“不跑更累”，则并非能轻易体会，因为这是“心累”。

一个人中断应该进行的事，放弃一种准则，会浑身不自在。由于自身的回避而导致“累从心生”，纠缠不休。

有一位无氧登山运动员，在一次攀登珠峰的活动中，在6400米的高度，渐感体力不支，停了下来，与队友打个招呼，便下山了。有人为他惋惜：“再攀高些，就可以跨过6500米的死亡线啦。”他回答说：“不，我很清楚，6400米的海拔是我登山生涯的最高点，我一点也不感到遗憾。”

启示 在现实生活中，我们往往不怕拔高自己，就怕自己的高度超越不了别人。生活中不乏“破釜沉舟”者。他们不遗余力地朝上爬，全然不顾脚下基石有多厚，是否承受得起欲望的高度，把一双原本应有支撑的脚架空，把幻想拧成绳索，却不知周围已是险象环生。生命有张力、有弹性，但弹性是有范围的，超过极限可能就会物极必反。

上帝的工具袋

上帝在创造人类世界的时候，遗失了一个工具袋。他担心这个神物会被人类滥用，立刻派遣了数十位天使到人间寻找。

10个月后，天使回报说：“工具袋目前落在一名建筑工人的手上，他从工具袋里取出各种建筑用的工具，建造了许多既美丽又坚固的房屋。照目前的进度看来，尚有一些未完工，是否要将工具袋收回呢？”

上帝回答：“是吗？没想到人类竟然懂得利用工具来建造房屋！这样吧，工具袋暂时不必收回，你们继续观察接下来的变化，随时向我报告。”

接着，工具袋转为裁缝师所用，在裁缝师的巧思之下，原来的建筑工具不见了，取出的尽是制衣的工具，在极短的时间内，就可缝制出各式各样华美的服饰。再来，工具袋被厨师所得，厨师利用工具袋中一件件特殊的厨具，烹煮出一道道精美的佳肴，填饱了世人的肚子。之后，工具袋帮助了各自在不同领域从事修理工作的工人，将世上一切的残缺破损修补完好。

就这样，工具袋在人间被各行各业的能工巧匠轮流使用着，渐渐让世界变得比上帝创建之初还要完美。

上帝见到人类的智力日益进步，心里有说不出的喜悦，正打算将工具袋赠给世人当礼物时，工具袋竟引发了一场争战。

最后，工具袋被一个居心不良的人抢到手，他兴奋地伸手入袋："听说这上帝的工具袋里，什么东西都有，不知道是真的还是假的？"

他把工具袋翻了个底朝天，却根本找不出任何的工具，气得大骂："什么嘛！这哪里是上帝的工具袋，装垃圾的垃圾袋还差不多！"

话刚讲完，天上传来上帝的训斥："哼！像你这种脑袋空空，一心只想找工具，却不晓得什么样的工作要搭配什么样的工具的人，当然无物可取。快走吧，别弄脏了我的工具袋！"

神奇的工具袋终于还是被上帝收回了，但人类却也因此学到了宝贵的经验——工作时，选一件适用的工具，要比准备满满一袋没有用的工具，更容易做好。

启示

工欲善其事，必先利其器。但如果仅是忙于寻找利器，却"无工可施"，或是准备的利器根本不合用，终究还是一无所获。

兔子和乌鸦

一只乌鸦坐在树上，整天无所事事。兔子看见乌鸦，问："我能像你一样整天坐在那里，什么事也不干吗？"乌鸦答道："当然啦，为什么不呢？"于是，兔子便坐在树下，开始休息。突然，一只狐狸出现了。狐狸跳向兔子，把它吃掉了。

启示

要想坐在那里什么也不干，你必须坐（做）得非常非常高（好）。

火鸡和公牛

一只火鸡和一头公牛在聊天。"我非常想到那棵树顶上去，"火鸡叹了口气道，"但是我没有那份力气。""这样啊，那你为什么不吃点我的粪便呢？"公牛答道，"那里面充满了营养。"火鸡吃了一团牛粪，发现它真的使自己有力气到达树的第一个分叉处。第二天，在吃了更多的牛粪以后，火鸡到达了树的第二个分叉处。最终，两星期后，火鸡非常骄傲地站在了树的顶端。但不幸的是，没多久，它就被一个农夫盯上了。农夫非常利索地将火鸡射了下来。

启示

也许你能靠某些东西抵达顶峰，但它不能使你永远待在那里。

只选一把椅子

有人曾向帕瓦罗蒂请教成功秘诀，他每次都提到自己父亲的一句话。从师范院校毕业之后，痴迷音乐并有相当音乐素养的帕瓦罗蒂问父亲：“我是当教师呢，还是做个歌唱家？”其父回答说：“如果你想同时坐在两把椅子上，你可能会从椅子中间掉下去，生活要求你只能选一把椅子坐上去。”

启示

人的一生，说长也短，不容我们有过多的选择，那些左顾右盼、渴望拥有一切的人，往往因为目标不专一，最终一无所获。只选一把椅子，锁定一个努力的方向，可以影响我们的一生。

诚恳待人最快乐

有一对靠捡破烂为生的夫妻，每天一早出门，拖着一部破车到处捡拾破铜烂铁，等到太阳下山时才回家。他们回到家的时候，就在门口的院子里摆了一脸盆的水，然后搬了一张凳子坐在上面，双脚浸在盆中，一面拉着弦一面唱着歌。唱到月正当空，浑身凉爽的时候他们才进房睡觉，日子过得非常逍遥自在。

他们对面住了一位很有钱的员外，每天都坐在桌前打算盘，算算看哪家的租金还没收，哪个地方还欠账，每天总是算钱算得很烦。他看对面的夫妻每天快快乐乐地出门，晚上轻轻松松地唱着歌，心中非常的羡慕，也感到奇怪，于是问他的伙计说：“为什么我这么有钱却不快乐，而对面那对穷夫妻却如此快乐呢？”

伙计听了就问员外说：“员外，你要看他们的忧愁吗？”员外回道：“我看他们是不会忧愁的。”伙计说：“只要你给我一贯钱，我把钱送到他家，保证他们明天不会拉弦唱歌。”员外说：“给他钱他一定会很快乐，怎么说不会再唱歌了呢？”伙计说：“你尽管给他钱就是了。”

员外果真把钱交给伙计，伙计把钱送到穷人家。丈夫拿到钱刚开始很惊喜，接着很快就烦恼起来，那天晚上竟然睡不着觉了。想要把钱放在家中，门关不好；要藏在墙壁里面，墙又是用手一扒就会开；要把它放在枕头下又怕丢掉；一整晚就为这贯钱的事操心，一下子躺上床，一下子又爬起来，整晚就这样提心吊胆，无心睡眠。

妻子看丈夫坐立不安，被惹烦了，就说：“现在你已经有钱了，你又在烦恼什么呢？”丈夫说：“我有这些钱，明天到底要做什么生意？如果不做生意把钱放在家中又怕丢了。现在我满脑子都是烦恼。”

第二天一早，丈夫就把钱带出门，在街上绕来绕去，不知要做什么好。绕到太阳下山，月亮上来了，他又把钱带回家，垂头丧气地不知如何是好，想做小生意不甘心，要做大生意钱又不够，他对妻子说：“这些钱说少不少，说多不多，做不了大生意，真是伤脑筋啊！”

那天晚上，员外站在对面看，果然听不到拉弦声和歌声了，因此就到穷人家去问。这对夫妻说：“员外啊！我看我把钱还给你好了，我宁可每天一大早出去捡破烂，总比背着这些钱轻松啊！”

那时候员外突然恍然大悟，原来，“有钱却不知如何使用”也是一种负担。

启示

没有负担的人生，是最快乐的人生。什么样的人生才没有负担呢？“诚”——以最诚恳的心来待人是没有负担的。因为没有与人结怨，也没有心机和人计较，这种日子最好过、最踏实，这样的人生最快乐。

有些事并不像你看上去的那样

两个旅行中的天使幻化成普通旅人到一个富有的家庭借宿。这家人对他们并不友好，并且拒绝让他们在舒适的客人卧室过夜，而是在冰冷的地下室给他们找了一个角落。当他们铺床时，较老的天使发现墙上有一个洞，就顺手把它修补好了。年轻的天使问为什么，老天使答道：“有些事并不像你看上去的那样。”

第二天晚上，两人又到了一个非常贫穷的农家借宿。主人夫妇俩对他们非常热情，把仅有的一点点食物拿出来款待客人，然后又让出自己的床铺给两个天使。第二天一早，两个天使发现农夫和他的妻子在哭泣，他们唯一的生活来源——一头奶牛死了。年轻的天使非常愤怒，他质问老天使为什么会这样——第一个家庭什么都有，老天使还帮助他们修补墙洞，第二个家庭尽管如此贫穷还是热情款待客人，而老天使却没有阻止奶牛的死亡。

“有些事并不像你看上去的那样。”老天使答道，“当我们在地下室过夜时，我从墙洞看到墙里面堆满了金块。因为主人被贪欲所迷惑，不愿意分享他的财富，所以我把墙洞填上了。昨天晚上，死亡之神来召唤农夫的妻子，我让奶牛代替了她。

启示

有些时候事情的表象并不是它实际的样子。如果你有信念，只需要坚信并付出，总会得到回报。

乞丐的启示

一个沿街流浪的乞丐每天都做着发财梦。一天，这个乞丐无意中发现一只跑丢的、很可爱的小狗，乞丐发现四周没人，便把狗抱回了他住的窝棚里，拴了起来。

这只狗的主人是本市有名的大富翁。这位富翁丢狗后十分着急，因为这是一只纯正的进口名犬。于是，就在当地电视台发了一则寻狗启事，答应支付给送还小狗的人两万元酬金。

第二天，乞丐沿街行乞时，看到这则启事，便迫不及待地抱着小狗准备去领那两万元酬金，可当他匆匆忙忙抱着狗又路过贴启事处时，发现启事上的酬金已变成了3万元。原来，大富翁寻狗不着，又电话通知电视台把酬金提高到了3万元。

乞丐几乎不相信自己的眼睛，向前走的脚步突然间停了下来，想了想，又转身将狗抱回了窝棚，重新拴了起来。第三天，酬金果然又涨了，第四天又涨了，直到第七天，酬金涨到了让市民都感到惊讶的数字时，乞丐这才跑回窝棚去抱狗。可令他想不到的是，那只可爱的小狗已被饿死了。乞丐还是乞丐。

启示

人生在世，好多美好的东西并不是我们无缘得到，而是我们的期望太高，往往在刚要接近一个目标时，又会突然转向另一个更高的目标。西方一位哲人曾说过这样一句话：“人的欲望是座火山，如不控制就会害人伤己。”

青草娃娃

冬日，寒风呼啸的街头，一位年轻人在礼品店外徘徊。他心仪的女孩的生日即将来临，他多么想给她买个礼物，表明他的心意啊！他终于鼓足勇气，迈进了那家装饰精美的小店。看着柜台里时尚的礼品，又看了看不菲的价格，囊中羞涩的他只能竖起衣领尴尬地离开了。

“买个青草娃娃吧，只要两元。”一位中年妇女迎面走过来。他看到她的篮子里满是青草娃娃。各色的花布包裹着泥土，用橡皮筋扎成娃娃的样子。娃娃的头顶撒着花籽草种，面部还缝了黑黑的眼睛、红红的嘴巴，很可爱。

“你每天给它浇水，大约半个月以后，种子就会发芽，长出青青的草，很招女孩子喜欢的。”妇女似乎看出了他的心思，一个劲儿地怂恿他。他想，她的年龄足够做他的母亲了，应该不会骗他吧，于是他拿出攥了很久的钱，数了两个1元硬币给她。

回到宿舍，他把青草娃娃放在窗台上。每天用自己的茶杯浇水时，他都怀着虔诚的心祈祷：快点儿发芽吧，快点儿长出一片青草吧。是啊，在这灰暗的严冬，他送她一片浓郁的春意，这样别致的礼物，肯定能打动她的心。然后，他们将甜蜜相爱。

在她的生日派对上，她的追求者们送来了许多礼物，有生日蛋糕，有高档时装，有芬芳的鲜花，甚至有人送了昂贵的首饰，摆在桌上，琳琅满目。

他也来了，两手空空地来了，他的青草娃娃没有发芽。她满怀期待地望着他，她其实早已注意到他灼热的目光，而且他的才学、他的气质都令她怦然心动。她等待着今天晚上他能当众向她表白，她就可以幸福地挽住他的手臂，谢绝其他人的追求。然而，他不敢迎接她的目光，在这一大堆高档礼物面前，他自惭形秽，如坐针毡，躲到了最阴暗的角落。终于，晚会还未结束，他就离开了。他甚至没有告别，就起身匆匆地来到门口，当然，他也没有看见她暗藏的幽怨和伤心。

他心灰意冷，再也没给青草娃娃浇水。

紧接着就要期末考试，他忙于复习功课，把每天的时间都排得紧紧的，压抑着自己不去想她。他暗暗发誓：等将来有钱了，一定要给她买最昂贵的礼物。

放寒假了，大家都收拾行囊，准备回家。他突然发现窗台上有一片绿，仔细一看，青草娃娃的头上竟然真的长出了一片嫩绿的青草！压抑很久的思念，突然像这些青草一样蓬勃起来。自从派对那天晚上起，他一直没去找她。而现在，他把青草娃娃揣在怀里，飞也似的跑去找她。

他顾不上等车和坐电梯，一路飞跑，当他大汗淋漓地跑进她的宿舍，却发现已经人去楼空。女孩的老师告诉他，学校已于前天放假，女孩是和男朋友一起走的。

他只觉得心里一下子空荡荡的。那好不容易发了芽的青草娃娃，也像是见到心爱的人已远去而低头不语。他很后悔，早知如此，应该在生日那天就送给她，两人一起来浇灌这爱情的嫩芽。

启示

爱恋中的人总免不了许多莫名的顾忌，以为还有时间可供挥霍，还有机会可以重来。因为自己还不够好，不够富有或者有势，在自卑里悄悄逃避着对方的眼睛，一味认定未来才是最佳时机……生活存在变数，等到所有的期待都成空，才明白幸福当初离得那么近，等你终于有勇气正视，幸福早已从你怯弱的指缝间溜走……

别让那只鸟飞了

我和先生结婚10周年那天，一位移居加拿大的朋友给我寄来一份礼物——一张游戏光盘，名字叫《别让那只鸟飞了》。

我没有玩游戏的习惯，因此就把它作为一份纪念品收藏了起来。一天，8岁的儿子在我书房里乱翻，发现了这张光盘。玩过之后，对我说："妈，这里面有一只鸟，弄不好就会从窗口里飞走，一飞走，游戏就输了。"在儿子的提醒下，我打开了那张盘。这时我才知道，它是一张针对成人而开发的大型游戏软件，总投资8500万美元。

游戏打开之后，映入眼帘的是一栋具有皇家风范的豪宅。豪宅里各项生活设施应有尽有。游戏者进去之后，可以以主人的身份在这里生活。你想打高尔夫，可以去高尔夫球场；你想看书，可以走进书房；想喝咖啡，可以让仆人给你送去；想举行舞会，可以邀请包括麦当娜在内的100位世界级影视明星；想去旅行吗？车子就在门口，上了车，沿着门口的路，你可以去埃及、法国、中国等世界任何一个地方；假若你有一位情人，还可以秘密地与其约会，到附近的海滨或南美洲的哥伦比亚大草原。总之，在这里，你可以随心所欲地生活，可以按照自己的意愿想怎么样就怎么样。

但与现实不同的是，这栋豪宅里有一只鸟在飞，它嘴巴上叼着一只篮子，从客厅飞向卧室，又从卧室飞向书房，飞向餐厅，飞向豪宅的每一房间。不论你是外出旅行，还是在家读书，或是在公司办公，你都不能忘记往这只鸟的篮子里放东西。假如你忘了，到了一定的时间，它就会从某个窗口里飞出去，一旦出现这种情况，屏幕上就会出现这么一个画面：豪宅倒塌，野草丛生，一个孤独的身影慢慢消失在残阳中。向那只篮子里放些什么东西，才不会使鸟儿飞走、豪宅倒塌呢？游戏里有一份菜单，那上面有包括金钱、花朵、微笑、哭泣、亲吻在内的152种日常用品和日常行为。它是赫利克斯公司耗时3年，从全球50万对金婚老人那里征集的，每一件东西，每一个行为都按得票的多少，被赋予了不同的时间价值，有的代表一个月，有的只代表3分钟。至于哪种代表一个月，哪种代表3分钟，上面没有明说，完全由游戏者根据自己对它们的认识来判定。

自从打开这个游戏，我就被它迷住了。只要有空，我就要玩上一阵。起初，由于不知该向鸟儿的篮子里放些什么，那栋豪宅经常被我弄得从屏幕上消失。有一次，实在是不知该怎样侍候它，就随便挑了一个吻放在篮子里。结果大出意外，它不仅让我在大书房里看了整整一下午的书，有几次它甚至还把篮子放在我的书桌上，然后自己跳到里面打盹。还有一次，我送给它一个亲密的拥抱和惜别，就去了墨西哥的古玛雅城市遗址。这次更出乎我的意料，半个月后，我回来了，鸟儿不仅没有飞走，当我到达家门口时，它还热情地迎接了我。

这到底是怎样的一只鸟儿呢？我送它金钱，它只在家里待3分钟；我送它一枝花朵，它竟可以待上3个小时。后来我终于发现，它是一只婚姻鸟，并且它有许多不起眼的救星。一个轻吻，一个微笑，一个拥抱，一句关切的话语，一份小小的礼物，一段短暂的离别，都可以把它留下。

现在我已能非常熟练地玩这个游戏，并且越玩越觉得它不再是一个游戏，而是

50 万对金婚老人在婚姻生活中的感悟和发现。它在告诉我，一句微不足道的赞许，一杯顺手递去的热茶，一枝绽放的玫瑰……这些日常生活中微不足道的东西，具有滋养婚姻的神奇力量。

前不久，一位朋友结婚，我把这张盘作为礼物，转赠了出去。我想让更多的人从这个游戏中悟出婚姻中的一些道理。

启示

一句微不足道的赞许，一杯顺手递来的热茶，一枝绽放的玫瑰，这些日常生活中微不足道的东西，是滋养情感、创造幸福的神奇因素。

垂钓者的启示

有位年轻人在岸边钓鱼，旁边坐着一位老人，也在钓鱼。奇怪的是，老人家不停地有鱼上钩，而年轻人一整天都没有收获。他终于沉不住气了，问老人："我们两人的钓饵相同，地方一样，为何您能轻易钓到鱼，我却一无所获？"

老人从容地答道："我钓鱼的时候，只知道有我，不知道有鱼；我不但手不动，眼不眨，连心也似乎静得没有跳动，令鱼也不知道我的存在，所以，它们咬我的鱼饵；而你心里只想着鱼是否吃了你的饵，连眼也不停地盯着鱼，见有鱼上钩，心里便开始急躁，情绪不断变化，心情烦乱不安，鱼不让你吓走才怪，又怎么会钓到鱼呢？"

启示

一个人能知道自己的短处，才多能把握胜券；只看到别人的成就，而不知人家背后成功的原因，已输了一半；若此时不知检讨，只懂嫉妒或自怨自艾，那就输定了。

人生的等式三角

前两天，一位友人问我是否听说过"0–1 等式三角"，我说没有。于是，他找来一张纸，写下了这样两个三角形的等式方程：

0	1
0+0=0	1+1=2
0+0+0=0	1+1+1=3
0+0+0+0=0	1+1+1+1=4
0+0+0+0+0=0	1+1+1+1+1=5
0+0+0+0+0+0+1=1	1+1+1+1+1+1=6
0+0+0+0+0+0+1+0=1	1+1+1+1+1+1+0=6

0+0+0+0+0+0+1+0+0=1　　1+1+1+1+1+1+0+1=7
0+0+0+0+0+0+1+0+0+0=1　　1+1+1+1+1+1+0+1+1=8
0+0+0+0+0+0+1+0+0+0+0=1　　1+1+1+1+1+1+0+1+1+1=9

他把纸递给我看。我只扫了一眼，就没好气地说：“你真是无聊，0+0 当然等于0，你加到天黑它还是等于0，1+1=2，这个连3岁的孩子都知道！”我瞥了他一眼，“无聊的人搞这些无聊的东西，你不会是想让我做陈景润、华罗庚搞数学，然后钻研‘哥德巴赫猜想’吧？”我随手把纸条扔给了他。

他只是笑了笑，然后又把纸条递给我，说：“你再仔细看看，别把它当成简单的数学等式。”

我看了看，依旧弄不清其中有何玄机，便摇了摇头说：“我还是不懂，你就直说吧！”

他又笑了笑：“其实这很简单，我提示你一下，等号左边的数字0代表空想，1代表实干，等号右边的数字代表你将来可能取得的成就或地位。”

他一说完，我顿时醒悟：多好的等式三角，多么深刻而又浅显的寓意呀！如果你整日空想，每天都有一个空想或立下个誓言（也就是大家常说的“常立志”），却不付出行动，那你收获的也只能是缥缈和虚无。你的空想虽然无比美丽，但你的生活却没有色彩，你的生命更没有光芒。

如果你埋头实干，可能一开始成果基数微乎其微，但是经过不懈努力，你的最终成果（先把它量化）是很可观的。而且，你可以在实干的基础上拿出一点时间空想、思考或是随你怎么疯狂（无关工作或学习），你的生活将不会枯燥乏味，你的生命之河会时不时来一个小浪头，让你永具奔腾的活力！

多好的人生等式三角啊！

启示

现代生活的节奏在一天天加快，每个人都在为生计或事业劳碌奔波，身心压力不断加大，这是不争的事实。要是陷入那个拼命再拼命的死循环，我保证你用不了多久就会心力交瘁。我们完全可以在做完若干个1后，适时加一个0，来调剂生活。张弛有度，才能活出洒脱与辉煌。

翻土得金

一个农夫临终时，把两个儿子叫到身边，说道：“我快要死了，只有一份遗产留给你们。我将那些金银财宝埋藏在家后的那块葡萄园下。等我死后，你们轻轻地翻一翻土，就可以找到它了！”

父亲死后，儿子们各自拿着锄头到葡萄园去，到处翻土找宝。但是，翻遍了葡萄园，仍没找到父亲所说的“金银财宝”。但是，由于他们天天翻土，土壤肥沃起来，他们当年的收成比往年多了数倍。

儿子们这才明白父亲所说的“金银财宝”是什么。

启示　唯有肯付出血汗与时间者，才能享有成功的果实。

梁武帝的功德

达摩禅师从印度来到中国宣扬佛法时，会见了梁武帝。梁武帝问达摩禅师：“我常常印经书，又建了许多佛塔和佛寺，请问我到底有多大的功德？”达摩禅师答：“您一点儿功德都没有。”梁武帝听了心中很不愉快，达摩禅师知道他和梁武帝无缘，便走了。

启示　梁武帝印经书、建佛寺只是为了得到功德，却离功德越来越远。有许多人急功近利，唯利是图，处处都以赚钱为目的，四处“走捷径”，不讲信用，最终让人看穿，人人“怕而远之”。越想刻意追求金钱，便越得不到金钱。只有诚心为别人提供有效的帮助，不断协助他们达到目标，成功自然就会找上门来。

三人成虎

古时候，有一个人在朝中为官。这人为官清廉，个性刚直，天下闻名。有一天，一个人急匆匆地跑到他家对他母亲说：“不好了，你儿子在外面杀了一个人。”这位老母亲好像没听见似的充耳不闻气定神闲地纺着线。

一会儿，又有一个人急急跑来告诉她：“你儿子逃走了，官府正在缉拿他。”这位老母亲仍不作声，把纺织机摇得更响了。

又过了一会儿，第三个人大汗淋漓地跑来告诉她：“大事不好，你儿子已被抓起来，官府正来抄家。”这时，这位老母亲再也沉不住气了，弃家而逃。

后来证明，众人所说的事情其实是误传，因杀人而被捕的另有其人。

启示　谣言连续被人重复3次，母亲便也不再相信她的儿子了，由此可见众口铄金的厉害，谎言重复一千遍就仿佛成了真理。有时候，真理往往掌握在少数人手里，干一项事业，不要因为没有参与的人说三道四而否定自己，一定要坚信你的选择，这才是你通向成功的起点。

等待

一位探险家在森林中看到一位老农正坐在树桩上抽烟斗，于是他上前打招呼说："您好，您在这儿干什么呢？"

这位老农回答："有一次我正要砍树，但就在这时，狂风大作，刮倒了许多参天大树，这省了我不少力气。"

"您真幸运！"

"您可说对了，还有一次，在暴风雨中，闪电把我准备要焚烧的干草给点着了。"

"真是奇迹！现在您在等什么呢？"

"我正等待地震把土豆从地里翻出来。"

启示

我们承认世界上确实有一些人运气特别的好，要风得风，要雨得雨。但是，运气不可能跟随你一生，假如凡事都靠运气，最终你将会被好运气弄得一事无成、一无所有。

天使的礼物

有一艘轮船在海上发生了意外，乘客被迫离船逃生。有3名素不相识的乘客，不约而同地漂流到一个荒岛。天连海，海连天，一望无际。这3名乘客来自不同的国家，较高者叫彼得，来自新加坡；年长者叫陈亚明，来自马来西亚；年轻者叫苏哈星，来自印尼。他们相依为命，情同手足。

他们在荒岛上生活了3个月，没见过一艘轮船或飞机经过。

有一天傍晚，当他们在沙滩上休息时，突然天空出现了一名天使，那天使对他们说："今天是我的生日，我会实现你们每个人的心愿。彼得，你要什么呢？"天使问。"啊，等一等，让我想一想。"彼得一时想不起什么来。"那陈亚明，你呢？""天使呵，我有一个幸福的家庭，我离开家人很久了，非常挂念，让我回家与他们团聚吧！"

"好！"天使一挥长袖，陈亚明就回到家里去了。

"苏哈星，到你了，你有什么要求呢？"

"我是个穷人，工作多年，生活依然一贫如洗，我要在雅加达买两座高楼。""好！"天使又一挥长袖，苏哈星立即回到雅加达，一夜之间成了两座大厦的拥有者。

"彼得，快点呀。我还要赶时间回去参加生日晚会呢。"天使说。

“唉，如果他们两人都在，就可以帮助我啦！”

“好，成全你吧。”天使又一挥长袖，陈亚明及苏哈星又重现在彼得面前，那位天使也就消失了。

启示 机会出现在我们眼前时，必须立即把握，当机立断，千万别犹豫不决。这样不但耽误了自己，还会殃及他人。

寻找诚实的人

古希腊有一位哲学家，住在一个木桶里。有一天他爬出了木桶，提着灯笼，开始寻找一个诚实的人。

沿途，许多人嘲笑他是个疯子。但许多有智慧的人们加入了他的寻找行列，他们不停地寻找、跋涉。

他们寻找了好多年，始终没有找到这个诚实的人，但他们又似乎找到了什么。

启示 从一开始步入社会走向人生，我们便开始寻找真诚，追求生命的价值。在寻找中，我们虽然受过欺骗，但我们获得了真诚；在追求中，我们品尝了失败和挫折，但我们获得了丰满的生命和充实的追求过程。只问耕耘，不问收获的人注定是会获得丰硕的成果的。你的心态，你的观念，决定了你成就的大小。

洛克菲勒晚年的自爱

大家都知道美国的老洛克菲勒是个亿万富翁，可是谁又知道他的痛苦呢？由于长期紧张的工作，他在 53 岁时患了神秘的消化失调症，头发和眼睫毛都掉光了，看起来像一个木乃伊。那时，他已经有了数不尽的金钱，可他却必须遵守医生的指示，经常保持半饥饿状态。他所吃的食物每周只需 2 美元。在 53 岁之前，他每天临睡时都要警告自己：成功只是暂时的。为了 150 美元的损失他就会气得大病一场。由于他的冷漠多疑，很少有人喜欢他，他的亲弟弟甚至把自己孩子的坟从洛克菲勒家墓地中迁出，并且说：“我们家的人不会在他所控制的墓地里安息。”当财富滚滚而来时，社会上对他的仇恨也日益加深。因为他为了打败竞争对手曾经显得很无情。人们把他的人像吊在树上烧，写来无数的恐吓信说要他的命，他不得不雇佣许多保镖。在这种情况下，他的精神崩溃了。遵从医生的意见，他在死亡和退休之中选择了退休。

退休之后的洛克菲勒开始学习打高尔夫球，整理庭院，和邻居聊天，同时开始反省自己的人生。他有生以来第一次把自爱和爱别人放在一起，并放在了首位。在此之前，他既不爱自己，也不爱别人，他只爱钱。可是，当他把钱捐给社会时，最初听到的仍是一片骂声，人们称他的钱是“腐败的金钱”。但他继续捐献，他成立了一个庞大而史无前例的国际性组织——洛克菲勒基金会。基金会的宗旨是消灭全世界各地的疾病、文盲和无知。在把大量的金钱捐出去之后，洛克菲勒完全变了。他已经真正成了一个快乐的人。人们都说，洛克菲勒“死”于53岁，但一直活到98岁。

启示　只有懂得“自克”和“自讼”的人，才能学会“自爱”。

搜索的眼睛

雪地行军是件危险的事，它极易使人患上雪盲症以致迷失行进的方向。但人们感到奇怪，若仅仅是因为雪的反光太刺眼，为什么戴上墨镜之后，雪盲症仍不可避免呢?

后来美国陆军的研究部门得出结论：导致雪盲症的并非雪地的刺眼反光，而是它的空无一物。科学家说：人的眼睛其实总在不知疲倦地探索世界，从一个落点到另一个落点，要是连续搜索而找不到任何一个落点，它就会因紧张而失明。

美国陆军对付雪盲症的办法是，派先头部队摇落常青灌木上的雪。这样，一望无垠的白雪中便出现了一丛丛、一簇簇的绿色景物，搜索的目光便有了落点。

启示　所有的眼睛都在搜索世界，搜索世界的眼睛不怕光怪陆离，只怕空空一片。一个人如果搜索不到友谊的落点，他很可能对所有人充满敌意；如果搜索不到真诚的落点，他很可能会怀疑整个世界。

关于生活的三条忠告

一次，一个猎人捕获了一只能说70种语言的鸟。

“放了我，”这只鸟说，“我将给你三条忠告。”

“先告诉我，”猎人回答道，“我发誓我会放了你。”

“第一条忠告是，”鸟说道，“做事后不要后悔。”

“第二条忠告是，如果有人告诉你一件事，你自己认为是不可能的就别相信。”

“第三条忠告是，当你爬不上去时，别费力去爬。”

然后鸟对猎人说：“该放我走了吧。”猎人依言将鸟放了。

鸟飞起后落在一棵大树上，并向猎人大声喊道：“你真愚蠢，你放了我，但你并不知道在我的嘴中有一颗价值连城的大珍珠，正是这颗珍珠使我这样聪明。”

猎人很想再捕获这只鸟。他跑到树跟前并开始爬树。当爬到一半的时候，他掉了下来并摔断了双腿。

鸟向他喊道：“你忘记了我刚才告诉你的忠告。我告诉你，一旦做了一件事情就别后悔，而你却后悔放了我。我告诉你，如果有人对你讲你认为是不可能的事，就别相信，而你却相信像我这样一只小鸟的嘴中会有一颗很大的珍珠。我告诉你，如果你不爬上去，就别强迫自己去爬，而你却追赶我并试图爬上这棵大树，结果掉下去摔断了双腿。”

“这句箴言说的就是你：对聪明人来说，得到一次教训比蠢人受100次鞭挞还深刻。”

说完，鸟就飞走了。

启示 我们往往会重复犯简单的错误，这就是为什么很多人不能成功的原因。

因果

有一个不甘安于现状的农夫，对自己的玉米收成很不满意，于是四下打听，买来优质的玉米种子，果然大获丰收。

他的邻人在惊羡之余，都请求农夫能卖些新种子给他们，可是，这个农夫为维持自己的优势，断然拒绝。

不知为什么，从第二年开始，玉米的收成变差了，到了第三年，收成更是明显减少。最后，他终于找出了原因：原来他的优质玉米，接受的却是邻人田中劣质玉米的花粉。

启示 一枝独秀景不长，万紫千红才是春。

没有斑点的珍珠

有个人找到了一颗有个小斑点的美丽的珍珠。他想，要是能够去掉这个小斑点，这颗珍珠就是世界上最珍贵的无价之宝了。于是，他削去了珍珠的表层，但斑点仍在，他又削掉二层，以为这样肯定能够去掉斑点，殊不知斑点仍然存在，他不断地削掉一层又一层，直到最后，斑点没有了，但珍珠也不存在了。

启示　我国有句古语：人至察则无徒，水至清则无鱼。金无足赤，人无完人，世上不存在没有缺点的人。交朋友，也要宽宏相待，不能过于苛求。特别是在一个组织里，更应该宽以待人，严于律己，这样才能无往不利。

一切都会过去

有一位国王整天闷闷不乐、愁眉不展。有一天，国王召集了全国的文武百官，要求他们给他一个最完美的人生解答，而这个解答必须能够适用在任何一种情况下，包括失意、得意、烦恼、快乐、成功、失败。文武百官七嘴八舌地给了许多答案，但没有一个答案令国王满意。这个时候有，一位德高望重的大臣对国王说："3天内，我一定可以给您一个完美的答案。"

第3天，这位大臣呈给国王一张纸条，上面写着："一切都会过去。"

启示　人生有起有落、有得有失、有好有坏，这是生命的常态。经营管理企业也是一样的道理，有赚有赔、有景气有不景气，然而这一切终将过去。在逆境时，千万不要自暴自弃；在顺境时，也绝对不可得意忘形。

下篇　企业管理篇

第一部分

THE FIRST PART

团队精神故事

优秀公司的团队精神

一个优秀的公司，其管理政策总能够严格地延续，其原因何在？人们为了探求个中原因，精心设计并进行了如下试验。

试验准备：

准备一个大笼子，在笼子顶部安装喷淋装置，在笼子的一端悬挂一只香蕉，再安放一架梯子通向香蕉，然后在另一端放进 4 只猩猩。

猩猩甲第一个发现香蕉，它开始向香蕉走去，当它的手触摸到梯子时，试验人员立刻把笼子顶端的喷淋装置打开，笼子内顿时下起了“倾盆大雨”，猩猩甲立即收回双手遮住脑袋，其余 3 只也匆忙用双手遮“雨”，等没有猩猩触摸梯子时，喷淋装置被关闭。

“雨过天晴”后，猩猩甲又开始准备爬梯子去够香蕉，当它的手再次触摸到梯子时，喷淋装置又被打开了，众猩猩又慌忙用双手遮“雨”，等没有猩猩碰梯子时，“雨”停了。

猩猩甲似乎领悟到被雨淋和香蕉之间的模糊关系，终于放弃取香蕉的念头，开始返回笼子的另外一端。

过了一段时间，猩猩乙准备试一试，它走到梯子跟前，当手碰到梯子时，喷淋装置被打开，大家慌忙避“雨”，猩猩乙放弃了拿香蕉的念头，匆忙逃回到笼子的另一端，此时喷淋装置被关闭。

又过了一阵儿，猩猩丙准备试试它的运气，当它向梯子走去的时候，另外 3 只猩猩担心地望着它的背影，尤其是猩猩甲和猩猩乙，当然，猩猩丙也不能逃过厄运，它在“瓢泼大雨”中狼狈地逃回到伙伴当中。

饥饿折磨着猩猩，猩猩丁虽然看到了前 3 只猩猩的遭遇，但仍旧怀着一点儿侥幸向梯子走去，它也许在想：我去拿可能不会像那 3 个倒霉蛋一样吧？当它快要碰到梯子时，试验人员正准备打开喷淋装置，没想到另外 3 只猩猩飞快地冲上去把猩猩丁拖了回来，然后一顿暴打。

现在，4 只猩猩老老实实地待在笼子的另一端，眼巴巴而又惶恐不安地望着香蕉。

试验阶段：

试验人员把猩猩甲放出来，然后放进猩猩戊，这只新来的猩猩看到了香蕉，高高兴兴地向梯子走去，结果被猩猩乙、丙、丁拖回来一顿暴打，它对挨揍的原因不太明白，所以在攒足了劲儿后，又向梯子走去。同样的结果，3 只猩猩又把它教训了一顿，虽然还是不明白为什么挨揍，但它现在明白了那只香蕉是不能拿的。

试验人员又把猩猩乙放出来，再放进猩猩己，在动物本能的驱使下，猩猩己准备去拿香蕉，当手快要碰到梯子时，另外 3 只猩猩迅速地把它拎了回来，然后一顿暴打。猩猩丙和猩猩丁知道它们为什么要揍这只猩猩，然而，猩猩戊却不太明白它为什么要揍猩猩己，但是它觉得自己必须得揍它，因为当初别的猩猩也这么揍过它，揍猩猩己肯定是有道理的。

现在猩猩己也老实了，试验人员把猩猩丙和猩猩丁相继放了出来，换进新的猩猩，不言自明的是，它们也被拳打脚踢地“上了几课”。

等 4 位“元老”都被换走之后，结果这 4 只新的猩猩还是一样，老老实实地待在笼子的另一端，眼巴巴而又惶恐不安地望着香蕉。

启示　一个公司的政策的延续性和它的团队精神密不可分。

哲学家、蚂蚁与天神

一位哲学家在海边目睹了一次船难，船上的水手和乘客全部溺死了。他痛骂上苍不讲理——只因为一个罪犯正好乘坐这条船，竟然让众多的无辜者受害。

当他正沉浸于这种思想的时候，发觉自己被一大群蚂蚁围住了，原来他站的位置距离蚂蚁窝不远。有一只蚂蚁爬到他身上并叮了他一口，他立刻用脚踩死了所有的蚂蚁。天神在这个时候现身，对哲学家说：“你以类似的方式去对待那些可怜的蚂蚁，你还有资格去批判上苍的作为吗？”

启示　这则寓言很生动地描述了两种有碍管理绩效的心态。一是以偏概全；二是宽于律己，苛以待人。我们对寓言中上苍及哲学家的作为，

启示

一定不以为然。可是，一旦我们成为当事人时，往往也会不小心触犯上述两项禁忌，因为人是感官性的动物。例如，看到一位员工常常加班，另一位员工每次都准时下班，管理者常常以看到的景象，依照自己的思考模式（即价值观）来下判断，认定准时下班的员工配合度不够，工作不敬业。然而事实未必如管理者所看到的。有可能是常常加班的员工在上班时间东游西晃，工作未能如期完成，只好来加班；也有可能常常加班的员工工作方式不对；也有可能是工作量分配不均……所以，身为管理者必须时时提醒自己：勤劳上进的员工未必是合作性高的员工；试图取悦上司的员工未必能够胜任艰巨的工作。宽于律己，苛以待人的管理者，是员工最厌恶的主管类型之一。这样的管理者标准不一，不能以身作则，反而以放大镜来看待员工的行为，使员工产生“多做多错，少做少错，不做不错”的心结，或者“上行下效”，毫无作为可言。身为管理者，要起到表率的作用，谨言慎行。当你拿放大镜看别人，却放纵自己时，员工也必定会拿放大镜来看待你，这样一来，必定会产生冲突。

县令买饭

南宋嘉熙年间，江西一带发生叛乱。吉州万安县令黄炳调集了大批人马，严加守备。一天黎明前，探子来报，叛军即将杀到。

黄炳立即派巡尉率兵迎敌。巡尉问道：“士兵还没吃饭，怎么打仗？”黄炳却胸有成竹地说：“你们尽管出发，早饭随后送到。”黄炳并没有开“空头支票”，他立刻带上一些差役，抬着竹箩木桶，沿着街市挨家挨户叫道：“县令老爷买饭来啦！”当时城内居民都在做早饭，听说县令亲自带人来买饭，便赶紧将刚烧好的饭端出来。黄炳命手下付足饭钱，将热气腾腾的米饭装进木桶就走。热乎乎的早饭被准时送到地点。这样，士兵们既吃饱了肚子，又不耽误进军，打了一个大胜仗。县令黄炳没有亲自捋袖做饭，也没有兴师动众劳民伤财，他只是借别人的火，烧自己的饭。县令买饭之举，算不上高明，看起来平淡无奇，甚至有些荒唐，但却取得了很好的效果。

启示

一个人的力量是有限的，只有发动集体的力量才能战无不胜，攻无不克。管理者尤其要注重加强培养自己驾驭人才的能力，知人善任，了解什么时候、什么力量是自己可以利用以助自己取得成功，而不能只关注自身在具体事务上的提升。四两拨千斤，聪明的人总会利用别人的力量获得成功。领导者最大的本事是发动别人做事。

通天塔

《圣经·旧约》上说，人类的祖先最初讲的是同一种语言。他们在底格里斯河和幼发拉底河之间，发现了一块异常肥沃的土地，于是就在那里定居下来，修起城池，建造了繁华的巴比伦城。后来，他们的日子越过越好，人们为自己的业绩感到骄傲，他们决定在巴比伦修一座通天的高塔，来传颂自己的赫赫威名，并作为集合全天下弟兄的标记，以免分散。因为大家语言相通，同心协力，阶梯式的通天塔修建得非常顺利，很快就高耸入云。上帝得知此事，立即从天国下凡视察，看后，又惊又怒，因为上帝是不允许凡人达到自己的高度的。他看到人们这样强大，心想，能建起这样的巨塔，日后还有什么办不成的事情呢？于是，上帝决定让人世间的语言发生混乱，使人们互相言语不通。

自此，人们各自操起不同的语言，无法交流感情，很难统一思想，就难免出现互相猜疑，各执己见，争吵斗殴的局面。这就是人类之间误解的开始。修建工程因语言纷争而停止，人类的力量大大减弱了。

启示

团队没有默契，便不能获得高绩效；而团队没有交流沟通，也不可能达成共识。身为领导者，要能善用任何沟通的机会，甚至创造出更多的沟通途径，与成员充分交流。唯有领导者从自身做起，秉持对话的精神，有方法、有层次地激发员工发表意见与讨论，汇集经验与知识，才能凝聚团队共识。团队有了共识，才能激发出成员的力量，让成员心甘情愿地倾力打造企业的“通天塔”。

阿东的裤子

阿东明天就要参加小学毕业典礼了，怎么也得精神点儿，把这一美好时光留在记忆之中，于是他和爸爸高高兴兴上街买了条裤子，可惜裤子长了两寸（1 寸≈ 3.33 厘米）。吃晚饭的时候，趁奶奶、妈妈和婶子都在场，阿东把裤子长

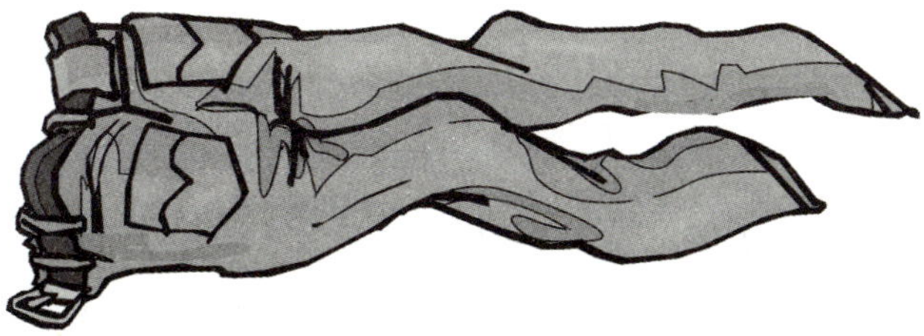

两寸的问题说了一下，饭桌上大家都没有反应。饭后大家都去忙自己的事情，这件事情就没有再被提起。妈妈睡得比较晚，临睡前想起儿子明天要穿的裤子还长两寸，于是就悄悄地一个人把裤子剪好后又放回原处。半夜里，狂风大作，窗户的响声，把婶子惊醒了，猛然醒悟到小侄子裤子长两寸，他是自己最疼爱的孩子，怎么也要帮他把裤子裁剪好，于是披衣起床将裤子处理好才又安然入睡。奶奶起得早，第二天醒来给小孙子做早饭，水未开的时候也想起孙子的裤子长两寸，马上快刀斩乱麻地剪了两寸。最后阿东只好穿着短 4 寸的裤子去参加毕业典礼了。

启示

一个团队仅有良好的愿望和热情是不够的，要积极引导并靠明确的规则来分工协作，这样才能把大家的力量形成合力。管理一个项目如此，管理一个部门也是如此。团队协作需要默契，但默契是靠长期的日积月累形成的，在协作初创期，还是要靠明确的约束和激励来养成，没有规矩，不成方圆，冲天的干劲引导不好就会欲速不达。领导的权力不是指挥棒，而是杠杆。

V 形飞雁

大雁有一种合作的本能，它们飞行时都呈 V 形。这些雁飞行时定期变换领导者，因为头雁在前面开路，能帮助它两边的雁形成局部的真空。科学家发现，雁以这种形式飞行，能比单独飞行多出 12% 的距离。

合作可以产生 1 加 1＞2 的倍增效果。据统计，诺贝尔奖获奖项目中，因协作获奖的占 2/3 以上。

分工合作正成为企业工作方式的潮流，被更多的管理者所提倡，如果我们能把复杂的事情变得简单，把简单的事情变得容易，我们做事的效率就会倍增。合作是简单化、专业化、标准化的关键，世界正逐步向简单化、专业化、标准化发展，于是合作的方式就理所当然地成了这个时代的产物。

启示

一个由相互联系、相互制约的若干部分组成的整体，经过优化设计后，整体功能能够大于部分之和，产生 1+1>2 的效果。

天鹅、狗鱼和虾

有一次，天鹅、狗鱼和虾，想一起拉动一辆满载的货车。3 个家伙套上车索，拼命用力拉，可车子还是拉不动。车上装的东西不算重，只是天鹅拼命向云里冲，虾拼命向后倒拖，狗鱼直向水里拉。究竟哪个错？哪个对？不用我们多讲，只是车子还停留在老地方。

启示

员工之间协调不好，工作就不能顺利开展。这样只会把事情弄糟。有智慧的领导者，要能妥善分配员工的工作，并协调他们之间的合作。无论一个公司的资金、机器和材料的总和多么强大，如果没有一支愿意进行思考和清醒的人们组成的队伍，它们也发挥不了功效。

两头鸟

从前，有个国家的森林里，喂着一只两头鸟。名叫“共命”。这鸟的两个头“相依为命”。遇事的时候两个头都会讨论一番，才会采取一致的行动。比如到哪里去找食物，在哪里筑巢栖息等。

有一天，一个头不知为何对另一个头产生了很大误会，造成谁也不理谁的仇视局面。

其中有一个头，想尽办法和好，希望还和从前一样快乐地相处。另一个头则毫不理睬，根本没有要和好的意思。

如今，这两个头为了食物开始争执，那善良的头建议多吃健康的食物，以增进体力；但另一个头则坚持吃“毒草”，想要毒死对方以消除心中怒气。和谈无法继续，于是只有各吃各的。最后，这只两头鸟终因吃了过多的有毒的食物而死去了。

启示

在一个公司内，每个组织之间的关系就好像是个大家庭，成员中的兄弟姐妹，应该和和气气，团结一致。若发生了什么不愉快的事，大家应开诚布公地解决，不应将他人视为敌人，因为大家都在同一个公司内服务，一旦某个组织溃不成军时，其他组织也将深受其害。亲密是介于组织、主管和员工之间的一条看不见的线。有了亲密感，才会有信任、牺牲和忠贞。

巨鹿决战

秦朝末年，天下纷乱，各路人马为了不同的利益相互混战。其中，项羽的破釜沉舟至今被人们引以传诵。

当时，围困巨鹿的秦军强大，几乎没人敢前去迎战。项羽为报秦军杀父之仇主动请缨。

项羽先派手下大将率领两万人做先锋，切断秦军的运粮通道。然后，项羽率领主力渡河。渡过了河，项羽命令将士，每人带3天的干粮，把军队里做饭的锅碗全砸了，把渡河用的船只全部凿沉，连营帐都烧了，并对将士们说："咱们这次打仗，有进无退，3天之内，一定要把秦兵打退。"

项羽破釜沉舟的决心和勇气，对将士起了很大的鼓舞作用。楚军把秦军包围起来，个个士气振奋，越打越勇。一个人抵得上10个秦兵，10个人就可以抵上100个秦兵。经过9次激烈战斗，活捉了秦军首领王离，其他秦军将士有被杀的，也有逃走的，围困巨鹿的秦军就这样被瓦解了。

启示

当团队遭遇失败挫折的时候，作为团队的管理者，你要怎样才能保持现在这种一呼百应的良好领导局面呢？决定因素有很多，其中很重要的一点就是要把整个团队拧成一股绳，激励大家同仇敌忾，激发员工拼搏的决心、信心和勇气，置之死地而后生。如果凡事怕危险而畏首畏尾，则永无出人头地之日。唯有将自身的安全置之度外，勇于面对现实，方能使事业飞黄腾达。

流传千年的故事

一名教徒很想知道天堂到底是什么样子。他问神："地狱在那里？天堂又在哪里？"神没有回答他，而是拉着他的手领着他穿过了一个黑暗的过道，来到一个殿堂。他们跨过一个铁门，走进了一间挤满人的大屋，这里有穷人也有富人，有的人衣不蔽体，有的人则佩金带玉。在屋子当中，有一个熊熊燃烧着的火堆，上面吊着一个大汤锅，锅里的汤沸腾着，飘出令人垂涎的香味，汤锅的周围挤满了面黄肌瘦的人们。他们每个人手里都拿着一个好几尺长的大汤勺。舀汤的一端是铁的，勺把是木制的，这些饥饿的人们围着汤锅贪婪地舀着，由于汤勺的柄非常长，一勺汤又非常重，即使是身体强壮的人也不可能把汤喝进自己嘴里，而不得要领的那些人不仅烫了自己的胳膊和脸，还把身边的人也烫伤了。于是，他们相互责骂，进而用汤勺大打出手。神对那个教徒说："这就是地狱！"

然后，他们离开了这屋子，从一条暗的过道走了好一阵子来到另一间屋子。同前面一样，屋子中间有一个热汤锅，许多人围坐在旁边，手里拿着同样的长柄汤勺。除了舀汤声外，只听到喝汤声，锅旁总保持两个人，一个舀汤给另一个喝。如果舀汤的人累了，另一个就会拿着汤勺来帮忙。神对教徒说："这就是天堂。"

启示

（1）同样的问题，解决的方式和方法却决定了人们生活在天堂还是地狱。

（2）进天堂还是进地狱，取决于我们的经验和解决方法，更取决于我们是否与他人合作。

（3）积极团队就是天堂，消极团队就是地狱。

回声的结局

在山谷里，只要有一个声音，就会产生一个同样的回声。有多少声音，就会有多少同样的回声。

回声是相当固执、相当自负的，它认为自己比产生它的声音强。有一天，它竟然提出要跟声音比赛谁最有能耐和口才。

声音说："比就要比创造性。"

回声立刻跟着说："比就要比创造性。"

声音说："但是你只会重复。"

回声也毫不相让："但是你只会重复。"

声音说："你应该学会谦虚一点儿。"

回声毫不犹豫地回敬一句："你应该学会谦虚一点儿。"

总之，只要声音说一句，回声也照样说一句，顽固地顶了回去。

这场比赛，单调地进行了很久，看来是不会有结果了。

后来，声音有些激动了，就说："我不跟你争吵了。"

回声也生气地重复着："我不跟你争吵了。"

声音忍耐了一下，真的就不响了。

回声还想接着顶一句什么话，但是这一下它什么也说不出来了。

从此以后，假如声音能坚持下去，永远不再开口，回声也就没办法再进行比赛，再继续争辩自己的优越性，而且，它只好从世界上消灭了。这就是回声所应该得到的结局。

启示

在团队中，经常有这样的现象：一些人总是认为自己很厉害而别人不行，总是跟别人过不去，抱怨别人如何不好，但是如果真让他来做，他却什么也做不好。实际上，与人相处需要的是我们的谦虚和包容。如果没有别人协助，一个人很难做成大事。

把苦日子过甜

有一本名为《鱼》的书描写了一个部门经理将一个常年扯皮推诿、死气沉沉的内勤部门转变成全公司最高效的团队的过程。而这一切都源于这家公司附近举世闻名的派克街鱼市，它是美国西雅图的旅游胜地，以轻松愉快的氛围和极富感染力的客户服务闻名遐迩。

在派克街鱼市，市场里没有刺鼻的鱼腥味，迎面而来的是鱼贩们欢快的笑声。他们面带笑容，像合作无间的棒球队员，让冰冻的鱼像棒球一样，在空中飞来飞去。他们一边抛着鱼，还一边相互唱着：“啊，5 条鳕鱼飞到明尼苏达去了。”“8 只螃蟹飞到堪萨斯去了。”当有游客好奇地问当地鱼贩在这种工作环境下为什么会保持愉快的心情时，他们说：“事实上，几年前的这个鱼市本来也是一个没有生气的地方，大家整天抱怨。后来，大家认为与其每天抱怨沉重的工作，不如改变工作的品质。于是，人们不再抱怨生活本身，而是把卖鱼当成一种艺术。再后来，一个创意接着一个创意，一串欢笑接着一串欢笑，人们成了鱼市中的奇迹。

有时候，他们还会邀请顾客参加接鱼游戏，即使怕鱼腥味的人，也很乐意在热情的掌声中一试再试。每个愁眉不展的人进入这个鱼市，都会笑逐颜开地离开，手中还提满了情不自禁买下的货。

启示

我们每个人的心中都有梦想及想从事的理想职业，但是我们往往因为这样或那样的原因不能实现自己心中的理想及从事自己理想的职业。虽然我们不能选择喜欢自己的工作，但我们可以选择自己工作的态度。我们可以抱着“枯燥、痛苦和气愤”的态度投入一天的工作中；我们也可以选择“精力充沛、生动和带有创意”的态度投入一天的工作中。在同样的外部条件下，不同的心情会导致不同的结果。当然创造轻松的工作氛围不是一两个人的事情，需要大家共同努力。提倡轻松愉快的工作氛围不等于对工作敷衍了事，而是应该认真负责。这就需要选择“精力充沛、生动和带有创意”的态度去投入一天的工作，再加上“全力投入”“为他人带来愉快”的相关因素。

小矮人的力量

在古希腊时期的塞浦路斯，曾经有一座城堡里关着一群小矮人。传说他们因为受到了可怕咒语的诅咒，才被关到这个与世隔绝的地方。他们找不到任何人可以求助，没有粮食，没有水，7 个小矮人越来越绝望。

小矮人们没有想到，这是神灵对他们的考验——关于团结、智慧、知识、合作的考验。

神灵希望经过这次考验，小矮人们能悟出以下道理：

资讯不代表知识。

分享、沟通与行动是将知识转化为成果的关键。

知识通过有效的管理，最终将变成生产力。

小矮人中，阿基米德是第一个收到守护神雅典娜托梦的。雅典娜告诉他，在这个城堡里，除了他们待的那间阴湿的储藏室以外，其他 25 个房间里，有 1 个房间里有一些蜂蜜和水，够他们维持一段时间；另外 24 个房间里有石头，其中有 240 块玫瑰红的灵石，收集到这 240 块灵石，并把它们围成一个圈，可怕的咒语就会解除，他们就能逃离厄运，重归自己的家园。

第二天，阿基米德迫不及待地把这个梦告诉了其他的 6 个伙伴，其他 4 个人都不愿意相信，只有爱丽丝和苏格拉底愿意和他一起去努力。在开始的几天里，爱丽丝想先去找些木柴生火，这样既能取暖又能让房间里有些光线；苏格拉底想先去找那个有食物的房间；而阿基米德想快点儿把 240 块灵石找齐，好快点儿解除咒语；3 个人无法统一意见，于是决定各找各的，但几天下来，3 个人都没有成果，筋疲力尽，遭到了其他 4 个人的取笑。

但是 3 个人没有放弃，失败让他们意识到应该团结起来。他们决定先找火种，再找吃的，最后一起找灵石。这是个管用的方法，3 个人很快在左边第二个房间里找到了大量的蜂蜜和水。

显而易见，一个共同而明确的目标，对于任何团队来说都是非常重要的。

在经过了几天的饥饿之后，他们狼吞虎咽了一番；然后带了许多蜂蜜和水分给特洛伊、安吉拉、亚里士多德和梅丽沙。温饱的希望改变了其他 4 个人的想法，他们后悔自己开始时的愚蠢，并主动要求要和阿基米德他们一同寻找灵石，解除那可恨的咒语。

小矮人们从这件事中，发现了一个让他们终身受益的道理：

知识不过是一种工具，只有通过人与人之间沟通、互补，才能发挥它的全部能量。

为了提高效率，阿基米德决定把 7 个人兵分两路：原来的 3 个人，继续从左边找，而特洛伊等 4 人则从右边找。但问题很快就出来了，由于前 3 天一直都坐在原地，特洛伊等 4 人根本没有任何的方向感，城堡对于他们来说像个迷宫，他们几乎就是在原地打转。阿基米德果断地重新分配任务，爱丽丝和苏格拉底各带一人，用自己的诀窍和经验指导他们慢慢地熟悉城堡。

喜爱思考的阿基米德又明白了：

经验也是一种生产力，通过在团体中的共享，可以产生意想不到的效果。

当然，事情并不如想象中那么顺利，先是苏格拉底和特洛伊那组，总是嫌其他两个组太慢；后来，当过花农的梅丽莎发现，大家找来的石头里大部分都不是玫瑰红的；最后由于地形不熟，大家经常日复一日地在同一个房间里找灵石。大家的信心又开始慢慢丧失。小矮人们都没有注意到一个问题：

阻力来自不信任和非正常干扰。

阿基米德非常着急。这天傍晚，他把大家召集在一起，商量办法。可是，交流会刚开始，就变成了相互指责的批判会。

性子急的苏格拉底先开口："你们怎么回事，一天只能找到两三个有石头的房间？"

"那么多房间，门上又没有写哪个里面有石头，当然会找很长时间了！"爱丽丝答道。

"难道你们没有注意到，门锁上有孔的都是没有的，门锁是十字型的都是有石头的吗？"苏格拉底反问。

"你怎么不早说呢？害得我们做了那么多无用功。"其他人听到这里，似乎有点儿生气。经过交流，大家才发现，原来他们有些人找房间很快，但在房间里找到的石头都是错的；而那些找得非常准的人，往往又速度太慢。其实，这个道理非常简单：

具有专业素质的人才很关键。

于是，在爱丽丝的提议下，大家决定每天开一次会，交流经验和窍门，然后，把有用的经验都抄在能照到亮光的墙上。这面墙上的第一条经验就是：

将我们宝贵的经验与更多的伙伴分享，我们才有可能最快地走出困境。

在 7 个人的通力协作下，他们终于找齐了所有 240 块灵石，但就在这时，苏格拉底停止了呼吸。大家极度震惊和恐惧之余，火种突然又灭了。

没有火种，就没有光线；没有光线，大家就根本没有办法把石头围成一个圈。

本以为是件简单的事，大家都纷纷来帮忙生火，结果 6 个人费了半天的劲，还是无法生火——以前生火的事都是苏格拉底干的。寒冷、黑暗和恐惧再一次向小矮人们袭来，灰暗的情绪波及了每一个人，阿基米德非常后悔当初没有向苏格拉底学习生火，他又悟出了一个道理：

在一个团队里，不能让核心技术只掌握在一个人手里。

在神灵的眷顾下，最终，火还是被生起来了。小矮人们胜利了，胜利的法宝无疑就是：

知识通过有效的管理，最终将变成生产力。

启示 团队的力量可以解决一切问题。在团队合作的过程中，大家才能成长起来。

每人球技只要提高 1%

1986 年美国职业篮球联赛开始之初，洛杉矶湖人队士气不振。原因是他们在前一年输给了凯尔特人队，失去了王座。这时候，教练派特告诉大家，只要 12 个队员每个人在球技上能提高 1%，那么，整个球队就能提高 12%。大家从这 1% 的要求中看到了希望，训练热情高涨。大部分队员的球技提高了不止 5%，有的甚至提高了 50%。湖人队因此轻而易举地夺得了下次比赛的胜利。

启示 有时候，你把“提高”的标准“分开”之后，更容易令人接受。

人心思齐才扭亏为盈

美国联合航空公司是一个管理科学化程度极高的大公司，但却曾出现过年亏损 5000 万美元的局面。

为了扭转局面，公司聘请了一位叫卡尔森的人担任公司总裁。卡尔森是一位管理大酒店的行家，对于航空公司，他一点儿也不懂。他上任之后，经过认真研究后认为，出现危机的根本原因是，原管理者过于依赖科学技术，忽视了人与人之间的直接联系与和谐相处。于是，他在坚持科学管理的同时，一年行程 20 万英里（1 英里 ≈ 1.61 千米），一下飞机就与员工握手交谈，让员工们都认识他，并讲出自己的心里话。正是这种以人为本的管理方法，使公司气氛很快和谐起来；各部门之间的联系与衔接也更加紧密了。人们提出了许多合理化建议。很多久拖不决的问题都得到了解决。经过一段时间，公司果然扭亏为盈。

在这里，卡尔森的成功似乎很简单。坐飞机到处走，每到一个地方就和员工们握握手，聊聊天。这有什么呀？谁不会？是的，谁都会。可关键是，谁都没想到，就只有他想到了。他通过在公司各个部门之间的走动、握手和聊天（也许还包括一些别的活动），完成了公司内部人与人之间情感的衔接，从而促成了内部的和谐。

对于这家一向冷冰冰的航空公司来说，这真是雪中送炭。过去，他们一向在高科技管理之下，忽略了和谐、情感和衔接这几个要点。一旦这些思维盲区得以点化，公司上下自然就整合起来了。

启示 团队的和谐、合作是形成团队合力最大的根本。

社团活动提高生产率

日本丰田公司是继美国通用之后的世界第二大汽车公司。“车到山前必有路，有路必有丰田车”这句广告语家喻户晓。丰田汽车产品在美国的市场占有率高达42.2%。而领导丰田汽车走向辉煌的重要人物就是担任丰田公司总经理、社长、会长达40年之久的汽车巨子丰田英二。丰田英二具有优秀企业家的基本素质。他不仅工作上事必躬亲，认真负责，而且还相当尊重员工。他用各种办法来发动员工的积极性。在生产中，他对于员工提出的各种合理化意见都非常重视；有一次，有一位员工提出一项有关汽车坐垫下弹簧的建议被采纳后，他马上重赏10万日元。在他的倡导下，丰田公司组织了各种各样的社团活动。有橄榄球、排球、垒球、游泳、滑雪、围棋、日本象棋、纸牌、吹奏乐团、吟诗等各种社团。公司号召员工们积极参加本公司各社团的集体活动。此外，公司还经常举行综合运动会、游泳大会，为公司子弟举办成人仪式、夏令营等，每月都有一次各种丰富多彩的活动。这些活动使职工经常感到身心愉快、精神焕发，极大地提高了劳动生产率。

启示 当和谐融化在血液中之后，人就会“随心所欲不逾矩”。企业管理，只能是以人为本。人际关系和谐与否，关系重大。能把“和谐”与“凝聚”的思维组合，做得如此轻松自然，深入人心，的确不同一般。

竹子的生存哲学

树木大都是实心的，但竹子却是空心的。空心的竹子因为很容易就被折断，所以它们都是一大丛纠缠在一起成长的，这样一来，它们就不怕狂风暴雨的摧残。反倒是树木需要有一定空间才能生存，由于没有抵抗风雨的本钱，一旦狂风来袭，许多树木就被折断，甚至连根拔起。又因为竹子是整丛生长在一块，每根竹子为了找到安身立命之地，它便必须在最短的时间内长出，即使只有立锥之地。这也就是它们空心的原因了，因它们唯恐落于人后，根本无暇长成实心。

启示　竹子的团结又竞争，就像职场上的状况。想一想，自己是否有合群的态度？自己的竞争优势又在哪里？

五指辩论

有一天，五根手指聚在一起，讨论谁是真正的老大。

大拇指骄傲地率先发言，说：“五根手指中，我排第一而且最粗大，人们在称赞最好或是表现杰出的时候，都是竖起拇指，所以老大非我莫属。”

食指不以为然，急着辩解：“我才是老大，要知道人没有我支撑，根本夹不了菜，而且食指大动，才能大快朵颐。另外，人类在指示方向时，必须靠我。”

中指不屑地说：“五指中我最修长，有如鹤立鸡群，而且我居最中间的位置，大家众星捧月，这不就是老大的证明吗？”

无名指不甘示弱，理直气壮地主张：“三位也未免太自大了，世上最珍贵的珠宝，只有套在我身上，才能相得益彰。因此，我才配称老大。”

小指在一旁，只是静默不语，四指讶异地一起问道：“喂，你怎么不谈谈你的看法，难道不想当老大？”

“各位都有显赫的地位，我人微言轻，只是当人类在合十礼拜或打躬作揖时，我是最靠近真理与对方的。”

启示　内敛以养望，吹嘘自暴短。

庙里三和尚

3个和尚在破落的庙宇里相遇。“这个庙为什么一片荒废凄凉呢？”甲和尚随口提出了这个问题。

“一定是和尚不虔诚，所以诸神不灵。”乙和尚说。

“一定是和尚不勤劳，所以庙产不修。”丙和尚说。

“一定是和尚不敬谨，所以信徒不多。”甲和尚说。

三人你一言我一语，最后决定留下来各尽所能，看看能不能成功拯救此庙。于是甲和尚恭谨化缘招呼，乙和尚诵经礼佛，丙和尚殷勤打扫。果然香火渐盛，前来朝拜的信徒络绎不绝，而原来的庙宇也再度恢复了鼎盛兴旺的旧观。

“都是因为我四处化缘，所以信徒大增。”甲和尚说。

“都是因为我虚心礼佛，所以菩萨才显灵。”乙和尚说。

“都是因为我勤加整理，所以庙才焕然一新。”丙和尚说。

三人为此日夜争执不休，庙里的盛况又逐渐一落千丈。分道扬镳的那一天，他们总算得出一致的结论：这庙荒废的原因，既非和尚不虔诚，也不是和尚不勤劳，更非和尚不敬谨，而是和尚不和睦。

启示　团队精神最具破坏力的一点就是把功劳归为自己所有。一定要知道“人和万事兴。”

一只大雁的哀鸣

在加拿大温哥华的海滨公园，生活着这样一群大雁，它们放弃了一年一度的迁徙，从候鸟变成了留鸟。起先只有两三只大雁，到后来增加到数百只，越来越多。它们再也不愿往南飞了，因为它们发现，人们来到海滨游玩的时候，总是喜欢携带一些饼干、薯片、杂食来喂养它们。即使在严酷的冬天，它们也可以一边躲在建筑物里避寒，一边等待着人类的喂养。它们似乎再也不用担心过冬的食物了。这些聪明的鸟儿，也早已学会了如何讨好人类。它们围绕在人的周围，呀呀地叫着谄媚乞食。

杰克可能是最后一只南飞的大雁，它对儿子说：“我们不能忘了南方的故乡，那里是我们心灵的家园。”

“可是，南方实在是太遥远了！”儿子有些畏难。

杰克严肃地告诉儿子：“飞回南方故乡能够锻炼我们飞翔的能力。”杰克是一只理想主义的大雁，任何困难都阻挡不了它的决心。

杰克不得不正视一个现实的问题：大雁南飞是一个团队合作的过程，它必须找到一群志同道合的伙伴。在杰克的飞行生涯中，曾经有过这样的经历：当秋天来临，整个雁群就会积极做好南飞的准备。它们总是喜欢排成“人”字飞行。在这种团队结构中，每一只鸟扇动的翅膀都会为紧随其后的同伴鼓舞起一股向上的力量，从而能够支持它们顺利地到达目的地，完成长途的迁徙。人们赞叹大雁，为它们的团队精神而感动不已，杰克也为自己是这支光荣团队的一分子而倍感自豪。

然而，杰克经过多方努力，也找不到一个愿意和它一起重返蓝天的同伴。因为贪图温哥华海滨公园不劳而获的享受，那些大雁拒绝了杰克的建议。更何况，许多大雁都得了“富贵病”，大腹便便，体态臃肿，很难适应长途飞行。为了一点短期的利益，大雁们忘记了它们的目标，光荣的团队早已变成了历史，变成了令人百感交集的回忆。失望的杰克只好独自带着儿子上路了，开始了命中注定的悲情之旅。

一个星期之后，英雄的杰克便永远消失在蓝天白云之间了——一颗罪恶的子弹击中了它筋疲力尽的翅膀。不断滴落的鲜血染红了天空的记忆，直到杰克发出最后一声哀鸣。

启示　团队是个人幸福的源泉，一个人离开了团队，便成了无源之水，无本之木。一个团队如果丧失了奋斗进取的精神，面临的必然是退化和衰亡。

企业管理篇

第二部分

THE SECOND PART

人力资源管理

资源整合

在美国一个农村，住着一个老头，他有三个儿子。大儿子、二儿子都在城里工作，小儿子和他在一起，父子相依为命。

突然有一天，一个人找到老头，对他说："尊敬的老人家，我想把您的小儿子带到城里去工作？"老头气愤地说："不行，绝对不行！"这个人说："如果我在城里给您的儿子找个对象，可以吗？"老头摇摇头："不行！"这个人又说："如果我给您儿子找的对象，也就是您未来的儿媳妇是顶级富豪的女儿呢？"老头想了又想，终于被儿子当上富豪的女婿这件事打动了。

过了几天，这个人找到了美国一位顶级富豪，对他说："尊敬的先生，我想给您的女儿找个对象。"富豪听了，生气地说："你给我出去！"这个人又说："如果我给您女儿找的对象，也就是您未来的女婿是世界银行的副总裁，可以吗？"富豪想了想，同意了。

又过了几天，这个人找到了世界银行总裁，对他说："尊敬的总裁先生，您应该马上任命一个副总裁！"总裁先生摇头说："不可能，这里这么多副总裁，我为什么还要任命一个副总裁呢？"这个人说："如果您任命的这个副总裁是顶级富豪的女婿，可以吗？"总裁先生当然同意了。

启示 这虽然只是一个虚构的故事，但却能反映出当代企业家配置资源的最佳方式。

三只老鼠

三只老鼠一同去偷油喝。找到一个油瓶后，三只老鼠商量，一只踩着一只的肩膀，轮流上去喝油。于是三只老鼠开始"叠罗汉"，当最后一只老鼠刚刚爬到另外两只的肩膀上，不知什么原因，油瓶倒了，惊动了主人。老鼠逃回窝后，开会讨论为什么会失败。

最上面的老鼠说："我没有喝到油，而且推倒了油瓶，是因为下面第二只老鼠抖动了一下。"第二只老鼠说："我感觉到第三只老鼠抽搐了一下，所以我才抖动了一下。"第三只老鼠说："对，对，我因为好像听见门外有猫的叫声，所以抖了一下。""哦，原来如此呀！"

企业里很多人也具有老鼠的心态。请听一下在企业的季度会议上，各部门负责人的发言。营销部门经理说："最近销售做得不好，我们有一定责任，但是最

主要的责任不在我们。竞争对手纷纷推出新产品，比我们的产品好，所以我们很不好做，研发部门要认真总结。”研发部门经理说：“我们最近推出的新产品是少，但是我们也有困难呀！我们的预算很少，就连这少的可怜的预算，也被财务削减了！”财务经理说：“是，我是削减了你的预算，但是你要知道，公司的成本在上升，我们当然没有多少钱。”这时，采购经理跳起来：“我们的采购成本是上升了 10%，你们知道原因吗？俄罗斯的一个生产铬的矿山爆炸了，导致不锈钢价格上升。”“哦，原来如此呀，这么说来，我们大家都没有多少责任了，哈哈！”人力资源经理说，“这样说来，我只好去考核俄罗斯的矿山了！”

启示　企业中出现了问题，关键的不是追究谁责任，而是研究怎样才能解决问题。

子贱放权

孔子的学生子贱，有一次奉命担任某地方的官吏。当他到任以后，却时常弹琴自娱，不问政事，可是他所管辖的地方却被治理得井井有条。这使那位卸任的官吏百思不得其解，因为他每天即使从早忙到晚，也没有把地方治理好。于是他请教子贱：“为什么你能治理得这么好？”子贱回答说：“你只靠自己的力量去进行，所以十分辛苦；而我却是借助别人的力量来完成任务。”

现代企业中的领导人，喜欢把一切事揽在身上，事必躬亲，管这管那，从来不放心把一件事交给手下人去做。这使得他整天忙忙碌碌，会被公司的大小事务搞得焦头烂额。

启示　一个聪明的领导者，应该像子贱一样，正确地利用部属的力量，发挥团队协作精神。这样不仅能使团队很快成熟起来，同时也能减轻管理者的负担。在公司的管理方面，要相信“少就是多”的道理：你抓得少些，反而收获就多了。管理者，要管头管脚（指人和资源），不能从头管到脚。

不打下烙印不算教训

人的认识要想落实在行动上，就必须打下烙印。凡是那些没有烙印的认识最终必将被人遗忘或抛弃。在企业经营和管理过程中，没有规矩不成方圆。怎样才能让规矩给人打下烙印呢？

东南亚某小制造厂的老板，为了让那些不注意节约、随便丢弃小零件的员工认识到这个问题的严重性，就故意当大家的面，将许多硬币丢在车间里。工人们将硬币一一捡了起来。在这之后，这位老板就把大家召集到一起开会。会上他对大家说，“大家应该知道，丢零件就是丢钱！通货膨胀引发了货币贬值，可零件却在增值。”从此，乱丢零件的现象就很少发生了。

著名的玛斯糖果公司非常注重产品质量。有一次，老板发现有一些棒棒糖包装出了问题，于是就让人将这批货一个个地往会议室的玻璃窗上摔。消息马上传遍了整个公司，员工们立即紧张起来了，各道工序全都严格把控，以此提升产品的质量。

海尔公司为了让员工们认识到质量的重要性，就让工人们拿着铁锤狠砸出现质量问题的冰箱。

启示　要让人们记住教训，就要千方百计地给人打下烙印。这些都是以“烙印”与“警醒”为主导的思维决定结果。

司机应聘

某大公司准备高薪聘请一名小车司机，经过层层筛选和考试之后，只剩下三名技术优秀的竞争者。主考官问他们：“悬崖边有块金子，你们开着车去拿，觉得能距离悬崖多近而又不至于出事呢？”

“两米。”第一位说。

“半米。”第二位很有把握地说。

“我会尽量远离悬崖，越远越好。”第三位说。

结果这家公司录取了第三位。

启示　不要和诱惑较劲，而应离得越远越好。

马蝇效应

1860 年，林肯当选美国总统。有一天，有位名叫巴恩的银行家到白宫拜访，正巧看见蔡思从林肯的办公室走出来。于是，巴恩对林肯说："如果您要组阁的话，千万不要将此人选入您的内阁。"林肯奇怪地问："为什么？"巴恩说："因为，他是个自大成性的家伙，他甚至认为，他比您伟大得多。"林肯笑了，说："哦，除了他以外，您还知道有谁认为他自己比我伟大得多？""不知道，"巴恩答道："不过，您为什么要这样问呢？"林肯说："我想把他们全部选入我的内阁。"

事实证明，巴恩的话是有道理的。蔡思果然是个狂态十足、极其自大，而且妒忌心极重的家伙。他狂热地追求最高领导权，本想入住白宫，不料却败给了林肯，只好退而求其次，想当国务卿。林肯任命西华德担任国务卿。无奈之下，蔡思只好当了林肯政府的财政部部长。对于这件事，蔡思一直怀恨在心，愤愤不平。不过，这个家伙确实是个大能人，在财政预算与宏观调控方面很有一套。林肯一直十分器重他，并通过各种手段，尽量减少与他的冲突。

后来，非常了解蔡思的《纽约时报》主编亨利·雷蒙顿拜访林肯的时候，特地告诉林肯，蔡思正在狂热地上蹿下跳，谋求总统职位。林肯以他一贯以来特有的幽默对雷蒙顿说："亨利，你不是在农村长大的吗？那你一定知道什么是马蝇了。有一次，我和我哥哥在肯塔基老家的农场里耕地，我吆马、他扶犁。偏偏那匹马很懒，老是磨洋工。但是，有一段时间，它却在地里跑得飞快，我们差点儿都跟不上它。到了地头，我才发现，有一只很大的马蝇叮在它的身上，于是我把马蝇打落了。哥哥问我，"为什么要打落它？"我告诉他，我不忍心让马被咬。哥哥说："就是因为有马蝇，这匹马才跑得那么快。"然后，林肯意味深长地对雷蒙顿说："现在正好有一只名叫'总统欲'的马蝇叮着蔡思先生，那么，只要它能使蔡思所在的部门不停地跑，我还不想打落它。"

林肯的胸襟和用人能力，使他成为美国历史上最伟大的总统之一。

其实，当我们将眼光收回来，放在我们企业里的时候，我们会发现，差不多每家企业里，都有像蔡思那样的狂妄自负、根本不把任何人放在眼里的人。

这些人或许拥有深厚的背景；或许聪明、好动，是某一方面的专家；或许充满创新精神。他们野心勃勃，对成功以及与成功相关的东西具有极其浓厚的兴趣。他们不会循规蹈矩，也不会轻易被权威折服；更让管理者头痛的是，这些人不但在专业上有一套，在组织内的"兴风作浪"上也很有一套。

这些人在很多管理者眼里，是很难缠的角色。如何处理与这些人之间的关系，如何应对由这样的人引发的组织冲突，对于管理者来说，实在是一个相当有难度的挑战。我们可以将这类人分为较为典型的三类：

——有背景的；

——有优势的；

——想跳槽的。

首先来看看那些有背景的员工。

这些员工的背景对管理者来说，是一个现实的威胁。背景就是他的资源，可能是政府要员，可能是老板，可能是你的上司，可能是公司里面有权势的人，也可能是你工作中的某个具有重要意义的“合作伙伴”。这些背景资源，不但赋予了这类员工特殊的身份，而且也为你平添了许多麻烦。对于这类员工来说，这些背景资源可以使他们做得更成功，所以他们会在日常工作中有意无意地向你和其他同事展现他们的背景，为的是获得一些工作中的便利。比如，他们可能因此而得到更多的资源和机会，他们在做出了相同的业绩时也会得到更多的褒奖，即便是犯了错，某些背景也可能使他们得到从轻处理甚至免于处罚。但是，背景这种资源往往在某些关键的时候起着不可替代的作用，一些用常规方法无法处理的困扰，到了这类员工手里，有可能只是一句话的问题。他们就像你身上的“肿瘤”一样，你时常担心它会恶化，但真的割掉，可能又会有生命危险，实在是不好处理。

再看那些有优势的员工。

实际上，这类人往往具有高学历、强能力、独到技艺、丰富经验或是在本公司工作时间很长。正因为他们具有一些其他员工无法比拟的优势，所以能够在工作中表现不俗。当然，他们的优越感也因此进一步彰显。这种优越感发展到一定的程度时，直接体现为高傲、自负以及野心勃勃。比如，他们具有很强的权欲，至少会认为自己比其他同事强，认为自己是“权威”，认为自己是为公司立下汗马功劳的功臣，所以，他们不屑于和同事们做交流和沟通，独立意识很强，协作精神不足，不把领导放在眼里，甚至故意无条件地使唤别人以显示自己的特殊性。从工作能力上看，他们中的大部分都是“精英”，是领导们器重的骨干，但从公司管理角度来看，这些人很多时候扮演着“组织破坏者”的角色（可能是无意的），他可能会因此而造成其他同事的反感，也可能因为与其他同事越走越远而成为团队冲突的源头。

至于那些想跳槽的员工，他们很显然是“身在曹营心在汉”的不安分者，这些人往往是具有很强占有欲（对金钱、权力等）的、非常现实的家伙。由于在其他地方的预期收益与发展机会可能优于你的公司，他们多会选择“人往高处走”。而且，这些人中间确实也有相当一部分是身怀绝技的“抢手货”。如果仅此而已也就罢了，毕竟从双向选择的社会以及个人发展的角度来考虑，这是无可厚非的一件事情。但是，偏偏有些人觉得，反正自己要跳槽，就不怕公司，认为公司不能拿自己怎么样，所以干脆摆出一副“死猪不怕开水烫”的姿态，不把公司的制度和管理规范放在眼里，消极工作、态度恶劣；甚至为了以前工作中的积怨，故意针对某些领导和同事挑起组织冲突。到最后，人虽然走了，但留下的消极影响却很长时间也消除不了。

以上三类员工，都是组织中令管理者十分头痛的“刺儿头”。你可以断然采取措施，比如，你可以寻求公司领导的支持，将这类员工全部炒掉，以保持组织的纯洁度。但是，这是你实施企业管理的最终目的吗？这样做能使你不断挑战更高的管理绩效吗？是的，你可以通过你认为最合适的方式保证组织不出问题，但到最后，你得到的可能是一个非常听话却平庸无比的团队，根本无从创造更高的管理绩效。作为一个优秀的管理者，你应该有能力融合各种各样的员工，让对的人做对的事，并且激励他们不断挑战更高的工作业绩。何况，在这些“刺儿头”中，确实隐藏着身怀绝技的精英。

林肯对待蔡思先生的故事，或许真的可以给我们更多的启示。我们可以利用“马蝇效应”，学习林肯，把那些像蔡思先生一样容易挑刺，又有强大能力或特殊资源的人充分利用起来。

仔细分析一下我们就可以发现，这几类员工有一个共同的特点：那就是他们不会轻易被满足。他们有很强烈的占有欲：或既得利益，或权势，或金钱。他们不会轻易被满足，所以他们才会表现得与众不同。他们需要给领导留下更深刻的印象，希望由此而得到更多的满足，因为他们的身上都“叮着”不断刺激他们积极进取的“马蝇”。作为管理者，善用“马蝇效应”，不但可以有效减少组织冲突，而且可以让这些拥有各种资源和能力的人积极效力。

对于那些有背景的员工来说，他们身上的“马蝇”就是稳定的既得利益以及某种心理上隐秘的满足感。从工作能力上来讲，这些人不一定比其他同事强，但是，他们的心理状况一般好于他人，做人做事方面更自信，加上背景方面的优势，更能发挥出水平。对于这种人，最好的办法是若即若离，保持一定的距离。如果在工作中有上佳表现，可以适当进行褒奖，但一定要注意分寸。否则，由于其特殊的背景，你的肯定很可能被其他同事当成一种“言过其实”的褒奖，而其本人，也很容易恃宠而骄，变得越来越骄横。如果这些有特殊背景的人在工作中表现平庸，而且常有意无意地炫耀自己不凡的后台，那么，你在与他们保持距离的同时，决不可姑息纵容，否则不但不足以服众，而且会给你自己带来无穷的麻烦。

对于那些有优势的员工来说，他们并不畏惧更高的目标、更大的工作范畴、更有难度的任务，他们往往希望通过挑战这些来显示自己超人一等的能力以及在公司里无可替代的地位，以便为自己赢得更多的尊重，这就是“叮在”他们身上的“马蝇”。正像前面分析的一样，这些人中不乏身怀绝技的“精英”，因此，谨慎地做好他们的工作，是提升管理绩效的关键。以下几个方面的问题是值得仔细关注的：

——如果你是善于辞令、善于捕捉人心理的管理者，你可以试着找他们谈谈心、做做思想工作；

——行动永远比语言更有说服力。为这些高傲的家伙树立一个典范，让他们看看一个有权威的人是怎样处理问题、实现团队目标的；

——这些家伙往往好胜自负、进取心强，在委派任务的时候，最好用一句简洁有力、但颇能刺激他神经的话来结束："这个任务对你来说有困难吗？"在得到了他不服气或略带轻蔑的回答后，便可结束了。如果太多叮嘱和干预，只会引起这种人的反感和烦躁，甚至使他对于任务本身和你这个领导更加不屑一顾；

——运用你的智慧和鼓动力，在工作时有意对这样的员工进行"冷处理"，让他体会到个人的力量与团队的力量相比，是微不足道的，然后，在适当的时候鼓励其发挥专长，保全他的面子和自尊；

——制度面前人人平等，从一开始起就不要把任何错觉留给这样的员工，不要让他们误以为自己有某些优势，就可以凌驾于制度之上。这点是长期驾驭这些人的关键，一定要坚持下去。

对于那些想跳槽的员工，机会、权力与金钱就是驱使他们做出抉择的"马蝇"。把握一些原则是必要的：

首先，不要为了留住某些人而轻易做出很难实现的承诺；如果有过承诺，一定要兑现；如果无法兑现，一定要给他们正面的说法。千万不要在员工面前扮演一个言而无信的管理者角色，那样只会为将来的动荡埋下隐患。

其次，及时发现员工的情绪波动，特别是那些业务骨干，一定要把安抚民心的工作做在前头。虽说"亡羊补牢，犹为未晚"，但把预警工作做在前面，便可以避免一些不必要的损失。

第三，攻心为上，以理服人，以情动人。

第四，如果员工去意已定，那么你不要太过勉强，应该善始善终、好说好散，在必要的时候，可以请他们提前离开公司。重要的在于不要让某些人的跳槽变成有针对性、有目的性的挑衅，造成全公司员工的大面积情绪波动。

第五，随时检查公司的晋升、薪酬、绩效考核等人力资源管理制度是否合理，避免因制度性原因造成员工非正常流动。

启示

我们经常说：人的工作是最难做的。是的，很多时候公司无法取得更大的发展，甚至分崩离析，其根源就在于没有做好人的工作。作为一个管理者，你最大的成就就在于构建并率领一支由各种不同的专业知识及特

启示

殊技能的成员组成的、具有强大战斗力与高度协作精神的团队，不断挑战更高的工作目标，不断创造更大的绩效。为此，你可能需要超人的勤奋，需要更多的知识，需要更强的资源支持；更重要的是，你还需要像林肯一样，善于运用自己的智慧，利用“马蝇效应”，把一些很难管理，又十分重要和关键的员工团结在一起，充分发挥他们的作用，不断为公司创造更大绩效。

辞职

小王对小张说：“我要离开这个公司。我恨这个公司！”小张建议道：“我举双手赞成你报复！这破公司一定要给它点颜色看看。不过你现在离开，还不是最好的时机。”

小王问：“为什么？”

小张说：“如果你现在走，公司的损失并不大。你应该趁着在公司的机会，拼命拉一些客户，成为公司独当一面的人物，然后带着这些客户突然离开公司，公司才会非常被动，受到重大损失。”

小王觉得小张说得非常在理，于是努力工作。事遂所愿，经过半年多的努力，他有了许多的忠实客户。

再见面时，小张问小王：“现在是时机了，想跳槽就要赶快行动哦！”

小王淡然笑道：“老总跟我长谈过，准备升我做总经理助理，我暂时没有离开的打算了。”

其实这也正是小张的初衷。

启示

一个人的工作，永远不能只为了自己的收入。只有付出大于得到，老板才能真正看到你的潜在能力，进而给你更多的机会替他创造更多利润。

大师的学生

一位音乐系的学生走进练习室，钢琴上，摆放着一份全新的乐谱。

“难度太高了。”他翻动着，喃喃自语，感觉自己对弹奏钢琴的信心似乎跌到了谷底，消磨殆尽。

已经3个月了，自从跟了这位新的指导教授之后，他不知道，为什么教授要以这种方式整人？勉强打起精神，他开始用10只手指头奋战、奋战、奋战，琴声盖住了练习室外教授的踱步声。

指导教授是个极有名的钢琴大师。他给自己的新学生一份乐谱。

“试试看吧！”他说。

乐谱难度颇高，学生弹得生涩僵滞，错误百出。

“还不熟，回去好好练习！”教授在下课时，如此叮嘱学生。

学生练了一个星期。第二周上课时，没想到教授又给了他一份难度更高的乐谱。“试试看吧！”上星期布置的功课，教授提也没提。

学生再次挣扎于更高难度的技巧挑战。

第三周，更难的乐谱又出现了，同样的情形持续着，学生每次在课堂上都被一份新的乐谱难住，然后把它带回去练习，接着再回到课堂上，重新面临难上两倍的乐谱，却怎么样都追不上进度，一点儿也没有因为上周的练习而有驾轻就熟的感觉，学生感到越来越不安。

教授走进练习室。学生再也忍不住了，他必须向钢琴大师提出这3个月来何以不断折磨自己的质疑。

教授没开口，他抽出了第一份乐谱，交给学生。

“弹奏吧！”他以坚定的眼神望着学生。

不可思议的事发生了，连学生自己都惊讶万分，他居然可以将这首曲子弹奏得如此美妙、如此精湛！教授又让学生试了第二堂课的乐谱，学生同样表现出高水平的弹奏。演奏结束，学生怔怔地看着教授，说不出话来。

“如果我任由你表现最擅长的部分，可能你还在练习最早的那份乐谱，不可能有现在这样的程度。”钢琴大师缓缓地说道。

启示

人往往习惯于表现自己所熟悉、所擅长的领域。但如果我们愿意回首，细细检视，将会恍然大悟：看似紧锣密鼓的工作挑战、难度渐升的环境压力，让你在不知不觉间养成了今日的诸般能力。因为人确实有无限的潜力。有了这层体悟与认知，会让我们更欣然接受困难，有勇气面对未来更多的难题。

猴子与岗位

美国加利福尼亚大学的学者做了这样一个实验：把6只猴子分别关在3间空房子里，每间两只，房子里分别放着一定数量的食物，但放的位置、高度不一样。第一间房子的食物就放在地上，第二间房子的食物分别从易到难悬挂在不同高度的适当位置上，第三间房子的食物悬挂在房顶。数日后，他们发现第一间房子里的猴子一死一伤，伤的缺了耳朵断了腿，奄奄一息。第三间房子的猴子也死了。只有第二间房子里的猴子活得好好的。

究其原因，第一间房子的两只猴子一进房间就看到了地上的食物，于是，为了争夺唾手可得的食物而大动干戈，结果伤的伤，死的死。第三间房子的猴子虽做了努力，但因食物太高，难度过大，够不着，被活活饿死了。只有第二间房子的两只猴子先是各自凭着自己的本能蹦跳取食。最后，随着悬挂食物高度的增加，难度增大，两只猴子只有协作才能取得食物。于是，一只猴子托起另一只猴子跳起取食。这样，它们每天都能取得够吃的食物，很好地活了下来。

启示

猴子取食的实验，在一定程度上说明了人才与岗位的关系。岗位难度过低，人人能干，体现不出能力与水平，选拔不出人才，反而导致了内耗式的位置争斗，其结果无异于第一间房子里的两只猴子。岗位的难度太大，虽努力而不能及，甚至埋没了人才，其结果有如第三间房子里的两只猴子的命运。岗位的难度要适当，循序渐进，其结果如同第二间房子里的两只猴子的命运。这样，才能真正体现出能力与水平，发挥人的能动性和智慧。

纯洁的自信心

我们应该鼓励员工们追求成功的热情，但是，有一点必须注意：只有纯洁的自信心才能生发出健康的热情。自信心能帮助人们获得成功，然而，如果一位员工的自信心只是源于个人的贪婪，那么他将对同事和公司构成潜在的危害。在不健康的热情的驱使下，他很可能会不计后果地胡作非为。有一则寓言是这样说的：

一个牧羊人为了扩张自己的事业，决定培养一只狼做帮手。于是，他每天训练狼如何捕捉小羊。他希望通过狼把邻近羊群中的小羊据为己有。这只狼事先并没有野外生存的经验，是人工抚养大的，所以胆子很小。为了鼓励它，牧羊人说：“你是一只狼呀，既然如此，那么你要相信自己能够变成一只最杰出的狼！”这只狼果然变得很杰出，因为它把主人的羊也捕捉到了自己的肚子里。一位猎人出于义愤击杀了这只狼，而牧羊人也从此沦为穷光蛋了。

启示　牧羊人害人害己的教训是深刻的。不要以为这则寓言与我们无关。事实上，很多企业在人力资源的开发和管理中，常常犯牧羊人的错误。

饭店老板与无赖

一个人走进饭店要了酒菜，吃罢摸摸口袋，发现忘了带钱，便对店老板说：“店家，今日忘了带钱，改日送来。”店老板连声道：“不碍事，不碍事。”并恭敬地把他送出了门。

这个过程被一个无赖给看到了，他也进饭店要了酒菜，吃完后摸了一下口袋，对店老板说：“店家，今日忘了带钱，改日送来。”

谁知店老板脸色一变，揪住他，非剥他衣服不可。

无赖不服，说：“为什么刚才那人可以赊账，我就不行？”

店家说：“人家吃菜，筷子在桌子上摆齐，喝酒一盅盅地饮，斯斯文文，吃罢掏出手绢揩嘴，是个有德行的人，岂能赖我几个钱。你呢？筷子往胸前摆，狼吞虎咽，吃上瘾来，脚踏上条凳，端起酒壶直往嘴里灌，吃罢用袖子擦嘴，分明是个居无定所、食无定餐的无赖之徒，我岂能饶你！”

一席话说得无赖哑口无言，只得留下外衣，狼狈而去。

启示　第一，动作姿势是一个人思想感情、文化修养的外在体现。一个品行端庄、富有涵养的人，其姿势必然优雅；一个趣味低级、缺乏修养的人，是做不出高雅的姿势的。第二，在人际交往中，我们必须留意自己的形象，讲究动作与姿势，因为我们的动作、姿势，是别人了解我们的一面镜子。第三，在人际交往中，我们可以通过别人的动作、姿势来衡量、了解和理解别人。

拉绳实验

法国工程师林格曼曾经设计了一个引人深思的拉绳试验：把被试验者分成1人组、2人组、3人组和8人组，要求各组用尽全力拉绳，同时用灵敏度很高的测力器分别测量其拉力。结果，2人组的拉力只是单独拉绳时2人拉力总和的95%；3人组的拉力只是单独拉绳时3人拉力总和的49%。这个结果对于如何挖掘人的潜力，搞好人力资源管理，很有研究价值。

“拉绳试验”中出现“1+1 < 2”的情况，证明有人没有竭尽全力。这说明人有与生俱来的惰性，单枪匹马地独立操作，就竭尽全力；到了一个集体，则把责任悄然分解到其他人身上。社会心理学研究认为，这是集体工作时存在的一个普遍特征，称为“社会浪费”。

启示

人的潜力极限需要刺激，而最长效、最管用的刺激手段，莫过于建立人尽其才、人尽其力的激励机制。责任越具体，人的潜力发挥得越充分，耍滑头的人越少，用全力的人发展的空间越大。这样，既能在人力资源管理上挖掘潜能，又可让“南郭先生”无法滥竽充数混日子，最大限度地减少“社会浪费”。

勤快狗和懒惰猫

一户人家养了一条狗、一只猫。

狗是勤快的。每天，当主人家中无人时，狗便竖起两只耳朵，虎视眈眈地巡视在主人家的周围，哪怕有一丁点儿的动静，狗也要狂吠着疾奔过去，兢兢业业地为主人家做着看家护院的工作。

每当主人家有人时，它的精神便稍稍放松了，有时还会伏地沉睡。于是，女主人家每一个人，都认为这只狗是懒惰的，极不称职的，便经常不喂饱它，更别提奖赏它好吃的了。

猫是懒惰的。每当家中无人时，便伏地大睡，哪怕三五成群的老鼠在主人家中肆虐。睡好了，就到处散散步，活动活动身子骨。等主人家中有人时，它的精神也养好了，这儿瞅瞅那儿望望，时不时地，它还要去给主人舔舔脚、逗逗趣儿。在主人的眼中，这无疑是一只极勤快、极尽职守的猫，好吃的自然给了它。

由于猫的不尽职守，主人家的老鼠越来越多。终于有一天，老鼠将主人家唯一值钱的家当咬坏了，主人震怒，召集家人说：“你们看看，我们家的猫这样勤快，老鼠都猖狂到了这种地步，我认为一个重要的原因就是那只懒狗，它整天睡觉，也不帮猫捉几只老鼠。我郑重宣布，将狗赶出家门，再养一只猫。大家意见如何？”家人纷纷附和说：“这只狗是够懒的，每天只知道睡觉，你看猫，每天多勤快。是该将狗赶走，再养一只猫。”

于是，狗被赶出了家门，一步三回头。自始至终，它不明白赶它走的原因。它只看到，那只肥猫在它身后窃窃地、轻蔑地笑着。

启示

作为管理者一定要防止根据表面现象判断员工，如果这样，留在你身边的只是那些阿谀奉承、不干实事的人，而离开公司、被你赶走的都是企业真正的好员工。

日本人的一次魔鬼训练

日本松下公司准备从新招的3名员工中选出一位做市场策划，于是，对他们进行例行的岗前“魔鬼训练”，予以考核。公司将他们从东京送往广岛，让他们在那里生活1天，按最低标准给他们每人1天的生活费用2000日元，最后看他们谁剩的钱多。其实，剩是不可能的，一罐乌龙茶的价格是300日元，1听可乐的价格是200日元，最便宜的旅馆一夜就需要2000日元。也就是说，他们手里的钱仅仅够在旅馆里住一夜，要么就别睡觉，要么就别吃饭，除非他们在天黑之前让这些钱生出更多的钱。而且他们必须单独生存，不能联手合作，更不能给人打工。

第一个先生非常聪明，他用500日元买了一副墨镜，用剩下的钱买了一把二手吉他，来到广岛最繁华的地段——新干线售票大厅外的广场上，演起了“盲人卖艺”，半天下来，他的大琴盒里已经是满满的钞票了。

第二个先生也非常聪明，他花500日元做了一个大箱子，上面写道：将核武器赶出地球——纪念广岛核爆暨为加快广岛建设大募捐，也放在这最繁华的广场上。然后用剩下的钱雇了两个中学生做现场宣传讲演，还不到中午，他的大募捐箱就满了。

第三个先生真是个“没头脑”的家伙。或许他太累了，他做的第一件事就是找了个小餐馆，一杯清酒一份生鱼一碗米饭，好好地吃了一顿，一下子就消费了1500日元，然后钻进一辆废弃的丰田汽车里美美地睡了一觉。

广岛的人真不错，两个先生的“生意”异常红火，一天下来，他们对自己的聪明举动和获得的不菲收入暗自窃喜。谁知，傍晚时分，厄运降临到他们头上，一名佩戴胸卡和袖标、腰挎手枪的城市稽查人员出现在广场上，他扔掉了“盲人”的墨镜，摔碎了“盲人”的吉他，撕破了募捐人的箱子并赶走了他雇的学生，没收了他们的“财产”，收缴了他们的身份证，还扬言要以欺诈罪起诉他们。这下完了，别说赚钱，连老本都亏进去了。当他们想方设法借了点路费，狼狈不堪地返回松下公司时，已经比规定时间晚了一天，更让他们脸红的是，那个稽查人员正在公司恭候他们！

是的，他就是那个在饭馆里吃饭，在汽车里睡觉的第三个先生。他的投资是用150日元做了个袖标、一枚胸卡，花350日元从一个拾垃圾老人那儿买了一把旧玩具手枪和化妆用的络腮胡子。当然，还有就是花 1500 日元吃了顿饭。这时，松下公司国际市场营销部课长宫地孝满走出来，一本正经地对站在那里怔怔发呆的“盲人”和“募捐人”说：“企业要生存发展，要获得丰厚的利润，不仅仅要会“吃”市场，最重要的是懂得怎样“吃””。

启示　企业要生存发展，要获得丰厚的利润，不仅仅是市场拓展和管理，更重要的是研究竞争对手，寻求自我发展的策略。

青蛙的飞行训练

从前，有一个名叫张梦金的人，养了一只青蛙叫托尔斯。张梦金在一家跨国公司上班，虽然生活无忧，但是他总梦想着有朝一日自己能够暴富起来。

一天，张梦金灵机一动，对托尔斯说：“我们就要发财了，我将教会你飞！”

“等一等，我不会飞呀！我是一只青蛙，而不是一只麻雀！”

张梦金非常失望：“你这种消极态度确实是一个大问题。我要为你报一个培训班。”

于是托尔斯就上了 3 天培训班，它学习了战略制订、时间管理以及高效沟通等课程，但关于飞行方面却什么也没有学。

第一天飞行训练，张梦金异常兴奋，但是托尔斯却很害怕。张梦金解释说，他们住的公寓一共有 15 层，托尔斯从第一层开始，从窗户向外跳，每天加一层，最终达到 15 层。在每一次跳完之后，托尔斯要总结经验，找出最有效的飞行技术，然后把这些技术运用到下一次训练中。等到到达最高层的时候，托尔斯就学会飞了。

可怜的托尔斯请求张梦金考虑一下自己的性命，但是张梦金根本听不进去。他认为这只青蛙根本就不理解青蛙会飞的意义，更看不到自己的宏图大略。因此，张梦金毫不犹豫地打开第一层楼的窗户，把托尔斯扔了出去。

第二天，准备第二次飞行训练的时候，托尔斯再次恳求张梦金不要把自己扔出去。张梦金拿出一本袖珍的《高绩效管理》，然后向托尔斯解释，当人们面对一个全新的、创造性的项目时，抵制的情绪会很严重。接下来，只听见啪的一声，托尔斯又被扔了出来。

第三天，托尔斯调整了自己的策略，即拖延。它要求延迟飞行训练，直到有最适合飞行的气候条件为止。但是张梦金对此早有准备，他拿出一张进度表，说：“你肯定不想破坏训练的进度，对不对？”于是托尔斯知道，今天不跳仅仅意味着明天跳两次而已。

不能说托尔斯没有尽其所能。如第五天它给自己的腿加上了一副羽翼，试图变成鸟；第六天，它在自己脖子上戴了一个红色的斗篷，试图把自己变成“超人”，但这一切都是徒劳。到了第七天，托尔斯只好听天由命，它不再乞求张梦金的仁慈。它只是直直地看着张梦金说：“我知道你在杀死我，对不对？”

张梦金则指出，到目前为止，托尔斯的表现完全没有达到自己为其制订的目标。对此，托尔斯平静地说道：“闭嘴，开窗。”然后，它瞄着楼下的一个石头角落跳下去。

托尔斯被摔得像一片叶子一样瘪。张梦金对托尔斯极其失望。飞行计划完全失败了，托尔斯没有学会如何飞，它降落的过程就像一袋沙子从楼上扔下来一样，而且它丝毫也没有听取张梦金的建议：“聪明地飞，而不是猛烈地下降。”

现在，张梦金唯一能做的事就是分析整个过程，找出什么地方错了。经过认真思考，张梦金笑了：“下次，我找一只聪明的青蛙就行了。”

启示

成功与否不在于你有多么宏伟的蓝图，而在于你是否选择了正确的方向。作为领导，最重要的就是选对方向。方向错了，你的计划再严密、员工再努力、愿景再美好，也是枉然。事败之后不反思自己荒唐的战略选择，反而责怪员工不够聪明，这样的领导在生活中其实并不少！

倾听听不到的声音

公元3世纪，某国的国君把王子送到古朴大师处，希望大师将其收为门徒，并教导王子成为一位杰出的国王。当王子抵达古朴大师的寺庙时，大师就将他独自送到大森林中，并要求王子在一年后回到寺庙时，要描述出森林的声音。

冬去春来，王子回到寺庙，滔滔不绝地对大师讲述他在森林中听到的一切声音：“大师，我听到了杜鹃美丽的声音，树叶沙沙作响，鸟儿嗡嗡啼鸣，蟋蟀唧唧鸣叫。”听完王子的话语，大师再让他回到森林中继续倾听。对此，王子颇为困惑：难道自己还没完全辨识所有的声音吗？

时间一天一天地过去，王子孤独地端坐在森林里，竖着双耳尽力倾听。然而令他失望的是，除了已听到的声音外，别无其他的声音。有天清晨，正当在树下默默地坐着，心神安静下来之后，他突然开始感觉到从来没有听到过的模糊声音，愈是聚精会神地听，这些声音便愈是清楚，他茅塞顿开。

回到寺庙，王子恭敬地向大师描述他的收获："当我集中全力地倾听时，我听到了前所未有的声音，鲜花在缓缓开放着，大地在阳光下苏醒，小草在吸吮着露珠。"大师频频点头赞赏地说："倾听听不到的声音，是成为杰出君王的基本素质，你可以开始学习如何领导你的国家了。"

启示

领导者继承人的培育与养成，是企业（组织）的一大挑战。尤其在快速变动的时代中更是重要，这一代领导者所熟悉的经营法则，已不见得适用于下一代。什么是培养领导者不变的基本素质？为什么在国王请求古朴大师教导王子成为一位杰出的国王，古朴大师只训练王子独处与倾听？为什么当王子学会倾听"听不到的声音"之后，才能开始学习如何领导国家？这对现代领导人素质的养成有什么意义？

把公元3世纪的故事搬到现代，王子相当于你的组织中的什么人？在森林中独处相当于你所面对的什么环境？王子听到森林的各种声音对你而言又代表什么意义？在你的经营环境中，有哪些声音是你已经非常熟悉的？有哪些你不熟悉的？你曾如同王子一样认真，去倾听你经营环境的森林中所有的声音吗？"鲜花在缓缓开放着，大地在阳光下苏醒，小草在吮吸着露珠……"那是什么样的声音？你曾经在工作中听到过"听不到的声音"吗？那是什么样的时机下发现的？是讨论对话中话语背后的假设，还是批评意见背后的用心？是顾客没有说出的心声，还是多数沉默不语的员工心声？你是否也发现用"心"来倾听，可以比用耳听到更多"听不到的声音"？

唐太宗以"百姓之心为心"，尤其是能接纳魏徵等人谏言，用心良苦，难怪有人说他胸襟宽大。"慎独与倾听"点出领导者不变的修炼："听那听不见的，看那看不见的"。这才是优秀的领导者需具备的基本素质。

拴马的栅栏

有一天，国王在大臣的陪同下，来到马棚视察养马的情况。见到养马人，国王关心地询问："马棚里的大小诸事，你觉得哪一件事最难？"养马人一时难以回答。其实，在养马人心中是十分清楚的：一年365天，打草备料，饮马遛马，接驹钉掌，除粪清栏，哪一件都不是轻松的事。可是在君王面前，怎能一一诉说呢？站在一长排拴马的栅栏旁，大臣环视一周，便代为答道："从前我也当过马夫，依我之见，编排用于拴马的栅栏最困难，因为在编栅栏时所用的木料往往曲直混杂。你若想让所选的木料用起来顺手，使编排的栅栏整齐美观，结实耐用，开始的选料就显得极其重要。如果你在下第一根桩时用了弯曲的木料，随后你就要顺势将弯曲的木料用到底。像这样曲木之后再加曲木，笔直的木料就难以启用。反之，如果一开始就选用笔直的木料，必然是直木接直木，曲木也就用不上了。”

启示

编栅栏为了顺手、整齐，自然要按前面木条的形状，一根根编下去。用人与选材也是这样。每个部门的文化与部门经理有非常大的关系，在招聘中也会遇到同样的问题。

A 企业是一个印刷企业，公司成立已经十几年，有 A1、A2 两个主要的业务部门，A1 的经理是业务员出身，学历不高，是在实践中成长起来的，所以 A1 部门的员工与主管一样大多从业务员中提拔，A1 部门中的最高学历是大专毕业；A2 的经理是一个“海归”，比较注重学历，所以，A2 部门中的人学历普遍比 A1 部门的学历高。

B 是北方一个著名的公司，随着公司规模的扩大，创业元老也渐渐担任了公司的重要管理岗位。但是，公司规模扩大，需要招聘更多更有能力的人才，但是经过多次招聘后，依然没有合格的人入选。

C 是国内重点大学化学专业毕业的研究生，先后在几家研究机构与跨国企业工作过，后来到了深圳的一个化工企业担任总经理，其上任后，公司陆续进行了几次大的招聘活动，也许诺了高薪，有非常多的人踊跃报名，但是却连一个合适的人也招不到。

为什么会招不到人呢？为什么会产生这样的现象呢？

原因很简单，每个人都会有自己的用人策略与用人哲学，选择自己熟悉和信任的人。除此之外，非常重要的一点，就是每个人都不愿意找一个与自己有不同意见的人，甚至比自己能力强的人，因为能力强的人将来对自己的位子是一个潜在的威胁。所以没有一个良好的机制，就很难保证招聘到真正适合企业发展的人才，这样的问题在创业期的公司中，尤其是在民营企业中，是非常普遍的。

人力资源部门能解决这个问题吗？

表面上看，人力资源部门能解决这个问题，人力资源部门制订合适的标准，而且找好招聘渠道，对合格的人员进行筛选，提交给主要的部门。其实，在实际操作中，人力资源部门也无法妥善地解决这个问题。因为我们大多数的企业都没有根据职位需要建立起任职资格标准的、完善的体系，都是由用人部门直接提出对人才的要求，并进行把关，人力资源部只是操作者；由于创业时期的机会优势而占据公司中高层位置的管理人员参与到招聘工作中，但却有各种原因总是招聘不到有能力的新人。可以从公司治理结构上解决这样的问题，在董事会下，设一个由外部董事为主的任命考核委员会，负责对公司高级经理的招聘、考核与任命。这个委员会由于没有和公司经理直接的利益关系，可以站在比较客观、公正的角度上解决问题。即"第一根栅栏"是什么样的，由谁来选择。这才是问题的关键。

启示

"铁人"倒了

有位医生和球友打羽毛球时突然倒地。球友检查后，发现他后脚跟最大的腱断了，于是便对他说："大概要全身麻醉做手术。"

医生听后，焦急地说："明天和后天我约了不少病人来医院动手术。现在怎么办呢？"

球友拍拍他的肩说："少了你，医院不会因而倒闭。"

球友让他平躺等待救护车。他从裤袋掏出电话，第一个电话不是给太太或母亲，而是给同事，请同事明天处理大小事情。

"蝉联铁人奖无望了。"挂断电话后，医生叹道。

"什么'铁人奖'？"球友问。

"过去5年，我没有告过一天病假，部门刚颁给我'铁人奖'。"他解释说。

他的口气是那么惋惜，奖品必定很名贵。球友追问："奖品是什么？"

他煞有介事地说："西饼券一张。"

启示

企业的激励办法中起作用的未必是金钱，而是给予员工的精神鼓励。如果一个企业的员工把荣誉视为至高无上的价值，那么这样的企业一定具有无比的竞争力。

信任，就是相信你不能相信的事

颜回是孔子最得意的门生。有一次，孔子周游列国，困于陈蔡之间，7天没饭吃，颜回好不容易找到一点儿粮米，便赶紧埋锅造饭，米饭将熟之际，孔子闻香抬头，恰好看到颜回用手抓出一把米饭送入口中；等到颜回请孔子吃饭，孔子假装说："我刚刚梦到我父亲，想用这干净的白饭来祭拜他。"颜回赶忙说："不行，不行，这饭不干净，刚刚烧饭时有些烟尘掉入锅中，弃之可惜，我便抓出来吃掉了。"孔子这才知道颜回并非偷吃饭，心中相当感慨，便对弟子说：“所信者目也，而目犹不可信；所恃者心也，而心犹不足恃。弟子记之，知人固不易矣！”以孔子之圣，面对颜回这等贤徒，犹不能完全“不疑”。想一想，在企业中，有多少主管（或老板）像孔子一样了解他的部属？而你我芸芸众生，有几个修养可与颜回比？如此推论，“信任”似乎只是求之不可得的理想罢了！

也许有人会说，“信任”可以分成许多等级，有几分信任便有几分帮助，实在不必要求得那么高。但是所谓的“信任”在平常是用不上的，通常都是在非常时期或非常状况下才会牵涉到信任。因此就某些层级而言，只需有一点儿信任即可，而这些层级其实只要制度健全，信任并非必要的因素。但对高层团队，尤其是经营团队的核心成员，由于决策牵涉大家的利益，信任就会成为关键因素，如果信任只是求之不可得的理想，是否意味着高层团队必然也会走向“合久必分”的怪圈？

启示 管理要突破，似乎也少不了要有“信任”。管理理论都是正确的，但是加上“人”这个参数，套用到现实世界就会有千百个不同的结果。

一次未见面的面试

某大学毕业生第一次面试，也是他记忆最深刻的一次面试。那天，他揣着一家著名广告公司的面试通知，兴冲冲地提前10分钟到达了那座大厦的一楼大厅里。当时他很自信：他专业成绩好，年年都拿奖学金。广告公司在这座大厦的18楼。这座大厦管理很严，两位精神抖擞的保安分立在门口旁，他们之间的条形桌上有一块醒目的标牌：“来客请登记。”

面试者向前询问：“先生，请问1810房间怎么走？”保安抓起电话，过了一会儿说：“对不起，1810房间没人。”“不可能吧？”面试者忙解释，“今天是他们面试的日子，您瞧，我这儿有面试通知。”那位保安又拨了几次：“对不起，先生，1810还是没人。我们不能让您上去，这是规定。”

时间一秒一秒地过去，面试者心里虽然着急，也只有耐心地等待，同时祈祷该死的电话能够接通。已经超过约定时间10分钟了，保安又一次彬彬有礼地告诉面试者电话没通。面试者当时压根儿没想到第一次面试就吃了这样的闭门羹。面试通知明确规定：迟到10分钟，取消面试资格。面试者犹豫了半天，只得自认倒霉地回到了学校。

晚上，面试者收到一封电子邮件：“先生，您好！也许您还不知道，今天下午我们就在大厅里对您进行了面试，很遗憾您没通过。您应当注意到那位保安先生根本就没有拨号。大厅里还有别的公用电话，您完全可以自己询问一下。我们虽然规定迟到 10 分钟取消面试资格，但您为什么立即放弃却不再努力一下呢？祝您下次成功！”

启示

在我们的生活工作当中，无时无刻都会有人在观察考核我们，如果我们要想得到好的结果，必须注意到细节，时时刻刻提高自己的观察能力。

用人之道

去过寺庙的人都知道，一进庙门，首先映入眼帘的是笑脸迎客的弥勒佛，而在它的北面，则是黑口黑脸的韦驮。但相传在很久以前，它们并不在同一个庙里，而是分别掌管不同的庙。弥勒佛热情快乐，所以来的人非常多，但它什么都不在乎，丢三落四，没有好好管理账务，所以依然入不敷出。而韦驮虽然管账是一把好手，但成天阴着个脸，太过严肃，搞得人越来越少，最后香火断绝。

佛祖在查香火的时候发现了这个问题，就将它们俩放在同一个庙里，由弥勒佛负责公关，笑迎八方客，于是寺庙的香火大旺。而韦驮铁面无私，锱铢必较，则让它负责财务，严格把关。在两人的分工合作下，庙里呈现出一派欣欣向荣的景象。

启示

在用人大师的眼里，没有无用之人。武功高手不需名贵宝剑，摘花飞叶即可伤人，关键看如何运用。

一个关于教练的故事

曾经，全世界所有运动专家、生理学家都断言：4 分钟跑 1 英里（1 英里≈ 1.61 千米）是人类极限，不可能有人突破。但是，一个名不见经传的教练，用并不复杂的方法，帮一位业余运动员突破了这个极限。他把一英里分成 8 等份，根据选手体能，计算出通过每等份应该用的时间，然后在每个等份处都有一个助教掐算秒表，报告给运动员：“太快了，慢一点！”“慢了，该加油冲了！”有意思地是，这个最早突破“极限”的人竟然是个医学院学生！此后，所有职业运动员都能突破这个所谓的“生理极限。”

显然，问题不在选手运动能力的高低，而在于教练指导水平的高低。

启示

员工的能力就像水下的冰山，关键在于管理者能不能通过指导把水下冰山托出水面。

许多公司认识到，与其招聘新人，不如开发现有的人力资源。每个人都有潜力，关键是管理者有没有办法将其挖掘出来。教练的指导恰恰强调个人的持续学习过程，帮助个人在目前不擅长的领域取得成功。现在比以往任何时候，公司都需要从员工身上获得持续的高效表现。

企业管理者普遍认识到，管理跟不上是公司发展的致命伤，迫切希望提高管理能力。其实企业的管理能力并不体现在策略上，而体现在人的行为上。提高人的行为能力最有效的方法是管理者自上而下的言传身教和现场指导。提升企业管理能力没有速效药，最可靠的方法是培训＋教练指导。可以请专业培训公司进行培训，但是培训公司走了，管理者若是没有教练能力，培训内容还是扎不下根。因此，没有大量善于指导下属的“教练”，企业的管理水平不可能真正提高，其中基层经理普遍缺乏教练能力是提升管理水平的明显瓶颈。

侦探训练

有3个人正在接受侦探的特殊注意力训练。警官对他们进行询问以确定他们是否足够灵敏，如果不行，就不能继续训练。看来情况似乎有些不妙。

为了测试他们识别犯罪嫌疑人的技能，警官拿出一张照片给第一个侦探看了5秒钟，然后藏起来，说：“这是一个犯罪嫌疑人，你怎样识别他呢？”第一个侦探回答道：“那好办，我们很快就会抓到他，因为他只有一只眼睛！”

对这个可笑的回答，警官感到有点儿意外，警官说：“但这只是张侧面照。”然后又拿出照片给第二个侦探看了5秒钟，并问道：“这是犯罪嫌疑人，怎样才能识别他？”

第二个侦探笑了：“哈！太容易抓他啦，因为他只有一只耳朵！”警官对他们的回答很不满意：“你们两个是怎么搞的？当然看起来只有一只眼睛和一只耳朵，因为这是一张侧面照！这就是你们的最佳答案吗？”他接着把照片拿给第三个侦探看，很不高兴地问：“这是你的犯罪嫌疑人，怎样才能识别他？”他很快又补充道，“在给出愚蠢的回答之前好好想一想。”

那个侦探专心地看了照片一阵后说：“犯罪嫌疑人戴着隐形眼镜。”警官惊得哑口无言，因为他自己也不知道犯罪嫌疑人是否戴了隐形眼镜。“哦，一个有趣的答案。在这儿等几分钟，我去查查档案，再回来告诉你结果。”他离开房间走进办公室，在电脑里查阅犯罪嫌疑人的档案，回来时脸上带着愉快的笑容。

“哇，我简直不能相信这是真的！犯罪嫌疑人确实戴了隐形眼镜。干得好！你是怎样获得这么敏锐的观察力的？”

“那容易，”第三个侦探回答，“他无法戴普通眼镜，因为他只有一只眼睛和一只耳朵。”

上资质管理课时，有一种思维叫演绎性思维。前两个人的愚蠢回答只表现出最低级别，第三个人的回答虽然也是误打误撞，却表现出了对于复杂因果关系的“理解”。

启示

在管理的过程当中，你也许看到有的员工得到不错的结果，但是你一定要仔细了解他得到结果的根据，或许他们会给你一个你根本想象不到的结果。

两只熊赛蜜

黑熊和棕熊喜食蜂蜜，都以养蜂为生。它们各有一个蜂箱，养着同样多的蜜蜂。有一天，它们决定比赛看谁的蜜蜂产的蜜多。

黑熊想，蜜的产量取决于蜜蜂每天对花的“访问量”。于是它买来了一套昂贵的测量蜜蜂访问量的绩效管理系统。在它看来，蜜蜂所接触的花的数量就是其工作量。每过完一个季度，黑熊就公布每只蜜蜂的工作量；同时，黑熊还设立了奖项，奖励访问量最高的蜜蜂。但它从不告诉蜜蜂们它是在与棕熊比赛，它只是让它的蜜蜂比赛访问量。

棕熊与黑熊想的不一样。它认为蜜蜂能产多少蜜，关键在于它们每天采回多少花蜜，花蜜越多，酿的蜂蜜也越多。于是它直截了当地告诉众蜜蜂：它在和黑熊比赛，看谁产的蜜多。它花了不多的钱买了一套绩效管理系统，测量每只蜜蜂每天采回花蜜的数量和整个蜂箱每天酿出蜂蜜的数量，并把测量结果张榜公布。它也订立了一套奖励制度，重奖当月采花蜜最多的蜜蜂，如果一个月的蜂蜜总产量高于上个月，那么所有蜜蜂都会得到不同程度的奖励。

一年过去了，两只熊查看比赛结果，黑熊的蜂蜜不及棕熊的一半。

黑熊的评估体系很精确，但它评估的绩效与最终的绩效并不直接相关。黑熊的蜜蜂为尽可能提高访问量，都不采太多的花蜜，因为采的花蜜越多，飞起来就越慢，每天的访问量就越少。另外，黑熊本来是为了让蜜蜂搜集更多的信息才让它们竞争，由于奖励范围太小，为搜集更多信息的竞争变成了相互封锁信息。蜜蜂之间竞争的压力太大，一只蜜蜂即使获得了很有价值的信息，比如某个地方有一片巨大的槐树林，它也不愿将此信息与其他蜜蜂分享。

而棕熊的蜜蜂则不一样，因为它不限于奖励一只蜜蜂，为了采集到更多的花蜜，蜜蜂相互合作，嗅觉灵敏、飞得快的蜜蜂负责打探哪里的花最多最好，然后回来告诉力气大的蜜蜂一起到那里去采集花蜜，剩下的蜜蜂负责贮存采集回的花蜜，将其酿成蜂蜜。虽然采集花蜜多的能得到最多的奖励，但其他蜜蜂也能捞到部分好处，因此蜜蜂之间远没有到人人自危、相互拆台的地步。

启示

激励是手段，激励员工之间竞争固然必要，但相比之下，激发起所有员工的团队精神尤显突出。绩效评估是专注于活动，还是专注于最终成果，管理者须细细思量。由于乐队指挥者的指挥才能不同，乐队也会做出不同的反响：或者演奏得杂乱无章，或者表现出激情与才华。

所有的东西都有价值

一位出版商连续三次送书给美国总统，每次总统的态度都不同，但每次出版商都能将之变成商机。

第一次总统敷衍他说：这本书还不错。出版商的广告词是：现有总统喜爱的书出售。

第二次总统奚落他：这本书糟透了。广告词是：现有总统讨厌的书出售。

第三次总统汲取前两次的教训，不置一词。但出版商一样有招，他的广告词是：现有总统难以下结论的书出售。

不管总统说什么，只要有效地和目标联系起来，就有钱赚。我们知道，可口可乐最初是一种感冒药，销量并不好，把它作为一种饮料推出之后，却成为世界性的品牌。

还有，通常我们都认为胶水黏性越强越好，而黏性不足的胶水就是次品。但有一家公司却看到了新的用途——它们用黏性不太强的胶水发明了不干胶粘贴纸。

启示

对东西的运用是这样，对人的管理又何尝不是如此？法国雕塑家罗丹说："生活中不是缺少美，而是缺少发现美的眼睛。"同样，生活中也不缺少有用的事物、有才能的人。天生我材必有用，每一样东西、每一个人，只要用在正确的地方，就能发挥作用，就有不同凡响的价值。

用人所长

某知名作家去报社办报，结果没几天自己便主动辞职了。这并不是说他没有能力写稿子，而是他的确不懂怎样把报纸办得令读者叫好，他自己也感觉比写小说还累。于是，作家继续拿起他的笔写小说。

老板在用人上同样会遇上像作家这样的人才，他们的确是那类很优秀很出众的人才，只是由于他们对某些事务或某类工作不熟悉，操作起来不仅显得吃力，也显得被动。有的人适合搞科研，有的人适合做管理，有的人喜欢习文，有的人酷爱练武。一个优秀的领导者，应该清楚地了解其下属的所长，让他们各司其职。

如同那位作家，报纸没办好，既浪费了自己的时间，也为报纸带来了不必要的经济负担。在这种情况下，老板最理智的办法就是让这个人回到他该去的地方，做他应该做得好的事情。即使把这个得意之才留下来，也只能是赔了夫人又折兵，不值得。

启示

作为一个管理者，你必须十分明白团体的工作目标，了解团体的需要，并明白个人的工作情形，在适当的时候，做出明确果断的决定，不可受任何人情因素的蒙蔽。如此方能成功。

牧师的迷惑

牧师要找 3 个小男孩，帮助自己完成主教分配的《圣经》销售任务。而他很苦恼，因为教堂的主教一直认为牧师是最优秀的，所以给他的《圣经》足足有 1000 本。

牧师认真分析了自己的人脉，觉得自己只能完成 300 本的销售量，于是他决定找几个能干的小男孩卖掉剩下 700 本的《圣经》。牧师对于“能干”是这样理解的：口齿伶俐，小男孩必须言辞美妙，让人们欣喜地做出购买《圣经》的决定。于是按照这样的标准，牧师找到了两个小男孩，这两个男孩都认为自己可以轻松卖掉 300 本《圣经》。可即使这样还有 100 本没有着落，为了完成主教分配的任务，牧师降低了标准，找到了第三个小男孩，给他的任务是尽量卖掉 100 本《圣经》，因为第三个男孩口吃很厉害。

在牧师看来，不出两天那两个善于言辞的小男孩就会卖光《圣经》，那时也许他们还可以帮口吃的男孩卖完他的 100 本《圣经》。

5 天过去了，那两个小男孩回来了，并且告诉牧师情况很糟糕，他们总共只卖了 200 本。牧师觉得不可思议，为什么两个人只卖掉了 200 本《圣经》呢？正在发愁的时候，那个口吃的小男孩也回来了，他没有剩下一本《圣经》，而且带来了一个令牧师激动不已的消息，他的一个顾客愿意买他剩下的所有《圣经》。这意味着牧师将卖掉超过 1000 本《圣经》，牧师将更受主教青睐。

牧师彻底迷惑了。被自己看好的两个小男孩让自己失望，而当初自己根本不当回事的小男孩却成了自己的福星，牧师决定问问他。

牧师问小男孩："你讲话都结结巴巴的，怎么能顺利卖掉我所有的《圣经》呢？"小男孩答道："我，我，跟见到的所有人说，如果不买，我就念《圣经》给他们听。"

牧师决定明年仍然请口吃的小男孩帮助自己完成主教分配的《圣经》任务。

帮助这个小男孩顺利卖完所有《圣经》的最有利的条件是什么？正是因为他的口吃。小男孩知道自己的劣势就是口吃，所以他顺势将自己的劣势转化成了"优势"，顾客们都很害怕听见一个有严重口吃的人读上一段《圣经》，于是他的《圣经》卖得精光。而且在卖《圣经》的过程中，有位顾客被他的精神打动，打算帮助他买下所有剩下的《圣经》。

启示

有的时候劣势不一定致命，如果引导的好也许可以转为优势。员工的某些优点有时存在着假象，而劣势只要引导得当，则完全有可能变成优势。人力资源主管总是期望销售人员能够滔滔不绝，于是种种假象出现了，一些口若悬河的销售人员加入后并没有使企业的销售利益最大化，一些天衣无缝的计划也没有使公司完成既定目标，策划力没有执行力支持最终还是难如愿。甄别人力资源的价值最大化时，客观评判标准就是最终的结果，对于任何一个职位而言，都是不需要"花瓶"的，正如上面故事里的那两个口齿伶俐的小男孩，对于卖《圣经》而言他们并不是个合格的销售人员，他们的伶牙俐齿最终没有帮他们完成牧师所规定的销售任务——300本《圣经》。当然这里并非鼓励大家多找些有沟通障碍的销售人员，去把他们的劣势转化为优势。这个故事只是给人力资源主管一个提醒，公司需要的是能够卖光产品的销售人员，口吃与否就显得不是那么重要了。如果是大饭店招聘门童，显然还是那两个总共只卖了200本《圣经》的男孩合适，因为他们可以流利地说出："先生（小姐）您好。"

董事长的3个故事

我大学毕业在一家公司的策划部工作，部长对我们几个新人说："公司要做个全国促销方案的策划，时间是一周，董事长要亲自过目。你们都是年轻人，好好抓住这个机会。"

冥思苦想之后，我决定在策划方案的数量上超过别人。在规定的时间里，我把

4 份文案交给了部长。几天后，部长告诉我，董事长要我去他办公室。

屋里坐着一个和蔼的老人。“坐下来，小伙子，我有个故事要讲给你听。”

“‘森林之王’老虎一胎产下两个宝宝，所有的动物都来祝贺，唯有老鼠不以为然。因为它刚刚产下 10 只老鼠，觉得‘森林之王’不如它。猴子知道了它的心思，说：‘老鼠呀，10 ：2 是客观存在，但你忘了，人家的品种比你好得多呀！’”

“我的故事讲完了，你的 4 个策划案我看了，也看出你尽了 100% 的努力。但你忘了，当你把 100% 的努力投入 4 个策划案中的时候，每个方案你只有 25% 的努力；而你把 100% 的努力投入一个策划案的时候，得到的是一个 100% 的策划案！”

“数量只是一个标志，质量才是根本，我要的是精品，而不要庸作，哪怕你有很多。”两年后，当我坐上策划部主任位子的时候，我对手下也经常这样说。

一年后，我由策划部调到了经营部。这一年，公司董事会决定，由现任中层各自率领自己的团队开展为期一年的工作，自负盈亏，做得好，年终奖励，做得不好，末位淘汰。很快，公司将分管的城市名单分配下来，看到分到我手里的几个城市，心里不禁凉了半截，全是偏远地区，这不明摆着是为难人吗？第二天，我就向公司递交了辞职申请。

董事长又一次把我叫进了办公室。

“盘子里有 3 块儿西瓜，一块儿 300 克，另两块儿都是 200 克，你要哪块儿？”

“我要大的，要 300 克的。”我赌气地说。

“好！那我要 200 克的，我们一起吃，我的是相对小的，所以我先吃完，那么盘里剩下的应该给我吧。你刚才赌气要大的，想占便宜，但是结果呢？是我吃了亏吃到小的，但是我两块儿可是 400 克呀，比你要占便宜呀！”

“同样，你并没有了解那些城市的本质，为什么就断定那里没有市场前景呢？表面的东西是可以迷惑人的，但是一个成功的商人不会被表面的大小好坏迷惑，市场是做出来的，不分大小好坏的。这是你的辞职信，你可以选择重新递交或者收回。”

在我被破格提升为公司高级管理人员的当天，董事长在办公室给我讲了第 3 个故事：“在一个仓库里，几个人把一块手表掉了，大家竭力寻找，却怎么也找不到，后来……”我没想到的是这样一个老掉牙的故事，就插言道：“后来一个小孩趁这几个人休息的时候来到仓库，趴在地下，找到了那块手表，因为他用耳朵听到手表嘀嘀嗒嗒的声音。”“很好，看来你听过这个故事，但是你明白这个故事的寓意吗？”

“当然知道，就是要我们学会倾听，倾听可以发现许多意想不到的事情！”

“没错。但你在听我说吗？孩子，自信是商人成功的标志，但自信和自负是不同的。你现在是公司的高级管理人员，如果你不去倾听来自员工的话，你将和市场脱节，懂吗？”

从此，这个故事一直激励着我，我要求自己具备自信的同时，更要具备亲和力。

启示　其实，领导说服部下的方式是多种多样的，能够让你的部属认同或者服从的不仅仅是你的威严，往往和风细雨比电闪雷鸣更有效果。

小狐狸如何长大

沙漠中的狐狸养了一窝小狐狸，小狐狸长到能独自捕食的时候，母狐狸把它们统统赶了出去。小狐狸恋家，不走。母狐狸就又咬又追，毫不留情。小狐狸中有一只是瞎眼的，但是妈妈也没有给它特殊照顾，照样把它赶得远远的。因为妈妈知道，没有谁能养它一辈子，小狐狸们从这一天起便长大了。那只瞎眼的小狐狸也终于学会靠嗅觉来觅食。

启示　企业在培养业务骨干时也应在适当的培训后及时放手。独立承担责任是人才成长的必由之路，因为商界同自然界一样：物竞天择，适者生存。

让适合的人去做适合的事才能成功

相传，陶朱公的次子在楚国犯了死罪，因为楚王的大臣庄生与陶朱公很有交情，于是陶朱公的夫人要夫君写信给他，把儿子救出来。

陶朱公打算叫三子带黄金千斤，连同信件去见庄生，相信不会有问题。可是长子不肯，因为宗法社会的长子，有特别的地位，有责任与权力，所以争着要去。但陶朱公不答应，他说如果长子去送这封信，一定是把老二的尸体运回来，不是把人救回来。可是长子硬吵着要去，陶朱公夫人不懂事，帮长子说话。陶朱公被吵得没办法，于是就让长子去了，不过同时吩咐夫人准备好次子的丧葬事宜。

长子到了楚国见到了庄生，交上了书信和黄金。因为是陶朱公的事情，庄生不能不办。适逢这年楚国有灾，古代相信天象，每逢天灾，国家要做好事以求化解。于是庄生去见楚王，建议大赦，楚王接受了他这项建议。但这个消息泄漏出来了，被陶朱公的长子听到。长子就后悔二弟的事用不着托庄生，反正楚国要大赦，二弟一定会被释放，千斤黄金白送了，心里舍不得。殊不知这次大赦，正是庄生为了救他的二弟想出来的办法。所以长子又去看庄生，提起大赦的事。庄生很聪明，立即知道了他的心理，就写了一封回信，将千斤黄金退回。对他说，你二弟的事刚好遇到大赦，用不着我帮忙，我可以不管了。然后庄生连夜进宫见楚王，请求晚一点儿发布大赦令。他告诉楚王，在大赦令的范围中，有一个死囚是陶朱公的儿子，如果不把他先正法，别人还误会我庄生贪污，误会你楚王不公平。于是楚王下令把陶朱公的次子杀了，翌日颁大赦令。陶朱公的长子只有把二弟的尸首运回。

陶朱公的家人问，为什么事先会知道这样的结果？陶朱公说，我们白手起家，大儿子跟着吃苦出身，对钱看得太重，岂肯轻易花费金钱。而这位老友最清贫，绝对不会接受贿赂，我送给他钱是私人感情，他才肯受用。而我们的三子，出生时家里就很有钱，他花钱花惯了，送出千斤黄金，绝不会心痛，也绝不会再去问的。所以我断定，老大去了一定是把老二的尸首运回来。

启示　在企业用人时也是这样，企业领导首先要对自己的人完全了解，然后根据他们的特点安排做相应的事。

檀木

有位著名的金石家到印度游玩。令他欣喜不已的是，在印度的市场上，他发现了一种名贵的檀木，这种檀木飘出一种淡淡的幽香，虽然不浓，但香味纯正，沁人心脾，十分持久。

由于这种檀木产量低，水分极不易散失，所以每千克售价高达 800 多美元。醉心于艺术的金石家明白这种檀木的利用价值不可估量，于是特意借了不少钱，购买了 4.5 公斤檀木。如获至宝的他在回国后，将这段檀木放在了自己的书橱里。

第二天，金石家便赶去北京参加一个学术会议。会议期间，他告诉同行的专家，自己在印度花了两万多元买了一种名贵檀木，有一种天然的香味，而且特别适合篆刻和刻字艺术品的材料。专家们兴趣极为浓厚，大家便随他一块回家。

但是，金石家在家中翻了半天，也没找到那段檀木。他急忙问老伴藏在哪里了。老伴说：“你说的那块破木头啊，有股怪味，收废纸的老头来过，我扔给他了。”

啊！金石家大吃一惊。

他既愤怒于老伴的无知，又很无奈。幸好，第三天，那个收废纸的老头又来了。

老伴问："大爷，我上次扔给您的那块木头您卖给谁了？"

"木头？"老人忘了。

"就是我顺手从这里拿下来的一块木头。"老伴走到书橱边，试图唤起老头的回忆。

老头这才明白是怎么一回事。他说："废品站是不收木头的，不管什么碎木头，我都扔在自家院子里啦。"

"那太好了！"金石家惊喜地说："这么说，大爷，我那块木头还在？"

"你们家那块木头？我还记得，这些木头我老太婆都是用来烧锅的，别的木头都好烧火，你们家那块木头不好着火不说，还有股怪怪的臭味，不过还好，最后还是用它把锅烧开了，烧出的灰是白色的。"老头淡淡地说。

啊！金石家惊叫起来。

启示

在这个世界上，还有多少檀木被抛到了锅底下，做了烧开水的干柴？也许你是一个人才，但并不是每个人都如此认为。我们不能奢望得到每个人的承认，也要相信，不会所有的人反对你。因此，我们需要做的是，认识自己，拥有一颗平常心，不必追求完美，但要追求卓越。从故事中可以得到以下启示：

（1）作为"檀木"，我们要学会市场营销，让别人认为我们是"檀木"。

（2）要努力找到适合自己的岗位，否则，即使你是"檀木"，用作烧锅时，也比不上一块普通的木材。那么，你的优势是什么？与目前的岗位相匹配吗？

（3）不要以为有领导说你是"檀木"，自己到了哪里都是"檀木"。

（4）每个人的欣赏水平、专业领域、生活习惯是不一样的，对同一事物都有各自的看法，不要以为人人都和你一样。

（5）作为夫妻，与家庭成员的沟通是很重要的，同时要适当培养共同的兴趣与爱好，贵重的东西要及时告知对方，使家庭成员达成共识。

爱若和布若

爱若和布若差不多同时受雇于一家超级市场，开始时大家都一样，从最底层干起，可不久爱若受到总经理的青睐，从领班升至部门经理。布若却像被人遗忘了一般，还在最底层混。终于有一天，布若忍无可忍，向总经理提出辞呈，并痛斥总经理用人不公平。总经理耐心地听着，他了解这个小伙子，工作肯吃苦，但似乎缺少了点什么。缺什么呢？

他忽然有了个主意。“布若先生，”总经理说，“请你马上到集市上去，看看今天集市上都有什么。”布若很快从集市回来说，刚才集市上只有一个农民拉了一车土豆卖。“一车大约有多少袋，多少斤？”总经理问。布若又跑去，回来说有10袋。“价格多少？”布若再次跑到集上。

总经理望着跑得气喘吁吁的他说：“请休息一会儿吧，你可以看看爱若是怎么做的。”说完叫来爱若，对他说：“爱若先生，请你马上到集市上去，看看今天集市上都有什么。”爱若很快从集市回来了，汇报说到现在为止只有一个农民在卖土豆，有10袋，价格适中，质量很好，他带回几个让总经理看。这个农民过一会儿还将弄几筐西红柿上市，据他看价格还公道，可以进一些货。这种价格的西红柿总经理可能会要，所以他不仅带回了几个西红柿当样品，而且还把那个农民也带来了，他现在正在外面等回话呢。

总经理看了一眼红了脸的布若，说：“请他进来。”爱若由于比布若多想了几步，于是在工作上取得了成功。

启示

（1）人与人的差距，更多体现在思想方法上，虽然初始时就那么一点点，但日积月累就越拉越大，所以发现差距及时总结，方能迎头赶上。

（2）人要善于观察、学习、思考和总结，仅仅靠一味地苦干奋斗，埋头拉车而不抬头看路，结果常常是原地踏步，明天仍旧重复昨天和今天的故事。

（3）成功的规则未必那么明显，需要很高的悟性与洞察力，面对差距和挑战，及时调整心态，增强自己的独立思考、多谋善断、随机应变的能力。

成败只差1角钱

那一次的求职经历让我受益一生。

当我和另外一名对手对决时，我对最终取胜充满信心。奇怪的是，招聘公司总经理并未提问，而是带领我和对手去另一家公司签单。距要去的公司只有一站地，总经理建议乘公共汽车去，并递给每人一张5角钱的纸币，叮嘱每人买自己的票。

票价4角钱，因缺少零钱，公共汽车乘务员已养成收取5角钱不找零的习惯，我也没有索要应找回的1角钱。总觉得为1角钱开口，太丢面子。没想到，我的对手却向乘务员索要找零。乘务员轻蔑的眼神如刀似的切割了几眼我的对手，才递出1角钱。一旁的我，幸灾乐祸地想，对手的“财迷”表现或许将让他落败。到站下车后，总经理拍着对手的肩说：“你被聘用了——只有懂得坚持维护自己权益的人，才能够维护公司的利益。”

启示 只有懂得坚持维护自己权益的人，才能够维护公司的利益。一个人不仅要了解自己的权益，更重要的是维护自己的权益，坚持自己的权益。只有这样，我们才能赢得别人的尊重，获得同盟者的支持。

北极熊与大熊猫

在很多年前，有一群熊，欢乐地生活在一片树木茂密、食物充足的森林里，它们在这里繁衍子孙，同其他动物友好相处。后来有一天，地球上发生了巨大变化，这片森林被雷电引发的大火焚烧，各种动物四散奔逃，熊的生命也受到威胁。其中一部分熊提议说：“我们北上吧，在那里我们没有天敌，可以使我们发展得更强大。”另一部分则反对：“那里太冷了，如果到了那里，只怕我们大家都要被冻死、饿死。还不如去找一个温暖的地方好好生存，可供我们吃的食物也很多，我们也很会容易生存下来。”争论了半天，谁也说服不了谁，结果，一部分熊去了北极边缘生活，另一部分则去了一个四季温暖、草木繁茂的盆地居住下来。

到了北极边缘的熊，由于气候寒冷，逐渐学会了在冰冷的海水中游泳，还学会了潜入水下、到海水中捕食鱼虾，甚至敢于与比自己体形还大的海豹搏斗。长期下来，它们比以前更大、更重、更凶猛。这就是我们现在看到的北极熊。

另一部分熊到了盆地之后才发现，这里的肉食动物太多了，自己身体笨重，根本无法和别的肉食动物竞争，便决定不吃肉了，改为吃草。没想到这里的食草动物更多，竞争更激烈。草也吃不成了，只好改吃别的动物都不吃的东西——箭竹，这才得以生存下来。渐渐地，它们把箭竹作为自己唯一的食物来源。由于没有其他动物和它们争抢食物，它们变得好吃懒做，体态臃肿不堪，就演化成了我们现在看到的大熊猫。后来，箭竹林越来越少，大熊猫的数量也越来越少，濒临灭绝，只能靠人类的帮助和保护才能生存。

人的职业发展又何尝不是这样呢？机遇面前人人平等，如果自己不主动地去竞争，迟早也会和大熊猫的遭遇一样，被别人排挤。就业形势日益严峻，在职场“拼杀”的白领们不敢有一丝的懈怠，唯恐砸了手中的饭碗。

已被划入“老员工”行列的三四十岁的白领们，眼见着学弟学妹们揣着硕士、博士学位，意气风发地加入与自己竞争的行列中，不自觉地就会心跳加速、血压上升。然而，这个年龄的人已不像新手们那样了无牵挂，他们上有老下有小，工作压力也越来越大，公事、家事早已压得他们进入亚健康状态。可看着后来者们“虎视眈眈”的样子，原地踏步只能是死路一条。

毕业于哈佛大学的美国哲学家詹姆斯说：“你应该每一两天做一些你不想做的事。”这是一个永恒不灭的真理，是人生进步的基础和上进的阶梯。有一句名言与这个观点相同：“容易走的都是下坡路。”量变积累到一定程度就会发生质变，所以不要奢望个人的进步能够立竿见影，只要每天进步一点点就行了。让自己进步的方法很多，“每天做点困难的事”，就是“逼”自己进步的办法之一。如果你是一位营销人员，但是当众演讲又是你最发怵的事情，那你就每天“逼”自己对着镜子练习讲话；如果你是一位公关人员，但是你恰巧又是一个内向的人，那你就每天“逼”自己主动与主要的业务伙伴联系，或是打电话，或是发 E-mail，或是相约见面；如果你从中学就讨厌学外语，可是你要想获得在职硕士学位，就不得不硬着头皮，每天“逼”自己练习听力、复习语法，再一口气做完一套模拟试题。

“每天淘汰你自己”，这是我们应告诫自己的一句话。事实上，我们所处的生存空间正在被无限压缩。20 世纪 70 年代，欧美一些未来学家曾经预言：“当人类跨入 21 世纪时，每周的工作时间将压缩到 36 小时，人们将会有更多的时间提升自我，休闲娱乐。”但历史的脚步真的迈入 21 世纪时，人们却惊讶地发现，大部分人每周的工作时间在无限延伸，甚至超过了 72 小时，有不少人还被市场无情地淘汰，而那些每周工作时间在不断延长的人们却仍在发奋提升自我。未来学家们的美好预言被残酷的事实无情地击了个粉碎。假如你不淘汰自己，可能就会被别人淘汰。某中外合资企业的销售经理，3 年来一直忙于日常事务，在“干杯”声中翻过了日历。今天，他的下属学历比他高，能力比他强，经验也在数年的商海中获得了积累，羽翼日渐丰满，销售业绩惊人，在公司最近的绩效考评中名列第一，因此公司迅速淘汰了他这位上司，留给他的是岁月的蹉跎和时光的惋惜。

启示　不是自己淘汰自己，就是被别人淘汰，这就是人类的“进化论”。

捕鼠之猫

古时候，一个越国人为了捕鼠，特地弄回一只擅于捕老鼠的猫，这只猫擅于捕鼠，也喜欢吃鸡，结果越国人家中的老鼠被捕光了，但鸡也所剩无几。他的儿子想把吃鸡的猫弄走，父亲却说：“祸害我们家中的是老鼠而不是猫，老鼠偷我们的食物，咬坏我们的衣物，挖穿我们的墙壁，损害我们的家具，不除掉它们我们必将挨饿受冻，所以必须除掉它们。没有鸡大不了不吃罢了，离挨饿受冻还远着哩！”

启示

金无足赤，领导者对人才不可苛求完美，任何人都难免有些小毛病，只要无伤大雅，何必过分计较呢？最重要的是发现他最大的优点，能够为企业带来怎样的利益。比如，美国著名发明家洛特纳酗酒成性，但是福特公司还是诚恳邀约其前去工作。最后，此人为福特公司的发展立下了汗马功劳。

现代化管理学主张对人实行功能分析：“能”，是指一个人能力的强弱，长处短处的综合；“功”，是指这些能力是否可转化为工作成果。结果表明，在用人时宁可使用有缺点的能人，也不用没有缺点的平庸的“完人”。

古木与雁

一天，庄子和他的学生在山上看见山中有一棵参天古木因为其高大无用而免遭于砍伐。于是庄子感叹说：“这棵树恰好因为它不成材而能享有天年。”

晚上，庄子和他的学生又到他的一位朋友的家中做客。主人殷勤好客，吩咐家里的仆人说：“家里有两只雁，一只会叫，一只不会叫，将那只不会叫的雁杀了来招待我们的客人。”

庄子的学生听了很疑惑，向庄子问道：“老师，山里的巨木因为无用而保存了下来，家里养的雁却因不会叫而丧失性命，我们该采取什么样的态度来对待这繁杂无序的社会呢？”

庄子回答说：“还是选择有用和无用之间吧，虽然这之间的分寸太难掌握了，而且也不符合人生的规律，但已经可以避免许多争端而足以应付人世了。”

启示

世间并没有一成不变的准则。面对不同的事物，我们需要不同的评判标准，对于人才的管理尤其明显。一个对其他企业相对有用的人，对自己的企业不一定有用，而把一个看似无用的人放在合适的岗位上也许就能为你创造出意想不到的收益。聪明的领导人应该学会发现人才的优点，使得人尽其才，尽量避免人才浪费。审慎选择适当人选是非常重要的，而这必须靠平日不断地观察，留意每个人的发展动态。在检视的过程中，不仅要发掘能干的部属，还要剔除办事不力的员工。

黄金台招贤

如何将企业治理好，一直是管理者的一个研究课题。有的研究有益，也就治理有方；有的研究无得，也就治理失败。要治理好企业，必须网罗人才，古代燕昭王的黄金台招贤，便是最著名的例子。

《战国策·燕策一》记载，燕国国君燕昭王一心想招揽人才，而更多的人认为燕昭王仅仅是叶公好龙，不是真的求贤若渴。于是，燕昭王始终寻觅不到治国安邦的英才，整天闷闷不乐。

后来有个智者郭隗给燕昭王讲述了一个故事，大意是：有一国君愿意出千两黄金去购买千里马，然而时间过去了 3 年，始终没有买到，又过去了 3 个月，好不容易发现了一匹千里马，当国君派手下带着大量黄金去购买的时候，马已经死了。可被派出去买马的人却用 500 两黄金买来一匹死了的千里马。国君生气地说："我要的是活马，你怎么花这么多钱弄一匹死马来呢？"

国君的手下说："你舍得花 500 两黄金买死马，更何况活马呢？我们这一举动必然会引来天下人为你提供活马。"果然，没过几天，就有人送来了 3 匹千里马。

郭隗对燕昭王说："你要招揽人才，首先要从招纳我郭隗开始，像我郭隗这种才疏学浅的人都能被国君采用，那些比我本事更强的人，必然会闻风千里迢迢赶来。"

燕昭王采纳了郭隗的建议，拜郭隗为师，为他建造了宫殿，后来没多久就引发了"士争凑燕"的局面。投奔而来的有魏国的军事家乐毅，有齐国的阴阳家邹衍，还有赵国的游说家剧辛等等。落后的燕国一下子便人才济济了。从此以后，一个内乱外祸、满目疮痍的弱国，逐渐成了一个富裕兴旺的强国。接着，燕昭王又兴兵报仇，将齐国打得只剩下了两个小城。

启示

管理之道，唯在用人。人才是事业的根本。杰出的领导者应善于识别和运用人才。只有做到唯贤是举、唯才是用，才能在激烈的社会竞争中战无不胜。"千军易得，一将难求。"现实生活中，也许我们不可能像燕昭王一样筑"黄金台"，但是，我们难道不可以借用多种手段，筑起"招贤台"招聘贤才吗？人才就是效率，人才就是财富。得人者得天下，失人者失天下。

工程师与青蛙

小王走在路上，看到一只青蛙，忽然青蛙开口说：“先生，请吻我，我会变成公主，我会给你一个热吻。”小王停下来，把青蛙捡起来放入口袋，然后继续走。

青蛙又说：“请快吻我，我愿意跟你在一起一天，随便你要做什么都可以。”小王把青蛙由口袋拿出来，看了一下，笑一笑，又放回口袋继续走。

过一会儿，青蛙又说：“好了，好了，我愿意跟你在一起一个星期，请快吻我。”小王又把青蛙由口袋拿出来，看了一下，笑一笑，又放回口袋继续走。

青蛙又说：“怎么回事，一个星期还不够吗？你要多久？”小王把青蛙拿出来，说：“我是一个工程师，没有时间跟女人厮混，但是有一只会说话的青蛙陪我，就够了。”

启示

每个人的需求都不一样，一般人认为不会有哪个男人会拒绝美女相陪，偏偏这位变成青蛙的公主倒霉，碰上一位不解风情的工程师。激励员工时，如果不能掌握他们的需求，径自用自己的认知给予刺激，不一定能够产生所期待的结果，搞不好还会有反作用。因此，管理者必须懂得如何了解员工需求，根据需求给予相应的激励方式，才能产生事半功倍的效果。

管仲病榻论相

管仲病重，齐桓公亲往探视。君臣就管仲之后择相之事，有一段对话，发人深省。桓公：“群臣之中谁可为相？”管仲：“知臣莫如君。”桓公：“易牙如何？”

管仲："易牙烹其子讨好君主，没有人性。这种人不可接近。"

桓公："竖刁如何？"管仲："竖刁阉割自己侍候君主，不通人情。这种人不可亲近。"

桓公："开方如何？"管仲："开方背弃自己的父母侍奉君主，不近人情。况且他本来是千乘之封的太子，能弃千乘之封，其欲望必然超过千乘。应当远离这种人，若重用必定乱国。"

桓公："鲍叔牙如何？"管仲："鲍叔牙为人清廉纯正，是个真正的君子。但他对于善恶过于分明，一旦知道别人的过失，终身不忘，这是他的短处，不可为相。"

桓公："隰朋如何？"管仲："隰朋对自己要求很高，能做到不耻下问；对不如自己的人哀怜同情；对于国政，不需要他管的他就不打听；对于事务，不需要他了解的就不过问；别人有些小毛病，他能装作没看见。不得已的话，可择隰朋为相。"

启示

企业领导选拔人才，应该像管仲一样，具有分析人才的思路和能力，只有这样，才能把真正的人才放到合适的岗位上。

第二位考察者的报告

曾有两位执行董事受肯德基公司的委派，前往中国进行市场考察。第一位只是看了北京街头那些涌动的人流，就回去打报告说，中国市场潜力很大，公司应该马上在中国投资。然而他却因此遭到了降职处分。第二位考察者先是在北京几条街道，用秒表测出了人流量；后又向500位不同年龄、不同职业的人，询问了炸鸡口味和炸鸡店的店堂设计的不同要求。另外，他还对北京的鸡源、油、面、盐、菜及鸡饲料等情况进行了一一调查，并将样品数据带回美国做了化验分析，经过电脑汇总，得出了肯德基进入中国市场潜力巨大的结论。靠这份周密的报告，北京肯德基炸鸡店开张不到300天，盈利高达250万元，原计划5年收回的成本，不到2年就收回了。

启示

有时候，需要深入细致的事实数据来说明问题。

虚杯以待

南隐是日本明治时代著名的禅师，他的一杯茶的故事常常为人所津津乐道，并予人以启发。

有一天，一位大学教授特地来向南隐问禅，南隐以茶水招待，他将茶水注入这个访客的杯中，杯满之后他还继续注入，这位教授眼睁睁地看着茶水不停地溢出杯外，直到再也不能沉默下去了，终于说道："已经溢出来了，不要倒了。"

"你的心就像这只杯子一样，里面装满了你自己的看法和主张，你不先把你自己的杯子倒空，叫我如何对你说禅？"南隐意味深长地说。

南隐禅师教导的"把自己的杯子倒空"，不仅是佛学的禅义，更是人生的至理名言。心太满，什么东西都进不去；心不满，才能有足够的装填空间。"满招损，谦受益"更是古贤留给后人的千古名言。

启示

工作场合中，常会有一些集自信、自满甚至自负于一身的人，这些人对于任何事情的反应都是"没问题"，然而，最初说没问题的人，很可能工作进行不到一半，就什么问题都出来了。过度自信必然流于自满。试想，哪一项事情的运作过程会不出现问题呢？问题需要集思广益，共同克服困难，解决问题。过度自信自满的人，他的心已经满满的，已经无法装其他东西。在这个瞬息万变的社会，随时需要更新知识、资讯，不断吸取养分，所以心一定要空，也就是要虚怀若谷，让胸怀像山谷那样空阔宽广，这样就能吸收无尽的知识资源，容纳各种有益的意见，从而使自己丰富起来。

眼睛

嘴巴和鼻子聊天。嘴巴说："人的眼睛真是一个复杂有趣的东西。有时它是一副'变色镜'，它让你对你喜欢的事或人总是觉得那么舒服，所谓情人眼里出西施和爱屋及乌，就是'变色镜'在起作用。有时它是一副'滤镜'，让你只看到自己愿意看到的，而对那些你不愿意看到或者超出你知识范围的事物却视而不见——西方学者曾做了一个有趣的实验：他们让非洲原始部落的一个酋长乘飞机到大都市里，酋长对身边的花花世界觉得非常神奇，但当结束这场试验，科学家们问酋长看到、听到了什么时，酋长的回答令科学家们非常惊讶：他所看到的既不是高楼大厦、车水马龙，也不是绚丽的霓虹灯和嘈杂的音乐，而是集市上一个小贩竟能一个人运送那么多香蕉（当然是用车）！有时，眼睛是一副'放大镜'，当某人在你眼中失去光环或者你发现某人的一个特别'刺眼'（也许并不是多大）的缺点时，你就会发现他更多、更大的问题。其实，事物总是如此，既不是完美的，也不是一无是处。眼睛的这种"放大镜"的功能经常使你无法准确把握事物。有时

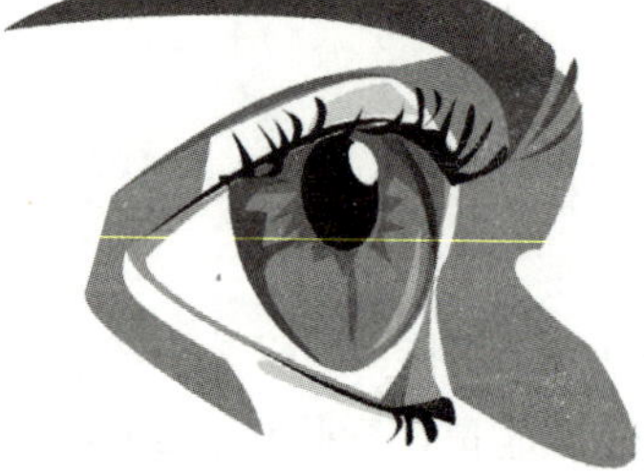

它是一副“显微镜”，可以让你对事物的细微变化‘明察秋毫’，也可以让你‘见树不见林’或者陷入‘盲人摸象’的尴尬境地。”

鼻子叹了口气，说：“我们还是做好自己吧——眼睛看到的东西都是由你嘴巴说出来的！”

启示

在管理中，领导对下属的认识首先是用眼睛进行观察，当你戴着变色镜、滤镜、放大镜或者显微镜去观察一个人的时候，可能会发现很多的问题，可能会忽略很多的问题，但是关键的是最后你的表示：怎样说出来，往往决定了你的领导水平。

一支铁钉的故事

在工厂的入口处，有一支生了锈的大铁钉被丢弃在那里。员工进进出出，于是乎不外发生下列情形：第一种员工是根本没看见，抬脚横跨而过；第二种员工看到了铁钉，也警觉到它可能产生的危险，不过这种员工所持的态度又可能出现三种不同的类型：有的员工心想别人会捡起来，不用自己多事，只要自己小心，实在不必庸人自扰，于是视若无睹，改道而行；有的员工会认为自己现在太忙，还有很多要事待解决，等办完事后再来处理那根铁钉；有的员工则抱着勤慎敬谨、事不宜迟的态度，马上弯腰捡起并妥善处置。

启示

第一种员工是浑浑噩噩过日子的人，完全没有觉察到环境的变化，直到下岗时，可能还不了解原因。第二种员工虽有警觉，但是又可以分为三类人：第一类是属于自私型，一切行动以自己的利益为考虑，只扫自家门前雪，不管他人瓦上霜；第二类是消极推脱的人，凡事能拖就拖，且找出一大堆理由来搪塞。第三类是积极负责的人，这类型的人具备问题意识、忧患意识，具有责任感。这种员工正是企业所殷切想要网罗的人才。

什么都会的鼯鼠

森林里要举行比武大会，比赛的项目有飞行、赛跑、游泳、爬树和打洞。动物们纷纷报名参加自己拿手的项目，鼯鼠也来了，它要求参加所有的项目。负责报名的乌龟把老花镜摘下又戴上，上下打量着问它：

“五种本领你都会？”

“都会！”鼯鼠自豪地回答说。

几只叽叽喳喳的小麻雀都闭了嘴，佩服地看着它，然后又叽叽喳喳地飞走了，逢人就说："鼯鼠可厉害了，它什么都会！"

比赛开始了，最先比的是飞行。一声哨响，老鹰、燕子、鸽子一下就飞得没影了，鼯鼠扑腾着飞了几丈远就落了下来，着地时还没站稳，摔了个嘴啃泥；赛跑比赛，兔子得了第一后，躺在树下睡了一觉醒来，鼯鼠才跌跌撞撞地跑到终点；游泳比赛，鼯鼠游到一半就游不动了，大声喊起救命来，多亏了好心的乌龟把它驮回岸上；比赛爬树时，鼯鼠还没爬到树顶就抱着树枝不敢再爬，顽皮的猴子爬到树顶后摘了果子往它头上扔，明知道它不敢用手去接，还故意说请它吃水果；和穿山甲比赛打洞，穿山甲一会儿就钻进土里不见了，鼯鼠吃力地刨啊刨，半天才钻进半个身子。观众见它撅着屁股怎么也进不去，都哄笑起来。

鼯鼠虽然有五种本领，可却没有一样是中用的，这哪能算是本领呢？

启示

在公司的人事管理中，有一些人自称什么都会，而且自视很高，老是认为自己大材小用，没有给他施展才能的舞台。但是当公司真正启用这些人的时候，却发现他们不能承担大任，并因此破坏了整体计划。所以管理者要善于识人用人。真正的工作能力不是吹出来的，而是实践中得到的。

会两种语言的猫

有个主人的家里鼠患猖獗，于是托人带了一只强悍的猫回来治理嚣张的鼠辈，希望猫能为主人解决心头之患，而猫也不负所望，只消几天工夫，家中的老鼠就被捕杀大半。剩下的鼠辈再也不敢猖獗放肆，害怕地躲进墙洞里保命，并机灵地注意着猫的一举一动，只有在饥肠辘辘而猫又睡着时才敢出来稍稍活动。但是说也奇怪，虽然相互警戒、彼此守望，但鼠群的数量却逐日减少，而且都消失得无影无踪。于是大家更加小心翼翼，但都无法知道到底是怎么回事，最后只剩下两只相依为命的老鼠。两只老鼠商量出去觅食果腹，一只先出去探究竟，待没状况时再通知第二只跟上，以确保安全。第一只踮着脚溜出去，第二只心惊胆战地竖着耳朵，屏息等待。不久，听到有声音说："出来！出来！外面没猫。"它立即溜了出去，四脚不过是刚离开洞口，就被一只毛茸茸的大爪捉住，张开眼睛一看，居然是那只强悍的猫。老鼠直打哆嗦，根本不相信这个事实，临死的老鼠想了解这到底是怎么一回事，于是就怯怯地问猫："我的同伴不是说您不在吗？"谁知恶猫却鄙夷地露出奸笑声，用老鼠的声音说："您的同伴早已被我生吞活剥了，那声音是我发出的，时代早已不同，如果不懂第二种语言，如何生存！"

启示　拥有第二专长是在职场上立于不败之地的关键。国际化是现代的潮流，在职场上，多懂得一种语言，你就更能适应国际化的挑战。

狐狸与山羊

一只掉进深井的狐狸，因为想不出逃脱的方法，所以就像囚犯般被困在井底。

此时，有一只山羊因为禁不住口渴而走到井边。当它看到井里的狐狸，于是就问狐狸井水的味道是否良好。狐狸以欢欣的态度掩饰悲惨的处境，极力夸赞水质之优美，并鼓励山羊下到井底。山羊只顾及口渴，便不假思索地往井里跳。

等到山羊解渴后，狐狸告诉它目前它们所共同面临之困境，并提议脱困的方法。狐狸说："你把前脚放在墙上，头部低俯，我跳到你的背上，便可爬出这口井，然后再帮助你脱困。"

山羊接纳了狐狸的这个建议，狐狸立刻跃登山羊的背上，抓住山羊的两只角，稳步爬到井口，然后拔腿就跑。山羊痛骂狐狸毁约，狐狸则转身大叫："老笨蛋！假如你的头脑能像你的胡子那样多，你将不会在摸清出路之前，就纵身往井里跳，也不会让自己置身无法逃脱的困境中了！"

启示　一个毫无主见的人只能接受被人欺骗的命运；一个轻信他人的人同样只能接受失败的痛苦。

能力与待遇

主人将货物平均分成两份给驴和骡子驮。驴看到自己背上的东西和骡子一样多，便气愤地说："人们给骡子吃的食物比给我的多一倍，却让我和它驮负一样重的货物。"

走了一段路以后，主人看到驴支持不住了，就把它身上的货物移一部分到骡子背上去。再走了一段路以后，驴更没有精神了，又把货物移过去一部分。最后驴身上空无一物。这时骡子瞪着驴说："你现在还认为我不该多吃一倍的食物吗？"

启示　判断一个人的能力，一定要长期观察才可下结论。对于人才，应该是能够解决问题和遇到问题不埋怨、勇于承担的，才是真正的人才。

破桶与鲜花

印度乡村有一个挑水工，每天早晨都要去很远的河边给主人家挑水。他有两只水桶，一只是好的，一只裂了一条缝。因此，每当他从河边打了满满两桶水，走到主人家，好桶里面的水还是满满的，而破桶里的水只剩下半桶。天长日久，破桶越来越感到内疚。

有一天，当挑水工再次为它盛满水时，它实在忍不住了，对挑水工说："我太对不起你了，每次当你把我挑回家，我只剩下半桶水，你的劳动得不到报偿。你把我扔了吧！"挑水工听完，平静地对它说："在回家的路上，请你看看路边的风景。"在回家的路上，破桶看到路边盛开着很多美丽的鲜花，在初升阳光的照耀下，它们都显得充满生机。破桶的心情稍稍好了些。

快到家时，挑水工对它说："你注意到路边的鲜花没有？它们多美呀！"

"看到了。"破桶说。

"那你注意到只有在你那一侧的小路上才长满了鲜花了吗？我在你那一侧的小路上撒了一些花种，每天你都会浇灌它们。这样，主人便能每天看到美丽的鲜花了。"

启示

每个人每件事都有其不完美的地方，但是这并不意味着他们就一无是处，他们并不像人们想象的那么差。虽然损失一部分力气和半桶水，但是每天都能看到美丽的鲜花，也是一件不错的事！

青蛙与蜥蜴

青蛙在捕食时，目不斜视、四平八稳、呆若木鸡，直到蚊子或小虫飞到它的嘴边，它才飞快地伸出舌头，粘住飞虫，吃下去。之后，它又开始进行目不斜视地等待。青蛙是"等饭吃"。

蜥蜴则非常不同，当你每天走在老式办公楼、私人住宅区或蓄水池边，都可以看到它们奔忙的身影。每天它们四处游荡，搜寻猎物。一旦发现目标，它们就会狂奔猛追，一路穷追猛打，直到吃到口为止。吃到后，它们稍事休息，喝口水，又整装待发。蜥蜴跑得气喘吁吁，是在"找饭吃"。

启示

现在的就业形势和原来已经完全不同了。以前到处是工作找人，大部分的学生没有毕业势已经有工作等着他们了，那时不论你工作能力如何，都能混口饭吃。现在，全民就业的时代已经结束了，那些怕吃苦而不愿提升自己的人要么陷入困境，要么被迫增强适应能力。

猎狗与羚羊

草原上，一只猎狗正在猎捕一只羚羊。最终，猎狗还是没有追上羚羊。猎狗趴在地上喘着粗气问羚羊："老弟，凭实力，我跑得比你快，可为什么到关键一步时总是比你差一点？"羚羊回答说："你是比我跑得快，但你总是抓不到我，这也许是因为我们奔跑的目的不一样吧！"

"奔跑的目的？"猎狗很是不解地问道。

"是的，你奔跑的目的只是为了完成任务，讨好你的主人，而我奔跑的目的却是为了活命！"羚羊说。

启示　工作的目的会决定最终的结果。我们只有永远心存危机，才能最大限度地发挥自己的潜能。

驴和它的主人

从前有一头驴，它的药商主人给它很少的食物和很多的工作。驴便向丘比特请求，让它从现在的劳役中释放出来，并给它找另外一个主人。丘比特警告它，它会后悔提出这样的请求，然后便将它给了一个砖瓦匠。不久，驴发现它的负担更重，而且砖瓦场上的工作更辛苦，于是再去请求更换主人。丘比特告诉它说，这是它最后一次答应它的请求，然后把它卖给一个制皮匠。驴发现它已陷入更坏的情况，又明白它主人的职业，便悲哀地说："我宁愿在先前任何一个主人那里饿死或累死，总比我被现在这个主人买来好些。我现在这个主人，甚至还要剥我的皮赚钱呢。"

启示　在现代的人力资源管理中，有许多人都是这样的，他们在一个单位或部门中工作，总觉得有更好的机会等待着他，于是不断地换工作，但是到最后却一事无成。

母牛可以飞起来吗

森林娱乐公司准备培养一批各具才艺的明星。小叫驴因为嗓门大，被认为是一块唱高音的料。猪的模样比较笨拙，老板认为它可以做滑稽演员。更令人诧异的是，老板竟然突发奇想，要让一头叫花花的母牛表演空中飞人。

有人好心提醒老板说："你的计划好像不合适吧？小叫驴虽然嗓门大，可它毕竟五音不全呢！猪的模样固然滑稽，却反应迟钝，怎么能够保证演出效果呢？还有空中飞人这个项目，要求表演者身手敏捷、身轻如燕，母牛行吗？”

老板回答说：“这是一种艺术创新，没有创新，就没法推动事业进步。正是因为大家都认为小叫驴不能唱高音、笨猪不能当演员、母牛没法表演空中飞人，演出才能叫座。”

母牛花花很快就成了森林电视台、《动物新闻快报》等新闻媒体争相采访报道的明星。在一片镁光灯的闪烁中，老板自然心花怒放、得意洋洋。

没几天，母牛就在表演中从空中摔了下来。

启示

故事听起来是有些荒唐，然而谁又能想到，许多公司在人力资源开发工作中，发生着同样荒唐的事情。这些公司的管理者仍然坚持，只要给了员工足够的指导和培训，其在工作中一定会有上佳的表现。传统的管理者们固执地认为，人是具有可塑性的，只不过有聪明与愚笨之分罢了。事实上，每个人都不笨。就像小叫驴、猪和母牛一样，每个人都有自己天生的优势。为什么要小叫驴去唱歌呢？它应该去做一个拉车的角色。不要试图让母牛去做“飞人”，你会浪费许多工夫，母牛也会感到痛苦。在中国，有两个人们常常说起、又常常忘记的成语，一个是“因材施教”，另一个是“因材施用”。每个人都有自己天生的优势，而人力资源开发与管理工作的关键，就是如何识别、培养和发挥这个人的独特优势。就像母牛一样，它更愿意学习生产好奶的新技术，更愿意向你奉献一杯无与伦比的好奶。

企业管理篇

第三部分

THE THIRD PART

经营管理

猎狗的故事

一、动机

一条猎狗将兔子赶出了窝，一直追赶它，追了很久仍没有捉到。牧羊看到此种情景，讥笑猎狗说："你们两个之间小的反而跑得快得多。"猎狗回答说："你不知道，我们两个奔跑的目的是完全不同的。我仅仅为了一顿饭而跑，它却是为了性命而跑呀！"

二、目标

这话被猎人听到了。猎人想：猎狗说的对啊，那我要想得到更多的猎物，得想个好法子。于是，猎人又买来几条猎狗，凡是能够在打猎中捉到兔子的，就可以得到几根骨头，捉不到的就没有饭吃。这一招果然有用，猎狗们纷纷去努力追兔子，因为谁都不愿意看着别人有骨头吃，自己没有。就这样过了一段时间，问题又出现了。大兔子非常难捉到，小兔子好捉，但捉到大兔子得到的奖赏和捉到小兔子得到的骨头差不多。慢慢地，猎狗就都专门去捉小兔子。猎人对猎狗说："最近你们捉的兔子越来越小了，为什么？"猎狗们说："反正没有什么大的区别，为什么费那么大的劲儿去捉那些大的呢？"

三、动力

猎人经过思考后，决定不将分得骨头的数量与是否捉到兔子挂钩，而是采用每过一段时间，就统计一次猎狗捉到兔子的总重量。按照重量来评价猎狗，来决定其一段时间内的待遇。于是猎狗们捉到兔子的数量和重量都增加了。猎人很开心。但是过了一段时间，猎人发现，猎狗们捉兔子的数量又少了，而且越有经验的猎狗，捉兔子的数量就下降得越厉害。

于是猎人又去问猎狗。猎狗说："我们把最好的时间都奉献给了您，主人，但是我们随着时间的推移会老，当我们捉不到兔子的时候，您还会给我们骨头吃吗？"

四、长期的骨头

猎人做了论功行赏的决定。分析与汇总了所有猎狗捉到兔子的数量与重量，规定如果捉到的兔子超过了一定的数量后，即使捉不到兔子，每顿饭也可以得到一定数量的骨头。

猎狗们都很高兴，大家都努力去达到猎人规定的数量。一段时间过后，终于有一些猎狗达到了猎人规定的数量。这时，其中一只猎狗说："我们这么努力，只得到几根骨头，而我们捉的猎物远远超过了这几根骨头。我们为什么不能给自己捉兔子呢？"于是，有些猎狗离开了猎人，自己捉兔子去了。

五、骨头与肉兼而有之

猎人意识到猎狗正在流失，并且那些流失的猎狗像野狗一般和自己的猎狗抢兔子。

情况变得越来越糟，猎人不得已引诱了一条野狗，问它到底当野狗比猎狗强在那里。

野狗说："猎狗吃的是骨头，吐出来的是肉啊！"接着又道："也不是所有的野狗都顿顿有肉吃，大部分野狗最后连骨头都没得舔，不然也不至于被你诱惑。"

于是猎人进行了改革，使每条猎狗除基本骨头外，可获得其所猎兔肉总量的n%，而且随着服务时间加长，贡献变大，该比例还可递增，并有权分享猎人总兔肉的m%。

就这样，猎狗们与猎人一起努力，将野狗们逼得叫苦连天，纷纷强烈要求重归猎狗队伍。故事还在继续。

六、只有永远的利益，没有永远的朋友

日子一天一天地过去，冬天到了，兔子越来越少，猎人的收成也一天不如一天。而那些服务时间长的老猎狗们老得不能捉到兔子，但仍然在无忧无虑地享受着那些它们自以为应得的大份食物。终于有一天，猎人再也不能忍受，把它们扫地出门了，因为猎人更需要身强力壮的猎狗。

七、MicroBone公司的诞生

被扫地出门的老猎狗们得了一笔不菲的赔偿金，于是它们成立了MicroBone公司。它们采用连锁加盟的方式招募野狗，向野狗们传授猎兔的技巧，它们从猎得的兔子中抽取一部分作为管理费。把赔偿金几乎全部用于广告后，它们终于有了足够多的野狗加盟。公司开始盈利。一年后，它们收购了猎人的家当。

八、MicroBone公司的发展

MicroBone公司许诺给加盟的野狗能得到公司n%的股份，这实在是太有诱惑力了。这些自认为怀才不遇的野狗们都以为找到了知音：终于做了公司的主人，不用再忍受猎人呼来唤去的不快，不用再为捉到足够多的兔子而累死累活，也不用眼巴巴地乞求猎人多给两根骨头而扮得楚楚可怜。这一切对这些野狗来说，比多吃两根骨头更加受用。于是野狗们拖家带口地加入了MicroBone，一些在猎人门下的年

轻猎狗也开始蠢蠢欲动，甚至很多自以为聪明，实际愚蠢的猎人也想加入。好多同类型的公司像雨后春笋般地成立了，如 BoneEase、Bone.com 等，一时间，森林里好不热闹。

九、F4 的诞生

猎人凭借出售公司的钱走上了老猎狗走过的路，最后千辛万苦要与 MicroBone 公司谈判的时候，老猎狗出人意料地答应了猎人，把 MicroBone 公司卖给了猎人。老猎狗们从此不再经营公司，转而开始写自传《老猎狗的一生》，又写《如何成为出色的猎狗》《如何从一只普通猎狗成为一只管理层猎狗》《猎狗成功秘诀》《成功猎狗 500 条》《穷猎狗，富猎狗》，并且将老猎狗的故事搬上屏幕，取名《猎狗花园》，4 只老猎狗成了家喻户晓的明星。它们开始收版权费，没有风险，利润更高。

启示

干活的总是拿得少的，拿得多的都是不干活的。其实企业的管理和企业的发展就是这样的一个过程，在企业不同的发展阶段，作为管理者应该实施不同的管理方法，在企业发展到一定的阶段，就应该对企业进行不同的改革。只有这样，企业才能取得永久的生存和长远的发展。

猴子的经典实验

一、道德的起源

把 5 只猴子关在一个笼子里，笼子上面有一串香蕉，实验人员装了一个自动装置。一旦观测到有猴子要去拿香蕉，马上就会有水喷向笼子，而这 5 只猴子都会一身湿。

首先有只猴子想去拿香蕉，当然，结果是它被淋湿了。

之后每只猴子在几次的尝试后，发现莫不如此。

于是猴子们达到一个共识：不要去拿香蕉，以避免被水淋到。

后来实验人员把其中的一只猴子释放出来，换进去一只新猴子 A。

猴子 A 看到香蕉，马上想要去拿。

结果，被其他 4 只猴子狂揍了一顿。

因为其他 4 只猴子认为猴子 A 会害它们被水淋到，所以制止它去拿香蕉。A 猴子尝试了几次，虽被打的满头包，依然没有拿到香蕉。

当然，这 5 只猴子也没有被水淋到。

后来实验人员再把一只旧猴子释放出来，换上另外一只新猴子 B。

猴子B看到香蕉，也是迫不及待要去拿。

当然，一如刚才所发生的情形，其他4只猴子也狂揍了B一顿。

特别的是猴子A打得特别用力。

猴子B试了几次总是被打得很惨，只好作罢。

后来慢慢地，所有的旧猴子都换成了新猴子，大家还是不敢去动香蕉。

但是它们都不知道为什么，只知道去动香蕉会被旧猴子狂揍。

这就是道德的起源。

二、阶级的起源

实验人员继续他们的实验，不过这一次他们改变了喷水装置。

一旦观测到有猴子要去拿香蕉，马上就会有水喷向拿香蕉的猴子，而不是全体。

然后实验人员又把其中一只猴子释放出来，换进去一只新猴子C。

不同以往的是，猴子C非常强壮。

当然猴子C看到香蕉，也马上想要去拿。

一如以前所发生的情形，其他4只猴子也想揍猴子C一顿。

不过它们低估了猴子C的实力，反被猴子C揍了一顿。

于是猴子C拿到了香蕉，当然也被淋湿了。

猴子C一边打着喷嚏一边吃着香蕉，享用美味但是也美中不足。

猴子A、B、D、E没有香蕉吃却也比较快乐，毕竟没有被淋到。

后来猴子C发现只有拿香蕉的那个才会被淋到，于是它就要最弱小的猴子A替它去拿。

猴子A不想被揍，只好每天拿香蕉然后被水淋，却吃不到香蕉。

猴子B、D、E越发快乐起来，这就叫比上不足，比下有余。

于是5只猴子有了3个阶级。这下，阶级也随着道德诞生了。

三、道德的沦丧

天变热了，笼子里的猴子们想冲凉却找不到地方。终于出现了一位反潮流英雄，它在无意中碰到了香蕉，理所当然地引来了一顿暴打。但在挨打的过程中，猴子们享受到了冲凉的乐趣。等身上的水干了之后，猴子A在无意中碰到了香蕉，于是，猴子们享受了第二次冲凉，它遭到了第二次痛打。

在此之后，只要大家有冲凉的需要，就会有一只猴子X挺身而出，对那只猴子进行合理冲撞。

大家对那只猴子的态度也有了明显的改变，平时，大家会对那只猴子异常温和，以弥补在冲凉时为维护规则而不得不对它进行的暴力举动。

一天，在大家冲凉时，饱受折磨的那只猴子闻到了香蕉的清香，生物本能使它在别的猴子不注意时将香蕉吃了，而且此后没有了新的香蕉来填补空缺。猴子们陷入了另一个尴尬境地：没有冲凉的水，也没有香蕉，只有那只猴子。

于是，另一个规则形成了。猴子在烦躁的时候会痛打那只猴子出气，那只猴子不得反抗。

当笼子里的旧猴子被新猴子换掉时，新猴子会在最短的时间内学会殴打那只猴子。

终于有一天，老天有眼，历尽沧桑的那只猴子被另一只猴子代替了。猴子们失去了发泄的对象，只能任意选取一个目标进行攻击。从此以后，笼子里的猴子们不吃不喝不冲凉，唯一的举动就是打架。

这就是道德的沦丧。

四、道德的重建

实验人员对猴子们的争斗不休感到不安。为了重建道德秩序，他们决定继续供应香蕉。

一天，正在混战的猴子们发现头顶多了一串香蕉，它们中猴子A不顾身上的剧痛，把香蕉摘了下来。于是久违的甘露出现了，未曾尝过甜头的猴子们先是茫然失措，继而争先恐后地加入冲凉的行列。香蕉反而被遗忘了。当猴子B、C、D、E发现猴子A在享受淋浴的同时还吃着美味的香蕉，嫉妒心使它们暂时团结起来，共同打了猴子A一顿，将猴子A吃剩的香蕉夺过来。但是，此刻的香蕉成了匹夫怀里的宝玉，得到它的猴子虽然可以享受美味，但付出的代价也是巨大的。

实验人员不断放入香蕉，却发现战斗比以前更激烈了。分析清楚原因后，他们用木头做了一个假香蕉扔进了笼子。此时猴子们已经学聪明了，它们知道触摸香蕉可以享受淋浴，而试图独占香蕉则会遭到痛打。于是，一个新的现象出现了，当猴子们有冲凉的需要时，会有一只猴子将香蕉拿起来，而当它发现有遭到攻击的可能时，会马上放下香蕉逃到一边去。这样，猴子们都能冲凉，但是又不至于再像以前那样“几败俱伤”。

一个有趣的现象是：没有猴子发现那个香蕉是假的。

五、信仰的起源

分为3个阶级的5只猴子A、B、C、D、E快乐地生活了很久。

这3个阶级是吃香蕉阶级、拿香蕉阶级和干看着阶级。

可惜猴子A由于长期的“水中作业”，无可避免地引发了肺部功能衰竭。

一天，它在例行的拿香蕉作业中跌倒了，就再也没有爬起来。

于是实验人员又送进了一只同样威武有力的猴子 F。
当然它还是对屋顶的香蕉很有兴趣。
不幸的是它最终以微弱的劣势被以 C 为首的群猴再次痛打。
第二天，又到了拿香蕉的时候。
猴子 C 很无所谓，反正它还要吃香蕉，反正它不会被水淋到。
真正恐慌的是 B、D、E 三猴。
F 是那么健壮，它们是打不过它的。
它们将面临一个艰难的抉择，谁该去步 A 的后尘？
猴子 B、D、E 展开了激烈的争论，讨论谁最应该做下一个拿香蕉阶级。
猴子 F 很奇怪也很好奇，什么叫“拿香蕉阶级”呢？
猴子 B、D、E 解释道：所谓“拿香蕉阶级”，就是猴子界勇敢者的阶级。
猴子 F 闻听，不禁有些神往，有些跃跃欲试。
当然它最终达到了目的，做了唯一的拿香蕉阶级。
再后来，B、D、E 三猴陆续被换出局，被换进来的猴子个个健壮如 C。
它们继续大打出手，不过目标不是香蕉，而是那个唯一的拿香蕉阶级。
于是信仰也出现了。

启示

其实，生活中有许多观念和思想，它们本身不一定有什么意义，但是因为身边的人都在这样做，所以我们也只能跟着做了。如果我们能够追根溯源，打破砂锅问到底，也许你会发现事实的真相与大家公认的原因是大相径庭的。

分粥制度

对权力进行制约的制度问题一直是令人类头疼的难题。请看下边的这个小故事。

有 7 个人组成了一个小团体共同生活，其中每个人都是平凡而平等的，没有什么凶险祸害之心，但不免自私自利。他们想用非暴力的方式，通过制订制度来解决每天的吃饭问题：如何公平地分吃一锅粥，但是他们没有任何称量工具和有刻度的容器。

大家试验了不同的方法，发挥了每个人的聪明才智，经过多次博弈，形成了日益完善的制度。大体说来主要经历了以下几个过程。

方法一：刚开始，大家拟定了一个人负责分粥的事情。很快大家就发现，这个人为自己分的粥最多，于是又换了一个人。但是，总是主持分粥的人碗里的粥最多、最好。

这时候有人得出结论：是权力导致腐败，绝对的权力导致绝对的腐败。

方法二：大家轮流主持分粥，每人一天。这样等于承认了个人有为自己多分粥的权力，同时给予了每个人为自己多分的机会。虽然看起来平等了，但是每个人在一周中只有一天吃得饱而且有剩余，其余6天都是饥饿的。

这种方式导致了资源浪费。

方法三：大家选举一个信得过的人主持分粥。开始的时候，这位品德尚属上乘的人还能保持公平，但不久他就开始为自己和溜须拍马的人多分了。

不能放任其堕落和败坏风气，还得寻找新思路。

方法四：选举一个分粥委员会和一个监督委员会，形成监督和制约。公平基本上做到了，可是由于监督委员会常提出多种提案，分粥委员会又据理力争，等分粥方案被确定时，粥早就凉了。

机构臃肿，办事效率极低。

方法五：每个人轮流值日分粥，但是分粥的那个人要最后一个领粥。令人惊奇的是，在这种制度下，7只碗里的粥每次都是一样多，就像用科学仪器量过一样。

每个主持分粥的人都认识到，如果7只碗里的粥不相同，他确定无疑将享有那份最少的。

启示 现代经济学是这么表述制度的重要性的：制度是人选择的，是交易的结果。好的制度浑然天成，清晰而精妙，既简洁又高效。

从智猪博弈到企业管理

猪圈里有大小两头猪。为了增加猪的活动量，提高猪肉质量，饲养员在猪圈的一头安装了踏板，另一头安装了食料兜。只要猪踩一下踏板，另一头的食料兜就会自动往食槽里落下食物。

刚开始的情形是这样的：当小猪在这头踩动踏板时，大猪便在小猪跑到食槽之前吃光所有的食物；若是大猪踩动了踏板，则还有机会在小猪吃完落下的食物之前跑到食槽，吃到残羹。

结果呢？那头小猪踩踏板将一无所获，不踩踏板反而能吃上食物，所以总是舒舒服服地躺在食槽边等着大猪踩踏板；而大猪知道小猪是不会去踩踏板的，所以就只好为得到一点儿残羹奔忙于踏板和食槽之间。

后来，有个经济学家来到饲养场，对这种“机制”做了三个改革实验：

先是将食料兜里的存贮食物减半。小猪去踩踏板，大猪便会把食物吃光；大猪去踩，小猪也会把食物吃完。结果是小猪、大猪都不去踩踏板了。

然后，又把食料兜里的存贮食物增加到起初的一倍。结果是小猪、大猪谁想吃，谁就会去踩踏板，然后慢悠悠地来到食槽边，也有得吃，双方再也不用抢吃食物了。不过这样做，食料浪费太多，饲养的成本过高，而且不利于增加猪的活动量。

最后，经济学家把食料兜的存贮食物减半的同时，把踏板移到食槽附近。结果，小猪和大猪都在拼命抢着踩踏板。正所谓“多劳者多得，不劳者不得”。这样做，既降低了饲养成本，又提高了猪的活动量。

启示

这个实验，便是经济学中著名的“智猪博弈”的一个典型例子，它清晰地揭示了利益驱动下的竞争状态。许多管理者也许并不知道“智猪博弈”，但却整天在琢磨着类似于刺激“智猪”的各种策略。“智猪博弈”给我们的启示是：奖励规则中核心指标的设置，即每次劳动得到的“食量”和获取劳动成果的距离。

企业兴衰寓言

企业就像一棵树，树上攀满了猴子——每层枝丫上都有，还有的正往上爬。上面的猴子往下看，看到的都是笑脸；下面的猴子往上看，满眼都是屁股。

如有果子，总是顶层的猴子先吃。一般情况下，它们吃完了总是要拉，下面的猴子得到的总是上面的猴子的屎。

对于往上爬的猴子，为了挤上来，它们的脸先得贴过很多猴子的屁股，能爬多高，取决于它们贴屁股的技巧有多好。最顶层的猴子不用贴其他猴子的屁股，可是将来的某一天，欲取代者会踢它的屁股，将它拉下来。

在陷入困境的时候，上层的猴子就会折断几根树枝，打下面的猴子。猴子们纷纷往下一层掉，你压我挤，混乱中终于有猴子从树上掉下去。这些不幸者获得的赔偿，就是从飘摇的树上掉下来的果子！于是，树的负担轻了，生活又慢慢恢复了正常。

启示

优胜劣汰、兴衰变化是自然法则。

品酒大师

有一位了不起的鉴赏家王先生，也是一名品酒师。某人邀请王先生去他家，因为他收藏了一些非常古老的、有价值的酒，想给王先生鉴赏一下。收藏家拿出一种最名贵的酒请王先生品鉴。王先生品尝了一下，却保持沉默，没有说任何话。那个朋友觉得受了伤害，然后他又拿出一种非常普通的酒。

王先生品尝了一下，说道：“非常好，非常好！”

收藏家糊涂了，他说：“我被搞糊涂了，我给你最稀有、最名贵的酒，你保持沉默，但对这种普通的酒，你却连声称赞，这是为什么呢？”

鉴赏家说：“对第一种酒，无须人们说什么，它本身已经说明了一切；但对第二种酒，必须有人赞扬它，不然没人知道它！”

启示

管理者也要像故事中的鉴赏家一样对待你的员工，如果是非常优秀的员工，他得到的荣誉和赞扬已经够多了，你就没有必要再把焦点集中在他的身上。而对普通员工甚至是有缺点的员工，你一定不要吝啬你对他们优点的发现和赞扬。

别变成“可有可无”的人

一个人若不懂得在团队中主动贡献，让团队总是为了你费心协调，就算你能力再好，也会变成团队进步的阻力。

身为计算机工程师的朋友在公司人事缩减时被裁掉了。他难过极了。

“我又没有犯什么过错，”他沮丧地问同事们，“经理为什么把我裁掉？”

“大概是你哪里做得不够好。”同事A说，“还记得上次他要你支持某个部门使用计算机，被他逮到你坐在那里没事做吗？”

“什么我没事做？那时大家刚好都没有问题，我才自己上一下网的，这样为什么不行？我不是照样在一旁待命，有人发问我不也是马上就去？”朋友反驳。

“就是啊！”同事B附和道，“经理留下来的另一个工程师，那天帮另一个部门的人修计算机，修到整台计算机坏掉，经理没裁她，竟然裁你，真说不过去！”

“你冒犯过谁吗？也许是别的部门的人说了你什么坏话。”同事A又问。

“会不会是那一次，那个无理的厂长不满意你的态度？记得吗？”同事B说，“他不会用计算机还自作聪明，后来把计算机弄坏了，还将责任推到你身上。”

“但那次经理替我说话了，他知道是厂长的错。”朋友回答。

他们徒劳无功地讨论了一个多小时，同事A终于说：“你其实可以直接去问经理。”

“可是，”朋友犹豫了起来，“这样好吗？没见到有人这样做过。”

“我也觉得没有必要去自取其辱，”同事B附和道，“裁员还会有什么理由？何必挑明了让大家尴尬？”

“但是问清楚了，如果真有错，下次可以做得更好，不是吗？”同事A说。

同事A的话，朋友回家想了好多天，一直耐不住心里的不满和疑惑，终于决定亲自找经理谈一谈。

“我只是想了解一下这次裁员的原因。我知道这次为了精简公司编制，总要有人被裁掉，但为什么会是我？”朋友将在心里排练好久的话一口气全讲了出来：“如果真的是我的表现不好，请经理指点，我希望有改进的机会，至少在下一份工作上我不会再犯同样的错误。”

经理听完他的话，愣了一下，竟露出赞许的眼神：“如果你在过去的这一年都这么主动积极，今天被裁的人肯定不会是你。”

这回换朋友愣住了，不知所措地看着经理。

“你的工作能力很好，所有工程师里你专业知识算是数一数二的，也没犯过什么重大过失，唯一的缺点就是主观意识太重。团队中本来每个人能力不一，但只要积极合作，三个臭皮匠就能胜过一个诸葛亮。如果队友中某个人不懂得主动贡献，团队总是为了他必须费心协调，就算那个人能力再好，也会变成团队进步的阻力。”经理反问他：“如果你是我，你会怎么办？”

“但是我并不是难以沟通的人啊！”朋友反驳说。

“没错，但如果你将自己的态度和同事相比，以 10 分为满分，在积极热心这方面，你会给自己几分？”经理问。

“我想我明白了。”朋友说。原来自己是个“可有可无”的员工。

“你有专业能力为基础，如果你积极热心，懂得借合作来运用团队的力量，你的贡献和成就应该会更大。”

接下来的半小时，朋友虚心聆听经理给他的建议。他非常庆幸自己没有假设某个被裁员的原因，躲起来怨天尤人，也很高兴因为与经理主动沟通，明白了自己的缺点在哪里。

经理很高兴能看到他如此上进的一面，几天后亲自打电话给他介绍另一个职位，比原来的工作还要好。

启示

我们常常忘了人与人之间最宝贵的资源，就是合作关系——生活的框架告诉我们要保护自己，多做可能多错，热心可能会受伤。于是我们宁可自扫门前雪，甚至对人漠不关心。一个人可以聪明绝顶、能力过人，但若不懂得借由积极热心来培养和谐的合作关系，不论多成功，都会事倍功半。不积极热心的人在团体中只会做好被吩咐的工作，愿意付出的人就算能力有限，却能调动团体的积极性，集结众人的力量，使工作加倍顺利进行。如果朋友在被裁员后就躲起来怨天尤人，就不可能通过经理的协助看到自己的缺点。好在他学会了合作的第一件事：主动关心别人的需求。当别人感到被关心时也会付出相对的善意，分享自己的资源，就像经理愿意介绍更好的职位，这就是合作最大的益处。维持良好的合作关系，能助你事半功倍。

一头理想主义的猪

动物庄园兴起了一轮房地产热，不少动物都搞起了房地产。房地产峰会、明星对话论坛你方唱罢我登场，好不热闹。

话说动物庄园里有一头理想主义的猪和一头结果导向的猪，兄弟俩不甘人后，也搞起了房地产。它们各自组建了一个房地产公司，分别培养了一支理想主义和结果导向的职业经理人队伍。有一天，它们做了一个约定：比赛谁的企业做得大，赚的钱最多。

理想主义的猪做事一向追求完美。它想，企业做大，首先必须有一套先进的企业管理制度。但动物庄园在发展中，大部分优秀的庄园企业在他人眼中只算“小企业”，没有这方面的经验。于是它花了一笔钱，请来山姆家的麦卡锡作为企业的管理咨询顾问，并引进了一套先进的绩效管理体系，有了一个宏伟的百年战略规划。每年年终，它根据绩效评估结果，奖励那些做事规范、工作完美的理想主义的猪。

理想主义的猪雄心勃勃地设想，有了这些先进的管理模式，只要能够有效管理和合理评估每只理想主义的猪的工作，在一个完善的管理团队中，所有这些理想主义的猪各司其职，就可以推动企业朝着既定目标迈进。

结果导向的猪做事一向实际。它想，企业最终必须靠业绩说话，而良好的业绩首先必须有良好的销售。于是它花了一笔钱，买了一套销售和客户管理软件。通过分析客户需求建造并且销售房子，又通过销售结果分析客户需求的变化。它还设立了一套激励制度，重奖当月为销售做出重大贡献的结果导向的猪。如果房子的销售总量高于上月，那么所有结果导向的猪都将即时受到分量不一的奖励。

一年过去了，双方比较比赛的结果，理想主义的猪赚的钱不如结果导向的猪赚的钱的一半。理想主义的猪大惑不解：花了这么多钱设立的管理体系怎么会不管用？

它花了相当多的时间到企业中去调查。发现所有理想主义的猪都在努力工作，早上唱着“早起的鸟儿有虫吃”去上班，晚上还自觉主动地加班，费了惊人的时间和精力将每一件事情都打磨完美。在管理体系之下，所有的工作都受到层级严密的控制，同时所有工作也都依从上级的安排和指令进行着。但由于出现一些投入巨大但产出不大、意义不大乃至错误的事情，不少理想主义的猪备受打击，觉得挫折和沮丧。与此同时，在一个等级森严的体系中，理想主义的猪们花费大量的时间去跟其他部门进行沟通，部门之间充斥着一股相互抱怨的气氛。

它又到结果导向的猪的企业中进行考察和交流，发现它们的企业制度虽然不尽完善，但个个目的明确，行动迅速，应变灵活，员工虽少于理想主义的猪，但开发的楼盘却比自己的企业多。产品不算最好，但销量很好。这些都让理想主义的猪感到无比困惑：“完美的制度竟然不如粗放的管理，原因何在？”

启示

为什么完美制度竟然不如粗放的管理？也许这正是困惑我们的问题，尤其在企业竞争如此激烈的今天。道理很简单，任何完美的管理制度都是以市场为导向的，仅仅停留在完美的管理体系、层级的严密控制，一旦脱离了实际、脱离了顾客，都是不能成功的。只有踏踏实实做事才是我们的正路。

美国的“顾客就是上帝”

“顾客就是上帝”在美国有着很好地体现，这是生存竞争使然。没有好的服务就不会有客人；没有客人，商场和工厂就没有办法生存，特别是在美国这个市场竞争非常激烈的国家。所以，各个商家无不使出各种手段来拉拢客人。

在美国的各个连锁商店，只要你买了物品，不管是多少钱，在 60 天内都可以退换。所以，有些聪明的旅游者来到美国后，租一个房间，然后就到商场大肆采购。什么电视、音响、家具、厨房用品、电冰箱、电脑等等。用过一个多月，假期也过完了，雇一辆货车再将买的东西全部退回商店。这些商店也会毫无怨言地全部接收，全款退还给，只当你白用了一个多月。有的商场也许会问你为什么，你只要告诉他“我不喜欢”就可以了。但大多数商店并不会问你任何原因。

Z 先生买了一部日本相机，价值 700 多美元，不知道是他的技术不好还是机器的问题，反正拍了几次后，拍出的照片都是模糊的。过了 10 个月，Z 先生去旅游，拍出的照片还是有些模糊，一气之下找到商店，要求退货。商店也是不问原因，全款退还。一位美国老太太，拿着一把已经很破旧的剪刀找到商场。这是一把 20 年前的剪刀，当时工厂的促销宣传是：“20 年后凭发票和产品保证书可以退回购买的金额，并会获得一把新的剪刀。”这位美国老太太就是来商场要求换新剪刀，并要求商场退还当时买剪刀的 2 美元。服务员很年轻，看了产品说明和发票拿不定主意，便找来了经理。经理一看，二话没说：退钱，赠送新剪刀。

鲍勃是一个典型的英国贵族，无论做什么事情都是一副慢条斯理的样子，为人温文尔雅，有条不紊，是个很有风度的男士。但他有一个致命的毛病，就是喜欢开快车。只要一上公路，汽车开得像飞一般。为此他吃了不少罚单，还险些被吊销驾照。后来，鲍勃先生听说有商店在卖雷达侦测器，可以提前侦测到警察使用的雷达测速器。于是鲍勃先生就立即到商店花 1000 多美元买了一套最高级的雷达侦测器，装在他的汽车上。这套雷达侦测器有 6 个探头，不仅可以侦测前后和两侧，而且可以侦测到天上巡逻直升机的雷达测速器。一旦他的侦测器侦察到警察使用的雷达，测速器就会发出“小心啊，有警察，小心啊，有警察”的信号。自从鲍勃先生安装了这台机器，还真是好几年都没有被警察抓到。

一日，鲍勃先生带全家人去度假，一看公路上没有多少车辆，就又开起了飞车。经过一个小城，公路限速 60 英里 / 小时（1 英里 ≈ 1.61 千米），可是鲍勃先生却开到了 120 英里 / 小时。不久就见一辆警车尾随而来，而且灯闪笛鸣。鲍勃先生一见，忙将汽车停在路旁，接受警察检查。警察上前对他说：“先生，你超速了。”

鲍勃先生心中有数，自己有雷达侦测器，机器没有反应，说明警察没有打开雷达测速器，警察只是根据自己的判断行事，没有真正的证据。于是问：“我的车速是多少，你可以告诉我吗？”

警察说：“122 英里 / 小时。”

鲍勃先生有些奇怪：“你可以让我看测速器的记录吗？”

警察说：“当然。”说着领鲍勃先生来到警车跟前，让他看车中的雷达测速器记录。只见荧光屏上赫然显示着 122 英里 / 小时。

鲍勃先生有些奇怪了，明明侦测器没有响，他怎么被抓到了呢？但没有办法，还是老老实实地接受了罚单。一看罚单，要罚 600 多美元，相当于超速一英里扣 10 美元。鲍勃想不通侦测器这次为何没发挥作用，心中感到气愤。

第二天，他找到了商店，生气地将罚单交给商店老板看，说：“你保证这台侦测器在全美国都有效，为什么我还会被抓到？”

老板一听，说道：“不可能啊，我卖了好几万台，从没有人发生这样的事情，你一定是将机器搞坏了。”

鲍勃说：“你保证 5 年不出问题，现在还没到 5 年，你要检修，并替我付罚款。”

老板忙让员工检查机器，员工拿着仪器和工具检查了半天，说：“完全没有问题。”

“这是怎么回事？”老板一看机器没有问题，态度就有些强硬。“我想你一定是将汽车里音响的声音开得太大，没有听见警告声。我的侦测器扫描的频道是全美国所有的警用频道，不可能有问题，而且我刚检查了，机器完好无损。”

这样一来，二人闹得很不愉快。鲍勃先生一气之下，将商店老板告上了法庭。

3 个月后，鲍勃先生赢得了官司。理由很简单，商店出售的商品没有达到标示的功能，是欺诈行为。为此，鲍勃先生不仅赢得了原机器退款和超速罚款，而且还赢得了对商店惩罚性的赔款 2 万美元。

启示 这件事听起来不可思议，但真正的商家服务，是真正把顾客放在第一位的。要想赢得顾客，就应该在服务上下功夫。

理直气和

“服务员！你过来，你过来！”顾客高声喊，指着面前的杯子，皱着眉头说：“看看！你们的牛奶是坏的，把我一杯红茶都糟蹋了！”

“真对不起！”服务员边赔不是边微笑着说道：“我立刻给您换一杯。”新红茶很快就准备好了，跟前一杯一样，放着新鲜的柠檬和牛乳。服务员轻轻地把杯子放在顾客面前，又轻声地说：“您如果放柠檬，就不要加牛奶，因为有时候柠檬酸会造成牛奶结块。”

顾客的脸一下子红了，匆匆喝完茶，走了出去。

有人笑问服务员：“明明是他土，你为什么不直说呢？他那么粗鲁地叫你，你为什么不还以一点儿颜色？”

“正因为他粗鲁，所以要用婉转的方法对待；正因为道理一说就明白，所以用不着大声。”服务员说，“理不直的人，常用‘气壮’来压人。理直的人，要用‘气和’来交朋友！”

人们都点头笑了，对这家餐馆平添了许多好感。往后的日子，他们每次见到这位服务员，都会想起她“理直气和”的理论，事实证明这位服务员的话有多么正确——他们常看到，那位曾经粗鲁的客人，经常是和颜悦色、轻声细气地与服务员寒暄。

启示

我们往往欣赏“理直气壮”，却往往忽视“理直气和”的绝妙之处。常言道，有理不在声高。反过来，对于别人的无知、粗鲁，我们是以牙还牙、以眼还眼好呢？还是“以柔克刚”好呢？别忘了，要用“气和”交朋友！

两只红鞋

有位在美国留学的女士逛纽约的一家百货公司，发现百货公司的入口处有一堆鞋子，旁边的牌子上写道：“超级特价，一折即可穿回。”她拿起鞋子一看，原价70美元的漂亮大红鞋只要7美元，这简直让人不可相信。她试了试，觉得皮软质轻，实在是完美无瑕。她真是乐不可支。

她把鞋捧在胸前，然后赶快招呼店员。店员笑眯眯地走过来：“您好！您挑选的这双鞋正好配您的红外套！”她伸出手说，“能不能再让我看一下。”她把鞋交给店员，不禁担心地问：“有什么问题吗？价钱对吗？”。

那位店员赶紧安慰说：“不！不！别担心，我只是要确认一下是不是那两只鞋。

嗯，确实是！”

“什么叫两只鞋，明明是一双啊！”她迷惑不解地问。

那位诚实的店员说：“既然您这么中意，而且打算买了，我一定要把实情告诉您。”

店员开始解释：“非常抱歉！我必须让您明白，它真的不是一双鞋，而是相同皮质，尺寸一样，款式也相同的两只鞋，虽然颜色几乎一样，但还有一点儿色差，我们也不知道是否以前卖错了，或是顾客弄错了，剩下的左、右两只正好凑成一双，我们不能欺骗顾客，免得您回去以后，发现真相而后悔，责怪我们欺骗您，如果您现在知道了而放弃，您可以再选别的鞋子！”这一席真挚的话，哪有不让人心软的！何况，穿鞋走路，又不是让人蹲下仔细对比两只鞋的色泽。她心里越想越得意，除下定决心买那“两只”外，心甘情愿地又买了“两双”鞋。

时过几年，那“两只”鞋仍是她的最爱。当朋友夸赞她的鞋时，她总是不厌其烦地诉说那个动人的故事。唯一的“后遗症”是每次她到纽约时，总要抽空到那家百货公司捧回三双鞋。

启示　谁也不愿意被别人当傻瓜，尤其是花钱的顾客。让顾客快乐的方法有很多，其中之一，或许是让顾客笑着对你说：“您好傻！”

12 次微笑

飞机起飞前，一位乘客请求空姐给他倒一杯水吃药。空姐很有礼貌地说：“先生，为了您的安全，请稍等片刻，等飞机平稳飞行后，我会立刻把水给您送过来，好吗？”

15 分钟后，飞机早已进入平稳飞行状态。突然，乘客服务铃急促地响了起来，空姐猛然意识到：“糟了，由于太忙，忘记给那位乘客倒水了！”当空姐来到客舱，看见按响服务铃的果然是刚才那位乘客。她小心翼翼地把水送到那位乘客跟前，面带微笑地说：“先生，实在对不起，由于我的疏忽，耽误您服药了，我感到非常抱歉。”这位乘客抬起左手，指着手表说道：“怎么回事，有你这样服务的吗？”空姐手里端着水，心里感到很委屈，但是，无论她怎么解释，这位挑剔的乘客都不肯原谅她。

接下来的飞行途中，为了弥补自己的过失，每次去客舱给乘客服务时，空姐都会特意走到那位乘客面前，面带微笑地询问他是否需要水，或者别的什么帮助。然而，那位乘客余怒未消，摆出一副不爱搭理的样子。

临到目的地前，那位乘客要求空姐把留言本给他送过去，很显然，他要投诉这位空姐。此时空姐心里虽然很委屈，但是仍然不失职业道德，显得非常有礼貌，而且面带微笑地说道：“先生，请允许我再次向您表示真诚的歉意，无论您提出什么意见，我都将欣然接受您的批评！”那位乘客准备说些什么，可是却没有开口。他接过留言本，开始在本子上写了起来。

等到飞机安全降落，所有乘客陆续离开后，空姐打开留言本，却惊奇地发现，那位乘客在本子上写下的并不是投诉信，而是一封热情洋溢的表扬信。

是什么使得这位挑剔的乘客最终放弃了投诉呢？在信中，空姐读到这样一句话：“在整个过程中，您表现出的真诚的歉意，特别是您的12次微笑，深深地打动了我，使我最终决定将投诉信改成表扬信！您的服务质量很高，下次如果有机会，我还将乘坐你们的这趟航班！”

启示　真诚是打动人的最有效方式。真诚是赢得顾客、获得顾客谅解的最佳方式。

通用公司服务客户的故事

有一天，美国通用汽车公司客户服务部收到一封信。内容是这样的：

“这是我为同一件事第二次写信，我不会怪你们没有回信给我，因为我也觉得这件事很疯狂，但这的确是一个事实。

“我家有个习惯，就是每天晚餐后，都会以冰激凌来当饭后甜点。由于冰激凌的口味很多，所以我们家每天饭后会投票决定要吃哪一种口味，决定后我开车去买。

“但自从我买了新的庞帝雅克（这是通用旗下的一个牌子）后，在我去买冰激凌的这段路程上问题就发生了。每当我买香草口味时，我从店里出来车子就发动不了，但如果买其他口味，汽车发动就顺利得很。我对这件事是非常认真的，尽管听起来很奇怪：为什么当我买了香草味冰激凌它就‘罢工’，而我不管什么时候买其他口味，它就很容易发动？这是为什么呢？”

事实上，客服部的总经理对这封信还真的心存疑虑，但他还是派了一位工程师去查看究竟。当工程师去找这位客户时，很惊讶地发现他是一位事业成功、乐观，且受了高等教育的人。

工程师安排与这位客户的见面时间刚好是在用完晚餐的时间，两人于是一个箭步跃上车，往冰激凌店开去。那个晚上投票结果是香草口味，当买好香草味冰激凌回到车上后，车子真的无法发动。这位工程师之后又依约来了3个晚上。

第一晚，巧克力冰激凌，车子没事；

第二晚，草莓冰激凌，车子也没事；

第三晚，香草冰激凌，车子发动不了。

这位善于思考的工程师，到这时还是不愿相信这位仁兄的车子对香草味过敏。因此，他仍然继续安排相同的行程，希望能够将这个问题解决。工程师开始记下从开始到现在所涉及的种种详细资料，如时间、车子使用油的种类、车子开出及开回的时间。

根据资料显示，他有了一个结论，这位仁兄买香草冰激凌所花的时间比其他口味的要少。

为什么呢？因为香草冰激凌是所有口味中最畅销的，店家为了让顾客每次都能很快的取餐，将香草口味特别放置在店的前端；至于其他口味则放置在后端。

现在，工程师所要解决的疑问是，为什么这部车会因为从熄火到重新发动的时间较短就发动不了？原因很清楚，绝对不是因为香草冰激凌，工程师很快想到，答案应该是“蒸气锁”。

因为当这位仁兄买其他口味时，耗时较久，引擎有足够的时间散热，重新发动时就没有太大的问题。但是买香草口味时，由于耗时较短，引擎太热以至于无法让“蒸气锁”有足够的散热时间。

问题就这样解决了。

启示

在我们服务客户的时候，一定要耐心地思考，努力寻找问题的根源，从根本上解决客户的问题。只有这样，我们才能赢得客户的信赖。另外，从这个故事中，一些看似无关的因素，却有可能就是我们解决问题的关键。只要我们有耐心，动脑筋，任何问题都难不倒我们。

总裁降薪

亚科卡就任美国克莱斯勒公司经理时，公司正处于一盘散沙状态。他认为经营管理人员的全部职责就是动员员工来振兴公司。在公司最困难的日子里，亚科卡主动把自己的年薪由100万美元降到1000美元，这100万美元与1000美元的差距，使亚科卡超乎寻常的牺牲精神在员工面前闪闪发光。榜样的力量是无穷的，很多员工因此感动得流泪，也都像亚科卡一样，不计报酬，团结一致，自觉为公司勤奋工作。不到半年，克莱斯勒公司就成为拥有亿万资产的跨国公司。

一个公司处在困境中时，老板要挺住，下属也要挺住。只有这样，公司才能走出困境。当公司处于困境时，老板尤其要身先士卒，做好榜样，带给下属自信与保障。如果老板自己先乱了阵脚，手足无措，下属便会打退堂鼓。

启示 行为有时比语言更重要，领导的力量，往往不是由语言，而是由行为体现出来的，聪明的领导者尤其如此。在企业兴旺发达的时候往往容易忽视人才的能力和本质。居于领导地位的人，必须在平时注意发现和培养那种面临危机毫不动摇，并能成为解救危机的真正有能力的人才。

按背景制衣的老裁缝

古时候，有位远近闻名的老裁缝，大家都说他的衣服做得好。有人问他，做衣服主要应该注意些什么？老裁缝说，量尺寸和缝制的方法基本都一样，学起来也不难，关键是要了解穿衣人的身世背景与行为习惯，因为，有着不同背景与不同习惯的人同样有着不同的穿衣方式。比如说，身居高位，或家境富裕而又性情骄横的人，他走路时多挺胸昂首，给这种人做衣服，就一定要前襟比后襟长，用料也要考究。如果给那些家境贫寒、性格软弱的人来做衣服，就要后襟比前襟长，用料尽量便宜些。这些人走路总是战战兢兢，低头驼背，太贵的料子他也买不起。给那些家境中等、性格平和的人做衣服时，就要按实际身材尺寸做，无须额外加减。当然，还有一些具有特殊习惯的人，做衣服时，必须了解清楚再做。如果事先只顾量了尺寸就制作衣服，那人们穿上衣服后就总会觉得不合适。我们只能用衣服去适应人，而不能让人来适应我们做的衣服。

启示 产品性能、技术的提高，只在于你对顾客背景的把握。

蝴蝶化蛹

蝴蝶化蛹是一个激动人心的过程，同时又充满危险与痛苦。

不同的蝴蝶，蛹期也不同，有的几个星期，有的几个月，因为它们身体内部的器官要重新调整。当蛹就要变成蝴蝶时，可以看到翅膀的雏形。从蛹变成蝴蝶是自然界一种激动人心的奇观，当蛹体破裂，成熟的蝴蝶小心翼翼地从蛹壳中艰难地爬出来，不断地扑打翅膀，然后等待身体表面的液体被风吹干，它们才能慢慢地展开美丽的翅膀，飞向阳光明媚的世界。

蝴蝶化蛹一般是在敞开的环境中。凤蝶和粉蝶以腹部末端的臀棘及丝垫附着才能固定于植物上，又在腰部围着缠上一条丝带，使身体呈直立状态，而蛱蝶、灰蝶和斑蝶则是利用腹部末端的臀棘和丝垫把身体倒挂起来，称为悬蛹弄蝶的则多在化蛹前结成丝质薄茧，以保护自己。化蛹地点在树皮下、土块下、卷叶中等隐蔽处，去度过其一生最危险的时期和不利的季节。

蛹在外表上静止不动，但其内部进行着剧烈的变化：一方面破坏幼虫的旧器官，另一方面组成成虫的新器官。担任这个任务的是血液中的血球细胞。这种破坏同时伴随着创新的过程，一般数天至数个星期内完成。在完成痛苦的变化改造后，蝴蝶就蜕去蛹壳，变成成虫，这才蜕皮而羽化成美丽的蝴蝶。

启示

对于企业来说，改革也是一个类似于从蛹到蝴蝶的过程，充满了危险和痛苦，但这也是一个企业成长的必然过程。有了良好的基础，再加上努力的工作，必将成为美丽的蝴蝶。

上善若水

《老子》里说："上善若水。水善利万物而不争。处众人之所恶，故几于道。居善地，心善渊，与善仁，言善信，正善治，尹善能，动善时。夫唯不争，故无尤。"老子认为，有道德的上善之人，有像水一样的柔性。水的柔性是怎样的呢？水性柔顺，明能照物，滋养万物而不与万物相争，有功于万物而又甘心屈尊于万物之下。正因为这样，有道德的人，效法水的柔性，温良谦让，广泛施恩却不奢望报答。

老子弘扬水的精神，其实是在宣扬一种处世哲学。做人要同水一样，有极大的可塑性。水性柔而能变形：在海洋中是海洋之形，在江河中是江河之形，在杯盘中是杯盘之形，在瓶罐中是瓶罐之形。

启示

管理也是这样，你总会遇到各种各样的问题，随机应变就显得非常重要。曾经取得的成功并不能昭示未来，因为市场总是千变万化的，一样的问题在不同的时期需要的解决办法也许会完全不同。聪明的管理者一定会因时制宜、因地制宜，在成就团队业绩的同时，成就自己。

齐景公射箭

春秋时，齐景公自从宰相晏婴死了之后，一直没有人当面指责他的过失，因此心中感到很苦闷。

有一天，齐景公大宴文武百官，席散后，众人一同到广场上射箭取乐。每当齐景公射一支箭，即使没有射中箭靶的中心，文武百官也都高声喝彩："好呀！妙呀！""真是箭法如神，举世无双。"

事后，齐景公把这件事情对他的臣子弦章说了一番。弦章对景公说："这件事情不能全怪那些臣子，古人有话说：‘上行而后下效’，国王喜欢吃什么，群臣也就喜欢吃什么；国王喜欢穿什么，群臣也就喜欢穿什么；国王喜欢人家奉承，自然，群臣也就常向大王奉承了。”

齐景公认为弦章的话很有道理，就派侍从赏给弦章许多珍贵的东西。弦章看了摇摇头说：“那些奉承大王的人，正是为了要多得一点赏赐，如果我受了这些赏赐，岂不是也成了卑鄙小人了！”他说什么也不接受这些珍贵的东西。

启示

领导者喜欢怎么做，下面的人便也跟着怎么做。在我们的现实社会里，这样的人和这样的事不是屡见不鲜吗？例如一家公司的老总经常在外吃喝玩乐，不理业务，他的下属也跟着不务正业。所以，如果你想做一名卓有成效的管理者，一定要认识到自己的陋习，然后坚决改掉它，不能让这些陋习成为下属模仿的对象。

庄王禁欲

欲望人人都有，即便想“无欲”的人本身就怀着一种强烈的欲望。所谓“存天理，灭人欲”，你能做得到吗？

欲望和欲望对象之间，有一种互相强化的关系，尤其是在欲望没有得到满足前更是如此。所以，隔绝欲望和欲望对象，有助于将欲望维持在一定的“度”中。一个无法抑制自己欲望的人，会因为缺乏自制力而难以在事业上取得成功。

春秋五霸之一的楚庄王，就是一个能主动隔绝欲望对象的典型例子。有一次，令尹子佩请楚庄王赴宴，他爽快地答应了。子佩在京台将宴会准备就绪，就是不见楚庄王驾临。第二天子佩拜见楚庄王，询问其不来赴宴的原因。楚庄王对他说：“我听说你在京台摆下盛宴。京台这地方，向南可以看见料山，脚下正对着方皇之水，左面是长江，右边是淮河，到了那里，人会快活得忘记了死的痛苦。像我这样德性浅薄的人，难以承受如此的快乐。我怕自己会沉迷于此，流连忘返，耽误治理国家的大事，所以改变初衷，决定不去赴宴了。”

楚庄王不去京台赴宴，是为了克制自己享乐的欲望。由于楚庄王能注意与欲望对象保持一定距离，所以他才能在登基后，“三年不鸣，一鸣惊人；三年不飞，一飞冲天”，成为一个治国有方的君王。

启示

现在有很多人，因贪图钱财而受贿，结果被送进牢房；也有的人，因迷恋女色而断送前程。古往今来，凡成大事者，必有强烈的欲望，有欲望并不可怕，关键是不要被欲望牵着鼻子走。如果你不能主宰自己的欲望，

启示

那么，你最好远离那些令你迷惑的对象。办企业是一件天长日久的事，必然要有一种持久、稳定、明确的指导思想。如果只想混个吃吃喝喝的工作，你的企业可以趁早关门，开个小百货店，一样可以养家糊口。

以贱为本

现在一般都认为中国古代的帝王总是自称“孤”“寡”是他们为了表示天下唯我独尊，舍我其谁的“天子”的气势，其实这只是一个方面。《老子》认为，天没有清静恐怕就要破灭，地没有安宁恐怕就要倾覆，河谷没有满盈就可能干涸，而如果帝王不重视自己的高贵地位就要垮台。贵，必须要以“贱”为根本；高，必须以“下”为基础。这其实也是帝王自称“孤”“寡”的原因之一。

《次柳氏旧闻》里曾经有这样一个有趣的故事：唐肃宗在当太子的时候有一天陪着唐玄宗一起进餐。餐桌上摆满了各种佳肴，其中有一盘羊腿，唐玄宗就让太子去割羊肉。太子割完羊肉后，见手上都是油污，便顺手拿起一张面饼擦手。唐玄宗眼睛直盯着他的脸，露出不高兴的神色。太子擦完手，慢慢地把饼送到嘴边，有滋有味地把饼吃掉了。这时唐玄宗转怒为喜，对太子说：“人就应该这样。”

唐玄宗贵为天子，却能爱惜粮食，是很不容易的。当他看到太子以面饼擦手时，就很恼火，以为太子是在糟蹋粮食；当又看到太子从容地将擦过手的面饼吃掉时，又转怒为喜，认为太子和自己一样，能“以贱为本”。

启示

现代有很多人，在走上领导岗位以前，总是兢兢业业，勤俭持家，对工作认真负责，对同事极为客气尊重，得到大家的一致好评；但当他自认为在领导的位置上坐稳以后，就慢慢开始体恤不到自己手下员工的疾苦，不能或者不愿真正了解他们的工作与生活，开始变得高高在上，大肆挥霍。“水能载舟，亦能覆舟”，掌握权力之柄，更要重视基层员工，这也是管理好一个团队必须具有的素质和才能。当一个人或一个企业认为他们很成功时，也正是他们走下坡路的时候了。

纠正君过

春秋时代，当了30年齐国大臣的晏婴，是位著名的政治家。《左传》中有颇多有关晏婴的记载，比如，晏婴经常劝齐景公要爱民，但齐景公却总是扰民。

有一次，齐景公强令民工造高台，闹得齐国民不聊生，百姓苦不堪言。正巧晏婴出使回来目睹了这一情景，他马上进言齐景公不要造台，齐景公总算同意了。晏婴却不急于回家，而是立即赶到工地，催促民工抓紧干活，稍有懈怠，就以鞭子抽打。晏婴骂累了、打累了，这才回家。他刚离开工地，齐景公的传令官就到了，下令停止施工，民工解散，可以回去和家人团聚了。民工一听此令，齐声欢呼，好像遇到大赦一般，高高兴兴地赶回家去了。

晏婴这样做，是故意把“贤名”让给君王，把“恶名”留给自己。孔子对他大为欣赏，说他既纠正了君王的过失，又使百姓感受到了君王的仁义。

启示

人无完人，不管做到多高职位的人，总有出错的时候。聪明的下属这时候就会为挽回上司的名声而不遗余力。如果犯错的是公司，这样做的结果可能就是保全了公司对外的良好形象。对上司也好，对自己也好，甚至对整个团队的成员来说都是有极大的好处的。于私，上司会非常感激你的牺牲，总会找机会回报的。在管理中总充满这样的矛盾，看似付出了很多，实际你收获的更多。

而作为领导者呢？虽然你有个好下属，但是也要尽量避免自己犯错误，要不然对外的形象虽然保住了，但是对内却留下了疤痕。一个人的思想总是有局限的，在做决定，特别是重大的决定的时候，如果考虑不周就可能出事，所以一定要集思广益。最好的办法就是建立一个有效的决策机制，实行民主决策，明智决策。

每个人都难免有犯错的时候，巧妙地让别人从尴尬中走出来，是高超的学问，是一种机变的本领。

效蟑之驴

古希腊有个寓言是这样讲的：一头驴听说蟑螂唱歌好听，便头脑发热，要向蟑学习唱歌。于是蟑螂就对驴说：“学唱歌可以，但你必须每天像我一样以露水充饥。”于是，驴听了蟑螂的话，每天以露水充饥，其结果呢？没几天，驴就饿死了。

启示

这个故事听起来有点残忍，可现实生活中像驴这样的人还很多。作为一个企业家，如果也凭着一时兴趣，一时爱好去干事，试想，结果会比驴好到哪里去呢？感觉在某种程度上是出于感性的东西，而企业的老板单凭感觉去开发产品是会走向盲区的。对企业的管理，既不能顺其自然，也不能盲目创新，管理者应首先明确自己的优势，否则，任何“凭感觉”的管理对企业来说都只是不负责任的游戏而已。企业是一个团体，老板切忌跟着感觉走。

木桶的容量

管理学中有个木桶原理：一个木桶由许多块木板组成，如果组成木桶的这些木板长短不一，那么这个木桶的最大容量不取决于最长的木板，而取决于最短的那块木板。

一个企业好比一个大木桶，除非这个企业人浮于事，否则每一个员工都是组成这个大木桶的不可缺少的一块木板。这个企业的最大竞争力往往不只取决于某几个超群和突出的人，更取决于它的整体状况，取决于它是否存在某些突出的薄弱环节。

而员工的承载量则好比是木桶的桶底，这个桶底是由员工的人文素养及其所掌握的各项专业知识和技能构成的。如果桶底是不坚固的，那么当木桶的容量随着木板的加长而增大到一定程度时，桶底便开始破裂，严重的情况下桶底会开裂甚至会脱落，令整个木桶破碎。

随着社会、经济的飞速发展，人力资源优势正在替代传统的物质资源优势，“以人为本”已逐渐成为企业的共识，人文因素对企业的经营管理和整体竞争力的影响力越来越大。企业员工，特别是企业中高层的管理人员和技术人员越来越需要具备必要的人文素养。可由于我国文理分科以及应试教育的缺陷，经我国教育体制培养出来的大多数人的“桶底”是薄弱的。传统学历教育没有给我们造就一个好的“桶底”，那么企业就很有必要在企业员工培训时补上这一课。

启示

企业的“木桶”容量要增大，员工的培训就必不可少。“问渠哪得清如许，为有源头活水来。”能让团队不间断地学习，就是一个好的领导者。长远来看，唯一能持久的竞争优势，就是你的组织有能力比对手学习得更快。没有一种外力能抢走你这个优势。

森林遇虎

两个人在森林里遇到了一只大老虎。一个人赶紧从背后取下一双更轻便的运动鞋换上。另一个人急死了，骂道：“你干什么呢？再换鞋也跑不过老虎啊！”这个人说：“我只要跑得比你快就行了。”

启示

21世纪是充满竞争的世纪。如果只闭门造车，对其他竞争对手的情况不闻不问，这样的企业存活期是绝对不会长久的，因为更多的竞争才能促成更快的发展。在管理手下员工时也是一样的道理，只有不断地鼓励他们相互之间的竞争，才能让整个企业保持新鲜的活力，不至于被时代所淘汰。

启示

记住：当两个人同时遇上老虎时，跑得慢的人必然先遭殃。跑得慢就是退步。市场竞争，快手打慢手，快鱼吃慢鱼，哪还容得你止步不前？

黑带的真义

一位武学高手在一场典礼中，跪在武学宗师的面前，正准备接受得来不易的黑带。经过多年的严格训练，这个徒弟武功不断精进，终于可以在这门武学里出人头地了。

“在颁给你黑带之前，你必须再通过一个考验。”武学宗师说。

“我准备好了。”徒弟答道，心中以为这个考验可能是最后一个回合的拳术考试。

“你必须回答最基本的问题：黑带真正的意义是什么？”

“是我学武历程的结束，”徒弟不假思索地回答，“是我辛苦练功应该得到的奖励。”

武学宗师等了一会儿，他显然不满意徒弟的回答，最后他开口了：“你还没有到拿到黑带的时候，一年后再来。”

一年后，徒弟再度跪在武学宗师面前。

“黑带的真义是什么？”宗师问。

“是本门武学中杰出和最高成就的象征。”徒弟说。

武学宗师过了好几分钟都没有说话，显然他并不满意，最后他说道：“你还没有到拿到黑带的时候，一年后再来。”

一年后，徒弟又跪在武学宗师面前。

“黑带的真义是什么？”

“黑带代表开始，代表无休无止的纪律、奋斗和追求更高标准的历程的起点。”

“好，你已经准备就绪，可以接受黑带和开始奋斗了。”

启示

在激烈的竞争环境中，企业成立即代表着一个新的里程碑，是一个起点，企业创立之时或许在专业技术上保有短暂的优势，但企业的经营不只是靠技术而已。它必须有团队的共同运作，要有能激发团队奉献的愿景，要有管理的机制，更重要的是领导者要有规划地去学习经营与管理。一个企业是一个成就，亦是一个起点，唯有保持个人及团队的学习，企业才可以基业长青，永驻健康与发展。对一个聪明人来说，每天都是一个新的生命。

仇人宰相

春秋时期，齐国国君齐襄公被杀。襄公有两个兄弟，一个叫公子纠，当时在鲁国（都城在今山东曲阜）；一个叫公子小白，当时在莒国（都城在今山东莒县）。两个人身边各有一个师傅，公子纠的师傅叫管仲，公子小白的师傅叫鲍叔牙。两个公子听到齐襄公被杀的消息，都急着要回齐国争夺君位。

在公子小白回齐国的路上，管仲早就派好人马拦截他。管仲拈弓搭箭，对准小白射去。只见小白大叫一声，倒在车里。

管仲以为小白已经死了，就不慌不忙护送公子纠回到齐国。怎知公子小白是诈死，等到公子纠和管仲进入齐国国境，小白和鲍叔牙早已抄小道抢先回到了国都临淄，小白当上了齐国国君，即齐桓公。

齐桓公即位以后，马上杀掉公子纠，并把管仲送回齐国问罪。

管仲被关在囚车里送到齐国。鲍叔牙立即向齐桓公推荐管仲。

齐桓公气愤地说："管仲拿箭射我，要我的命，我还能用他吗？"

鲍叔牙说："之前他是公子纠的师傅，他用箭射您，正表明他对公子纠的忠心。论本领，他比我强得多。主公如果要干一番大事业，管仲可是个用得着的人。"

齐桓公是个豁达大度的人。听了鲍叔牙的话后，他不但不问管仲的罪，还立刻任命他为相，让他管理国政。管仲帮着齐桓公整顿内政，使齐国越来越富强。

启示

领导者用人需要有雅量，因为你用人的时候，不是看谁跟你有过节，谁跟你关系最好，而是看谁最有能力。古有齐桓公用管仲、李世民用魏徵，这些优秀的领导者大胆启用"仇人"，结果"仇人"帮他们缔造了盛世。

人与人相处，都难免有冲撞、过节、恩怨，最重要的是忘记过去，不计前嫌。你打我一拳，我必定想方设法踩你两脚，但是，踩过之后呢？对你有什么好处？如果老板与下属闹了点别扭，就寻机报仇，给他小鞋穿，要好好收拾他。那么，你不是在给下属难堪，而是在给自己制造麻烦。你打击了你的下属，最终受伤害的还是公司。一个企业领导，能做到像齐桓公这般不计个人恩怨，将是企业发展的又一个契机。

忍辱求安

寒山是唐代著名的和尚诗人。他的诗大多富有禅理，令人回味无穷。其中，有一首是这样的："有人辱骂我，分明了了知。虽然不应对，却是得便宜。"

这首诗所表达的内容，充满了为人处世的机智。平白无故地被人辱骂，当然很不乐意。但应该想到，这种张口就骂的人，一般都没有修养，没有风度。有什么必要与他们一般见识，争论不休呢？忍辱求和、受辱不怨，既是一种处事方法，也是一种高尚情操。

启示

一个优秀的领导，是受人尊敬的。但这个世界上的人就是这么复杂，有人尊重你，就会有人因为各种各样的原因看你不顺眼。给你捏造一些莫须有的罪名，特别是在一些大的团队，因为你的优秀掩盖另外一些人的才华，难免有人会想出各种毒招来陷害你，怎么办？

如果疲于应对，那正中对手下怀，你还有精力和时间去做其他的正事吗？那不是正好一步步丧失了自己的竞争优势？如果为了一点小事而怀恨在心，矛盾就会逐渐扩大，以至于冤冤相报，不可收拾。

楚王断带

春秋时期，楚王大宴群臣，席间歌舞妙曼，美酒佳肴，烛光摇曳。同时，楚王还命令两位他最宠爱的美人许姬和麦姬轮流向各位敬酒。

忽然一阵狂风刮来，吹灭了所有的蜡烛，漆黑一片，席上一位官员乘机摸了许姬的玉手。许姬一把扯掉了他的帽带，匆匆回到座位上并在楚王耳边悄声说：“刚才有人乘机调戏我，我扯断了他的帽带，你赶快叫人点起蜡烛来，看谁没有帽带，就知道是谁了。”

楚王听了，连忙命令手下先不要点蜡烛，却大声向各位臣子说：“我今天晚上，一定要与各位一醉方休，来，大家都把帽子脱了痛快饮一场。”

众人都没有戴帽子，也就看不出是谁的帽带断了。后来楚王攻打郑国，有一位武将独自率领几百人，为三军开路，斩将过关，直捣郑国的都城，而此人就是当年摸许姬手的那一位。他因楚王施恩于他，而发誓毕生孝忠楚王。

启示

“人非圣贤，孰能无过。”很多时候，我们都需要宽容，宽容不仅是给别人机会，更是为自己创造机会。同样，老板在面对下属的微小过失时，则应有所容忍和掩盖，这样做是为了保全他人的体面和企业的利益。

牛草高悬屋檐上

一位游人到乡间旅行，看到一位老农把喂牛的草料铲到一间小茅屋的屋檐上，不免感到奇怪，于是就问道：

“老人家，你为什么不把喂牛的草放在地上，方便它直接吃呢？”

老农说：“这种草草质不好，我要是放在地上它就不屑一顾；但是我放到让它勉强可以够得着的屋檐上，它就会努力去吃，直到把全部草料吃个精光。”

启示

很多人持有“便宜无好货”的观点，明明是物美价廉的优质商品，如果你免费赠送给他，他可能怀疑你这是假冒伪劣产品。管理亦是如此，太容易到手的东西没有人会珍惜，很多时候，一个头衔、一点奖励，哪怕官职再小、奖品再薄，也不要轻易授人，最好能够激励部属们通过公平竞争的手段去获得。

松下为何不说“不”

日本松下电器总裁松下幸之助以骂人出名，但也以最会栽培人才而出名。

有一次，松下幸之助对他公司的一位部门经理说：“我每天要做很多决定，并要批准他人的很多决定。实际上只有40%的决策是我真正认同的，余下的60%是我有所保留的，或者是我觉得过得去的。”

经理觉得很惊讶，假使松下不同意的事，大可一口否决就行了。

“你不可以对任何事都说不，对于那些你认为算是过得去的计划，你大可在实行过程中进行指导，使其重新回到你所预期的轨迹。我想一个领导者有时应该接受他不喜欢的事，因为任何人都不喜欢被否定。”

启示

作为一名领导，你必须懂得增强他人的信心，切不可动不动就打击部属的积极性。应极力避免用“你不行”“你不会”“你不知道”“也许”这些字眼，而要经常对你的下属说“你行”“你一定会”“你一定要”。

信心对人的成功极为重要，懂得增强部属信心的领导，既是在给你的部属打气，更是在帮助你自己获取成功。

管理不是独裁，在从事企业管理之际，尊重人权，重视个体，友善地询问和关切地聆听相当重要。

纪昌学箭

纪昌向飞卫学射箭，飞卫没有传授具体的射箭技巧，却要求他必须学会盯住目标而眼睛不能眨动。纪昌花了两年，练到即使锥子向眼角刺来也不眨一下眼睛的工夫。飞卫又进一步要求纪昌练眼力，标准要达到将体积较小的东西能够清晰地放大，就像在近处看到一样。纪昌苦练3年，终于能将最小的虱子看成车轮一样大，张开弓，轻而易举地一箭便将虱子射穿。飞卫得知结果后，对这个徒弟极为满意。

启示

学习射箭必须先练眼力，基础动作扎实了，应用就可以千变万化；企业的经营也是一样，基本的人事、财务、技术、业务一定要好好掌握，后续就可以大展宏图了。办企业有如修塔，如果只想往上砌砖，而忘记打牢基础，总有一天塔会倒塌。

偷鸡者

曾有这样一个人，每天都要去偷邻居的鸡，有人告诉他说："这样的行为，不符合君子之道。"那人回答说："那我就收敛一些好了，以后每月偷一只鸡，等到明年的时候，就完全不偷了。"

这种"循序渐进"的理论是不是很荒谬？但是我们有时候自己就做着这样的事情。吸烟有害身体，怎么办呢？戒掉吧，每天少抽点；企业的管理机制有问题，一步一步来解决。可是事情到了最后怎么样？烟依然还在抽，企业的问题还是没有彻底解决。

启示

明智的管理者在制订一项政策的时候，总是会记得这样一件事：制订一个日程安排表，不实现目标决不罢休。计划使我们的思想具体化并体现出我们期望做什么，什么时候做好，谁去做什么事，以及如何做。

蝴蝶效应

1979年12月，洛伦兹在华盛顿的美国科学促进会的一次讲演中提出：一只蝴蝶在巴西扇动翅膀，有可能会在美国的得克萨斯引起一场龙卷风。他的演讲和结论给人们留下了极其深刻的印象。从此以后，所谓"蝴蝶效应"之说就不胫而走，名声远扬了。

"蝴蝶效应"令人着迷、令人激动、发人深省的原因，不但在于其大胆的想象力和迷人的美学色彩，更在于其深刻的科学内涵和内在的哲学魅力。

从科学的角度来看，"蝴蝶效应"反映了混沌运动的一个重要特征：系统的长期行为对初始条件的敏感依赖性。

经典动力学的传统观点认为：系统的长期行为对初始条件是不敏感的，即初始条件的微小变化对未来状态所造成的差别也是很微小的。可混沌理论向传统观点提出了挑战。混沌理论认为在混沌系统中，初始条件的十分微小的变化经过不断放大，对其未来状态会造成巨大的影响。我们可以用在西方流传的一首民谣对此做形象的说明。这首民谣说：

丢失一个钉子，坏了一只蹄铁；
坏了一只蹄铁，折了一匹战马；
折了一匹战马，伤了一位骑士；
伤了一位骑士，输了一场战斗；
输了一场战斗，亡了一个帝国。

马蹄铁上一个钉子是否丢失，本是初始条件的十分微小的变化，但其“长期”效应却是一个帝国存与亡的根本差别。这就是军事和政治领域中所谓的“蝴蝶效应”。

启示

听起来有点不可思议，但是确实能够造成这样的恶果。一个明智的领导人一定要防微杜渐，看似一些极微小的事情却有可能造成集体内部的分崩离析。

一定是妈妈打碎的

晚饭后，母亲和女儿一块儿洗碗盘，父亲和儿子在客厅看电视。

突然，厨房里传来打碎盘子的响声，然后一片沉寂。

儿子望着父亲，说道：“一定是妈妈打碎的。”“你怎么知道？”

儿子说：“她没有骂人。”

启示

我们习惯以不同的标准来看人看己，以致往往是责人以严，待己以宽。

钱是怎么来的

有一个小孩子，他有个毛病，那就是好吃懒做。孩子的父亲时时刻刻都指望他能改掉这个不良习惯。然而那个孩子一点儿也没有改正自己缺点的意思。

父亲不得不随时随地提防自己的孩子，担心他会把家里的钱或值钱的东西拿到外面去换吃的，这位父亲觉得自己每天都活得很累很辛苦。不过说来也怪，孩子虽说好吃懒做，却从没偷过家里的钱，也没有听说过他在外面偷过左邻右舍的东西。你给他钱买酒，他会少买一点儿酒，然后把剩余的钱全部用来买吃的。无论是买油盐还是买酱醋，他总会用相同的办法省出钱来满足他那张不争气的嘴。

为了使孩子懒惰的习性不再滋长，父亲决定给孩子一些力所能及的事做，包括一个原则：少给钱多办事。尽管如此，孩子依然我行我素，把父亲的话当耳旁风。

有一回，父亲一气之下扔了一分钱给孩子，让他去买油。父亲心想：我看你会把钱掰成两半，一半买油一半买吃的不成？

孩子到了店里，售货员给他装满了油，把瓶子递给他，手却不缩回去。孩子知道售货员要的是钱，就装模作样地在自己浑身摸了一遍，然后苦着脸告诉售货员说钱掉了。售货员无奈，只好把瓶子里的油倒出来，把空瓶子给孩子。孩子从身上摸出父亲给的一分钱，买了一粒糖。

孩子嘴里咂着糖，双手抱着那个油瓶子，兴致勃勃地回到家里。一进门，父亲劈头就问，油呢？孩子举了举瓶子。

瓶子壁上附的油正慢慢流回瓶底里，差不多有一小勺。

父亲大怒，这点儿怎么能吃？

孩子说，一分钱只能买到这么多。

启示

钱是怎么来的？大家关心的是赚钱的途径，很少寻根究底地剖析一番。商业本质就是如此，有利润时可以攫取作为收入，无利润的时候才能真正体现出“一分价钱，一分货”的平衡原理。

泰国酒店

在泰国曼谷，清晨酒店一开门，一名漂亮的泰国小姐微笑着和一位中国客人打招呼：“早，张先生。”“你怎么知道我姓张？”“张先生，我们每一层的当班小姐要记住每一个房间客人的名字。”客人心中很高兴，乘电梯到了一楼，门一开，又一名泰国小姐站在那里，“早，张先生。”“啊，你也知道我姓张，你也背了上面的名字，怎么可能呢？”“张先生，上面打电话说您下来了。”原来她们腰上挂着对讲机。于是她带我去吃早餐，餐厅的服务人员替客人上菜，都尽量称呼客人为张先生，这时来了一盘点心，点心的样子很奇怪，客人就问她：“中间这个红红的是什么？”这时客人注意到一个细节，那个小姐看了一下，就后退一步说那个红红的是什么。“那么旁边这一圈黑黑的呢？”她上前又看了一眼，又后退一步说那黑黑的是什么。这个后退一步的动作是为了防止她的口水溅到菜里。客人退房离开的时候，刷卡后服务员把信用卡还给客人，然后再把收据折好放在信封里，还给客人的时候说：“谢谢你，张先生，真希望第七次再看到您。”第七次再看到，原来那次客人是第六次去。

3年过去了，客人再没去过泰国。有一天客人收到一张卡片，发现是他们酒店寄来的："亲爱的张先生，3年前的4月16日您离开以后，我们就没有再看到您，公司全体上下都很想念你，下次经过泰国一定要来看看我们。"下面写着"祝您生日快乐"。原来写信的那天是客人的生日。这种优质的服务无疑会赢得每一个顾客的心。

启示　优质的服务是赢得顾客的最佳方式。

希尔顿饭店

一名员工做事情是不能靠主管在后面挥动鞭子的，要靠自己让追求"标准"变成一种原动力。

有一次，一对老夫妇订房间，服务生查了一下电脑，发现房间都订完了，"先生、太太，我们附近还有几家档次不错的饭店，跟我们是一样的，要不要我帮你试试看。"服务生礼貌地说。他先领老夫妇去喝杯咖啡，一会儿服务生过来说："我们后面的喜来登大酒店还有一个房间，档次跟我们是一样的，还便宜20美金，你们是否考虑入住？"老夫妇高兴地表示同意之后，服务生又把老夫妇和他们的行李送上车。

希尔顿员工的这种行动根本不是在主管的监督下才去做的，这完全是一种标准，这已经变成一种原动力，不停地推动企业进步。

我们要强调标准，要做最好，而且还有重要的4个字——细节量化。

启示　优质的服务是有具体标准的，对每一个细节进行具体的量化标准，那么员工就会把这种优质服务作为一种习惯，从而推动企业进步。

100-1=0

如果你所生产的产品中只有1%不合格，你怎么看？

如果这1%的不合格产品恰好被你买到了，你又怎么看？

对于买到一个企业不合格产品的顾客来说，这个企业就是100%的不合格企业，这个产品给它造成的损失也是100%的。因此，企业不能对任何一个不合格产品给予宽容。基于这一观念，日本一家印刷厂就打出过一个标语："100-1=0"。

启示 马马虎虎的否定和坚决彻底的否定是很不相同的。观念上的含混不清只能导致行动上的种种失误。只有那些思路清晰的人，才会做出明明白白的事。

艾迪雪先行反落被动

美国福特公司推出艾迪雪汽车遭到失败，终于在1959年停止生产。在1957—1960年之间，艾迪雪总共卖出1094766辆。据估计，大约有1亿美元的投资损失以及1亿美元的营业损失，共计损失2亿美元。在研究这次失败时，福特公司发现，除了先行策划失误与管理不够之外，还有一个不容忽视的问题就是产品推出的时机不对。艾迪雪推出时，正值其他厂家清除存货。经销商们抱怨说，艾迪雪与各种存货的汽车混在一起，他们不得不费力解释。由于广告做得太早，当其他厂家开始为新车大做广告时，艾迪雪反而做的少了。这样一来，艾迪雪怎么能不失败呢？

启示 有时候，过于超前反而会失去时机。这是“时机”与“迅速”不当组合的结果。

把灵感及时变为财富

有很多有头脑的人总是充满幻想，但却不肯付诸实践，其结果只能竹篮打水一场空。其实，“灵机一动”所包含的并不单单是动脑和用心，还包括要使出全身力量，付诸行动。一位拥有3500万美元家产的日本富翁曾经谈到，他的很多专利都只是来自苏联《科学与生活》杂志中的一个栏目。当他年轻时，朋友就建议他注意研究苏联的科技思想。他经过研究发现，苏联人的确有很多真知灼见，只可惜他们的创新灵感思维一直停留在纸上。而这位日本人正是紧紧抓住了这些已经出现的灵感创意，获得专利，并用于生产，直至产生了巨大的效益。灵感思维只有付诸实践才能发生作用。那些只知道发表文章，却从不付诸实践的人，就这样错失了机会。他们的灵感总是不能找到“自立”的落脚点。想得再好，也是白费。

启示 这就是把灵感和“自立”与自信结合起来的思维把握。当灵感找到“自立”落脚点，灵感才能变成财富。

百万富翁发家靠节俭

美国百万富翁史坦利与纽约的一位研究员合著了一本书，书名叫《邻家的百万富翁》。全书重点就是“节俭，节俭，再节俭”。富翁史坦利认为，致富的关键在于“守财”。

他说若要致富，就要鞭策自己，节俭一些，不能高消费。典型的美国百万富翁，财产净值370万美元的，全美有350万人。有些小型企业业主，即使腰缠万贯别人也看不出来。因为他们从不露富。事实上，百万富翁不必戴5000美元的手表，也不必开豪华轿车。只有那些没有多少钱的人，才需要炫耀。在所有的豪华车买主中，只有1/6是百万富翁。真正靠节俭致富的富翁们，都很自制。

启示 节俭是一种美德。真正的富翁，一般都是靠节俭致富的。

本田宗一郎率先垂范

日本本田技研工业总公司创始人本田宗一郎是个相当直率的人。他对人很粗暴，只要看见员工有什么不对，举手就打。但工人们多数都很敬重他。为什么？因为他是个以身作则的人。有一次，本田在与外商谈判时，那外商的假牙掉进厕所便池，本田马上脱下衣服跳进粪池把假牙捞了上来。当假牙被清洗消毒后送到外商手中时，大家都很受感动。一个大老板，花钱雇人打捞是无可厚非的，可他偏偏要自己去干。这就从实际行动上告诉人们：人都是平等的，无论有钱没钱，该干的谁都得干。这样的人谁能不服气呢？

有人认为，当经理或做生意，只要把客观因素“摆平”就行，自己主观上怎么想、怎么做并不重要。其实，很多麻烦都是在主观与客观脱节的思维裂缝中产生的。

启示 一位正直的老板，尽管他“主观”上有些缺点也是可以原谅的。有时候，老板的威信来自其自身的“主观”努力。

闭关自守险些要倒闭

美国沃德公司是一家具有百年历史的大公司，它的连锁批发商店曾经一度发展到600多家。它所拥有的资金储备可以与当时资金储备量最大的公司相比。但是，在“二战”开始之后，沃德公司决策者错误地认为，在战后3～4年内会出现经济萧条。于是便开始大量关闭连锁店，削减各种必要的经营支出，连展出费和目录印刷费也要省。他们还克扣雇员的工资。与此同时，其他各家公司却在加紧扩张占领沃德公司放弃的市场，并获取了很大的利润。结果，雇员们向国家战时劳工局请愿，与当时的总裁艾佛里发生了激烈冲突。最后，国家不得不命令军队暂时接管了沃德公司。直至换了总裁，改变这些做法之后，公司才重新恢复起来。

启示 该开放时你却选择关闭，结果自然是不如人意的。

“只改进，不发明”的松下

日本松下电器公司有23个最先进的生产研究室。但是，它们一直奉行松下先生“只改进，不发明”的原则，专门针对公司买进的电器专利，以及竞争对手的产品进行改进。松下先生认为，这样较发明产品有几个好处：一是节省时间；二是降低费用；三是保证效益。比如说，松下公司曾经成功地改进了索尼公司的“贝塔马克斯”录像机。虽然索尼公司的录像机先进入市场，但是，因为松下改进后的录像机容量大、体积小、性能可靠、价格低，最后，还是松下赚了大钱。

启示 有时候，“守旧”并不是坏事。把脚踏在基础台阶之上的人，总比那些从深沟开始向上爬的人，要先行到达。况且，在经过“修正”之后，很多旧东西就是新的了。这是“利旧”与“修正”为主导的思维把握结果。

倡导员工犯合理错误

现在，就在一些企业比较强调“从严治理”，动辄罚款的同时，也有一些成功企业要求其经营人员“犯合理错误”。所谓“合理错误”，就是在自己所管理的范围内，敢于为工作负责、大胆决策造成的失误。如果该人在一年之内工作按部就班，毫无创意，一点儿错误也没有，那就要被解聘。当然，合理错误不是莽撞蛮干、胡作非为。当前，经济市场上的竞争日益激烈，如果经营人员缺乏创意，是很危险的。可既然是创意，就免不了有失手的时候。如果你不能提供适当宽松的环境，谁会去干呢？当然，只有真正具有宽大胸怀的企业领导，才会做出这种看似悖论的决定。

启示 这就是明白人的“宽大”。

成功固守的传统产业

20世纪50年代末期，在塑料和铝材等新兴材料的影响下，美国和日本的钢铁企业都受到了巨大冲击。面对市场疲软的情况，美国的钢铁老板们纷纷向其他领域转移，而日本的钢铁企业却坚守阵地，把钢铁生产的一些重要技术都一一加以解决，做好了迎接钢铁市场新高峰的各种准备。几年之后，当钢铁市场重新繁荣时，日本的钢铁老板们大赚特赚，而美国的钢铁生产速度则远远落后了。

1982—1983年这两年间，瑞士机械表的产量大减，整个瑞士钟表业都面临破产的威胁，包括劳力士公司在内的瑞士两家最大的钟表集团两年亏损5.4亿法郎。为摆脱困境，瑞士许多钟表企业改做石英表，而劳力士却坚持以不变应万变。如今，很多高层人士仍以佩戴劳力士手表为荣，劳力士手表年产量已增至40万块。

启示

有时候，“固执”有利于等待“时机”。

有时候，“固执”有利于伸展“个性”。

人的一些合理的固执行为会成功，并不是他个人任性的结果。应该说，凡是合理的固执都是整体思维运行所需要的。

吃一堑者又长了一智

某国营机床厂是生产大中型立式、卧式车床的大型骨干企业。1980年该厂生产的价值4500万元的产品却积压了3800万。后来，它们饥不择食，又生产起了摩托车、洗衣机，甚至是镰刀、簸箕之类的小商品，导致严重亏损。经过仔细的总结之后，该厂领导认为，自己完全具备引进国外技术的优势，以及生产世界先进车床的能力，必须停止生产小商品。通过这次总结之后，1985年，全厂实现利税1165万元。

启示

总结可以帮人找到新的定位。这是“总结”与“修正”相结合的思考结果。

待顾客认可后再定价

美国沃尔弗林公司生产的一种松软猪皮便鞋，名为“安静的小狗”。这种鞋定价要多少合适呢？公司打算定在5美元上下，却不知道消费者是否认可。于是，就先进行试销。先把100双鞋无偿交给100位顾客试穿，待8周之后，公司派人登门收鞋，如有人想留下，就交5美元。后来，多数顾客都留下了鞋子。得到这个消息，公司马上把价格定在7.5美元一双，并开始大规模生产。这次销售获得了极大的成功。

启示　有时候，只有明白了顾客认可的标准之后，你的定价才会更贴近市场，你的产品才会真正成功。

盖紫棉被的老人长寿

冈村是日本川越市一家棉被厂的老板。以前，他一直为棉被的滞销而发愁。他听说，在日本德川时代，川越有一位孝顺的儿子给父母送了一套紫色棉被。自从睡了儿子送的紫被之后，病弱的双亲竟然好了起来；当时，川越的城主还赏了这位孝子100两银子。于是，冈村就在这个故事上做起了文章。他先是去请教图书馆馆长，可馆长说不太清楚。冈村认为，馆长不知道没关系，只要能让大家都知道就行。当这个故事流传开来之后，他所生产的紫棉被果然畅销起来。

启示　策划者的联想要有的放矢。这是“策划”与“情感”相结合的思考结果。

公开宣布防腐剂有毒

有人说，无商不奸；凡是商人都是骗子。这句话当然是以偏概全。其实，哪个行业中没有“奸人”呢？应该看到，许多商人和企业家的成功，都是靠正直为人一步步走过来的。美国的亨利·霍金思先生就是一个正直的企业家。他所领导的美国亨利食品加工工业公司，曾因第一个向社会宣布“防腐剂有毒”，而招致同行的强烈批评。因为当时停止或减少防腐剂的使用，就会造成食品变质；自然会给食品加工者带来损失。于是，美国的食品加工者们就联合起来，雇人写文章，发表演说指责霍金思的说法是别有用心，是为了打击别人、抬高自己。这些人还联合降价倾销大批食品，抵制亨利公司产品，迫使霍金思不得不降低产量，紧缩开支；公司甚至濒临倒闭。在持续4年的防腐剂之战中，霍金思一直没有屈服。最后，他终于获得了政府的支持。这时候，他已经倾家荡产了。但是，全美国的人民都已经记住了亨利·霍金思的名字。他的食品已经成了“放心食品”的代名词。重整旗鼓之后，他的公司扩大了两倍，成了美国食品行业的头号公司。

启示　无论处理什么问题，一定要正直。要直起腰板做人，堂堂正正做事。

海州盐场

《梦溪笔谈》记载，海州知府孙冕很有经济头脑，他听说发运使准备在海州设置洛要、板浦、惠泽三个盐场，便坚决反对，并提出了许多理由。后来发运使亲自来海州谈盐场设置之事，还是被孙冕顶了回去。当地百姓拦住孙冕的轿子，向他诉说设置盐场的好处，孙冕解释道："你们不懂得做长远打算。官家买盐虽然能获得眼前的利益，但如果盐太多卖不出去，几十年后就会自食恶果了。"然而，孙冕的警告并没有引起人们的重视。他离任后，海州很快就建起了3个盐场，几十年后，当地刑事案件上升，流寇盗贼、徭役赋税等都比过去大大增多。由于运输、销售不通畅，囤积的盐日益增加，盐场亏损负债很多，许多人都破了产。这时，百姓才开始明白，在这里建盐场确实是个祸患。一时的利益显而易见，人们往往趋利而不避害。这种现象，古今皆然。看到什么行当赚钱，就一拥而上，结果捷足先登者也许能获利，步人后尘者往往自食恶果。

启示

人们对经济规律缺乏研究，盲目投资，不仅无利可图，还可能赔上老本。能预见未来，就不会为短期的近利所惑，连隐含的祸患也能发现。这是一种智慧，一种超乎寻常的大智慧。

横向联合面对国际化

某县农民过去有不少编织柳编用品的小作坊，产量低，花色品种也往往不能适应市场需求，一些带样品前来要货的收购者，还总是乘机压价，农民们辛苦一年也赚不到多少钱。为了改变这一局面，大家商量联合起来，搞了一家"农家乐柳编公司"，各个小作坊都纷纷入股，由公司统一出面，通过互联网向国际市场订货。这样一来，再也没人敢欺负他们了。一年下来，各家收入都大大提高。

启示

有时候，只有通过横向联合，才能保障大家的长远利益。这是以横向与长远为主导的结果。

货如轮转令财源滚滚

商品积压一直是妨碍企业资金周转运行的麻烦事，只有让货物快进快出，才能赚到钱。不然，你只能看到一堆一堆的货，却总也看不到钱。由于缺乏流动资金，企业有时甚至要停止运行。只有当企业的商品与资金兑现之间正常周转起来之时，企业才会有主动权。在这方面，旧时的商家们早就积累了许多经验。

过去的新亚制药厂采取的是让利于批发商的办法。他们找到上海华美、五洲两家资本雄厚兼营零售的大批发商。给予 6 ~ 9 折优惠。这样，就把货币回笼时间由 3 ~ 6 个月，缩短至 60 天之内。

大成烟公司采取的是旺季快推、淡季降价的办法。它们一到 10 月至来年 3 月的旺季，就开始以赊销、期票出货、涨价补贴、送货上门等各种办法推动商贩进货。到 5 ~ 8 月的淡季，就适当降价薄利多销，使淡旺季营业额只相差 20%，生产任务均匀有序，资金周转流畅。

上海绸布店协大祥的老板认为，进货是资金周转的关键。对于进货，他有一套相当缜密的规矩。他的原则是：既不能压货，也不能脱销。为保证这一点，他在制订进货计划时，总是和总店总管、各部门分管、支店分管一起商量，还定期召开进货员、销货员、内栈存货员的碰头会。他规定，畅销货也只能进七成；对应季商品“季前备足，季中补充，季末不进”；零星商品进货要量少，多品种，勤进货；奇缺商品要多购快进。这样，进货完全跟着销售走，就根本不存在货品积压了。

启示 要通过“变化”利益倾斜手段来促进资金周转。要通过“适度”的“协调”来促进资金周转。要通过“深入”、“细致”的管理促进资金周转。

伺机而动者必成赢家

围绕海湾战争，不少人都发了财。一位马来西亚人发明了一种“海湾战争棋”，每副 16 美元；广告商乘机大做广告；书商推出热门书《萨达姆与海湾危机》；还有人推出“沙漠风暴行动战争卡”。

借美国前总统艾森豪威尔 67 岁生日之机，法国白兰地商人挑选两桶酿造 67 年之久的白兰地酒作为贺礼，派专机送往美国，并举行了隆重的赠送仪式。从而使法国白兰地一举打入美国市场。

英国王子婚礼盛典，从白金汉宫到圣保罗教堂一路上的围观者有上百万，一家望远镜商号分散行动，沿途叫卖：“勿失良机，用望远镜看盛典，花一英镑，保君满意！”

一年夏天，久旱无雨，广州南方大厦在及时了解到马上要下大雨的信息之后，立即大批订购了雨伞。雨季一到，雨伞很快卖光了。

法国莱克食品公司聘用了一批机灵活泼的推销员，专门打听有钱人家的生日、婚嫁、待客、探亲访友等日期，以及各种社会关系。有一家富翁的寿宴上，该公司的礼品竟占 92%。

启示 把握时机要准确到位。使“时机”与“迅速”、“情感”与“细致”等观点一一组合起来。

济世堂局部蚕食战略

在处理问题过程中，该从微观角度把握的，一定要从微观角度把握。有时候，我们必须像一个微不足道的小人物那样去思考。在进入小人物思维境界的时候，首先要确立微观的立场，要先把这个“微观”思维程序输入自己的心里，打下烙印。环境要求我们必须化身为小人物时，能否及时学会从微观角度看问题，关系重大。在这里，我们可以把这“微观”定位看成一架显微镜。不把这显微镜找到并化入心中，你要看到事物的内在、个性、细节等极其微妙的方面，是不可能的。在这里我们所要做的，就是在必要时，及时把自己的思维观念转变到微观立场上来。要看到，微观视野中也是生生不息、别有洞天的。

想当年，天津一条商业街上有两家药店，分别是万寿药店和济世药店。本来，这两家药店一直相安无事。可自从万寿药店刘老板子承父业之后，就发誓要把济世堂赶走。几次过招之后，济世堂便灰溜溜地搬走了。一时间，刘老板的万寿堂药店独霸了这条街上的药店生意。可是，济世堂怎能就此善罢甘休呢？虽然气愤，但是，济世堂老板还是暂时放弃了宏观市场上的争夺，他转而进入了微观局部之处。在一条条小街上开了一个个分号，都采用统一进货和统一管理的策略，进而销量逐渐增加，本店经济实力也大大增强。3 年之后，济世堂悄悄买下原址，又重修店面杀回了商业街。这时，万寿堂刘老板才发现，自己已经陷入济世堂的包围之中。济世堂一降价就是十几家店铺一块儿降，万寿堂根本受不了。此时此刻，曾经称霸一时的刘老板也只能甘拜下风了。

启示 采用微观、深入的局部蚕食战略，夺回宏观控制权。

加深印象的广告高招

有时，虽然你的创意与对象都选对了，可就因为你的广告不能给人留下深刻印象，也会失败。为了将广告烙印打得更深一些，许多老板和策划者都想出不少高招。

日本丰田公司的椎名保久曾经把丰田汽车公司的电话、自己的名字和联络地图印在火柴盒上，送给客户；或放在客户们经常出现的场所。这在网络媒体并不发达的时期，起到了很好的宣传作用。

日本本田公司为了打开美国小型摩托车市场，抓住青年猎奇求异的心理，推出了一系列怪诞广告。它在电视屏幕上以闪电的速度，在黑色背景下，用潦草的字迹写下“我是谁？狗能思考吗？我长得丑吗？”等令人莫名其妙的话。与此同时，幕后又传来各种古怪的声音：玻璃在碰撞、炸弹在爆炸、儿童在窃笑。最后，有一个声音在说最新型的本田50型摩托车，即使没有尽善尽美，但它也绝不会出现什么问题。这个广告通过一系列音响与画面效果，深深抓住了青年人的心理。最终获得了成功。

抗战时期，美国轰炸日本东京之后，重庆某菜馆将锅巴肉片改名为“轰炸东京”，让每位食客都牢牢记住了这家菜馆。

英国一家公司为宣传自己的床垫具有不生虫的特点，打出广告说：你愿意与毛毛虫共眠吗？取得了很好的效果。

启示　只有深入人心，才能使你的产品给人留下难忘的印象。

开业 3 小时的饺子馆

有一家“刘家饺子馆”每天只营业 3 小时，但其效益却不是一般的店家所能比的。有很多国内外宾客慕名而来，吃过后均赞不绝口。老板说，工作时间一长，人容易走神，这饺子的风味也就变了，牌子就自然要砸了。所以，每天只能营业 3 小时。

现在，每天开业 24 小时的商店、饭店和工厂多得很，人们都恨不得一天能有 48 小时。其中，有些是必要的，有些则是不必要的。在一般人眼里，工作时间长，必然收入多。其实，时间与收入并不一定是成正比的。有很多工作时间短的人要比那些工作时间长的人赚得多，其赚钱的持续周期也长。为什么？仔细观察便不难发现，像“刘家饺子馆”这样工作时间短的商家或人，都非常注意收敛自己。他们能够留出大部分时间来收敛和浓缩自身能量，养精蓄锐，而用小部分时间去发挥能量。表面看来，收敛思维的把握时间内并不直接产生效益，而效益似乎只在能量发挥时间段产生。但是，如果没有收敛把握浓缩能量的过程，又何来能量发挥呢？有时候，做生意如同演戏，“台上一分钟，台下十年功”。很多企业的亏损，就是由于不注意收敛自己，从不苦练内功，却无限张扬的结果。

启示　当“收敛”“适度”控制了“传递”之后，企业能量会更加强大。

客观思考令企业再生

现在，亏损企业是屡见不鲜了。人们都躲着这些亏损企业，很怕沾上晦气。可是，美国的保罗·道密尔先生就不在乎，他专门收买那些濒临破产的企业加以整治，治好之后再卖出去。

那么，他有什么秘诀呢？其实，包治百病的秘诀是不存在的。那些幻想秘诀的想法本身就是错误的。从道密尔的操作上看，他对于那些亏损企业的治疗并不全用一个药方，而是具体情况具体分析，完全从客观情况出发，耐心细致地对症下药。就像中医针灸治病，病人需要扎哪个穴位就扎哪个穴位。很多亏损企业的问题都是整体运行模式引发了障碍，一旦障碍排除，企业运转就正常了。而寻找障碍不能用主观想象，必须站在客观立场上进行调查研究，实事求是地谨慎把握。在买下一家工艺品公司之后的认真调查中，道密尔发现亏损的关键竟然是产品破损造成合格率低下。这个问题一经解决，企业就活了。然而，企业的亏损是由各种综合因素造成的，需要多方整治。在道密尔眼中，物尽其用、人尽其才，多数亏损的企业都能够被拯救。

启示

拯救企业，关键不是你要怎样，而是企业需要你去怎样。解决问题需要客观立场，更需要细致把握。

雷利自行车被人收购

英国雷利自行车公司于1887年成立。当年，雷利自行车在欧美市场一直是高质量的代名词，很抢手。但是，在自行车市场的消费对象已由成年人变为青少年之后，人们对自行车的要求也变了，人们要求它能集游戏、体育锻炼和比赛于一身。另外在款式上也有很多个性化需求。可雷利自行车却无法适应这些要求，它还在单打质量牌。那些率先开发出新款自行车的厂家，推出了200～300美元一辆的多功能自行车，这些自行车很快风靡欧美市场。后来，雷利自行车被英国杜比投资公司收购，公司员工由10000多名裁至1700名。

启示

雷利自行车的失败源于未能把握市场整体需求。对于那些在变化着的市场需求中找不到定位的企业和人来说，固执是徒劳的。

轮流制度促进了整合

企业管理阶层的官僚化问题一直是很令人头疼的，这种官僚化造成了企业管理的上下脱节。企业管理专家们对此都有很多高见。IBM公司对这个问题的解决方法却十分简单，它们一直坚持让生产管理行政人员与生产线上的领班每3年轮岗一次。

这样一来，任何处于管理行政岗位的人都不会制订出脱离生产实际的制度了。因为他们知道，3 年后，自己也要回到生产线上。这种轮流制度从根本上保证了公司上下的有效运行。

日本本田技术研究公司的工人一般只在同样岗位上待 3 个月。他们可以自由变动工作。这样做，一方面可以杜绝那些因长期重复同样操作的工作给工人们带来的单调、枯燥与厌倦心理，另一方面可以让工人们有机会熟悉全厂整体工序，更好地发挥其自身积极性。生产线也因此生机勃勃。

启示　整体是在不断流动中运行的，能把握“流动”的人才具有主动权。

盲目乐观的派克易主

派克制笔公司在 1945 年就在 44 个国家设立了子公司，它每年生产 500 万支金笔，笔芯 3200 万支，墨水 300 万吨，雇员 6800 多名，是世界最大的金笔生产企业。但就是这样一个大企业，却从 1980 年起，连续 5 年亏损，直至 1986 年 2 月，被英国一家公司以一亿美元价格买走。

为什么？

我们看到，当时，派克公司对于本公司的市场变化虽然也采取了对策，但由于它在整体潜意识中，还处于盲目乐观状态，没有进入适当的悲观氛围，公司上下根本无法整体行动。领导者的开源节流不被员工理解，而公关策划也无法与公司的实际需求相符。而负责拯救公司的领导者，没有正确认识本公司高档派克金笔的市场定位，竟然擅自决定将重点放在中低档金笔的生产上。物极必反，没有根本上的重视，也不可能有根本上的解决。

启示　无视悲观现实的人是不会正视问题的。

密苏里银行成功的秘诀

美国密苏里商业银行有限公司在全世界 114 个国家和地区设有办事处和分行。据 1991 年《银行家》报道，这家银行的业绩和安全性在美国 100 家主要银行中名列榜首。它的成功秘诀是：谨慎从事。

为了获得厚利，许多银行都毫不犹豫地投入第三世界的信贷市场，可密苏里银行却放弃了墨西哥市场，它担心墨西哥政府会拖欠贷款。事实上，这种贷款的确给一些较大的银行增加了麻烦，有些银行甚至还因此而倒闭。可是，这家借款方式纪律严明、管理井井有条的老银行，却可以凭借自己“谨慎从事”的秘诀，笑看风云淡。

启示　时刻保持谨慎是成功人士的必备素质。

丝绸技术专家开餐馆

据说，以前日本的丝绸生产技术一直不过关，而英国的丝绸生产技术却很高。于是，日本人就集中这个行业的专家学习烹调技术，然后在英国一家丝绸厂附近开了一家餐馆，待到和丝绸厂的人们混熟之后，餐馆宣布倒闭，这些专家们就都进丝绸厂打工了。一年后，日本人带着最先进的丝绸技术工艺回国了。也许，如果当初没有这个深入学习的过程，日本丝绸就不会有今天的生产业绩。

启示　在处理问题的过程中，该深入时一定要深入。如果你只知道持续提高，而不知道适当深入，就会错失许多良机。

松下电器临危不裁员

在经济萧条时期，大量裁员一般说来都是正常现象，但由此所引发的劳资冲突和社会问题也是不容忽视的。每一个有责任感的企业家都不应轻易出此下策。事实证明，有些企业裁员是必要的，有些则完全可以通过内部重组来解决。如果企业家在困难时期能够从长远发展出发善待员工，员工们必将以百倍的热情回报企业。这一善举所能带来的效益，可不是花钱能换来的。

日本松下电器公司的总裁松下幸之助就是一位眼光长远的企业家。在大萧条时期，日本各家公司纷纷裁员。松下公司也受到了很大冲击，面临着亏损、产品积压的困境。但是，松下先生并没有屈服于董事会要求裁员的压力。他决定：全公司产量减半，但员工一个也不解雇，公司员工工资照发，能出去的都出去推销库存电器。由于他对员工的真诚，换来了大家的努力，松下公司的社会声誉也日见高涨。半年时间，积压产品全部卖掉了，公司不仅全部恢复生产，而且还在萧条时期扩建了工厂，增加了生产线。正是这种大企业家的长远眼光，使松下公司在世界电器行业一直占据领先地位。

启示　目光长远的企业家敢于正视暂时的困难。

守本养正者四通八达

在日常生活中，人的自尊是要靠日积月累一点一滴来培养的。商人和企业家就更是如此了。具有自尊的人是无冕之王，而失去自尊的人无论在社会上还是在商场上都是很难立足的。从这个意义上来说，“自尊”是人的无形财富。有了这个本钱，才可以任意驰骋。

深谙此道的尚老板立下遗嘱，要求她的儿子在继承弘祥集团董事长 5 年之内，不许随意张扬、轻举妄动，只能守业，学习做人之道。5 年之后若能真正将做人与企业经营之道统一起来，并获得员工们的信服与尊敬，才可以自作主张。尚老板一生正直，待职工如亲人，在当地享有很高威望。她要求刚从美国回来的儿子，每周都要到净心寺去静坐反省一次。刚开始，儿子尚远志并不理解，可久而久之，他终于明白了妈妈的苦心，常常乐而忘返。5 年之后，尚远志开始正式执掌家业，然后仅用 3 年就将弘祥集团的家业由 1 亿元发展为 3 亿元，同时还做了很多慈善事业，并没有感到很吃力。

启示　得自尊者自有天助。

审时度势者当止则止

有一位玩股票的高手曾经说过：“追涨杀跌应是炒股大忌。只有那些能够在跌时不慌，涨时不忙的人才有可能赚到钱。”

有一年夏季，东北一条商业街上，紫红色抛光的“查里牌”女皮鞋卖得很火。一条街上，几家鞋店都进了不少，见此情景，新红叶鞋店张老板马上提出：我们要适可而止。从现在开始，不进货了；这些货卖完就换别的货。结果，那些盲目进货的店家都积压赔钱了。而张老板进的新货还是很畅销。饭不能吃得太饱，做生意只可赚个八分。

启示　物极必反，凡事均有其限度。

胜家公司的被迫转手

面对开放而又不断变化的市场就要有开放的眼光。无论你曾经有过多大的成功和实力，只要你想在市场上存在，就必须时时睁开眼睛。

开创于1850年的美国胜家公司之所以会在135年后宣告转手，就是它的一些领导者陷入了闭目塞听、自行其是的状态。公司创办人艾莎克·迈澄·胜家从小受苦，曾做过搬运工、苦力和勤杂工等，后来借了一点钱办起公司。在公司走入正轨并获利1300万美元之后，他觉得自己应该享受生活了，于是便开始整天吃喝玩乐，不问正事。在遭到董事会谴责之后，他干脆离开了公司。胜家走后，他的继任者奉行开放经营的原则，经过一番努力，把胜家产品销售到近百个国家。胜家缝纫机上的“S”商标，为许多国家的妇女们所熟悉，公司市场占有率已达65%。这时候，胜家公司的领导者们就开始把眼睛闭上了。他们认为，以目前的局势，胜家的霸主地位将保持下去，照常规发展就可以了，根本不可能有哪家公司会超过自己。在这一思想的主导下，公司的管理者长时间不注重市场信息的调查研究，产品严重老化，逐渐失去竞争力。日本政府则采取补贴的方式支持缝纫机生产线的投产，使日本缝纫机不但功能齐全，而且成本大大下降，很快涌进欧美市场。胜家产品则只能节节败退。1986年，胜家公司董事长不得不宣布：胜家公司决定将有135年历史的胜家缝纫机业务转手他人。

启示　是否拥有开放的视野关系到企业的生死存亡。

在街头买专利

有一天，胜家在街头走路时，看到一个穷工程师，在路旁摆着一台自己发明的缝纫机和专利证书要出卖。他挤在人堆里看了一会儿，知道这是一个极有价值的专利，不由得心中一阵狂喜。他想，如果能把它买下来，再投入生产，准会挣大钱，很多妇女和成衣店都需要这种缝纫机。本来他恨不得马上冲进人群中去买下它。可是，他知道，人家苦心研制的东西也是不会轻易卖掉的，讨价还价时准会是很麻烦。再看自己，本来没钱，可为了怕别人瞧不起，就打扮得像个经纪人。这样去买专利，人家非要个大价钱不可。于是，他连忙回去换了一套工人的衣服。这回，他仅仅以5000美元的低廉价格就把这个专利买下来了。正是靠着这个专利，他开创了著名的胜家缝纫机公司。

启示　当情感正在冲动时，要用理智来把握。

日本人的蘑菇谈判术

一次，美国和日本两家贸易公司进行一项投资较大的长期合作谈判。美国人很想尽快达成协议，于是，谈判一开始就滔滔不绝地把自己的想法都说出来了。可日本人却只是在那里记笔记，直到谈判结束也没发言。不仅如此，日本公司在2年之内连续派来5个代表团，都是只记录不发言。在美国人感到十分疲倦，准备放弃的时候，日本人又来到美国。这回，他们已经摸透了美国人的各种心理和方案，并做了大量准备工作，就开始正式谈判。而美国人还没打起精神呢！当日本人发起进攻时，美国人的回答却总是有些漏洞。结果，日本人终于在最后的谈判中占了个大便宜。

启示　有时候，必须通过“明白”把握之内的“缓慢”，才能达到目的。

商业营销要把握速度

在电脑和互联网还没有普及的时候，日本的企业就已经把企业信息视为生命了。它们可以通过各种办法，在12小时之内，知道最新的科技信息；在5～10分钟内，了解各国政府的最新法规。

托德·伏雷泽在美国西南地区开了40多家水暖器材连锁店，当时这一行属于微利，市场也有些饱和。为了把企业办好，托德想了很多办法，如装饰门面，增加品种，降低价格，开设热线等，但都收效不大。于是，托德就到处走访客户，请教对策。结果，他发现管工们对时间的珍惜重于对价格的计较。托德就马上把以前要等半天的供货时间缩短为1小时。如果是本人来取，最多等15分钟，超过时间，东西白送。这样一来，托德终于使企业赢得了“最佳服务”的名声，创造出价格比同行高1%～2%，年收入增长50%的奇迹。

霍夫曼医药公司以前只是一家瑞士的小厂，靠生产纺织染料为生。后来，它采用“快速攻强点”的方法，买下维生素专利，竭尽全力去生产经销，每年大约有几十亿美元的收入，一举成为世界上最大的医药公司。

启示　有时候，只要迅速一些就可以战胜对手。

面向农村的宿迁塑料厂

宿迁塑料二厂厂长在《我的经营之道》一文中说：宁在小国称君，不图大国称臣。他把自己的目标定在农村，而不是城市集镇。他看到，河南鲁山有500多个腰带生产专业户，每年需要压制革20万平方米，就在那里设立了销售基地。同时，又在唐山玉田、浙江东阳、湖南株洲等地先后建立6个销售基地和4个销售点。这家小小的乡镇企业在塑料行业竞争激烈的情况下，越办越旺。

启示

企业销售的运行方向是由企业与市场结合过程中的具体情况决定的，想当然是不行的。有时候，趋于低位的定向反而是高明的。而定向必须经过合理选择。

墨西哥人笑对大地震

1986年的墨西哥大地震不仅使当地房倒屋塌人员伤亡，而且还令游客大大减少，每年几千万的游客几乎变为零，损失上亿元。于是，墨西哥政府请来公关专家共同研究对策。当时，倒塌的多是民宅，而供外国游客住的旅馆设施相对较为完好。他们马上通过电视如实报道墨西哥地震实况，以减少误会。然后，又花巨资请各国名人来墨西哥旅游，竭力宣传地震危害，引起人们的好奇心。一个多月之后，墨西哥旅游业不但没有崩溃，反而获得了更大利润。

启示

乐观不是装饰，而是生存的必需品。

目标分散令环宇破产

环宇电视是中国最早的彩电，它从1970年开始生产，曾得过很多荣誉。1986年进军欧洲，产品远销英国、荷兰、比利时、德国，还在英国建立了英环公司。当时曾经吸引23个国家的驻华使节来厂参观。但是，这个名牌企业却于1995年春夏之交宣告破产了。

那么，其破产原因何在呢？

除了内部管理混乱，结构失调，产品单一之外，该厂的主要问题是决策失误，定向不准。

1988年，环宇电视生产了40万台，收入大增，领导们顿时冲昏了头脑。1989年，市场疲软，决策者又不管三七二十一，压缩了电视这一主导产品的投入，而在其他项目上投入了2亿元贷款。当时，他们在电视生产上的投入只有3000万元。结果，他们在海南、河南的1亿元投资都打了水漂，在河北花1亿元引进美国的纸箱生产线，因为规模过大，没有市场也没有流动资金，根本无法开工。

启示

企业经营与个人事业方向的把握事关重大，遇到这一环节必须慎重。定向不明的企业必然会失败。

“吃 100 个豆也不知腥”

某乡镇企业曾是明星单位，可它们在挣扎 8 年之后终于因为资不抵债而破产。纵观其发展历程可以看到，该厂领导有一个致命的弱点，就是弄虚作假，不肯实事求是地总结工作。1985 年底，该厂面对巨额亏损，可报表上竟然写着盈利 25 万元。明明是缺乏管理经验，内部管理一片混乱，已经欠下 1000 多万元的债，可还要到处找人合作联营营养液、蛋白乳、红肠火腿等产品，抓住什么都想干，最终一事无成。不会总结的人永远也无法了解自己，所以他们总是把失败归于外界，就像一个不成熟的孩子。

启示　不肯认真总结的人将永远不会成功。

千方百计地完善自己

日本田村电机制作所是一家制造电话、计算机和信息器材的著名企业。所长为了最大限度地减少工伤事故、提高工效、保证质量、降低成本，经常把需要改进的地方用相机拍下来，然后加以展示，让大家品头论足，研究改进方法。4 年内，他共拍了 10000 余张照片，凡是改进的，则附上“愉快的说明”再加展示。这样一来，果然收到奇效：工伤锐减、工效连升、成本大降、质量提高。全所上下竟然通过这“无言的管理”更加自觉了，知错就改蔚然成风。

65 岁的总裁丰田章一郎在丰田公司，不动声色地进行了多方面的改革。他在改进工艺、架构重组，以及提高员工素质等方面都有重大举措。为了治一治“大公司病”，他下决心裁减 1000 名主管级管理人员，重组了新产品开发部，还新设了首席工程师一职，并授予其很大的权力。这样，丰田的新车从概念到商品只需不到 4 年时间，而美国要 5 年，德国要 7 年。

松柏常青的奥秘就在于，它不像那些应季树种那样一年只有一次落叶，它的落叶更新是随时进行的。

启示　这是“明白”的修正。这是通过宏观共性把握的修正。

敲诈来自一封便函

商场中人是必须处处小心谨慎的，在这方面我们有很多教训。

中国抗战胜利后，民生公司就曾经遇到过这么一件事。一天，民生公司纽约分公司的账户突然都被冻结了。为什么呢？法院说，美国船用家具与用品公司控告民生公司“违约”。原来，民生公司于几年前曾为这家美国公司向加拿大某船厂写过一封介绍生意的便函。在便函中，民生公司一位负责人假称自己已经“决定将大门轮所需的铝制家具，委托美国船用家具与用品公司订制”，并希望该加拿大公司也能向这家美国公司订货。这本来是一件成人之美的好事。当时加拿大方面由于价格问题，和民生一样，也没与这家美国公司达成一致。在此之后，大家都已经忘了这件事。谁能想到，就是这么一封便函，竟然使民生公司的员工因账户冻结而受困多日，最后迫不得已被敲诈了 1.5 万美元了事。

启示　有时候，因“谨慎”被“情感”篡位，我们经常会做出一些追悔莫及的傻事。

清扫法规被修改之后

以前，日本工厂的废弃物都是由社会统一处理的。1972 年之后，日本修改了清扫法规，规定工厂企业的废弃物必须自己处理，不得再依赖社会公共卫生部门。看了这条规则，木村文男马上成立了“木村清扫公司”，专门接受各企业委托，处理企业垃圾。一部 2 吨车的垃圾，收费是 1200 日元。预约的定期客户，一个月收费为 3000 ~ 10000 日元。由于客户大增，木村已经在全国各地成立了 40 多家分公司，效益大大增加。

启示　限制的背后必有商机。

屈居第二的推销方法

富勒公司是美国最大的生产黑人化妆品的企业，而约翰逊公司则是一家只有 470 美元注册资金的黑人化妆品生产商，二者简直不能相提并论。可是，现在约翰逊公司的知名度已经与富勒公司并驾齐驱了。约翰逊公司的生产规模一直不大，其广告投入也很少。那么，它靠什么取得这么大的名气呢？很简单，除了保证质量以外，它靠的就是屈居第二推销法。你听，它在广告中这样说：

富勒公司是化妆品行业的金字招牌，您真有眼力，买它的货算是做对了。不过在您用过它的化妆品之后，再涂一层约翰逊公司的水粉护肤霜，准会收到意想不到的奇效。

那些买得起富勒化妆品的黑人，并不在乎多买一瓶约翰逊水粉护肤霜试一试。借此，约翰逊的产品也就走进了千家万户。

启示　有时候，只有甘受“委屈”才能迅速“自强”。另外，许多直的东西在变成弯的东西之后，又会引发许多奇特的创造和出人意料的现象。其中的许多事例，也是我们所必须注意的。

雀巢拒绝批评惹麻烦

1974 年，一本由某慈善组织出版的小册子《杀害婴儿的凶手》指责雀巢公司的婴儿食品，说它应对第三世界婴儿喂养所出现的疾病问题负责。为此，雀巢公司与之进行了长达 2 年之久的诉讼。结果，雀巢胜诉。但是，由于雀巢并没有对自身在婴儿食品营销宣传过程中所存在的问题加以适当改进，依然我行我素，终于遭到世界各国市场长达 7 年的联合抵制。据估计，这次抵制给雀巢公司造成直接利润损失高达 4000 万美元，间接业务损失无法计算，而信誉损失则更加惨重。雀巢公司是一家巨型跨国公司，它的婴儿食品销售只占其总销售额的 3%，所以它一直没有引起总公司的重视。而这也使雀巢公司的其他产品销售一度受到了市场的抵制。后来，公司解散了两个外部公关部门，开始自己着手这个问题：诚心诚意地接受批评，改进售后服务与市场宣传。至 1984 年初，多数抵制者才答应停止抵制。

启示　修正自己的过程是不容忽视的。

认真总结发现的利润

有一家拥有百年历史的国际制药公司发生了严重亏损。7 年之间，这家年销售额 25 亿美元的公司，利润降低了 33%。为扭转危机，公司请来了一位新总裁。新总裁要求各部门对于生产成本消耗过程加以研究和总结，结果发现了很多漏洞。比如：实验室每周都要用 100 万个鸡蛋的蛋白，可未用的蛋黄和蛋壳却都丢掉了。新总裁建议把蛋黄卖给貂皮制造商，把蛋壳卖给别的厂家做原料。这样一来，仅此一项，就产生了相当可观的利润。经过总结，公司方方面面的生产程序都有所改进，很快扭亏为盈。

启示　总结与理智相结合可以使人和企业的命运发生转变。

同行相亲迎来万人敬

与那些自高自大、同行相轻的商家不同，美国纽约的梅瑞百货公司的大门永远都是敞开的。如果你在这里没有买到自己想要买的东西，公司的咨询服务亭就可以指引你去另一家正在卖这种商品的商店。梅瑞百货公司与周围的各个商家都建立了相当和谐的关系。奇怪的是，它越往别处指引，顾客越往它的店里进。

人的心脏在向全身血管开放的同时，决定了它在全身整体运行中的中枢地位。梅瑞公司专设询问服务亭为别的商家介绍顾客，表面上看似乎有点吃亏，实际上，这项活动已大大拉近了该公司与顾客和各周围商家之间的情感距离。

启示 谁也不能一手遮天，市场永远是互补结构。一个企业的良好形象，就在这“开放”与“情感衔接”之间树立起来了。

丸井百货对象选得准

占领销售市场的方法很多，但无论你采取什么方法，购买者的收入等级划分都是固定的。日本丸井百货公司就以中等收入阶层的青年人为对象，展开了一系列具有特色，并相当到位的推销服务。他们针对中等收入青年特点，与银行合作，开展以分期付款为主的销售业务，将各种中高档商品推荐给他们；因为青年喜欢看体育节目，他们就专门在体育节目中插播广告，刺激其购买欲；新婚是青年生活的重大主题，他们就围绕这一主题结合其心理感受大做文章。很多青年中产阶层都认为，在这里买货很合心意。据说，丸井的固定消费者高达82%。

与那些盲目发展的商家不同，丸井百货公司做生意，是在明确了自身的发展方向之后，再去开展工作。该公司在定向选择上的“适度”，对日后发展起到了至关重要的作用。

启示 适度、合理的定向有利于企业有计划地生产，可以更好地迎合消费对象需求。

维也登公司限量生产

维也登公司的产品，从19世纪50年代以来就一直成为上层人物的争购品，几乎成了富贵与权势地位的象征。为什么会这样呢？这是因为维也登公司一直坚持实行“限量生产”的企业策略。它不管这东西多么好卖，也不管这东西多么赚钱，就是不多做。这样一来，维也登的很多产品都成了稀罕货。其价格总是那么高，品位又总是那么雅；其质量总是那么好，生产速度也总是慢腾腾的。然而，该公司的匠人们一直认为：慢工出细活。很多买主也正是冲这个理念进行清费的。它们的钱可也真没少赚。

启示　有时候，要提高产品质量和声誉，就必须让生产速度适当慢下来。

我们还有产品

在1998年那场百年未遇的特大洪水面前，无锡电度表厂没有畏惧。它们认为，虽然洪水给厂里造成很大损失，但必须知道的是：厂里的产品保存完好，只要还有产品，就不怕挣不到钱。在分析中，厂里看到，许多房屋都被冲垮了，在重修房屋时，也要重装电表。于是，它们立即奔赴各地，与用户签定价值60余万元的订货合同，还划着小舢板把电表送出被水围困的厂区，装上用户派来提货的汽车。由于它们守信誉保质量，这家受灾大户竟然创造了产值增长25%，资金回笼增长32%的好成绩。

启示　看到值得肯定的因素就是看到了光明。

无人反对且不忙决定

对于那些独断专行，习惯于感情用事的人来说，没人反对是件好事。可是，通用汽车公司总经理斯隆却认为，在一些重大决策之际绝不能感情用事。他在主持一次重要会议时，一直听不到不同意见，于是他说：“现在我宣布休会，这个问题延期到我们能听到不同意见时，再进行决策。这样我们也许能够真正了解这项决策。”美国通用公司多年来一直位居汽车企业榜首，绝不是个人独断专行的结果。在企业运行之中，理智对情感的控制是要通过平等协商来实现的，而要协商就要给出适当的时间，给每个人以应有的尊重。

启示　面临重大决策时，需要让理智靠近“缓慢”。

500万美元征求意见

为迅速扭转自己在美国销售不景气局面，日产汽车公司特在芝加哥建立了一个调查小组，耗资500万美元开展征求意见活动。公司采用向每一个买主打电话、寄送调查表、发传真等各种方法虚心听取批评，视顾客为衣食父母，完全按照顾客意见改进工作，甚至还限制了2405X型轿车的生产，以便听取顾客的意见。日产汽车公司提醒员工，要时时把自己放在顾客的位置上思考和处理问题。

启示　修正自己是需要花些本钱的。

先把市场弄明白再干

在我国电视机生产企业还不发达的时代，日本电视机曾经一度占领了我国市场。当时日本电视厂商会那么成功，和他们事先所做的详细调查是分不开的。在经过清晰的调查研究之后，他们制订了相当明确的产品策略：

①中国的电压系统与日本的不同，须将110伏改为220伏；

②中国若干地区目前电压不稳，电视机要有稳压装置；

③要适应中国频道情况；

④为适应中国人消费习惯，电视机耗电量要低，音量要大；

⑤根据中国居民住房情况，应以12英寸电视机为主；

⑥要提供质量保证和修理服务；

⑦考虑到尚无竞争者，日本电视机价格可比中国电视机高。

日本人当时的成功是建立在“明白”基础之上的。如果当时日本厂商不问青红皂白，就稀里糊涂地把日本电视机搬到中国来，那恐怕就打不开市场了。

启示　有时候，需要深入了解情况才能“明白”。

小小药棉棒出口创汇

某地有个村办医疗器械厂，生产一种小小药棉棒，大量出口创汇，在国际市场上供不应求，经济效益也很高。

有些人错误地认为，想挣大钱就要盯住大的产品，所以像这些药棉棒之类的小玩意根本没什么人在意。于是，很多善于注意细小的企业家和商人就在这空白地带发展起来了。我国有一个地方，专门生产和销售各种小纽扣，那里有规模庞大的纽扣批发市场和许多靠纽扣发家的富翁。

启示　细致的人，可以从微观角度去发大财。

选那种低成本的材料

美国北岸名牌公司原是一家只有五六个人的电信号牌制造厂。接手半年后，老板杜尔尼就感到进退两难，想把厂子卖了，但没人买，厂里唯一一位懂技术的人又走了。由于成本太高，竞争激烈，再干下去又赔不起，怎么办？绝望之中，他宣布：现在我们停工了，但希望大家不要离开工厂，在此期间工资照发，请大家献计献策。于是，有一位小徒工建议说：任何问题的解决都不是只有一种方法，可不可以选择那些低成本的材料呢？如果材料成本降低，利润不就上升了吗？一听这话，老板心里顿时豁然开朗。根据这个思路，杜尔尼经过一番努力，终于研制出一种制作标牌的低成本材料，由此制作的标牌比一般厂家便宜2/3，并获得了5年专利。在这5年之内，杜尔尼的财产达一亿美元以上。

启示　有时候，仅仅眼光向外是不行的。只有通过内部潜力深入挖掘和重新选择，才能走出困境。

野田鹤声社享誉世界

现在，有很多老板都喜欢研究如何把企业做大，似乎只有做大才是一流的。这种想法，有些是正确的，有些则是不切实际的。在日本，就有很多一直保持较小规模的一流袖珍企业。这些企业无论是产值效益，还是社会地位，都是不容小觑的。由野田老人所领导的野田鹤声社就是这样一家企业。

这家工厂很小，包括野田老人在内一共才6个人。但是，这家工厂已经有80多年历史了。他们生产的哨子，音色清脆高昂，制作精良。整个工序除了电镀外，其他都是手工制作。现在，野田鹤声社的哨子以其高超的品质获得了世界各国客户的一致好评。很多国家的体育队、警队都会前来订货。

启示　善于细致加工的小企业，照样能够自立于世界之林。

直觉

中国香港商人陈玉书在景泰蓝市场非常萧条时，冒险订下了北京工艺品公司价值1000万元的景泰蓝工艺品，靠的是一种慧眼独具的直觉。当时，国内的景泰蓝卖不动，他在香港开的景泰蓝专卖店也并不景气，如果按照表面逻辑单方面分析，是绝对不应该买的。但他凭着整体直觉强烈感觉到，具有悠久历史的景泰蓝工艺品绝不会长期滞销，订下这批货，就等于在香港建立起全世界的景泰蓝销售中心，必定能获得丰厚的回报。事实上，正因这次正确决策，他才就此打响了存货多、品种全、货真价实的景泰蓝金字招牌。后来，他又顺势在国内建厂，开发景泰蓝新产品。其实用的景泰蓝产品吸引了海内外大批订单。

启示　有很多独具慧眼的商人，都十分注意把握自身直觉。

宇宙足球厂乐意赔款

有一位球迷的妻子向法院控告足球，说足球夺去了她的丈夫。由于爱上了足球，她丈夫每天都忙于看球而不理她。可是法官说，球是个物品，你不能告它，要告就告足球生产厂。于是，这位妇女就控告了宇宙足球厂。出人意料的是，厂家非常高兴地赔偿了她 7 万英镑的“孤独费”。厂家认为，她的控告说明自家生产的足球的魅力所在，这次诉讼正是一次很好的广告。

启示　这是被厂家的自我肯定所利用的否定。

在肯定法律的基础上

美国法律规定：在一件产品中只要有 50% 以上的零件是美国制造的，就可以享受与美制产品同等的优惠待遇。

于是，日本人先把自己产品的构件按价格高低一一分开，然后，只在美国购买多数且便宜的构件，自己制造那少数几件最贵的构件，最后组装到一起，出口到美国市场，成为“日产美国货”，从而获取优惠待遇。

对于这些从不犯规的日本“玩家”，谁又能说什么呢?

启示　只有愚蠢的人才会铤而走险与法律相对抗。聪明的做法则是在肯定和遵循法律的基础上做事。

正视值得悲观的一面

世间有很多事，是不可回避的。比如说，当那些值得悲观的事情发生时，我们就必须加以正视。

西安飞机制造公司36车间有一个“废品信息交流台”，上面摆着定期更换下来的有典型性的废品。说明书上写着致废的原因、经济损失以及改进措施。这个交流台从悲观的侧面给人以警告。

美国一家比萨公司，因为生面团用光，致使该公司“30分钟以内送到”的保证落空。于是，地区经理买了1000条黑纱让全体职工佩戴，以示哀悼。从此，生面团用光之事再没发生过。

上海一家企业，在厂部会议室挂一镜框，镜框内是一份上级处分该企业的文件。

浙江吸尘器厂的产品因存在电线塑料皮破损的隐患，被有关部门定为“暂不推荐产品”，市场销售额一落千丈。厂领导决定，把4月14日定为“厂耻日”。全厂上下佩戴蓝袖纱3天，以示警诫。

启示 该悲观时，我们要让自己感受到应有的悲观氛围。为什么“哀兵必胜”呢？人必须置之死地而后生。只有在悲观情绪深入人心，并令人意识到问题的严重性之后，人的潜意识才会改变。也只有当潜意识改变之后，我们对错误的改正才能更彻底。否则，一切改变都是表面的或不恰当的。

自我否定的企业家们

日本著名企业家稻叶青石门卫曾经有一项让他闻名于世的发明——脉冲马达。后来，他发现这种马达耗能较大，就马上决定改用美国马达。这一决定虽然抛弃了自己的发明，但却维护了公司的“世界一流”形象。他认为，只要对公司有利，自己的一切都可以否定。

在我国乃至世界，有很多人都知道鲁冠球这个名字。他就是万向节集团的董事会主席，一位著名的企业家。他的工厂，在创业之初，仅是一家乡办小厂，实力很弱。但是，他并没有因此而放弃追求理想，他确定的目标是“以质量打入国际市场，为国家创外汇”。为了这一目标，他命令员工一次回收3万套不合格的万向节，全部拉到废品收购站。虽然损失了几百万元，可员工们终于建立起了“质量立厂”的思想。5年之内，杭州万向节的工序合格率达98.8%，产品很快实现免检畅销全国，走向了世界。

人在否定别人的时候是很容易的，可一旦需要否定自己的时候，往往就会手下留情了。看人家“旁观者清”，看自己“敝帚自珍”。别人可以一无是处，而自己身上的肿瘤也是好的。具有整体观念的人是从广义上来理解“否定”的。从整体上看，凡是影响整体运行的东西都是必须予以否定的。而那些以“我”为圆心，以“私”为半径画弧的人，对“否定”的把握则是狭隘的。凡能够走出这狭隘天地的人才是能成大器的人。

启示　敢于否定自己的人才能进步。

袋鼠与笼子

有一天，动物园的管理员们发现袋鼠从笼子里跑出来了，于是开会讨论，一致认为是笼子的高度过低造成的，所以他们决定将笼子的高度由原来的 10 米加高到 20 米。结果第二天他们发现袋鼠还是跑到外面来了，所以他们又决定再将高度加高到 30 米。没想到隔天居然又看到袋鼠全跑到外面，管理员们大为紧张，决定一不做二不休，将笼子的高度加高到 100 米。

一天，长颈鹿和几只袋鼠在闲聊。“你们看，这些人会不会再继续加高你们的笼子？”长颈鹿问。

“很难说。”袋鼠回答，“如果他们再继续忘记关门的话！”

启示　事有本末、轻重、缓急。关门是本，加高笼子是末，舍本而逐末，当然就不得要领了。管理是什么？管理就是抓住事情的本末、轻重、缓急。

请您给总裁提个建议

作为大企业的领导，怎样才能够集思广益，及时了解整体信息呢？在这方面稍不留意，就会因为孤陋寡闻、偏听偏信而错失一步。而世事如棋，一步错便会全盘皆输。所以说，找一条适合自己的集中信息通道是有必要的。

美国富翁华尔顿经营华尔市场公司，就有个“写信管理法”。他号召全公司的员工、客商以及顾客都来给他写信，围绕企业经营方式与诚信道德标准，提建议、发牢骚，说心里话。重要的信他亲自回答，有价值的建议有奖，一般的信也有感谢。通过秘书的整理，他经常能够最快捷地发现一些重要问题，并随时对公司进行调整。该公司之所以会在连锁店的网点布局、品种结构、销售方式、价格战略等各方面屡出绝招，正是因为有千千万万热心人在经常给华尔顿写信。

启示　能把经营企业的热情与关注集中起来，并令其持久者必是赢家。

公司本是命运共同体

许多大公司都以“公司是大家的命运共同体”这一思想为号召，要求人人参与管理。松下电器公司经常宣传“职工是松下电器公司的主人翁”。为此公司还成立了“合理化建议委员会”，倡导把公司变成具有思考能力的团体。凡是职工提出的建议，都会受到高度重视，一个月内必须公布处理结果。此外，提建议者都有奖励。建议价值高的给予奖金，低的就给福利券，由自己去公司福利社兑换肉类食品。在1966年，松下电器公司就发出号召：5年内，生产效率倍增，工资就加倍；除此之外，职工35岁就有自己的住房。目标实现后，马上兑现。

像这样充满凝聚力的公司，谁还愿意离开呢？

启示 这是以凝聚与和谐为主导的思考结果。

沃尔玛企业文化

“萨姆是个伟大的企业家，他所建立起来的沃尔玛企业文化是一切成功的关键，是无人可以比拟的。”美国Kmart连锁店创始人哈里·康宁汉这样评论他的竞争对手萨姆·沃尔顿。

无论是到世界各地的任何一家沃尔玛连锁店中，你都会感受到一种强烈的震撼，那就是长期以来形成的企业文化，是沃尔玛精神——勤恳、节俭、活跃、创新。正因如此，每一位公司同仁都热爱着沃尔玛，默默地为顾客服务的事业而奉献。

长期以来，沃尔玛的企业文化使沃尔玛公司的同仁紧紧团结在一起，他们朝气蓬勃，团结友爱。下面是沃尔玛公司特有的欢呼口号，从中可以感受到一种强烈的荣誉感和责任心：

“来一个W！来一个M！我们就是沃尔玛！来一个A，来一个A！顾客第一！沃尔玛！来一个L！来一个R！天天平价沃尔玛！我们跺跺脚！来一个T！沃尔玛，沃尔玛！”

沃尔玛的员工总是设法让生活变得有趣及充满意外，他们经常会做出近似疯狂的行为来吸引同仁的注意，让顾客和同仁觉得趣味横生。萨姆·沃尔顿可称为典型代表。有一次，他答应如果公司业绩出现飞跃，他会穿上草裙和夏威夷衫在华尔街跳草裙舞。当年公司营业额的确超出了他的预料，于是他真的在美国金融之都华尔街上跳起了欢快的草裙舞，当时被报界大肆曝光。公司副董事长曾穿着粉红色裤袜、戴上金色假发、骑着白马在本特维拉闹市区招摇过市。

尽管有些人认为沃尔玛有一群疯疯癫癫的人，但了解沃尔玛文化的人会懂得它的用意旨在鼓励人们打破陈规和单调的生活，去努力创新。“为了工作更有趣。”这就是萨姆·沃尔顿的“吹口哨工作”哲学。

启示

这些有趣的游戏，不仅使沃尔玛员工和领导者之间的关系更加密切，而且还是一种最好的宣传公司和促销的手段。沃尔玛的企业文化是在小镇上发展时就逐渐形成的。公司成长之后，沃尔玛仍然不忘鼓励人们在店里制造欢乐气氛，共同为社区增添生活的乐趣。培养团队意识，即使有时与宣传和促销商品没有关系也要做。

绝症女工的遗愿

青岛的一家企业，经营管理搞得很好，全国闻名，企业文化也很出色。有一个女工身患癌症，临去世时，说：“我死后，请把我绕厂一周，我要最后看看我们的厂子，这是我最后的心愿。”这个故事可能让人感到不可思议。这就是企业文化的力量，也是这家企业成功的法宝。

启示

企业文化对外部是企业的包装；对管理层是企业在规章制度之外的规矩；对员工是一种信仰。只有这样，企业才能真正成功。

从自己做起

在思科，广泛流传着这样一个故事。一位思科总部的员工看到他们的总裁钱珀思先生，大老远地从街对面小跑着过来，这位员工停下来想看看到底是怎么回事。原来钱珀斯先生看到公司门口的停车位已满，就把车停到街对面，但又有几位重要的客人在等着他，所以他只好小跑着回公司。

在思科，最好的停车位是留给员工的。管理人员，哪怕是总裁也不能享有特权。

启示

很多企业在进行企业文化塑造时，喜欢大张旗鼓地开展一些活动、培训和研讨。其实企业文化的精髓更集中在企业日常管理的点点滴滴上。作为企业管理者，不管是高层还是中层，都应该从自己的工作出发，首先改变自己的观念和作风，从小事做起，从身边事做起。

索尼企业文化

索尼的创新精神，牢牢地被井深军团所保存，虽然现任的CEO出井伸之是学经济出身，对于创新技术没有像井深大那样狂热，但是日本人的天性是团队运作，又善于传承文化，井深大所遗留的创新的DNA，在今天的索尼依然闪闪发亮。

井深军团攀登技术上的珠穆朗玛峰最惊心动魄的一次，也是令人最感动的一段故事，是开发特丽珑彩管的经历。由于新技术的开发难度，以及投入资金的庞大，使得公司濒临破产，度过了一段黑暗时期。井深与另一个合伙人盛田昭夫之间的紧张气氛影响着公司的各个角落，盛田非常迫切地要减少亏损，而井深却丝毫不肯让步。公司同事犹豫着是否要离开索尼，去诸如松下、日立等其他显像管公司。

但终究没有人离开：在公司困难的时候离开，等于在紧急关头抛弃自己的家庭。在几个月中，井深激励着工程师不知疲倦地工作，并推荐每个人都去研究一下曼哈顿计划的历史，以便从中得到有益的启示。当首批特丽珑彩管从装配线上下来时，井深对所有研究人员深深地鞠了一躬，简单地说了句“谢谢”，同时眼里噙满了泪水。

启示

很多IT公司习惯性地把创新当成最重要的企业文化，也想把创新塑造成品牌最彰显的个性、核心竞争力的DNA。希望是一回事，而实际是否能做到、能做好又是另外一回事。索尼的井深传奇，值得以创新为文化的中国企业深思。单靠井深对技术的冲动和天真是无法造就索尼这个庞大的商业帝国的。如果没有盛田昭夫这样卓越洞察力的天才生意人与充满热情、热爱交际的社会活动家的支持，索尼早在灾难性的特丽珑技术开发上毁于一旦了。

盛田曾经斥责井深度假时动用公司的小车；井深为其熟人做担保，从索尼的一个银行贷款，也激怒了盛田，但这种因为井深的天真与盛田的实干所引发的冲突，丝毫不影响两人之间亲密的关系，以及永恒的友谊。直到他们都年老生病的时候，不是井深探望盛田，就是盛田看望井深。他们会默默地坐在一块儿，握着彼此的手，进行着无声的交流，眼泪从脸颊滑落。

这对相交一生的创业者，不仅创造了一个传奇的商业帝国，而且赋予了这个帝国鲜明的个性：井深大的创新与盛田昭夫的国际化。

大长桌就餐促进沟通

家和万事兴。许多企业也都很注重企业氛围是否和谐的问题。为此，每一个明智的老板，都要花很大精力去研究这个问题。现在，有些企业还为员工设立了茶室、咖啡屋。当然，由于条件的限制，这些做法也许并不适用于所有企业。可还有一些比较实际的办法，做起来并不难。有一位大公司的老板为了让他的员工更好地沟通，就把餐厅里的小圆桌都改成了大长桌。这样一来，几个人一伙的小圈子被打破了，无论是供销员还是生产线上的工人，也不管你是厂长经理还是公关人员，只要是这个公司的员工，都有机会碰面闲谈，进而交流信息。无形中，各部门之间的壁垒被打破了。

启示

这就是以和谐与开放为主导的观念组合所达到的员工团结局面。

钓螃蟹的故事

组织中也应该留意与去除所谓的“螃蟹文化”。

钓过螃蟹的人或许都知道，篓子中放了一群螃蟹，不必盖上盖子，螃蟹是爬不出去的，因为只要有一只想往上爬，其他螃蟹便会纷纷攀附在它的身上，结果是把它拉下来，最后没有一只出得去。

企业里常有一些人，不喜欢看别人的成就与杰出表现，天天想尽办法破坏与打压，如果不予去除，久而久之，组织里就会只剩下一群互相牵制、生产力低下的“螃蟹”。

启示

钩心斗角、相互压制是企业的大敌，必须时刻警惕，加以治理。

聪明的兔子

森林里年成不好，食物不够吃了，所有的动物聚在一起，讨论该怎么分配。

“我认为，每个动物都应当得到同样的一份食物。”兔子大胆地说。

“你的话很动听，”狮子说，“如果你有我们一样的爪子和牙齿，那么你的话对你来说就更有用了。”

启示

如果有了好的计划而没有力量实行，那么它就是没有用的。在企业界，充满大量聪明的“兔子”，他们忙于指导企业该如何发展，并提供一系列精准的解决方案，但是却没有实施能力。所以我们一定要找到切实可行的计划才行。

发现“不拉马的士兵”

在管理界有这样一个流传已久的故事。一位年轻有为的炮兵军官上任伊始，到下属部队视察，他在几个部队发现相同的情况：在一个单位操练中，总有一名士兵自始至终站在大炮的炮筒下面，纹丝不动。军官不解，寻问原因，得到的答案是：操练条例就是这样要求的。军官回去反复查阅军事文献，终于发现：长期以来，炮兵的操练条例仍因循非机械化时代的规则，站在炮筒下的士兵的任务是负责拉住马的缰绳（在那个时代，大炮是由马车运载到前线的），以便在大炮发射后调整由于后坐力产生的距离偏差，减少再次瞄准所需要的时间。现在，大炮的自动化和机械化水平大大提高，已经不再需要这样一个角色了，但操练条例却没有及时调整，因此才出现了“不拉马的士兵”。军官的发现使他获得了国防部的嘉奖。

启示

从管理的角度看，此举大大提高了管理的效率。可以节省相当的人力投入其他岗位，进而获得额外的收益。从组织的角度进行分析，这实际上是一个组织工作系统优化的过程。在每一个企业组织中，完善的组织设计和合理的运作目标就是“人得其事，事得其人，人尽其才，事尽其功”。

正视职场风暴

每年冬天突然来临的暴风雪都会造成牛群的暴毙，让牧场主人损失惨重。当冰寒冷冽的暴风雪横扫侵袭牧场时，咆哮不止的狂风将雪堆成巨大的雪块，温度急速下降，成群结队的牛都会背对着风暴，步履蹒跚而缓缓地移向下风处，它们只会成群结队地挤在一起，任凭风雪侵袭，最终导致集体死亡。然而，有一种叫作赫里福牛的，遇到狂风暴雪时，它们则是肩并肩、头并头地一起面对暴风雪的肆虐，出乎人们意料的是，它们的死亡率很低。

启示

赫里福牛勇敢正视生命里的大风暴，才能安度暴风雪，将死亡率降到最低；同样，一流的领导管理者也应该正视职场风暴，才能化危机为转机，强化企业的经营体系。

防范两面派

一只狐狸被猎人追赶，看到樵夫赶紧求救。樵夫让它躲在自己的小茅屋里。不久猎人追赶上来，问道：“樵夫，你有没有看到一只狐狸经过。”樵夫虽然说没有看到，但手却指向狐狸躲藏的地方。

可是猎人没有看到樵夫的手势就离开了。狐狸看到猎人走了立刻跑出来，没有向樵夫道谢就要离开。樵夫责备它不知感恩，狐狸回答说：“如果你表里如一，我就会向你道谢了。”

启示

既想讨好甲，又想讨好乙，想两边都得到好处的人就是两面派。他们在大家面前很讲义气、很够朋友，但是在私下却到处揭人隐私，到处告状。

地毯下的蛇

从前有一位经营地毯的阿拉伯商人，对自己地毯店的外观陈设十分用心。他每天总要在店内四处巡视，看看有没有什么不平整的地方，如果有的话赶紧纠正。一天，他照例巡视店面，意外地看见自己布置的地毯中央鼓起一块，就上前用脚将它抚平；可过了一会儿，别处又隆起一块，他再次去抚平；然而，似乎有什么东西在专门和他作对，隆起接连在不同的地方出现，他不停地抚平，可总有新的地方隆起。一气之下，阿拉伯商人干脆拉开地毯的一角，一条蛇立刻钻了出去。

启示

管理工作是关系到方方面面的细致工作，所以我们要经常关注在哪些地方存在问题，出了问题怎么办，有什么解决问题的方法。但是当出现问题时，有些人并没有冷静下来找出问题的根本原因，往往是头痛医头，脚痛医脚，忙得焦头烂额，却并没有将问题解决好。就像故事中，如果蛇不出去，商人是没有办法抚平地毯的。

短暂的快乐

一间蜂蜜工厂的仓库里洒了很多蜂蜜，吸引了许多苍蝇飞来吃。蜂蜜太香了，它们都舍不得离开。不久，这些贪吃的苍蝇因脚被蜂蜜粘住而无法飞走。当它们快溺死时，很难过地说：“我们真是太贪心了，为了短暂的快乐却赔上了宝贵的性命。”

启示

贪婪是一切祸乱的根源，为人处世要慎重。与人相处，若经常贪图便宜，必将受人唾弃，相互的关系也很难以持久。经营企业，应该本着诚信的原则，稳打稳扎地去做，才能做大做好做强。

反躬自省

狐狸在跨越篱笆时脚底滑了一下，幸而抓住一株蔷薇才不致摔倒，可是脚却被蔷薇的刺扎伤了，流了许多血。受伤的狐狸埋怨蔷薇说：“你太不应该了，我是向你求救，你怎么反而伤害我呢？”蔷薇回答道：“狐狸啊！你错了，我的本性就带刺，是你自己不小心才被我刺到的啊！”

启示

有句俗话说：“一个快要淹死的人，连一根稻草也会赶紧去抓，但是却无济于事。”同样在遭遇不幸时，若只知道向人求救，不知道自己想办法，很可能会被落井下石。许多商人在资金缺乏的情况下求助于高利贷，结果越陷越深，后悔也来不及了。

合营前的思考

因为狮子的力量大，而野驴跑得很快，狮子和野驴便进行合作一起狩猎。丰收后，狮子把猎物分成三等份，对野驴说：“因为我是万兽之王，所以要第一份；我帮你狩猎，所以我要第二份；如果你还不赶快逃走，第三份就会成为使你丧命的原因了。”

启示

公司经营，如果想吞并财力微弱的公司而联合比自己财力雄厚的公司，通常是得不偿失的。

老虎之死

明朝作家刘元卿在一篇名为《猱》的短文中描述了这样一个故事：猱的体形很小，但爪子十分锋利，老虎的头痒痒，猱就爬上去给它搔痒，搔得老虎飘飘欲仙。猱不住地搔，并在老虎头上挖了个洞，老虎因感觉特别舒服而未察觉。于是猱把老虎的脑髓当成美味佳肴吃了个精光。

启示

在经济浪潮中，企业的发展始终伴随着风险，需要企业不断提高自己的整体素质和竞争能力，以防范这种风险。

龟兔重赛

兔子与乌龟赛跑输了以后，总结经验教训，提出与乌龟重赛一次。赛跑开始后，乌龟按照规定线路拼命往前爬，心想：这次我输定了。可它到终点后却不见兔子。正在纳闷之时，只见兔子气喘吁吁地跑了过来。原来兔子求胜心切，一上路埋头狂奔，估计快到终点了，抬头一看，发觉竟跑错了路，不得不返回重新奔跑，因而还是落在乌龟之后。

启示　战略、路线正确与否至关重要。从一定意义上来说，现代企业之间的竞争是企业战略定位的竞争。

火鸡的故事

有个人布置了一个捉火鸡的陷阱。他在一个大箱子的里面和外面撒了玉米粒，大箱子上有一道门，门上系了一根绳子，他抓着绳子的另一端躲在一处，只要等到火鸡进入箱子，他就拉动绳子，把门关上。

一天，有 12 只火鸡进入箱子里，不巧 1 只溜了出来。他想等箱子里进入 12 只火鸡后，再关上门。然而就在他等第 12 只火鸡的时候，又有 2 只火鸡跑出来了，于是他便继续等待，可是又有 3 只火鸡溜出来了……最后，箱子里 1 只火鸡也没剩。

启示　投资者往往不了解尽快止损的重要性，当情况开始恶化时，依然紧抱着缥缈的幻想，无法客观分析状况，以赌徒的心态，盲目坚守而持续深陷，直至无法挽回。这时平衡的心态往往比精巧的分析更重要。

盲人打猎坐着喊

从前有个盲人，他的邻居是一位猎人，打了飞禽走兽后，请他吃饭。席间，盲人向猎人请教打猎的秘诀，盲人把这些秘诀牢牢记在心里。后来，猎人去世了。盲人觉得现在世界上只有他一个人懂得打猎。于是，他专门向学习打猎的人传授经验。一位年轻猎人把他带上山，请他现场指导。

树林里跑出一头野猪，盲人以为是一只狼。盲人说："你知道打狼要打哪里吗？""狼是铜头铁腰麻秆腿。所以，棒打狼腿，猎物可得。"

年轻猎人告诉他："刚才是一头野猪，听见人说话，早吓跑了。"盲人赶紧说："野猪吗？你只能往它的嘴里打，因为它的皮肤像铠甲一样，子弹打不透。"

年轻猎人有些不耐烦了。当前面又出现一个猎物时，他轻轻喊了声"兔"，就悄悄摸了过去。盲人把"兔"听成了"鹿"，高声喊道："要打卧鹿！不要打跑动的鹿！因为它在树林里乱跑乱跳，会把鹿茸撞坏。"盲人的喊声把兔子吓跑了。

年轻猎人再也不听盲人胡说了，一个人到山上寻找猎物。盲人还在那里滔滔不绝地讲述打狐狸、打獐子的要领。后来，他凭声音断定年轻猎人走远了，就有些害怕起来。

山的那边突然传来一声虎啸，盲人早把打虎的经验忘了，掉头就跑。他一下子掉进年轻猎人在他的指导下设置的陷阱。

启示　管理是一个实践性非常强的工作，只学习一点理论就好为人师是很多人的毛病，只有亲身实践才能提升自己的管理水平。

雾中的灯塔

两艘正在演习的战舰在阴沉的天气中航行了数日。

这天，起了浓雾，能见度极差。入夜后不久，一艘战舰船桥一侧的瞭望员忽然报告："右舷有灯光。"船长询问光线是正逼近或远离。瞭望员答："逼近。"这表示对方会撞上我们，后果不堪设想。船长命令信号手通知对方："我们正迎面驶来，建议你转向20°。"

对方答："建议贵船转向20°。"

船长下令："告诉他，我是船长，转向20°。"

对方说："我是二等水手，贵船最好转向。"

船长勃然大怒，大叫："告诉他，这里是战舰，转向20°。"

对方的信号传来："这里是灯塔。"

启示　观念转变，整个情况就会完全改变。其实我们就好像置身浓雾中的船长，在日常生活当中认清事实、转换观念对我们而言同样重要。

无言的绿竹

一到春天，整个花园姹紫嫣红，煞是美丽。花园里种有一棵青翠的绿竹，攀附墙壁生长的牵牛花，以及艳丽的玫瑰花。牵牛花和玫瑰花天南地北地聊天，牵牛花对玫瑰说："玫瑰妹妹，你看我的颜色，是多么鲜艳美丽，哪像那棵绿竹，一点变化也没有。"玫瑰花也凑起热闹说："牵牛花姐姐，就是说嘛！你看我多么芬芳，身材多么婀娜多姿，哪像那棵绿竹，长的呆板乏味。"几天后，一场狂风骤雨袭击了花园。牵牛花枝残花萎，玫瑰花被连根拔起，七零八落，只剩下不起眼的绿竹仍然屹立不倒。

启示

坚强的内涵胜于浮夸的外表。有时候，非得经过考验，才能分辨人才的优劣。

鲨鱼的生存哲学

鲨鱼是一种灵活的动物，全身只有软骨，没有一块坚硬的骨头。尖锐的牙齿是它赖以生存的武器，通过不断更换旧牙齿让自己的武器更加锐利，永远对周围环境保持高度警觉。此外，在来回游走时，它会根据水温随时自我调适。因此，不论生存环境如何，鲨鱼总是能够很快地适应下来。

启示

“弹性”“创新”“行动”“灵敏”是鲨鱼的生存哲学。企业可以借鉴，以做到永续经营。

森林里的变色蜥蜴

森林里，住着三只蜥蜴。其中一只看到自己的身体和周围的环境大不相同，便对另外两只蜥蜴说：

“我们住在这里实在太不安全了，要想办法改变环境才可以。”说完，这只蜥蜴便开始大兴土木。另一只蜥蜴说：“这样太麻烦了，环境有时不是我们能改变的，不如我们另外找一个地方生活。”说完，它便拎起包袱走了。第三只蜥蜴也看了看四周，问道：“为什么一定要让环境来适应我们？为什么不改变自己来适应环境呢？”说完，它便借着阳光和阴影，慢慢改变自己的肤色。不一会儿，它就渐渐在树干上隐没了。

启示

在竞争激烈的市场环境中，不同的企业有不同的适应环境的方法，有的主动改变环境，有的逃离环境，也有的主动改变自己、适应环境。那些以自我为中心的、不肯改变自己的企业只能被市场淘汰。

求道

有一个年轻人经过艰难跋涉，来到森林中的寺院，请求寺院里德高望重的住持收他为徒。住持郑重地告诉他：“如果你真要拜我为师，就必须履行一些义务与责任。”“我必须履行哪些义务和责任呢？”年轻人急切地问。“你每天必须从事扫地、煮饭、劈柴、打水、扛东西、洗菜的工作。”“我拜你为师是为了求道，而不是来做无聊的粗活的。”年轻人一脸不悦地丢下这句话，离开了寺院。

启示

正道不是高不可攀或者高深莫测的理论，它隐藏在日常的工作琐事及生活细节中。同样，管理的道理随手可得、处处可见，只要认真去体验，在工作过程中就能深刻领悟管理的奥妙和意义。

兔子与狐狸和狼

在一个充满阳光的午后，兔子从洞里出来享受好天气。天气好得让它失去了警觉，狐狸尾随其后，抓住了它。

“我要把你当午餐吃掉！”狐狸说。

“慢着！”兔子答道，“你应该至少再等几天。”

“喔？是吗？为什么我要等？”

“嗯，我正在完成我的博士论文。”

“哈，这是个很蠢的理由。你的论文题目是什么？”

“我正在写《兔子比狐狸与狼的优越性》。”

“你疯了吗？我应该现在就把你吃了！大家都知道狐狸总是比兔子强的。”“根据我的研究，并不尽然。如果你想的话，可以来我洞里，自己读它。如果你不能被说服，你可以把我当午餐吃了。”

“你真的疯了！”但狐狸很好奇，而且读读论文也不会损失什么，就跟兔子进去了。狐狸再也没有出来。

几天以后，兔子又出来休息。一只狼从树丛中出来并准备吃它。

“慢着！”兔子叫道，“你现在不能吃我。”

“为什么呢，我毛茸茸的开胃菜。”

“我的论文《兔子比狐狸与狼的优越性》几乎要完成了。”

狼笑得前仰后合，以至于松开了抓住兔子的手。

“也许我不应该吃你。你的脑子真的有病，你可能有某种传染病。”

“你可以自己来读它。如果你不同意我的结论，你可以把我吃掉。”

于是狼跟着兔子走进洞里，再也没有出来。

兔子终于完成了它的论文，并在莴苣丛中庆祝。

另一只兔子过来问它，“发生了什么事？你看起来很快乐。”

“我刚刚完成我的论文。”

“恭喜！论文的主题是什么？”

“《兔子比狐狸与狼的优越性》。”

“你确定吗？听起来不太对。”

“你可以进来自己读读看。”

它们一起走进洞里。

当它们进去时，朋友看到的是一个典型的“研究生”的窝：一团乱，在一个角落里，右边有一堆狐狸骨头，左边有一堆狼的骨头，而在中间，有一只巨大的、正在舔嘴唇的狮子。

启示 任何一个企业都不能够轻视小企业，一旦它们通过战略联合获得了大企业的支持，就具备了和竞争对手竞争的资源和能力。

学会动物的 12 种精神

对待第一份工作的态度，在很大程度上决定着你是否能够顺利完成从一个校园人到社会人的转变。因此，正确的工作观十分重要。刚入社会的新人应该如何建立工作观？一位从事人力资源工作超过 12 年的专业人士给出的建议是，学会动物的 12 种精神。

（1）尽职的牧羊犬：新人最为人诟病的就是缺乏责任感，作为一个新人，学习建立负责任的观念，会让主管、同事觉得孺子可教。抱着多做一点就多学一点的心态，你很快就会进入状态。

（2）团结合作的蜜蜂：新人进到公司，往往不知如何利用团队的力量完成工作。现在的企业很注重工作团队，这不但包括通过团队寻求资源，也包含主动帮助别人，以团体为荣。

（3）坚忍执着的鲑鱼：由于对自己的人生还不确定，新人常常三心二意，不知自己将来要做什么。设定目标是首先要做的功课，然后就是坚忍执着地前行。途中当然应该停下来检视一下成果，但变来变去的人，多半是一事无成的。

（4）目标远大的鸿雁：太多年轻人因为贪图一时的轻松，而放弃未来可能创造前景的挑战。要时时鼓励自己将目标放远。

（5）目光锐利的老鹰：新人首先要学会分辨是非，懂得细心观察时势。一味接受指示、不分对错，将事倍功半，得不到赞赏和鼓励。

（6）脚踏实地的大象：大象走得很慢，却一步一个脚印，累积起雄厚的实力。新人切忌说得天花乱坠，却无法一一落实。脚踏实地的人会让别人有安全感，也愿意将更多的责任赋予你。

（7）忍辱负重的骆驼：工作压力、人际关系，往往使新人无法承受。人生的路很漫长，学习骆驼负重的精神，才能安全前行。

（8）严格守时的公鸡：很多人没有时间观念，上班迟到、无法如期交件等等，都是因为没有时间观念导致的。时间就是成本，新人时期养成时间有效管理的观念，有助于日后提升工作效率。

（9）知恩图报的山羊：你可以像海绵一样吸取别人的经验，但是职场不是补习班，没有人有义务教导你如何完成工作。学习山羊反哺的精神，有知恩图报的心，工作会更愉快。

（10）勇于挑战的狮子：大案子、新案子是对新人最好的磨炼，新人要勇于承接。若有机会，应该勇于挑战不可能的任务，借此累积别人得不到的经验，为升职铺路。

（11）机智应变的猴子：工作中的部分流程往往是一成不变的，新人的优势在于不了解既有的做法，而能创造出新的创意与点子。一味地接受工作任务，只能学到工作方法的皮毛；能思考应变的人，才能学到方法的精髓。

（12）善解人意的海豚：如果我是主管，该怎么办？常常这样想，有助于学会处理事情的方法。在工作上善解人意，会减轻主管、共事者的负担，也能让你更具人缘。

启示　正确的工作观，有如人生路上的明灯，不但会为你指引正确的方向，也会为你个人的职业生涯创造丰富的资源。

为了生存而竞争

尽管动物宝宝性情柔弱，但它们也会显露出好战的天性。许多动物宝宝通过观察长辈的举止，学习如何捕猎，它们也会继承父母的某些行为方式。当动物宝宝在嬉戏中渐渐长大时，它们同时也巩固了自己与其他同类的关系，因为它们明白，齐心协力能使它们更容易地生存。

（1）羚羊的宝宝必须在出生后 30 分钟内站起身来迅速奔跑，才能避免沦为狮子的美餐。

（2）为了生存，斑鬣狗的宝宝似乎具有攻击和杀死同胞手足的天性。

（3）猎豹的宝宝中只有 5%能活到成年。

（4）大冠鹫只给第一个孵化出的宝宝喂食。其他的宝宝只能饿死。

（5）有些鲨鱼的宝宝会同类相残，它们吃掉自己的兄弟姐妹以提高自己的存活率。

（6）刚出生的树袋熊宝宝只有软糖那么大，它们必须用前肢向上攀爬，才能钻入妈妈的育儿袋里。

启示

自然界的生存竞争同样适用于企业竞争。没有迅速学会生存本领的新企业，注定走不远。

蛹和蝶

蛹看着美丽的蝶在花丛中飞舞，非常羡慕，就问："我能不能像你一样在阳光下自由地飞翔？"

蝶告诉它："第一，你必须渴望飞翔；第二，你必须有脱离你那非常安全、非常温暖的巢穴的勇气。"

蛹就问蝶："这是不是意味着死亡？"

蝶告诉蛹："从蛹的生命意义上说，你已经死亡；从蝶的生命意义上说，你又获得了新生。"

启示

生命要想提升，就需要对原来的一切进行破坏。企业要想创新，有时也不得不进行破坏，要在破坏中进行创造。我们要有勇气打破我们现有的局面去寻找新的发展思路。从某种意义说，企业家就是从事破坏性创造的人。

吉列因坐失良机受挫

1962年以前，吉列公司垄断了美国剃须刀市场。它们的"超级蓝光"碳钢刀片仅在1962年就获利1500万美元。但是，美国精锐公司和安全剃刀公司于1963年推出了比"超级蓝光"碳钢刀片更加耐用的不锈钢刀片。当时，吉列公司对此并没有足够重视。吉列公司认为，自己的产品已经培养出一批忠实顾客，这点风浪不必在乎。正因如此，精锐和安全剃刀两家公司立即抓住了时机，大做广告，宣传不锈钢刀片的经久耐用、物美价廉。原先一直使用吉列产品的顾客就纷纷投入了他们的怀抱。这时吉列公司才知道大事不好。吉列公司于1963年秋天才推出自己的不锈钢刀片，到1964年，吉列公司的市场占有率由70%降至55%，利润下降一成，投资回报率从40%下降到不足30%。虽然现在吉列公司已经恢复其剃须刀片市场的霸主地位，但它对这一错失良机的教训是记忆犹新的。

启示

把握时机要趁早，慢了不行。"时机"与"缓慢"组合的结果便是失败。

昨是而今非

美国铁路两条铁轨之间的标准距离是 4.8 英尺（1 英尺≈ 0.3048 米），这个很奇怪的标准究竟是从何而来的呢？

原来这是英国的铁路标准，而美国的铁路原先是由英国人建的。那么为什么英国人会用这个 4.8 英尺的标准呢？原来英国的铁路是由建电车的人所设计的，而这个正是电车所用的标准。

电车的铁轨标准又是从哪里来的呢？

原来，最先造电车的人以前是造马车的，而他沿用的是马车的轮距标准。

好了，那么马车为什么要用这个轮距标准呢？因为，如果那时候的马车用任何其他轮距的话，轮子很快会在英国的老路上被撞坏的。为什么？因为这些路上辙迹的宽度是 4.8 英尺。

这些辙迹又是从何而来的呢？答案是古罗马人定的。因为欧洲大陆，包括英国的长途老路都是由罗马人所铺的，4.8 英尺正是罗马战车的轮距。如果任何人用不同的轮距在这些路上行车的话，车轮的寿命都不会长。

我们再问，罗马人为什么以 4.8 英尺为战车的轮距呢？

原因很简单，这是两匹拉战车的马屁股间的宽度。

等一下，故事到此还未有完。

下次你在电视上看到美国航天飞机立在发射台上的样子时，要留意看看在它燃料箱的两旁有两个火箭推进器，这些推进器是由一家名为 THIOKOL 的公司设在犹他州的工厂所生产的。如果可能的话，这家公司的工程师希望把这些推进器造得“胖”一点儿，这样推进器的容量就可以大一些。但是他们不可以，为什么？因为这些推进器造好之后要用火车从工厂运送到发射点，路上要经过一些隧道，而这些隧道的宽度只比铁轨宽一点儿。我们不要忘记铁轨的宽度是由马屁股间的宽度所决定的。

因此，我们可以断言：今天世界上最先进的运输系统的设计，是由 2000 年前两匹马屁股间宽度所决定的。

请看看周围，有多少事情是“昨是而今非”的。

“多做事，少说话”“管好自己，不要多管闲事”只是老式工业生产线上的至理名言，用在要求团队协作的组织里面，是非常不合适的。

启示

想想看，有多少你每天在做的事情已经在今日的商业社会中失去了意义？有哪些报表、会议、礼仪，哪些做事的方法、手段，今天看来都是可以改变的呢？

企业管理篇

第四部分

THE FOURTH PART

市场营销

老外买柿子

美国的一个摄制组，想拍一部反映中国农民生活的纪录片。他们来到中国的一个农村，找到一位柿农，说要买他 1000 个柿子，请他把这些柿子从树上摘下来，并演示一下贮存的过程。

谈妥价格后，这位柿农很高兴地同意了。于是他找来一个帮手，一人爬到柿子树上，用绑有弯钩的长竿，看准长得好的柿子用劲一拧，柿子就掉了下来。下面的一个人就从草丛里把柿子找出来，捡到一个竹筐里。柿子不断地掉下来，滚得到处都是。下面的人则手脚飞快地把它们不断地捡到竹筐里，同时还不忘高声大嗓地和树上的人拉着家常。在一边的美国人觉得这很有趣，自然全都拍了下来。接着，摄制组又拍了他们贮存柿子的过程。

美国人付了钱就准备离开，那位收了钱的柿农却一把拉住他们说："你们怎么不把买的柿子带走呢？"美国人说不好带，也不需要带，他们买这些柿子的目的已经达到了，这些柿子还是请他自己留着吧。

天底下哪有这样便宜的事情呢？那位柿农心里想。于是他很生气地说："我的柿子很棒呢，质量好得很，你们没理由瞧不起它们。"美国人耸耸肩，让翻译耐心地跟他解释，说他们丝毫没有瞧不起他这些柿子的意思。

翻译解释了半天，柿农才似懂非懂地点点头，同意让他们走了。但他却在背后摇摇头感叹说："没想到世界上还有这样的傻瓜！"

那位柿农不知道，他的 1000 个柿子虽然原地没动地就卖了合适的价格，但那几位美国人拍的他们采摘和贮存柿子的纪录片，拿到美国去却可以卖更多更多的钱。

那位柿农不知道，在那几个美国人眼里，他的那些柿子并不值钱，值钱的是他们那种独特有趣的采摘、贮存柿子的生产方式。

那位柿农不知道，一个柿子在市场上只能卖一次，但如果将柿子制成"信息产品"，一个柿子就可以卖 1000 次、10000 次，甚至千千万万次。

与这位柿农一样的人，乡村里有，城市里也有。生活在当今这个世界，光会种"柿子"，只知道"柿子"值钱，那是远远不够的啊！

启示 在这个信息化的社会，我们要想取得大的成就，就必须拓宽我们的思路，改变我们的观念，收集大量的信息，创造最大的价值。

情侣苹果

有一年元旦，山东大学门口，一位老太太守着两筐大苹果叫卖，因为天很冷，问价的人很少。一位刚刚开完市场营销讲座的教授见此情形，就上前与老太太商量了几句，然后走到附近商店买来节日织花用的红彩带，并与老太太一起将苹果两两一扎，接着高叫道："情侣苹果哟！十元一对儿！"经过的情侣们都觉得新鲜，用红彩带扎在一起的一对儿苹果看起来的确很有情趣，因而很多人都买。不一会儿，苹果全都卖光了。老太太对教授感激不尽。

启示

这是一个成功进行目标市场定位营销的案例。市场营销首先要分清众多细分市场之间的差别，并从中选择一个或几个细分市场，针对这几个细分市场开发产品并制订营销组合。那位教授对大学门口来往的人群进行的市场细分可谓别出心裁，占人群比例很大的成双成对的校园情侣给了他灵感，使其觉察到情侣们将是最大的苹果需求市场，而其对产品定位更是充满巧思，用红彩带两个一扎，唤为"情侣苹果"，对情侣非常具有吸引力。

谈判

有一天，沙漠与海洋谈判。沙漠说："我太干，干得连一条小溪都没有，你却水太多，汪洋一片。不如我们交换吧。""好啊，"海洋欣然同意，"我欢迎沙漠来填补海洋，但是我已经有沙滩了，所以只要土，不要沙。""我也欢迎海洋来滋润沙漠，"沙漠说，"可是盐太咸了，所以只要水，不要盐。"

启示

有的谈判，看起来非常理想，却永远谈不成。

对比销售

中国有句俗话："不比不知道，一比吓一跳。"有比较才有鉴别。把这种理论应用到经营领域，往往能起到良好的促销效果。

重庆北碚有一家商店，引进了两种不同型号、质量相差无几、价钱一样的电子游戏机，可是摆在柜台上却很少有人光顾。该店新上任的女经理便在标价上出了个好主意，把体积小的那种游戏机的标价，从80元提到160元；体积大的游戏机的标价不变。

俗话说："百货送百客。"有人看到体积大且价格便宜的游戏机并不比标价高的游戏机质量差，以为捡到了便宜，机会难得，毫不犹豫将其买下。一些有派头的人，看到体积小的游戏机，价格反比体积大的游戏机贵80元，以为遇到了"真货"，慷慨解囊，趁游戏机盛行之时，送给上司的宝贝儿子。很快，几千台两种型号的游戏机被抢购一空。

没改变价格前，两种游戏机都卖不出去，有意提高小型号游戏机的价格，使两种游戏机的价格形成强烈的对比，迎合了顾客的购买心理，却收到了良好的效果。

日本小汽车投放到国际市场之初，美国、德国的小汽车已在国际市场称霸。面对实力雄厚的对手，善于钻研的日本人打起了低价对比销售的战术。

当时，一向自负的美国人根本没把巴掌大的日本放在眼里，当日本人带着日本小汽车到美国游说时，美国人嘲笑日本人就知道模仿，不会有什么新花样。日本人并不动怒，反而降低小汽车的价格，以不亏本为准，劝说美国人试着买、试着用。不管在多么傲气的国度，总有不少爱占便宜的人。傲气冲天的美国人看到比同类产品便宜大半的日本小汽车时，开始主动购买。几年后，美国人发现日本车比美国车价格便宜，但性能质量并不比美国车差，因此日本产品日益赢得了美国人的信任，日本人见占领美国市场的时机已到，便耐心地向美国人介绍自己的小汽车，劝说美国人放弃自己的产品，用更少的钱买日本货。日本车终于打入了美国市场，并取得了不俗的销量。

启示

对比销售，既可以与自己的产品相对比，也可以与竞争的对手的产品相对比。尤其是在开发空白市场的时候，价格是一个关键因素，有时候需要采用低价位进入，首先赢得顾客的信任。

农民经纪人王家福

山旮旯村过去一直比较穷，30岁了还找不着对象的小伙子有好几个。读过些私塾，已经60岁的农民王家福心里很着急。一次，他去城里串门，听人说城里几家大饭店都要山里的野味，给的价钱还挺高。于是，他就在亲戚的帮助下找了几家饭店老板谈了一回，饭店老板都说要看看样品。王老汉回村跟大家一说，人们就行动起来了。从此，山旮旯村的山货野味就都找到了买主。大家的日子也好过些了。为了保证供应、增加收入，王老汉又动员大伙把野菜进行加工，把人参种到森林里，把蘑菇种到烂树桩上，这样种出来的人参和蘑菇比大棚里的品质好，也能卖个好价钱。夏天，他又去和大饭店里的老板商量，请他们的员工来村里消夏。冬天，再请他们饭店的客人来村里坐冰爬犁。王老汉为人随和，会说话，办事有板有眼，很实在。经他牵线搭桥，山里人眼界宽了，挣钱的路子也逐渐多了。山旮旯村渐渐成了小康村。

启示　有时候，只需要把事实加以传递就行了。

10 块钱买 1 张名片

秘书恭敬地把名片交给董事长，就像预期的那样，董事长厌烦地把名片丢回去，“又来了！”很无奈地，秘书把名片退给站在门外的业务员，业务员不以为然地再把名片递给秘书。

“没关系，我下次再来拜访，所以还是请董事长留下名片。”

拗不过业务员的坚持，秘书只好硬着头皮再次进入办公室。董事长发怒了，将名片一撕两半，丢给秘书。

秘书不知所措地愣在当场，董事长从口袋拿出 10 块钱递给秘书：“10 块钱买他 1 张名片，够了吧！”

岂知当秘书递还给业务员名片与钞票后，业务员很开心地高声说：“请你跟董事长说，10 块钱可以买 2 张我的名片，我还欠他 1 张。”随即再掏出 1 张名片交给秘书。

突然，办公室里传来一阵大笑，董事长走了出来，“不跟这样的业务员谈生意，我还跟谁谈？”

启示　锲而不舍加上灵活应变是人生成功的秘诀。

驼鹿与防毒面具

有一个推销员，以能够卖出任何东西而出名。他曾经卖给过牙医一支牙刷，卖给过面包师一个面包，卖给过盲人一台电视机。但他的朋友对他说：“只有卖给驼鹿一个防毒面具，你才算是一个优秀的推销员。”

于是，这位推销员不远千里来到北方，那里是一片只有驼鹿居住的森林。“您好！”他对遇到的第一只驼鹿说，您一定需要一个防毒面具。

“这里的空气很清新，我要它干什么！”驼鹿说。

“现在每个人都有一个防毒面具。”

“真遗憾，可我并不需要。”

“过一阵子，”推销员说，“您一定会需要一个。”接下来他便在驼鹿居住的林地中央建造了一座工厂。“你真是发疯了！”他的朋友说。“你不懂。我只是想卖给驼鹿一个防毒面具。”

当工厂建成后，许多有毒的废气从大烟囱中滚滚而出，过了不久，驼鹿就来到推销员处对他说：“现在我需要一个防毒面具了。”推销员便卖给了驼鹿一个。

驼鹿说：“别的驼鹿现在也需要防毒面具，你还有吗？”

“你真走运，我还有成千上万个。”“可是你的工厂里生产什么呢？”驼鹿好奇地问。

“防毒面具。”推销员兴奋而又简洁地回答。

启示

需求有时候是制造出来的，解决矛盾的高手往往也会先制造出矛盾。

永远替客户着想

有一次，美国大思想家爱默生与独生子欲将牛牵回牛棚，两人一前一后使尽所有力气，也无法将牛牵进去。家中女佣见两个大男人满头大汗，徒劳无功，便上前帮忙，她仅拿了一些草让牛悠闲地嚼食，并一路喂它，很顺利就将牛引进了牛棚里，剩下两个大男人站在那里目瞪口呆。

当我们向客户推销业务时，要对客户说他们想听的话，而不是你自己想说的话。

启示

要知道客户需要的是什么，然后针对其需要，说些他们想听的建议和利益，而不是硬向客户推销你想卖出去的产品。记住，钓鱼时用的鱼饵，不是你喜欢吃的东西，而是鱼最喜欢吃的食物。你与客户交谈沟通时，勿忘“投其所好”。请思考：客户最关心的是什么？你将如何满足他的需要？

感谢你的敌人

一位动物学家对生活在非洲大草原某条河两岸的羚羊群进行过研究。他发现东岸羚羊群的繁殖能力比西岸的强，奔跑速度也不一样，每分钟要比西岸的快 13 米。

对这些差别，这位动物学家曾百思不得其解，因为这些羚羊的生存环境和属类都相同，食物来源也一样，全以一种叫莺萝的牧草为主。

有一年，他在动物保护协会的协助下，在东西两岸各捉了 10 只羚羊，把它们送往对岸。结果，运到西岸的 10 只羚羊，一年后繁殖到 14 只，运到东岸的 10 只只剩下 3 只，那 7 只全被狼吃了。

动物学家终于明白了，东岸的羚羊之所以强健，是因为在它们附近生活着一个狼群，西岸的羚羊之所以弱小，是因为缺少这么一群天敌。

启示　没有天敌的动物往往是最先灭绝的，有天敌的动物种群则会逐步繁衍壮大。大自然中的这一现象在人类社会也同样存在。没有竞争对手的营销者就不会进行创新。

农夫和商人

拿破仑的军队从莫斯科撤走后，农夫和商人在街上寻找财物。他们发现了一大堆未被烧焦的羊毛，两个人就各分了一半捆在自己的背上。

归途中，他们又发现了一些布匹，农夫将身上沉重的羊毛扔掉，选些自己扛得动的较好的布匹。贪婪的商人将农夫所丢下的羊毛和剩余的布匹统统捡起来，重负让他气喘吁吁、缓缓前行。

走了不远，他们又发现了一些银质餐具，农夫将布匹扔掉，捡了些较好的银器背上。背着沉重的羊毛和布匹的商人因无法弯腰，未能拿到银器。

忽然，天降大雨，饥寒交迫的商人身上的羊毛和布匹被雨水淋湿了，他摔倒在泥泞当中；而农夫却一身轻松地迎着凉爽的雨回家了，他变卖了银餐具，生活富足了起来。

启示　没有一个人可以获得所有的财富，适当放弃有可能会获得更大的市场。

老鼠和狗

一群老鼠爬上桌子准备偷肉吃，却惊动了睡在桌边的狗。老鼠们同狗商量，说："你要是不声张，我们可以弄几块肉给你，咱们共享美味。"

狗拒绝了老鼠们的建议："你们想得美！要是主人发现肉少了，一定怀疑是我偷吃的，到那时我免不了挨一顿毒打。"

启示　不要与企图打倒自己的对手讲和，当他们给你一点利益的时候，你也许就失去了更大的利益。

青蛙与老鼠

一只青蛙看着自己的老鼠邻居很不顺眼，总想找个机会教训教训它。

一天，青蛙想打倒老鼠，便劝它到水里玩。老鼠不敢，青蛙说有办法保证它的安全——用一根绳子把它们连在一起。老鼠终于同意一试。

下了水，青蛙大显神威，它时而游得飞快，时而潜入水底，把老鼠折腾得死去活来。老鼠最后被灌了一肚子水，泡胀了漂在水面上。

空中飞过的鹞子正在寻找食物，发现了漂浮的老鼠，就一把抓了起来，绳子把青蛙也带了出来。吃掉老鼠后，意犹未尽的鹞子把嘴又伸向青蛙。在被鹞子吃掉之前，青蛙后悔地说："没想到我把自己也给害了。"

启示

竞争是有规则的，当我们采取了不正当的手段对付竞争对手的时候，也许我们自己已经也踏入失败的大门。

天使与魔鬼

王子满 18 岁那天，收到国王赐的礼物：一辆精美的马车及两匹俊秀的小马。

王子非常喜欢两匹小马，问父王："它们叫什么名字？"

国王笑着说："这个叫天使，那个叫魔鬼。"

王子驾了圈车回来，又问父王："为什么给它们取这样两个名字呢？"

国王望着年轻的儿子，柔声回答道："孩子，将来你是要做国王的。我要让你明白，你需要天使为你服务，也需要魔鬼为你效劳。因为很多时候，好人对付不了坏人。古人云：'无德必亡，唯德必危'就是这个道理。"

启示

要想做好营销管理工作，我们既要以正面迎敌，也要以奇取胜。

对手

美洲虎是一种濒临灭绝的动物，其中有一只生活在秘鲁的国家动物园。

为保护这只虎，秘鲁人从大自然里单独圈出 1500 英亩（1 英亩约等于 4046.86 平方米）的山地修了虎园，让它自由生活。参观过虎园的人都说，这儿真是虎的天堂，里面有山有水，山上花木葱茏，山下溪水潺潺。还有成群结队的牛、羊、兔供老虎享用。奇怪的是，没有人见这只老虎捕捉过猎物（它只吃管理员送来的肉食），也没见它威风凛凛地从山上冲下来。它常躺在装有空调的虎房，吃了睡，睡了吃。

一些市民说它太孤独了。一只没有爱情、没有伴侣的老虎，怎么能有精神呢？于是大家自愿集资，又通过外交渠道，与哥伦比亚和巴拉圭达成协议，定期租雌虎来陪它生活。

然而，这项人道主义之举，并未带来多大改观，那只美洲虎最多陪“女友”走出虎房，到阳光下站一站，不久又回到它躺卧的地方。人们不知道它还有什么不满足的地方。

一天，一位来此参观的市民说，它怎么能不懒洋洋呢？虎是林中之王，你们放一群只吃草的小动物，能提起它的兴趣吗？这么大的虎园，不弄几只狼来，至少也得放几条豺吧？虎园领导觉得有理，就捉了 3 只豺投进虎园。

这一招儿果然灵验，自从 3 只豺进了虎园，美洲虎不再睡懒觉，也很少回虎房。它时而站在山顶引颈长啸，时而冲下山来，雄赳赳地满园巡逻，时而冲到豺面前，放肆地挑衅。没多久，它还让一只来自巴拉圭的雌虎下了一只小虎崽。

启示

一只没有对手的动物，一定是死气沉沉的动物。一个没有竞争意识的民族必定成为一个不思进取的民族。同样，一个人、一个团体、一个组织如果没有了对手，也可能会走向懈怠和没落。

仔细计算你工作的回报

如果你发现地上有 5 张钞票，在没有任何顾虑的情况下，你会捡几张？相信绝大多数的人都会捡 5 张。但是在工作的报酬上我们却常常只拿一张、两张，很少有人照单全收，这岂不可惜？一般人只重视工作待遇，往往在斤斤计较于薪水时忽略了其他应得的报酬，比如说：

认识朋友，改善人际关系；

充实自我，开拓生活领域；

加强工作能力，提升自身附加价值；

肯定自我，享受自我实现的满足感。

而这些无形报酬的价值与重要性，却往往远高于有形的收入。我们是否应该重新认识一下我们的工作报酬？

启示

在计较薪水的同时，请仔细计算一下你全部的工作报酬！

35 次紧急电话

那是在日本东京奥达克余百货公司的一天下午，售货员彬彬有礼地接待了一位来买唱机的美国女顾客。售货员为她挑了一台未启封的“索尼”牌唱机。事后，售货员清理商品时发现，他错将一个空心唱机货样卖给了那位美国女顾客。于是，售货员立即向公司警卫做了报告。警卫四处寻找那位女顾客，但不见踪影。经理接到报告后，觉得事关顾客利益和公司信誉，马上召集有关人员研究。当时只知道那位女顾客叫基泰丝，是一位美国记者，还有她留下的一张“美国快递公司”的名片。根据这仅有的线索，奥达克余公司公关部连夜开始了一连串接近于大海捞针的寻找。先是打电话，向东京各大旅馆查询，毫无结果。后来又打国际长途，向纽约的“美国快递公司”总部查问，深夜接到回话，得知基泰丝父母在美国的电话号码，接着，又给美国打国际长途，找到了基泰丝的父母，进而打听到基泰丝在东京的住址和电话号码。几个人忙了一夜，总共打了35个紧急电话。

第二天一早，奥达克余公司给基泰丝打了道歉电话。几十分钟后，奥达克余公司的副经理和提着大皮箱的公关人员，乘着一辆小轿车赶到基泰丝的住处。两人进了客厅，见到基泰丝就深深鞠躬，表示歉意。除了送来一台新的合格的“索尼”唱机外，又加送了著名唱片一张、蛋糕一盒和毛巾一套。接着副经理打开记事簿，宣读了怎样通宵达旦查询基泰丝住址及电话号码，及时纠正这一失误的全部记录。

这时，基泰丝深受感动。她说自己购买这台唱机，是准备作为礼物，送给东京外婆家的。回到住所后，她打开唱机试用时发现，唱机没有装机芯，根本不能用。当时，她火冒三丈，觉得自己上当受骗了，立即写了一篇题为《笑脸背后的真面目》的批评稿，准备第二天一早就到奥达克余公司兴师问罪。没想到，奥达克余公司纠正失误如同救火，为了一台唱片机，花费了这么多的精力。这种做法，使基泰丝深感敬佩。她撕掉了批评稿，重写了一篇题为《35次紧急电话》的特写稿。

《35次紧急电话》稿件见报后，反响强烈，奥达克余公司因一心为顾客而声名鹊起，门庭若市。后来，这个故事被美国公共关系协会推荐为世界性公共关系的典范案例。

启示　做生意，就要真诚地对待顾客。

搭桥与拆桥

李四为人挺好，能力也佳，却总是官途不顺。他自己也纳闷：“有人跟领导搞不好关系，所以才不被提拔，我跟领导关系倒是不错，怎么也不起作用呢？”

星期天，他正烦着，见儿子和同学下跳棋，就凑过去解闷。儿子总是输，于是他帮儿子出主意：“你不会给自己多搭几座桥吗？”

搭桥是下跳棋的一种捷径，每搭一座桥，就可以连跳好几步，事半功倍。见儿子棋艺大有起色，李四得意洋洋地就势教导儿子：“生活就跟下棋一个道理，学会给自己多搭几座桥，多寻求一些帮助和捷径，路才好走。”儿子连连点头。

儿子的同学笑而不语，只移动两个棋子，就把儿子刚设好的棋路给堵死了。形势急转直下，儿子又输了。

儿子的同学得意地说：“看到了吧，这就叫拆桥！桥搭得再好，碰上一个拆桥的，你就输定了。所以，要赢棋不但要搭桥，还要防着别人拆桥，这才能走得比别人快呀！”

李四怔住了，接着大悟。半年后，李四官途畅通，势如破竹，无人能阻。

启示　为官如此，做销售也是一样，可能我们刚建立好与顾客的联系渠道马上就被我们的竞争对手破坏了。要时刻防备竞争对手拆桥。

猫虎理论

山里来了一只狼，狼饿了，找食吃，见到了一群猫。

这么多猫，把狼吓了一跳，可狼实在饿了，就壮着胆子向一只猫下了手，猫虽然挣扎，也没有用，其他猫也没有给予帮助，那猫被狼吃了。狼很得意，于是每天吃一只猫，把这群猫都给吃完了。

狼吃完了猫，又四处觅食，走了很远。正当饥饿时，又看到一只“大猫”，这下狼高兴了，心想，虽然这次只有一只，可个头很大，吃一只就能管好几天，于是冲上去就咬。结果这只“猫”不但气力大，也很凶猛，反过来把狼打倒在地，并吃掉了。

狼至死也不明白，这只貌似猫的东西原来是老虎。大猫非猫，一只大老虎的力量大过一群猫。

启示　动物界的竞争和人类的竞争是很相似的，在营销活动中，分散力量、分兵作战是许多企业采取的营销措施，但是一旦竞争对手采取各个击破的办法，企业就很难抵挡住。如果集合营销力量形成团队作战，那么企业将是一只人见人畏的老虎，而不是一群猫。

杜拉克的工作

世界知名的管理顾问大师彼得·杜拉克在从事诊断顾问工作时，情形总是这样的：

双方坐定之后，雇主总会提出一大堆难题向杜拉克请教。杜拉克会抛开这些问题，然后问客户说：

“你最想做的事是什么呢？”

“你为什么要去做呢？”

“你现在正在做什么事呢？”

“你为什么要这样做呢？”

杜拉克不替客户“解决问题”，而是替客户“界定问题”。他改变客户所问的问题，提出一连串问题反问客户，目的是帮助客户认清问题、找出问题，然后让客户自己动手去解决那个最需要处理的问题。

启示 许多人在做营销的时候，遇到难题总是盼望营销大师给予指导，希望找到捷径。营销大师的营销理论大家都知道，但是为什么大家没有做到呢？其实，学会界定问题、分析问题的方法远比知道深奥的理论要难得多。

狮子、熊和狐狸

饥饿的狮子和熊同时抓到一只羊，谁都想得到这只羊，于是狮子和熊就凶狠地打了起来。经过一场苦斗，双方都受了重伤，有气无力地躺在地上。狐狸早已躲在远处坐山观虎斗，一见它们两败俱伤，都直挺挺地躺在地上，便跑过去把躺在它们之间的羊抢了去。伤势严重的狮子和熊眼睁睁地看着狐狸抢走了羊，却毫无办法。熊后悔地说：“我们真不应该呀！咱俩斗得你死我活，让狐狸得到了好处。”狮子说：“早知这样不如各分一半呢。”

启示 在这个竞争激烈的市场，企业每获得一点市场份额都需要与竞争对手进行激烈的争夺。但是市场中同样会有其他竞争对手时时窥视着，所以，战略联盟是保持市场份额的有效办法。

关键性的临门一脚

一位业务顾问帮原一平写了一封介绍信，要他去见一个生产男性用品公司的董事长，可是无论他什么时候去拜访，那位董事长不是外出不在，就是有急事外出，总是无法见到他本人。原一平想尽办法调查他经常外出的时间和预定回家时间，也曾在他家门前等候，或看准时间去敲他家的门，但每次所见到的总是那位好像退隐在家，安度晚年的老人。那位老人回答时总是千篇一律：“董事长还没回来，请你改天再来。”“请问他早晨什么时候出门？”“很难说，我也搞不清楚他什么时候出门。”

无论原一平如何旁敲侧击，都被老人敷衍过去，始终未能如愿见董事长一面。就这样一次又一次地敲门询问，原一平居然在4年内空跑了71次。有一次，他拜访另一位酒类批发商时，对方告诉他：“那个人就是你找了4年的董事长。”原一平气冲冲地赶回那个令他伤心欲绝的地方，准备再做一次成功的出击。

那老人如出一辙的回答，令原一平很生气：“你说什么？你明明就是董事长，为何老是骗我？害我白跑了71趟。”“谁不知道你是来卖保险的？”老人回答。“活见鬼，我要是求你这种一只脚已经踏进棺材的人投保，我就不叫原一平！”“什么，你说我没有资格投保？”就这样针锋相对，原一平以激将法赢得第一回合的胜利。虽然董事长由于身体状况稍差而被拒绝投保，但他全家以及全公司的员工都成了原一平的客户，原一平还打破自己所保持的最高纪录，超过自己以往的业绩5倍多。

原一平拜访72次最后一击才成功的实例，至今为人，津津乐道。

启示　人要有不达目的誓不罢休的坚定决心。

“先走后坐”的营销禅学

禅学，讲求的是“先走后坐”的哲理，也就是在平日活动中，体验深入浅出的道理，进而应用在待人处事上。

营销员的成功之道，往往也是充分运用这个“先走后坐”的禅学观念。

“先走”指的是：一日多访，人际开拓，协助他人，倾听不满，排忧解难，了解被拒之因，售后服务。

“后坐”指的是：活动记录，反省回顾，检索卡片，请教赐益，拟订策略，沙盘推演，温故知新，重新出发。

当汽车业务员苦叹业绩不佳、客户无处可觅时，业务经理命令其往楼下望去，大喝道：“下面那些开车的人，都可能是我们的客户！”

启示　平日生活，周围环境，细心品嚼，即有可得。

死守两个目标的“绝食”挑战法

一位经理从基层业务员干起，经过数年努力，才升到现在的职位，其中经历了无数辛酸与挫折。这位领导者能有今日的成就，靠的是其所秉持的一项利器——死守两个目标的“绝食”挑战法。

第一个目标是：设定每天的访问件数，每天抱着“不完成这个件数，当天就不吃晚饭”的决心，以这种坚毅的从业精神，激励自己勇往直前，义无反顾。

第二个目标是：设定每周的业绩数字，每天抱着“今天一定要做到这个业绩”的决心，给自己施加压力，努力完成自己的目标。做到这个地步才叫“我尽了力”。

百丈怀海禅师年逾60，仍无一日停下工作。在严寒酷暑时节，即使年轻的众僧尚且吃不消，而百丈禅师还是照常与众僧们一起下田干活儿，百丈年届耳顺之年，可谓年迈力衰，大家担心他体力不支，便决定把他平日用的镰刀和锄具藏起来，好让他找不到农具，这样就可以在寺中休息调养。

隔日，百丈禅师要出去劳作，遍寻工具不着，只好歇息。但他什么都不吃，独自打坐。众僧看他一连多日都不思饮食，便问他原因，他答道：“一日不做，一日不食。”

他以此晓谕众僧：日常生活的种种都是学禅，没有动，即没有禅。“先走后坐”的业务工作就是最佳体验。

启示

秉持百丈禅师“一日不做，一日不食”的工作哲学，日积月累，持之以恒，坚守两个“绝食”挑战的工作心态，用心用情，用力用命，业务目标必可如期达成。

走过的路必留下痕迹

在推销的过程中，有时第一次洽谈时，即能促成合作，有的却要多次拜访，了解客户的拒绝原因后，最后才能促成合作。有时，客户拒绝与推销成功仅一步之隔。如一被拒绝就心存“我又浪费时间了”的错误心理，只以为是个人推销记录上的又一次失败，那就错了，其实不必如此自责。

如果以另一个角度来看，将所遭遇到的拒绝事例加以汇集整理，并深究顾客心理上抗拒的原因，作为以后拒绝处理的参考，则被拒绝将不是个人工作记录上的耻辱，反而是从业人员成长的重要因素之一。

从业人员必须确立以下两种心态：

（1）虽然没有推销成功，但也达到了访问的效果。

（2）“被拒绝”可以帮助自己发掘顾客心里抗拒的原因。

长期从事推销工作，使从业人员深切了解浪费时间的意义。因为他们往往开始从事此行业时，也曾感觉浪费过时间。但有了一定的拜访经历后，他们都深深体验到，被拒绝的经验也是宝贵的，不仅不是在浪费时间，更可从被客户拒绝的经历中总结出处理拒绝的诀窍，进而提升自己的推销能力。

启示　每次拜访，都是下次成功的积累。

唯有充分活动，才有充分生机

绝处逢生的法兰克・贝吉尔有一个成功的工作信念：推销就是要主动去争取顾客，一个能力再平凡的人，只要能遵守每天认真地拜访5个客户的原则，热忱地把保险的好处与他人分享，这样就能成功了。

贝吉尔从事保险行业，第一年即拜访了1849人，有82个潜在保险户，但只成交66件。可见初入此行，一切尚在摸索中，不论是话术、知识、意志、技巧都尚未成熟，自然倍加辛苦。

后来贝吉尔的推销技巧逐渐成熟，经验日益丰富，每天拜访3个人，即有一位能够成交。

启示　推销员的两个大敌：一为偷懒（坐而不行），一为未能充分利用时间。唯有严于律己，自我管理，才能取得成功。

从业者的O.C.症

魏纳教授执教于美国太平洋大学，是美国著名的心理学家，经常上电视。

魏纳教授经过多年的临床研究，发现了一种会使人陷入恶性循环的心病，称作Ostrich Complex，简称O.C.。Ostrich就是鸵鸟，当鸵鸟被逼得无路可逃时，就把头钻进土堆中，自以为已经确保了安全。鸵鸟的这种行为与现代人常有的心理与行为模式极为相似：明知即将发生问题，也不去想任何对策，结果使问题更趋复杂化，也更难处理。

魏纳教授甚至断言：“从通用公司到全美汽车业的衰退，最大的原因是O.C.症在作怪。”

启示　患了O.C.症的人，必被当作企业的逃兵、业务的废人，将从竞争最激烈的第一线上被拉下来，默默成为人人践踩的炮灰。朋友，你愿意成为人家脚下的灰烬吗？行动起来吧，克服O.C.症，勇敢面对问题、客户，这是解决压力之道。即刻行动，就是现在。

爱她，就要让她知道

小张和小李是好朋友。有天两人在路上相遇。

小张：老朋友，我看你垂头丧气的，到底发生了什么事？

小李：唉，不要再提了。

小张：有什么烦恼，告诉我，老哥一定尽力帮你。

小李：唉，真想不到小玲答应了要嫁给别人。

小张：小玲？你爱上了她？

小李：就是嘛，就是没想到她会答应嫁给别人。

小张：那小玲爱不爱你？

小李：这我可不知道，但是我却暗恋她 4 年啦！

启示

你也许有许多销售的对象，却因缺乏勇气而迟迟没有告诉他。但是，有一天你知道他向别人买了产品，你才大喊失去机会。这不是痛失良机吗？

黄帝问路

上古时代，黄帝带领了 6 位随从到贝茨山见大傀，在半途上迷路了。他们巧遇一位放牛的牧童。

黄帝上前问道：“小童，哪条路通往贝茨山，你知道吗？”

牧童说：“知道呀！”于是便为他们指点方向。

黄帝又问：“你知道大傀住哪里吗？”

他说：“知道啊！”

黄帝吃了一惊：“看你小小年纪，好像知道得不少啊！”接着又问道：“你知道如何治国平天下吗？”

那牧童说：“知道。放牧只要去掉牛的劣性就行了，治天下不也一样吗？”

黄帝听后，非常佩服，真是后生可畏。原以为他什么都不懂，却没想到这小孩从日常生活中得来的道理，就能理解治国平天下的方法。

启示

有些在销售领域多年的“老前辈”，总喜欢倚老卖老，开口闭口用“以我十几年的经验”来否定新人，以为后辈太嫩，社会阅历不多，绝对要对他们服从。其实，“老前辈”的经验值得后辈学习，但年轻一代的新见解、

启示　新想法，不也是值得"老前辈"研究及重视的吗？正所谓：活到老，学到老。两代人的思想交流，一定可以惠及大家。

祖孙与驴

2500多年前，伊索曾讲过这么一个故事。

从前，有个老公公带着孙子，牵着一头驴，准备去市场卖掉它。走了一段路，那位老公公听到有个路人说："这俩人，放着驴不坐，真是傻啊！"二人听后觉得有点儿道理。祖孙两人便一起骑着驴，继续行程。

走了不久，又遇到一名路人，那路人指着他们说："你们真是没人性，两人压得驴要死了。"

听路人这么一说，老公公赶快下来，让孙子一人骑在驴背上，自己牵着驴步行。

过了不久，经过一间茶楼，茶楼外站着一名妇女。那妇女说道："这是什么时代啊，这个小孩这样不懂事，自己享受，让老人家走路。"

老人听了，觉得那名妇女说得很有道理，便吩咐孙子下来，让他坐上去。走着走着，来到一条热闹的街道，那里有三五个妇女对着他们指指点点："唉，这个老人怎么这样没有爱心，自己享受，让小孩受苦。"听后，老公公的脸红了："这也不是，那也不是，到底怎样才是对的呢？"

最后，祖孙二人向人们借了一条大绳与一根长棍，将驴四脚绑上，抬到市场去了！

启示　有许多人对推销行业有所误解，或一知半解。身为一名推销人员，我们必须对自己所在的行业有正确的看法和做法。有时，我们无法避免他人的批评或劝告，但我们是无法取悦每一个人的，否则将失去了方向，迷失了自己。

一字千金

战国时期，盛行一种"养士"的风气，有权势的人都喜欢招揽各种人才，把他们养在家中，随时为自己效力。这些投靠权贵的人被称为"门客"。

当时秦国的相国（官名，相当于后来的宰相）吕不韦也养了3000门客。这么多门客之中，各个阶层、各种经历的人都有。吕不韦为抬高自己的名声，叫他们收集众说并编写了一本书，名为《吕氏春秋》。在这本书里，天文地理，风土人情，古今治乱都写到了。

书写好后，吕不韦下令把书挂在咸阳的城门上，同时宣告：有谁能够增加或者减少这本书的任何一个字，相国赏他千金。

几天过去了，始终没有一个人提出这本书的不足之处。

《吕氏春秋》真的完美到无法增减一个字吗？不是的。只不过由于吕不韦当时是权势显赫的相国，这本书又是他立意要标榜自己，用“吕氏”名义写成的，人们即使有意见也不敢提出来。

启示

后来，后人将“一字千金”用来形容史辞精妙，文章价值很高，一字一句颇有分量。在我们推销的过程中，应认真准备，力求表达得精炼准确，以达到最佳的效果。

鸭子过河

从前，有个年轻人骑马到处游玩。有一天，他来到一条小河边，想涉河而过，但看到河水流得很急，担心河水太深，马会被淹死。

在犹豫不决时，他看到小河对面有个小孩在玩泥沙。

他便大声问那小孩：“小孩，这河深不深？我的马可以过去吗？”

那个小孩望望马后，便说：“不深，不深，马可以过河，没有问题的。”

听后，那年轻人便跳上马背，骑马过河了。岂知，走到河中间，河水已淹过马背，剩下马头，他惊慌不已，连忙上岸。

那个年轻人的衣服全湿了，很生气地责骂那个小孩，以为他讲假话。那个小孩听后回答说：“我家的鸭子每天清晨都在河上游来游去，它们的小腿这么短，都没问题，而你的马这么高大，怎么会过不了呢！”

启示

当我们面对疑问时，必须要去请教在那方面有专长的人，因为只有他们才可以提供一个比较全面且实际的看法，绝对不要去问门外汉。门外汉似懂非懂，往往会像那个小孩一样，根据个人推理而给我们“指点迷津”，最终让我们事倍功半。

非洲土人穿鞋子

美国一鞋厂老板派一名市场经理到非洲一个孤岛上做市场调查。那名市场经理一抵达，就发现当地人都没有穿鞋子的习惯，回到旅馆，他马上发电报告诉老板说：“这里的居民从不穿鞋，此地无市场。”

老板接到电报后，思考良久，便吩咐另一名市场经理去实地调查。当这名市场经理一见到当地人们赤足，没穿任何鞋子的时候，心中兴奋万分，一回到旅馆，马上电告老板："此岛居民无鞋穿，市场潜力巨大，快寄一万双鞋子过来。"

启示　面对同样的境况，不同的人有不同的观点与结论。其实，当我们经常往坏的方面去想的时候，我们将错失许多"成功的机会"。相反地，我们一直往好的、积极的方面去思考的话，我们就会挖掘出许多令人意想不到的机会，即使是危机也可能藏着一线生机。

旧鞋的故事

有个生活非常潦倒的销售员，每天都埋怨自己怀才不遇。

圣诞节前夕，家家户户张灯结彩，充满气氛。他坐在公园里的一张椅子上，开始回顾往事。去年的今天，他是孤单一人，以醉酒度过圣诞节的，没有新衣，也没有新鞋子，更别谈新车新房了。

"唉！今年我又要穿着这双旧鞋子度过圣诞了！"说着就准备脱掉正穿着的旧鞋子。

这个时候，他看见一个年轻人自己滑着轮椅走过，他立即顿悟：

"我有鞋子穿是多么幸福的事！他连穿鞋子的机会都没有啊！"

那天过后，这名推销员发奋图强，力争上游。终于，他成了一名百万富翁。

启示　环顾四周，我们会发觉社会上有许多天生残疾或后天残疾的人，他们对生活充满信心，从不埋怨上天对他们不公平或乞求他人救济，反而自立自强，脱颖而出，成为成功人士。看看他们，想想自己，有时我们会觉得很惭愧。我们生来五官端正，手脚不缺，为什么不能享受目前的生活，追求更美好的人生呢?

天下没有免费的午餐

从前，有一位爱民如子的国王，在他的英明领导下，人们丰衣足食，安居乐业，但深谋远虑的国王却担心在他死后，人民无法继续幸福生活下去。于是，他召集了国内的有识之士，命令他们找到一个能确保人民生活幸福的永世法则。

3个月后，这些学者把3本厚厚的帛书呈给国王，说："国王陛下，天下的知识都汇集在这3本书内，只要人们读完它，就能确保他们的生活无忧了。"国王不以为然，因为他认为人们不会花那么多时间来看书。所以他再命令这些学者继续钻研。两个月后，学者们把 3 本书浓缩成 1 本。国王还是不满意。一个月后，学者们把一张纸呈给国王。国王看后非常满意地说："很好，只要我的子民在日后真正奉行这宝贵的智慧，我相信他们一定能过上富裕幸福的生活。"说完重重地奖赏了这些学者。

原来这张纸上只写了一句话："天下没有免费的午餐。"

启示

大多数的人都想快速发达，但是却不明白做一切事都必须老老实实地努力才能有所成就。做企业也是如此，只要放弃投机取巧的心态，实实在在地建立顾客网及组织，成功必定离你不远。只要还存有一点儿取巧、碰运气的心态，你就很难全力以赴。不要梦想天降横财，这种一夜之间发达的梦想，是人们努力的绊脚石。记住：天下没有免费的午餐！

言多必失

梦玲与一位心目中的白马王子小张共坠爱河。有一天奉父母之命把男友请回家中吃饭，两位老人对小张的外表与言谈举止都非常满意。但他们认为唯一美中不足的是小张是一个无宗教信仰的人。最后家人决定向他阐释佛教的好处，于是，小张开始对佛教产生了兴趣。

不久，两家定下良辰吉日，准备操办喜事了。然而，有一天晚上梦玲从外面回家后哭着要妈妈通知亲友取消婚宴，并把亲友们送来的礼物一一退还。父母吃了一惊，说："怎么啦，你们是天生一对呀！"

梦玲哭得更伤心了，说："他已经出家当和尚了。"

启示

在介绍产品时，必须注意对方的反应，一旦对方已经感兴趣时就应当成交，不要再长篇大论。记住，过度推销往往让煮熟的鸭子也飞跑了。

成道

诗人白居易为了得到更高深的学问，到处向人请教，但仍不能满足他强烈的求知欲。

有一天，他听说有一位得道禅师，学问非常高深，于是不惜千里跋涉去求见，好不容易见到了禅师，便虚心地问："师父，请告诉我如何才能得道？"禅师回答："诸恶莫做，众善奉行。"白居易不解地问："这连 3 岁小孩也知道呀，怎能说是道呢？"禅师回答："3 岁小孩也知道，但 80 岁老翁也难奉行啊！"

启示　人人都想成功，但是真正成功的人却不多。不要问成功有没有我的份，只要决心按照成功的原则去做，你必定是成功者中间的一个。

凡事需要付出代价

“聪明”的小男孩问上帝：“10000年对你来说有多长？”上帝回答说：“像一分钟。”小男孩又问上帝说：“100万元对你来说有多少？”上帝回答说：“像一元。”小男孩再问上帝说：“那你能给我100万元吗？”上帝回答说：“当然可以，只要你给我一分钟。”

启示　任何事情都不是唾手可得的，是需要付出时间和代价的。要想通过投资获利，就需要有投资的毅力、耐心。

狮子和农场主

狮子偶然闯进了农场，农场主想捉住它，于是关上了农场大门，将狮子困在里面。无路可逃的狮子咬死了许多羊，又扑向牛群一阵乱咬。农场主开始害怕，他担心狮子会来咬他自己，于是打开门放走了狮子。

望着满地被狮子咬死的牛羊，农场十分心疼自己的损失。他的妻子对他说：“这都是你自找的，平时听见狮子吼你都会吓得发抖，这回却要把狮子关在自己的农场里，以你的胆子，这么做可能成功吗？”

启示　不做超出自己能力的事情，否则造成的损失只能由自己来承担。

梭鱼和猫

牙齿锋利的梭鱼有天突发奇想，要学会猫的一套手艺，它请猫带它到仓库里捉老鼠去。

“什么？亲爱的朋友，”猫对梭鱼说，“你可懂得这门手艺？”

“捉老鼠有什么稀奇，我们在海里连小鲈鱼也常常捉呢。”

“那好吧！不过你可别说我没有警告你。”于是它们到仓库里去了，大家埋伏起来。

猫一会儿就捉到一只老鼠，等猫把老鼠玩够了，吃得饱饱的，才想起梭鱼朋友。

可怜的梭鱼张着嘴巴躺在那里，尾巴也已经被老鼠咬掉，只差一口气了。

启示　外行人不做内行人的事。但是在市场中有许多企业，觉得在原来的行业中自己已经做得很好了，应该到别的行业中寻找新的商机，但是并没有具备在这个行业中竞争的核心竞争力，结果是大败而归。

专修皇冠兼拔虎掌刺的铁匠

有一位铁匠平日总是挑着担子巡回乡里，为村民修补器具，因为他的手工精巧，心地善良，价格又公道，所以生意一直很不错，养活全家绰绰有余。

有一天，铁匠照例挑着担子走在大路上，希望揽些生意。忽然间，听到皇上的御车即将经过的消息，他赶紧闪开并跪在路边，希望能瞻仰天子的圣颜。

没想到马车声并未如预期消失在远方，铁匠好奇地抬头一看，当他看到御车停在他面前时，吓得跪在地上猛磕头。

原来，当皇上经过铁匠时，看到搁在他身旁的担子，认为他应该是名工匠，而恰巧皇冠因为车子的强烈震动而有些松脱了，所以才要他修理。

铁匠跪在地上将皇冠修好，皇上看到他精巧的手艺之后，很是满意，于是铁匠得到了 100 两银子的赏赐。

铁匠兴奋地从小路往家跑，却看见一只猛虎堵在小路出口。铁匠非常害怕，但等他仔细一瞧，发现这只猛虎似乎并无恶意，它高举一只前掌，面露痛苦的表情。

铁匠大胆地走上前一瞧，发现老虎的掌心被一根竹刺扎在肉里。他急忙取出工具，将竹刺拔了出来，老虎为了报答铁匠，还特地衔来一头死鹿。

这位铁匠得意非凡，从此不再巡回乡里为人修补，而在自己家门口挂起招牌，招牌上写道：专修皇冠兼拔虎掌刺。

从此，铁匠的生意越来越少，无法养活全家了。

启示　拿偶然的机遇当成一生生存的基础，不踏踏实实地工作，是很多人会犯的错误。市场中许多企业可能是依靠一些独特的机遇发展起来的，但是机遇不是每天都有，只有依靠培育竞争能力和资源，顺应市场环境的变化，准确定位目标顾客，企业才有生存的空间。

石头

很久以前，有一座山，山上有很多石头。一场暴风雨过后，这些石头慢慢滑下山坡。其中有两块大石头也在向下缓缓地滑行，它们彼此发现了对方，慢慢地拥抱在一起。但是它们非但没有停下来，反而下滑得更快了。

启示　低迷时期，企业希望通过并购、联合，减缓业务的下滑趋势，却经常因为并购之后增加的种种困难，反而加快了下滑的速度，给双方带来灭顶之灾。所以，CEO们经常被告诫：低迷时期，企业应该减员增效，勒紧腰带渡过难关。并购之险如同水火。调查显示，只有20%的CEO表示可能在行业低迷时进行并购，而50%的CEO则彻底否认了这一做法的可能性。

鸟的寓言

对于一只鸟，一只飞得很高的鸟，它一定不会在乎翅膀下面的山有多高，更不会关心这座山是不是比另外一座高，因为那没有意义。它在乎的只是距离目的地还有多远。太阳从上面照下来，将鸟的影子投向大地，那些行走的人们便错将影子当成鸟，于是他们的眼中“鸟”在翻山越岭，不同的只是有点随心所欲、不辨道路，一不小心甚至还掉下了山崖。人们哪里知道，就在他们议论纷纷的时候，鸟早就飞过去了。

启示　一个有志向的人，可能会面临很多困难，甚至被周围人议论讥笑。但是最终的胜利往往属于他们。

揭露材料

一群饿狼正在攻击一头雄狮，狮子被它们围在中间。饿狼们拼命地嚎叫，但是没有一只狼敢带头先下手。

这只雄狮刚从午睡中惊醒，说道：“这群狼对我真是很有帮助，直到今天我才知道自己的味道十分鲜美。”

启示　一个人、一个企业是很难真正认识自己的，只有竞争对手才是最好的镜子。企业营销方案的好坏也往往能从竞争对手身上找到答案。

两辆中巴

家门口有一条汽车线路，是从小港口开往火车站的。不知是因为线路短，还是沿途人少的缘故，客运公司仅安排两辆中巴来回对开。开 101 号的是一对夫妇，开 102 号的是另一对夫妇。

坐车的大多是一些船民，由于他们长期在水上生活，因此，一进城往往是拖家带口。

101 号的女主人很少让船民给孩子买票，即使是一对夫妇带几个孩子，她也熟视无睹，只要求大人买两张成人票。有的船民过意不去，执意要给大点儿的孩子买票，她就笑着对船民的孩子说："下次给带个小河蚌来，好吗？这次让你免费坐车。"

102 号的女主人恰恰相反，只要有带孩子的，大一点儿的要全票，小一点儿的也得买半票。她总是说："这车是承包的，每月要向客运公司交很多钱，哪个月不交足，马上就干不下去了。"

人们也理解，几个人掏几张票的钱，因此，每次也都相安无事。

不过，3 个月后，门口的 102 号中巴不见了，听说停开了。

启示 忠诚的顾客是靠感情培养出来的，企业也同样是靠一点一滴的优惠获得顾客的忠诚的。当我们固执地执行我们的销售政策的时候，我们放走了多少忠诚的顾客呢？

每桶 4 美元

从前，在美国标准石油公司里，有一位小职员叫阿基勃特。他在远行住旅馆的时候，总是在自己签名的下方，写上"每桶 4 美元的标准石油"字样，在书信及收据上也不例外，签了名，就一定会写上那几个字。他因此被同事叫作"每桶 4 美元"，而他的真名倒没有人叫了。

公司董事长洛克菲勒知道这件事后说："竟有职员如此努力宣扬公司的声誉，我要见见他。"于是邀请阿基勃特共进晚餐。

后来，洛克菲勒卸任，阿基勃特成了第二任董事长。

启示 很多事情是大家都可以做到的，但是往往只有少数的人去做，他们坚定不移，乐此不疲。只有坚持去做，才能成功。

两家小店

有两家卖粥的小店。左边这个和右边那个每天的顾客数量相差不多，都是川流不息，人进人出的。然而晚上结算的时候，左边这个总是比右边那个多出百十元来。天天如此。

于是，我走进了右边那个粥店。服务员微笑着把我迎进去，给我盛好一碗粥。问我："加不加鸡蛋？"我说加。于是她给我加了一个鸡蛋。每进来一个顾客，服务员都要问一句："加不加鸡蛋？"也有说加的，也有说不加的，大概各占一半。我又走进左边那个小店。服务员同样微笑着把我迎进去，给我盛好一碗粥。问我："加一个鸡蛋，还是加两个鸡蛋？"我笑了，说："加一个。"再进来一个顾客，服务员又问一句："加一个鸡蛋，还是加两个鸡蛋？"爱吃鸡蛋的就要求加两个，不爱吃的就要求加一个。也有要求不加的，但是很少。一天下来，左边这个小店就要比右边那个多卖出很多鸡蛋。当然收入多也就不足为奇了。

启示　销售不仅仅是方法问题，更多的是对消费心理的理解。

宋人的秘方

古时宋国有一族人善于制造一种药，这种药冬天擦在皮肤上，可使皮肤不会干裂，不生冻疮。这一族人靠这个秘方，世世代代做漂染布匹的生意，日子倒也过得充足殷实。

后来有个卖布的商人知道了此事，就出重金买下了这个秘方。

当时吴越两国是世仇，不断交兵打仗。这个商人便将秘方献给吴王，并说明在军事上的用途。

吴王得此秘方大喜，便在冬天发动水战。吴军士兵涂了药粉，不生冻疮，战斗力极强，而越国士兵仓促应战，加上大部分都患了冻疮，苦不堪言，大败而归。

吴王重赏献秘方的商人一块土地，这个商人从此大富大贵，不用再去贩卖布匹了。

启示　对于善于思考的营销人员来说，营销成功的法则就是选择合适的营销对象，推销他们最需要的产品。

斯隆与杜拉克

曾任美国通用汽车公司总经理的斯隆被西方管理学界誉为"现代化组织的天才"。杜拉克则是美国著名的管理学者。

1994 年，斯隆聘请杜拉克担任通用的管理政策顾问。二人见面时，斯隆说了这样一番话：

"我不知道我要研究些什么，要你写什么，也不知道该得出什么样的结果。这些都该是你的任务。我唯一的要求，就是希望你把你认为正确的东西写下来。你不必顾虑我们的反应，也不必怕我不同意。尤其重要的是，你不必为了使你的建议易为我接受而费力调和折中。在我的公司里，人人都会调和折中，不必劳你大驾。你当然也可以搞调和折中，但你必须先告诉我，‘正确’的是什么，我才能做出正确的调和折中。”

启示 在一个组织中，能够明确分工并做好自己的事情，对许多人来说太难了。

砌砖

有名记者，为了写一篇有关建筑业前景的专稿而到某个工地进行采访。

当他走进工地时，看到一名年轻人正在砌墙，便走上前去问他：“先生，你在做什么呢？”

“你没长眼啊？我在砌墙呀！在这大日头底下干活，真叫受不了。”说着，吐了一口痰在地上。

记者不再打扰他，走到另一处去。他又碰到另一名正在砌墙的年轻人。

“先生，你在做什么啊？”

“我在建房子。每个幸福家庭都必须拥有一套舒适的房子啊！”

启示 同样是在砌墙，一个认为单纯是在砌墙，另一个则认为在为人建筑新屋。态度改变了人对各种事物的看法。如果一个人的态度不好，对所从事的行业缺乏热忱及爱心，肯定无法成功。

我要报仇

有3个少年跑到少林寺，要求住持收他们为徒。

住持问第一名少年：“你为什么要学武功？”

第一名少年回答：“师父，我身体太弱了，我学武功是为了强身。”

住持又问第二名少年：“那你呢？”

这名少年回答：“师父，我家里富裕，每天大鱼大肉，我学武功是为了减肥。”

住持接着问第三名少年：“那你又为什么要学武功呢？”

这名少年感慨地说：“师父，我所在的村子遇劫，父母和许多乡亲父老都被土匪杀了。我学武功是要报仇，不让这些土匪逍遥法外。”

结果，当然是第三名少年把武功学得最好。

启示

要想在推销行业中取得成功，首先必须要有一个充足的理由，弄清楚为什么你要从事这行业，才能事半功倍。

两只猴子

森林里住着一群猴子。

有一天，有两只猴子走出居住地，被一名猎人发现了。那个猎人便拿枪追赶那两只猴子。第一只猴子看到猎人赶来，转身一跳，跳上了一棵大树。而另一只猴子则犹豫不决："到底要怎样才能显示我的神通，怎么跳才是最好看的呢？"

在它犹豫不决时，猎人朝它开了一枪，猴子当场毙命。

启示

当我们在销售产品时，最终的目的是"成交"。有时，我们只要三言两语就可以完成一桩交易，而不需要口沫横飞地向顾客显示才华。有时，卖弄本事反而会弄巧成拙，得不偿失。

夫妻旅游

有一对外国夫妇，年过半百却无儿无女。夫妇俩最大的愿望就是去一个著名的旅游胜地饱览大自然的美好景色。为了实现这个愿望，他们省吃俭用，辛勤劳作，在即将退休的时候，终于积攒了一笔足够出去游玩的费用。为了减少开支，夫妻俩去购物店购回了廉价的面包，在一个阳光灿烂的日子里，乘一艘轮船出发了。

一路上，夫妻俩躺在轮船最下等的船舱里，不与任何人交谈，也不肯走动。看到同船的客人去餐室里吃美味的饭菜和鲜甜的水果，他们也曾垂涎欲滴，但一想到吃这些食物要花费很多钱，马上就打消了这个念头。他们饿了就吃随身携带的面包，渴了就喝轮船里供应的最便宜的饮料。过了几天，目的地接近了，夫妻俩就对船上的侍者说："我们要结账。"

侍者有些惊愕地说："结账？"

丈夫马上说："我们吃的是自己带的面包。只喝了少量的饮料，一定不会很贵吧？""噢，"侍者马上微笑着说："先生，我们的饮料和水果以及午餐全部免费供应，难道您不知道吗？"

夫妇俩听后，愣在那里。

启示　对每件事情都持开放的态度，不要自我封闭，这样才能游刃有余地应对一切。从事营销工作，更是如此。

早知道

有个人在路上走，不小心跌了一跤，他嘀咕了一句，“真倒霉！”爬起来拍干净身上的土，又继续赶路了。

走了不大一会儿，他脚下一绊，又摔了一跤。他气恼地说：“早知道还要摔跤，上次我就不爬起来了。”

启示　一个人，无论从事任何工作，遇到困难和挫折都在所难免。假如因为摔了跤就埋怨自己干错了事业，势必终生悲叹，碌碌无为，一事无成。

不闭眼睛的青蛙

某人小时候在田埂间看到一只瞪着眼的青蛙，就调皮地向青蛙的眼睛撒了一泡尿，却发现青蛙的眼睛非但没有闭起来，而且还一直张眼瞪着。

长大后，他成了一个推销员，当遭到客户的拒绝时，他便想到童年时那只被尿浇也不闭眼的青蛙，用“青蛙法则”来对待销售。客户拒绝他后，他逆来顺受，仔细倾听，从不惊慌失措。这位推销员后来荣登日本日产汽车16年销售冠军宝座，他就是奥城良治。

启示　每个人要想干出一番惊人的业绩，一定要具有面对失败坦然自如的积极态度，千万不可一遇挫折便落荒而逃。

看到什么

有一个推销新手工作一段时间后，因为找不到顾客，自认干不下去了，便向经理提交了辞呈。

经理问他：“你为什么要辞职呢？”

他坦白答道：“我找不到顾客，业绩很差，只好辞职。”

经理拉他到面对大街的窗口，指着大街问他说：“你看到了什么呢？”

推销员答道：“人啊！”

“除此之外呢？”

“除了一堆人，就只有路啊！”

经理又问：“在人群中，你难道没看到许多准顾客吗？”

推销员恍然大悟，马上收回了辞呈。

启示 对于推销新手来说，不是没有顾客，而是缺少发现顾客的眼睛。

有满袋锦囊妙计的狐狸

在森林里，住着一只见识广阔，满腹经纶，在动物界颇有地位的狐狸。这只狐狸熟读理论，常以专家自居，喜欢滔滔不绝地发表长篇大论。

有一天它外出，遇上一只从森林外边来的小花猫。闲谈时，小花猫仰慕这狐狸才高八斗，因此便虚心请教。

小花猫问道：“尊敬的狐狸先生，近来生活困难，您是怎样度过的？”

狐狸说：“什么？你这只可怜的花猫，每天只会捉老鼠，你有什么资格问我如何生活！真不识抬举！你学过什么本领？说来听听！”

小花猫很谦虚地说：“我只学会一种本事。”

“什么本事？”

“如果有狼狗向我扑来，我就会跳到树上去逃生。”

“唉，这算什么本领？我精读百科全书，掌握上百种武术，我身边还有满袋的锦囊妙计呢！你太可怜了，让我教你逃脱狼狗追逐的绝招吧！”

说着，狐狸便将爪子伸进袋子中寻找妙计。刚巧，这时一群猎人带了4只猎狗迎面而来。小花猫敏捷地跳上一棵树，躲藏在茂密的树叶中。小花猫大声向惊慌得不知所措的狐狸说：“狐狸先生，赶快解开你的锦囊，拿出脱身妙计来！”

话没谈完，4只猎狗已扑向狐狸，将它抓住了。

小花猫叹息道：“唉，狐狸先生，你满腹经纶，却没使出一招半式，如果像我一样懂得爬树，你就不会落得这个下场了！”

启示 高深的理论，听来头头是道，似乎可解决各种疑难杂症，化腐朽为神奇。其实理论固然重要，但必须适合市场的环境。

跳舞的猪

有一头猪跑到菜园去跳舞，把青菜踩得东倒西歪，一片狼藉。猪的举动引来路人围观，于是猪跳得更加卖力了。主人见状，怒不可遏地拿起木棍猛打那头猪，并气呼呼地说："这头笨猪，看你干的好事！我非好好教训你不可。"遍体鳞伤的猪有些迷惑地抱怨："我昨天看麻雀在菜园里翩翩起舞，大家都很开心地鼓掌，为什么我今天跳一下舞，就被痛打一顿？"

启示

模仿别人将无法开创属于自己的一片天地。只有肯定自己，扮演好自己原有的角色，将自己拥有的特色发挥得淋漓尽致，生命自然会精彩！

12头猪

12头猪涉水过河。到达彼岸时，最年长的猪队长便开始点数，唯恐遗漏。

"1头，2头，3头……"

它数了几次，总是少了一头。

"奇怪，刚才还没有过河时，明明是有12头的，怎么现在却少了一头，难道有一头被水冲走了？各位帮忙数一数好不好？"猪崽们听队长这么一说，便都数了起来，但数来数去都是11头。

它们都开始紧张起来。

此时，有个牧童骑牛走过，见到这情景，大笑起来。

猪队长生气地说："你笑什么？我们都在着急，你不帮忙，还在笑！"

牧童说道："你们明明是12头，但你们只用眼睛看别人，不看自己，所以数来数去，就只有11头！"

启示

有许多人总是以两只眼睛来看别人的错误，总觉得是别人使自己受损。为什么不瞧瞧自己呢？推销的时候关注客户是对的，但同时也要看清楚自己的产品：它是否能够最大限度地满足客户的需要？如果不能，有哪些地方是需要改善的？

把冰卖给爱斯基摩人

汤姆·霍普金斯在接受一家大都市报纸记者的采访时，记者向他提出一个挑战性的问题，要他当场展示一下如何把冰卖给爱斯基摩人（由记者扮演）。于是就有了下面这段脍炙人口的对话。

汤姆：您好！我叫汤姆·霍普金斯，在北极冰公司工作。我想向您介绍一下北极冰给您和您的家人带来的许多益处。

爱斯基摩人：这可真有趣。我听到过很多关于你们公司的好产品，但冰在我们这儿可不稀罕，用不着花钱就能得到它，我们甚至就住在这东西里面。

汤姆：是的，先生。您知道注重生活品质是很多人对我们公司感兴趣的原因之一，而看得出来您就是一个注重生活品质的人。我们都明白价格与质量总是相连的，能解释一下为什么您目前使用的冰不花钱吗？

爱斯基摩人：很简单，因为这里遍地都是。

汤姆：您说得非常正确。您使用的冰就在周围。日日夜夜，无人看管，是这样吗？

爱斯基摩人：是的。这种冰太多太多了。

汤姆：那么，先生，现在冰上有您和我，那边还有正在冰上清除鱼内脏的邻居，北极熊正在冰面上重重地踩踏。请您设想一下好吗？

爱斯基摩人：我宁愿不去想它。

汤姆：也许这就是这里的冰不要钱的原因。

爱斯基摩人：对不起，我突然感觉不太舒服。

汤姆：我明白。给您家人饮料中放入这种无人保护的冰块，如果您想喝得放心必须要先进行消毒，那您如何去消毒呢？

爱斯基摩人：煮沸吧，我想。

汤姆：是的，先生。煮过以后您能得到什么呢？

爱斯基摩人：水。

汤姆：这样您是在浪费自己的时间。说到时间，假如您愿意在我这份协议上签上您的名字，今天晚上您的家人就能享受到最爱喝的，加有干净、卫生的北极冰块的饮料了。对了，我很想知道您的那位清除鱼内脏的邻居，您认为他是否也愿意享受北极冰带来的好处呢？

启示

汤姆·霍普金斯被誉为“世界上最伟大的推销大师”，接受过他训练的学生在全球超过 1000 万人。

汤姆·霍普金斯在初入销售界的前 6 个月屡遭败绩，于是潜心钻研心理学、公关学、市场学等理论，结合现代观念推销技巧，终于大获成功。

天堂之路

有一位初到小镇的神父问一个小孩：“小朋友，你可以告诉我怎样可以去邮政局吗？”

小孩详细地告诉了神父。

神父说：“小朋友，谢谢你。对了，星期天你来教堂找我吧，我可以告诉你通往天堂的路。”

小孩说：“算了吧，你连去邮政局的路都不知道，又怎能告诉我通往天堂的路呢？”

神父无言以对。

启示 如果我们要获得别人的信任，就必须先要充实自己。当别人提出疑问后，我们却支吾以对，别人又怎么能相信你的产品或你提供的机会呢？

火车上的乘客

在火车上某个车厢内坐了两名乘客，他们正因窗户问题而吵架。

甲说：“天气那么热，不打开窗户，会闷死人的！”说着就将窗户打开。

乙则忙将窗户关闭，说：“天这么冷，不关上窗户会着凉生病的。”

双方因互不相让而争执不休，最后，还要劳驾列车长前来主持公道。

列车长听了双方的理由后说：“我建议不如先将窗户打开，让你们其中一个冻死；然后，再把窗户关闭，让另一个也热死。世界就太平了！”

启示 每当我们面对一些问题时，尤其是与顾客站在不同的立场时，必须心平气和地坐下来想对策或解决之道，千万别争执到面红耳赤。

幸好她不在家

小黄个性内向胆怯，年近40仍然是单身。上个月公司新来了一位女职员，也是单身。大概是缘分已到，小黄对这位小姐的到来视为天意。

于是小黄常常借故接近这位小姐，但是每次都是结结巴巴地聊上几句便走开了。他也曾经想过约这位小姐看戏或逛街，但是每次都因为没有勇气开口，使约会遥遥无期。

这一天是情人节，小黄在妹妹的百般鼓励下，终于羞答答地把电话拿到房中，关上房门，战战兢兢地拨电话给这位女同事，希望能约她共度佳节。

妹妹在房外静候了好一阵。不久小黄从房里冲了出来又跳又叫的，妹妹连忙问他：“怎么样？她答应啦？”小黄如释重负地说：“哇，我好幸运，幸好她不在家。”

启示

好多人不也犯同样的毛病吗？心里很想要成功，但是又因缺乏勇气而迟迟不敢采取行动。决定出门之前又盼望最好下场雨，来到顾客家按门铃时又矛盾地希望顾客不在家。一方面要成功，另一方面又不敢鼓起勇气去争取。这样，成功之日肯定遥遥无期。

认识自己

日本保险业泰斗原一平 27 岁时进入日本明治保险公司开始推销生涯。当时，他穷得连午餐都吃不起，并露宿公园。

有一天，他向一位老和尚推销保险，等他详细地说明之后，老和尚平静地说："听完你的介绍之后，丝毫引不起我投保的意愿。"

老和尚注视原一平良久，接着又说："人与人之间，像这样相对而坐的时候，一定要具备一种强烈吸引对方的魅力，如果你做不到这一点，将来就没什么前途可言。"

原一平哑口无言，冷汗直流。

老和尚又说："年轻人，先努力改造自己吧！"

"改造自己？"

"是的，要改造自己首先必须认识自己，你知不知道自己是一个什么样的人呢？"

老和尚又说："你在替别人考虑保险之前，必须先考虑自己、认识自己。"

"考虑自己？认识自己？"

"是的！赤裸裸地注视自己，毫无保留地彻底反省，然后才能认识自己。"

从此，原一平开始努力认识自己、改善自己，终于成为一代推销大师。

启示

"认识自己、改造自己"，这是我们一生中要努力追寻的目标。哪一种事情适合自己干？如何让周围的朋友喜欢自己？这两个问题的答案是你事业成功的关键。加入推销行列，首先便是推销你自己——你的形象、你的修养、你的气质、你的人格。

鳄鱼池英雄

从前印度有个国王，膝下只有一个女儿。他年事已高，想尽快挑选一名女婿来继承王位。

有一天，他召集全印度 100 名勇敢、聪明、有才华而体魄健壮的年轻人，请他们参加宴会。宴会过后，这位国王说：“我这次设宴，目的是要选出一名最勇敢的年轻人。谁能从游泳池的这一边游到另一边，而平安无事的话，我将给他 3 个选择：第一，一箱金银珠宝；第二，成为我的丞相；第三，是娶公主做妻子，同时继承我的王位。”每个人听后都兴高采烈，跃跃欲试。国王继续说：“但是，这池中养着 10 只大鳄鱼，已经有 10 天没吃东西了。”

人群立刻都静下来了，大家心中明白，并且都在等待，看有哪个年轻人会跳下池去。突然，咚的一声，有位年轻人跳入水中，然后以很快的速度游过水池，迅速登上水池的另一端。每个人都拍掌喝彩，称赞那名年轻人勇敢。

国王也为之一怔，赶忙走到年轻人身旁问道：“年轻人，你真是勇敢无比。现在，你已做到我的要求，我会履行我的承诺，你是不是要一箱金银珠宝？”“不。”那年轻人上气不接下气地回答。“那，你是要当我的丞相了吧？”国王问道。“不，不。”那年轻人摇头说，很生气的样子。国王不由微微一笑。他知道这个年轻人很聪明，一定会选择最后一个的。“那你一定是要娶我的公主，成为我的继承人了？”“不，不，我不要！”那年轻人越嚷声越大。“你什么都不要，为什么这么拼命？你到底要什么？”国王奇怪地问道。

那年轻人满腔怒气，深呼吸后说道：“我要找出是哪个家伙将我推下水的。”

启示

朋友，你已投身销售，就不要浪费时间问是谁推荐你进入了这行，以及当初你为何会加入等原因，那都不是最重要的。最重要的是，你是否会利用手上的黄金机会去争取你梦寐以求的东西。别让手中的机会飞走！

分开销售的经营方式

在非洲，有一家拆零商店，它的香烟可以按根卖，西瓜切块，糖块开盒，从而使那些穷人们也能来买东西了。

在美国，有一家组合鞋店。它把鞋帮、鞋底、鞋跟和鞋带都分着卖。顾客可以随便购买任何一种鞋零件，然后由店员当场制作完成。这样组合出来的鞋很有个性，顾客也很乐意购买。

有一位卖鸡蛋的小贩，发现由于高血压、高血脂患者的增多，许多人不喜欢吃蛋黄，可有些需要补充营养的瘦子和制作点心的厂家却专门购买蛋黄。于是，他就把鸡蛋黄和鸡蛋清分开卖。这样一来，生意倒红火起来了。

启示

有时候，需要把商品分开来卖。这些都是“细致”的“分开”。

丰田公司的家庭调查

丰田汽车能够打进世界市场，首先靠的是那些走遍各地，并相当认真的市场信息调查员。这些调查员已经到了无孔不入的程度。他们并不像有些调查公司那样，只是让人简单地答题填表。有一次，为了调查美国家用旅行车的需要，他们干脆住进一些美国人家中，与他们共同生活一段时间，并且每天用日记详细记录其饮食起居和休闲爱好，甚至包括爱看什么电视节目。市场专家们正是利用他们记录的这些信息，为丰田汽车的各种设计提供了相当可靠的决策方案。

启示　信息记录是市场开拓的基础。

服装设计大师沈云门

沈云门是毕业于法国巴黎名牌服装学校的高材生，但是，他在创业之初屡屡受挫。他开的服装店顾客很少，为了解决这个问题，他开始认真调整自己的思维方式。以前，他总是主观地认为，流行的款式就是受欢迎的。可在经过深入调查之后，他发现当地妇女多为职业女性。她们需要的是美观实用又颇具个性的服装。于是，他站在这一客观立场上进行设计，设计出的服装果然大受欢迎。他被当地女性消费者称为“服装设计大师”。

启示　通过深入调查消费者的需求及消费习惯，才能做出适销对路的产品，因此，在市场营销中，要让客观事实来说话。

找马

从前，有个秀才去京城应试。途中，他在一小店投宿，将马套在门口的木桩上，天亮准备上路时，马却不知去向。从此，秀才开始四处找马。

他找了一整天，没见着马的踪影。第二天，他远远看见前面好像有一匹马，但走近一看，却是一头驴，他失望地摇了摇头，继续往前走。

第三天，他又见到前面有匹马，心中暗喜：这回该是我的那匹马了吧，但走近一看，还是一头驴。此后，他仍每天都能看到一头驴，但他一直没有理睬这些驴，只是在寻找自己的马。最后，这位秀才因精疲力竭而死在找马的路上。

启示　寻找客户是每个营销者每天所做的首要工作。但是我们在做这项工作的时候，首先应思考一个问题：顾客可以为我们带来什么？抱持因循守旧、缺乏创新的思维，是很难找到顾客的。

牧羊人和他的羊

很久以前，有一个牧羊人在北方寒冷的地方养了一群羊。起初，温度比较适宜羊的生存，羊的日子过得比较舒适。慢慢地，羊养成了一种不爱动的习惯。

冬天来了，气温骤降，寒冷的气候使羊群无法适应，很多羊都被冻死了。牧羊人感到非常难过，为了使羊能更好地生存下去，他绞尽脑汁，最后终于想出了一个看似可怕的方法：在羊生活的地方放几只狼，这样羊感到了生存的危机，就会不断地奔跑来防止狼的袭击。这样，也就有效地阻止了寒冷的侵蚀，使羊活了下去。

启示　有时候，危机反而能够使我们更好地生存。企业也像这群羊，只有将危机意识落实到行动上，才不至于被安逸和舒适所吞噬，才能更好地生存下去。

狗猛酒酸

宋国有个卖酒的人，他酿制的酒香味醇厚，做生意诚实公平，待客人殷勤周到，店外的酒旗高高地迎风招展，可就是卖不出去。时间一长，酒都变酸了。卖酒人很是不解，就去请教邻居中的一位长者。这位长者告诉他："你养的那条狗太凶猛了，人们害怕被狗咬，都不敢来买你的酒，酒变酸也就可想而知了。"

启示　在商业营销中，狗猛酒酸的案例比比皆是。许多新闻报道中就看到诸如对顾客搜身、侮辱顾客等事情，企业有这么多"猛狗"，顾客又怎能上门，商品又怎么能销售出去呢？

为了偷懒

美国有个叫杰福斯的牧童，他的工作是每天把羊群赶到牧场，并监视羊群不越过牧场的铁丝网到相邻的菜园里吃菜就行了。

有一天，小杰福斯在牧场里睡着了，不知过了多久，他被一阵怒骂声惊醒了。

只见老板怒目圆睁，大声吼道：“你这个没用的东西，菜园被羊群搅得一塌糊涂，你还在这里睡大觉！”

小杰福斯吓得面如土色，不敢回话。

这件事发生后，机灵的小杰福斯就想，怎样才能使羊群不再越过铁丝网呢？他发现，那片有玫瑰花的地方，并没有更牢固的铁丝网，但羊群从不过去，因为羊群怕玫瑰花的刺。“有了，”小杰福斯高兴地跳了起来，“如果在铁丝网上加上一些刺，就可以挡住羊群了。”

于是，他先将铁丝剪成5厘米左右的小段，然后把它结在铁丝网上当刺。结好之后他再放羊的时候，发现羊群起初也试图越过铁丝网去菜园，但每次都被刺疼，并惊恐地缩了回来。被多次刺疼之后，羊群再也不敢越过铁丝网了。

小杰福斯成功了。

半年后，他申请了这项专利，并获批准。后来，这种带刺的铁丝网便风行世界。

启示

实际上，创新者经常把创新想象得太高深、太神秘、太复杂了。这阻碍了他们创新。其实，产品创新往往是在不经意中获得的，伟大的创新往往是很简单的。

老兔子和小兔子

森林里住着两只兔子。有一天，一只小兔子正在疯狂地奔跑，老兔子看到了，不解地问它为何这样匆忙，小兔子喘着粗气停下来，奇怪地反问道，“难道您不知道狩猎季节已经到了吗？”老兔子像父亲一样注视着小兔子，语重心长地说；“小伙子，如果你只是为这件事烦恼，我倒有个解决的方案。那就是把自己变成一棵大树，猎人就会从你身边走过去，不再开枪打你，因为他们把你当成一棵树。”“绝妙的好主意，”小兔子说，“为什么我以前没有想到呢？如果是那样，猎人就会走过去，一点儿也不会注意到我。非常感谢！”老兔子接着走自己的路，忽然又听到小兔子在后面紧张地问，“可是我怎么才能把自己变成一棵树呢？”老兔子又停下来，耸耸肩膀，冷冷地回答道：“小伙子，我已经给你出了一个好主意，你应该感谢我，不要再拿这些细节的问题来烦我了，你应该自己解决。”

启示

在企业营销中，人们对战略实施没有像战略制订那样重视，然而实践的结果是，如果一个制订得非常完美的营销战略不能得到有效的实施，那么这个经过认真分析研究的战略也就没有任何价值。

小羊吃草的故事

一只饥饿中的小羊在沙漠中同时发现了两片草地，分别是草地A和草地B。它先向草地A跑去，当它到了草地A附近时，它发现草地B比草地A更茂盛，它就放弃草地A而奔向草地B；当它来到草地B附近时，结果发现草地B还不如草地A茂盛，然后它又返回草地A。如此几个来回以后，当它再也没有力气时，它恰好处于两片草地中间。吃不到草的小羊被饿死了。

启示

决策是从众多的方案中选择最优的方案，但是，事实上在很多情况下是不可能的。于是又有了一个决策的满意原则，就是只要决策的结果使决策者满意就行了。在营销决策中同样应贯彻这个原则。当我们执着于寻找最优方案的时候，大好的营销机会已经悄悄溜走了。

羊性和狼性

一只羊到了天堂，对圣彼得说："我的头上长着一双角，是攻击敌人和保护自己的武器，但我为什么总是被狼吃掉呢？"

圣彼得说："虽然你和狼都是哺乳动物，但是你是以吃草、乔木树叶为生；狼以食肉为生。在地球的陆地上，只要是有水的地方，野草和乔木遍地都是，你想吃的时候只要张嘴即可，生存比狼容易得多；而狼的生存是寄托在战胜对手、吃掉对手，否则生命不保。你们太安于现状了，缺乏自我保护意识和能力，虽有羊群，但无群体合力。而从狼身上可以看到它们具有敏锐的嗅觉，向猎物发起攻击的时候，有那种勇往直前的勇气和不屈不挠的精神，它们把凶狠和机智结合起来，提高了战胜猎物的能力，并且狼群有协同对敌的精神和能力。换句话说，你身上只具有羊性，而狼具有狼性。这就是差别呀。"

启示

安于现状，缺乏群体合作的意愿是羊的特性；积极主动，富有竞争和群体合作精神是狼的特性。在营销管理中，选择具有狼性的领导者是抵御竞争对手进攻，战胜对手的关键。

沉香

有一个商人，到外地去买了一车沉香，运回故乡来贩卖。

结果因为沉香较昂贵，所以很少有人购买。

而旁边刚好有一个卖木炭的摊位，因为木炭便宜，一下子就卖光了。

这位商人眼见隔壁摊位的木炭一下子就销售一空，而自己的沉香却卖不出去，心中甚是着急。左思右想，他终于想到了一个办法。

于是他用火将整车的沉香烧成木炭，果真一下子就被大家抢购一空，他也高兴地回家了。

启示 营销的目的并不是将产品卖出去，而是以合适的价格卖给需要的人，虽然卖出去的目的达到了，但是失去的可能更多。

会杀龙的人

有一个年轻人总想学一身了不起的本领。他听说有一个会杀龙的人，于是就用家里所有财产做学费，去跟那个人学习杀龙。3 年后，他学完了一整套杀龙的技术。

学成回来，才发现怎么也找不到龙，辛辛苦苦学来的本领，却一辈子也没派上用场。

启示 营销是一个非常讲究实践的工作，如果营销者学习了一些没有实用价值的东西，技术再好也没有用。如果一个企业只依靠那些照搬书本，开口必称理论的营销者，那么这个企业就十分危险了。

海尔王子 007 的热卖

海尔集团生产的海尔王子 007 冰箱一上市就受到了消费者的喜爱。在许多品牌争相降价的市场上，海尔的产品价格一直不降，但仍然大受欢迎。凭什么呢？凭的就是准确的市场定位和方方面面的适度把握。就说这 007 冰箱吧。这个冰箱设有一个 −7℃的软冷冻区。在这个区域内冷冻的肉，切起来既不像冻肉那么硬，也不像鲜肉那么滑，手感正好，避免了冻肉化开时的营养流失。这个软冷冻区的设立，正好解决了冰箱里冻肉难切的问题，符合人们的需要。和那些华而不实、大肆张扬的广告不同的是，007 冰箱的广告语中只有“让母亲的手轻松起来”和“让妻子的手轻松起来”这样几句实在话。

启示 这就是以适度和定向为主导的整体把握。

顾客与商家的情感孕育

做买卖所面对的是人，而人是有情感的。人们的购买行为，在很多时候都是为了满足内心中的各种复杂情感。顾客与商家之间的情感纽带有一个不容忽视的孕育过程。多数商家都是把这个孕育过程与经营过程同步进行的，但由于种种原因，也有些商家会把这个过程分立出来，加以单独把握。

日本丰田公司设有一个专门的参观课，由经过专门培训的招待员负责为参观者讲解汽车生产的各道工序和产品性能，同时还备有宾馆，专门为参观者提供免费住宿。参观者看到丰田公司那井井有条的管理与彬彬有礼的服务，都很受感动。结束参观之后，参观者对购买丰田汽车已达成共识。

日本一家百货公司在打入中国香港市场之后，马上在公司附近开了一间教室。授课内容从日本插花到书法、中国画以及茶道等，足有二三十种。在授课之中，向学员们介绍本公司的商品和政策。经过长期孕育之后，该公司的顾客明显增多，其信誉也逐渐提高，终于在竞争激烈的市场中站稳脚跟。

启示　顾客与商家的情感孕育过程是不容忽视的。

张大千瞄准富人腰包

人生之中，似乎数赚钱这事最为沉重，可大画家张大千却不这么看。与那些自视清高的文人墨客不同，他能够以开玩笑的方式让富人把兜里的钱掏出来。旧上海有个爱附庸风雅的纨绔子弟叫程霖生，花钱如流水。张大千曾经做了 300 多幅仿石涛的伪画全部当真品卖给了他。做这样一大笔生意，张大千并没有直接出面交易，他只是逢场作戏，托掮客来回传递了几句话。怎么传递的呢？

有一次，张大千应邀来到程家。他指着墙上的古画告诉程霖生，要收藏画作最好是收藏明代消亡之后出家的大画家石涛的作品。程霖生说，自己家的厅堂太高，最好有大件作品。张大千回去之后，就精心仿制了一张石涛的大中堂，然后找了个掮客登程门兜售。程霖生找张大千鉴定。张大千说：这是假的。回家之后，掮客不解。张大千让掮客再次登门告诉程霖生，说那张画被张大千花 4500 块大洋买去了。程霖生一听，马上要掮客花双倍价钱把那张画买回来。张大千一还价，这张“石涛的画”就卖了整整 10000 块大洋。

启示　有时候，交易场上的很多信息“传递”，都是经过巧妙“策划”的。

一块口香糖传递温情

一位妈妈带着孩子去酒店用信用卡买家中请客用的酒，服务员按规矩给发卡单位打电话核实信用卡账号，因为对方原因，电话有三四分钟才打通。当服务员把信用卡还给她时，特地拿来一块口香糖递给孩子，并说：对不起，让您久等了。欢迎再来。这位妈妈觉得，这是对自己人格的尊重，心里感到十分温暖，以后就成了这家店的常客。

启示　带情感的服务与不带情感的服务是大不相同的。情感是维系社会运行的纽带，能够建立情感纽带的销售才能真正长久地运行下去。

好奇的顾客纷纷“上当”

一家泰国酒吧的主人在门口放了一口缸，里面放上酒，蒙上一块布，缸外写着几个字“不许偷看”。过往行人都十分好奇，纷纷打开布看。只见里面是香气扑鼻的陈酒，缸的内壁还有一行字“本店美酒与众不同，请享用”。人们先是会心一笑，然后就寻着酒香走进酒吧了。

启示　好奇心是人人都有的，由此引发的质疑往往会给商家带来无限商机。

眼见为实的推销方法

有一次，塑料厂推销员老于出差到天津，在一家包子铺吃饭时，看到一位店员正在给顾客用塑料袋装包子，那塑料袋被热包子烫的当时就漏了。老于马上找到这家包子铺的老板，拿出自己厂生产的塑料袋样品，直截了当地说：这是我厂新产品——背心袋，无毒、无味、结实，最适合装你们店的包子。老板一看，这塑料袋很薄，将信将疑。老于马上让他往塑料袋里装热包子，装好之后，老于叫人们让开，又抡了好几圈，塑料袋完好无损。然后，老于又叫厨师往袋里装入热汤，还是没事。这回，老板和店员们都服了。这家包子铺一次订了10万个塑料袋。

启示　有时候，推销需要用让对方认可的事实。

“椰菜娃娃”卖的是情感

美国奥尔康公司总经理罗波士，于1984年创造了千人千面的“椰菜娃娃”。一时间，玩具店门前排起长队，每个人都想“领养”一个40多厘米高的“椰菜娃娃”。在美国人际关系的冰冻和家庭危机的困顿之中，“椰菜娃娃”无疑填补了人们情感上的空白。一年之内，“椰菜娃娃”的销售额就超过了10亿美元。

启示　这就是从客观上填补情感空白的商品。

勿忘食客背后的食客

麦克唐纳餐厅连锁店非常注意外带生意，它们为顾客准备了相应的餐盒，方便顾客外带。有的顾客要把饭菜带回家，有的要把饭菜带给亲戚朋友吃，有的则是要买回公司，在午间和同事们分享。这些“背景”顾客给它们带来的营业额一直是很高的。

启示　要知道，“背景”顾客也是真实存在的。

希尔顿微笑挺过萧条

美国希尔顿旅馆有70多家分店，这些分店遍布世界五大洲的各个城市。然而，希尔顿旅馆成功的秘诀就是“微笑服务”。在这里，无论多么刁钻古怪的客人都会为服务员的微笑所征服。1930年美国经济大萧条，全美国的旅馆倒闭了80%。当时，希尔顿旅馆也都接连亏损，负债高达50万美元。但是，希尔顿先生却对员工们说：“把愁云挂在脸上是于事无补的。你把微笑送给顾客，顾客就会和我们一起渡过难关。”在那纷纷倒闭后还剩下的20%的旅店中，希尔顿旅馆服务员的微笑是最令人难忘的。经济萧条一过，希尔顿旅馆马上进入经营黄金时代。

启示　乐观不是技巧，而是发自内心的坚强。

明天下午这衣服减价

企业领导的长远眼光表现在决策上，而企业员工的长远眼光则体现在对日常工作的态度上。

美洲茂文百货公司的店员，在店里大减价的前一天接待顾客时，如果顾客买的是第二天要减价的商品，她就会告诉顾客：您选好以后可以先放在这儿，我给您保管好，请您明天来买吧。第二天，买了便宜货的顾客自然很高兴，和这家店也建立了感情。如果店员事先根本不告诉顾客，第二天顾客路过店铺，发现自己吃了亏，就会心生记恨，对这家公司的声誉很有影响。很多百年老店的信誉就是通过店员们的长远眼光和点滴努力建立起来的。

启示　目光长远的店员能够不为暂时的利益所动。

内联升鞋店的个性

该具有个性的时候，就一定要把握个性。有的时候，如果你缺乏个性，就会丧失生存能力。但是，怎样展示个性，在什么时机展示个性，必须把握好。

北京内联升鞋店是一家百年老字号。

内联升的个性体现在3个方面：

一是名字怪。这名字是清朝咸丰年间由店主赵廷起的。“内联升”3个字寓意为：穿上内联升的朝靴就可以得到朝内重用连连高升。同时，这名字还隐含着本店与朝内联系密切的意思。当时，店主打的是那些做官人的主意，专门为那些朝臣们做朝靴，另外，还给轿夫们做了一种叫“轿夫洒”的鞋子。

二是价格高。当时，一双朝靴要卖到二三十两白银。一般人根本买不起。就是现在，这家店的鞋也能凭着信誉卖上价。

三是质量好。它们当时做的朝靴，轻巧舒适，走路无声，样式灵秀。那“轿夫洒”也结实耐磨，外观虎虎有生气。现在，内联升鞋店仍然以信誉为重。

启示　在这里，我们把经营个性也称之为特色。这样的经营个性既别具一格，又能在整个市场中占有一席之地。

与虎谋皮

从前，有个富人喜欢贵重的皮袍子和精美的食物。一天，他想炫耀自己的财富，便想做一件价值1000两银子的虎皮袍子。他没有这么多的虎皮，于是他就去和老虎商量，要剥它的皮，这个人的话没有说完，老虎就逃入崇山峻岭去了。一次，他又想办一桌有羊肉的丰盛筵席，就去和羊商量，要割它的肉，羊也躲进了密林深处。

就这样，这个人谋算了很长时间，既没有做成一件虎皮袍子，也没有办成一桌有羊肉的酒席。

启示　在市场营销中，存在着许多合作和战略联盟的机会，但是一个基本原则是，当你想谋求某种东西时绝对不能和与这种东西有利害关系的人商量。

宁愿赔 40 万元设计费

一位房地产开发商花了 40 万元请人设计了一套高档住宅图纸。图纸拿回来之后，他本想动工，可忽然在报纸上看到一篇文章，文章认为，现在高档住宅过多，已经造成积压。于是，他马上打电话进行了解。经过一番认真的研究，他果断决定，立即停止建设高档住宅，改建低档住宅。当时，有人说，“这 40 万元设计费不是白花了吗？”他说，“如果因为建高档住宅造成住宅积压和资金回笼困难，企业都有可能破产，那损失可就不是 40 元万的问题了。”后来，由于他们建设的低档住宅设计合理，价格适中，马上销售一空。

启示　有时候，对有些事情的制止必须果断。

别对嫌货的人瞪眼

俗话说：“嫌货才是买货人。”所以，你要是卖货，可别对那些犹豫不决，挑三拣四，不停唠叨的买主瞪眼。他有想买的意思，可又一时下不了决心，所以才犹豫。当那些不想买的人路过你身旁时，他连眼皮都不会眨一下。当有人买东西很犹豫时，我们如果能够适当推荐，主动热情，就可以帮他下定决心。

启示　必须给犹豫者一些自尊和建议，就是给自己一个机会。

白雁落网

白雁经常聚集到湖边，许多白雁常在那里挑选合适的地方栖息。雁群头领还安排了一只白雁守夜放哨，看见有人来了就鸣叫报警。

湖区的猎人熟悉了白雁的生活习性，一到晚上，他们就有意点亮火把。放哨的雁看见了火光，就嘎嘎地叫了起来，猎人又把火弄灭了，等到雁群受惊飞起来时，什么动静也没有了，雁群又放心地落回原处休息，猎人再点亮火把。这样反复三四次后，群雁以为是放哨的雁有意欺骗它们，就都去啄它。

这时，猎人举着火把向雁群靠近，放哨的雁怕群雁啄它，不敢再叫，酣睡中的群雁就这样被猎人一网打尽了。

启示

任何一个企业都会面临着市场的考验。当竞争对手第一次试探的时候企业建立起来的预警系统起到了作用；企业严阵以待，却不见对手有任何反应。但是经过多次反复试探之后，连企业自己也逐渐放松了警惕，致使竞争对手一战而胜。

对老虎发威

有一个人在荆州做官时，山上有只老虎常出来吃人和家畜。老百姓要求县官除去老虎，这个人只下了一道驱逐老虎的命令，叫人刻在很高的岩石上，凑巧那月老虎因故离开了荆州，他就得意地认为他的命令生效了。

不久，他被调到另一个地方做官。这个地方的老百姓非常强悍，很不容易治理。他认为刻在荆州岩石上的石刻既然能够制服凶恶的老虎，便也能够镇住能识文断字的老百姓，便托人去荆州描摹那个石刻。结果，这个地方不但没有治理好，这个人反而因为治理不当而丢了官。

启示

许多企业都有营销成功的历史，它们依靠这些成功做法取得了丰厚的利润。但是当一个新的市场出现在面前的时候，环境变了，消费者的消费心理变了，企业原有的成功方法却在这时使企业一败涂地。每个企业都有自己的应变模式，当市场发生变化时，企业应该调整自己的营销策略来适应市场，毕竟市场永远是对的。

老虎求生

有个猎人，在深山里挖了一个陷阱，并安放了一个捕兽工具。野兽的脚只要碰到它，它就会牢牢地把兽蹄钳住。

有一次，一只倒霉的老虎出来觅食，一不小心踏入了这个捕兽工具，老虎怎么也挣不脱。老虎知道被猎人捉住就会性命不保，怎么办？难道为了这几寸小小的足掌让自己受难？不行，还是逃命要紧。老虎拼命地蹦跳腾跃，挣断了被钳住的足掌，终于逃跑了。

启示

每个企业在市场中都可能落入陷阱，这些陷阱可能带来资金短缺、组织混乱、顾客背弃、经销商反叛等。当企业认识到这是陷阱时，是否能像这只老虎一样，在危机的情况下宁肯牺牲局部也要保住整体呢？

医驼背

有个自称专治驼背的医生，招牌上写着：无论驼得像弓那样的，像虾那样的，还是像饭锅那样的背，经我医治，着手便好！

有个驼背人信以为真，就请他医治。医生拿了两块木板，不给驼背人开药方，也不给他吃药，而是把一块木板放在地上，叫驼背人趴在上面，用另一块木板压在驼背人的身上，然后用绳索绑紧。接着，医生便跳上板去，拼命乱踩一番。驼背人连声呼叫求救，他也不理会。结果，驼背人的背倒是被弄直了，但人也呜呼哀哉了。

驼背人的儿子和这位医生评理，这医生却说："我只管把他的驼背弄直，哪管他的死活！"

启示

顾客需求是多种多样的，顾客的偏好也是多种多样的，企业营销的问题是找出解决顾客需求的产品和方法，并且这种产品和方法能够满足顾客的需求，这才是成功的营销。许多企业在广告中吹嘘自己的产品可以解决很多问题，当顾客使用后却不见效果或因小失大，想评理却找不到人去诉说。

聪明的报童

有两个报童在同一地区卖同一份报纸，二人是竞争对手。

第一个报童很勤奋，每天沿街叫卖，嗓门也响亮，可每天卖出的报纸并不多，而且还有减少的趋势。

第二个报童肯用脑子，除了沿街叫卖外，他还每天坚持去一些固定场合给大家分发报纸，过一会儿再来收钱。地方越跑越熟，报纸卖出去的也就越来越多，当然也有些损耗，但很少。渐渐地，第二个报童的报纸卖得越来越多。而第一个报童能卖出去的就更少了，不得不另谋生路。

启示

第二个报童的做法大有深意：

（1）在一个固定的地区，对同一份报纸，读者客户是有限的。买了我的，就不会买他的，我先将报纸发出去，这些拿到报纸的人肯定不会再去买其他人的报纸。等于我先占领了市场，我发得越多，他的市场就越小。

启示

（2）报纸不像别的消费品，有复杂的决策过程，随机购买多，一般不会因质量问题而退货。而且钱不多，一般人消费得起，不会不给钱。

（3）即使有人看了报不给钱，也没有损失，毕竟那人可能成为自己的潜在客户。

尿布大王抛开小而全

1945 年，川博先生所经营的尼西奇公司濒临破产。当时，该公司仅有 30 余人，生产雨衣、游泳帽、卫生带、玩具、尿布等产品。川博在一份人口资料中看到，日本每年大约有 250 万婴儿出生。于是他就想到，如果每个婴儿用 2 条尿布，每年就是 500 万条。这种小商品，大公司根本顾不上，可自己的公司做起来却是轻车熟路。于是，他果断决定，放弃其他产品，只生产尿布。现在，尼西奇公司已拥有 784 名职工，年销售额 70 亿日元，销售对象遍布五大洲。

启示

方向对了头，一步一层楼。

您穿格瑞丝特正合适

胖女士南茜的服装店开业一年，资本就由 5000 美元增加到 10 万美元。她主要经营较为肥大的服装。她的店员都同她一样，体重不轻。她们的服务态度很讲究。比如说，为了不使胖女士感到尴尬，她们店里的衣服尺码都用人名代替：玛利是小码，林恩是中码，格瑞丝特是大码。到店里来的胖女士们在这里都会受到极大的尊重，该店因此顾客盈门，南茜也获得了美国内华达州“最佳中小企业经营者”称号。

启示

有时候，适应顾客心理“变化”需求的服务细节，必须“细致”到位。

佩里耶公司应变之术

为了对整体存在负责，我们必须具备相应的变化能力，不然就会出现一些麻烦。在这方面，佩里耶公司的例子可以给我们一些启示。

佩里耶美国分公司是一家成就卓著的大公司。《财富》杂志曾于 1989 年评其为美国最佳六大公司之一。公司主要经营两种瓶装水，约占美国市场份额的 24%。

就在该公司总裁戴维斯于20世纪90年代初正准备赢得更大市场时，传来了惊人消息。消息说，该公司的瓶装水里含苯。面对这个消息，管理者并没有在意，他们先是停止生产，在宣传方面也显得稀里糊涂。他们先解释说，是一名员工误用含苯的洗涤剂清洗设备造成的，后又说，问题出在过滤器上，是工人忘了装过滤苯的过滤器。直到5个月后，佩里耶公司才恢复销售。戴维斯原以为自己的产品品牌过硬，这点小风浪不算什么。可没有想到，就在这半年之内，许多大公司都把它的那份市场给挤占了。佩里耶的销售额降至以前的60%。

启示

当市场信息变化之时，动作缓慢、简单应付是不行的。如果当时佩里耶公司能够从整体上迅速拿出一个全面对策，是可以把握这个变化的。

膨胀迅速则难以收拢

36岁的企业管理硕士汉罗担任百思木材公司总裁之后，就立志要大展宏图。3年后，公司便成为美国3大软木生产企业之一，旗下原本的3个锯木场扩张为10个锯木场。后来，他就一发而不可收，迅速投身木工成品、纸袋、混凝土、汽车屋生产、休闲土地和房屋开发等各种产业。当然，最初他的公司获利丰厚，其资产总值曾经达到上亿美元。仅1967—1972年，百思公司就经手卖掉了3.6亿美元的休闲土地。就在这种开拓膨胀之中，百思公司的问题出现了。由于它采取的是充分委任的经营策略，所以经销人员只知道推销，却不注意信守承诺，致使投诉大量增加，公司信誉一落千丈，收入急剧下降。面对此情况，汉罗只好大量出售公司分支机构，用以抵债。

启示

正常的“迅速”与非正常的“超速”是根本不同的。正常的迅速发展是企业经营的必然结果，而非正常的超速膨胀，则是企业畸形发展中的“浮肿”。有时候，过于迅速的发展反而“欲速则不达”。

人的欲望是无限商机

美国明尼苏达州一家旅馆开辟了一幢“梦幻客房”。这些风格独特的客房，都是依照人们的各种古怪欲望所设计的。有的像小冰屋，有的像金字塔，有的是林中小屋，有的恍如古罗马帝王寝宫，一间被称为“鲸口余生”的客房，犹如鲸鱼的大嘴，床则如同一条正漂浮着的小船。这些梦幻客房的房租一天高达110～200美元，可是好奇的人们仍然络绎不绝。

英国“身体用品商店”在英国和美国共有 140 多家分店。这家总店的老板罗德尼克就是靠草药护肤配方发的家。她意识到，人们已经有些厌倦合成化妆品了，也已经对天然原料配制的化妆品表示出强烈的购买欲望,抓住这个欲望就抓住了财源。刚开始的时候，她租了一间简陋的房屋，将自己按方配制的 15 种草药化妆品分装在一个个大瓶子里，然后按价格分装出售。没有人计较她的店面简陋，也没有人在乎她的包装不好。

在美国经济大萧条时期，罗达也加入了 4000 万失业者的队伍。和大家一样，他也盼着发家致富。但是，干什么呢？到处都是失业者，什么也不好干。于是，他发明了一种“大富翁游戏卡”，赢者可以品尝买房置地的快乐，输了就一笑了之，给人以慰藉。由于“大富翁游戏卡”极大地满足了人们发家致富的精神欲望，所以很快畅销全球。

启示

无论什么生意，其对象都是人。人都是有欲望的，于是便有了许多种按照人的欲望设计的生意。有时候，你只需要了解并适应人们的共同欲望即可财源滚滚。

深入墓地寻找准客户

日本保险推销之神原一平先生为了寻找准客户，真可谓是千方百计、无孔不入。有一次，他的业绩不好，心里很闷，就随便走一走。无意中路过一个墓地，他就走了进去。只见一群人正向外面走去，一座墓碑前还燃着香火，他连忙过去看了一下，记住了死者的姓名。于是，他就走进附近的寺庙去打听。“请问，死者某某先生的家人刚才来祭奠过吗？”“是的。那刚刚死去的某某先生生前可是个能人啊。”“是啊。真可惜了。我以前去过他家，只是忘记他家住哪里了。”“没事，我帮你找找，这有登记册。”

就这样，一个准客户的地址就到手了。有了这个地址，原一平就可以设法和人家联系，推销保险了。原一平之所以能够成功，并不是偶然的，他对自己的工作不仅有相应的策划，而且还在实施方面下了很大的工夫。走路、吃饭、睡前都会思考，甚至连坐车遇到红灯停住那一点时间，他也会马上把前面那辆豪华车的牌号记下来，以便寻找准客户。他对于每次造访的准备是相当充分的。在他的办公室里，备有各种各样的地图、名人录、公司名录、电话号码簿。在见客户之前，他会把客户的学历、爱好、出生地以及目前的环境状况都一一摸清，其中甚至包括客户住宅附近的地图。正是因为有这样深入的调查和准备，他竟然能够凭借一个在马路上记下的车牌号，就越过几十道复杂的关口，找到某董事长经常光顾的同乡会，然后接近他，并完成一笔保险合同。

启示　有时候，深入的工作需要不断适应情况的变化。

世界上最伟大的推销员

乔·吉拉德被誉为世界上最伟大的推销员，他在 15 年中卖出 13001 辆汽车，并创下一年卖出 1425 辆（平均每天 4 辆）的纪录，这个成绩被收入《吉尼斯世界纪录大全》。你想知道他推销的秘密吗？他讲过这样一个亲身经历：

记得曾经有一次，一位中年妇女走进我的展销室，说她想在这里看看车，打发一下时间。闲谈中，她告诉我她想买一辆白色的福特车，就像她表姐开的那辆一样，但对面福特车行的推销员让她过一小时后再去，所以她就先来这里看看。她还说这是她送给自己的生日礼物。那天是她 55 岁生日。”

“生日快乐！夫人。”我一边说，一边请她进来随便看看，接着出去交代了一下，然后回来对她说：

“夫人，您喜欢白色车，既然您现在有时间，我给您介绍一下我们的双门轿车——也是白色的。”

我们正谈着，女秘书走了进来，递给我一捧玫瑰花。我把花送给那位妇女：“祝您长寿，尊敬的夫人。”

显然她很受感动，眼眶都湿了。“已经很久没有人给我送礼物了。”她说，“刚才那位福特推销员一定是看我开了辆旧车，以为我买不起新车，我刚要看车他却说要去收一笔款，于是我就上这里来等。其实我只是想要一辆白色车而已，只不过表姐的车是福特，所以我也想买福特。现在想想，不买福特也可以。”

最后她在我这里买走了一辆雪佛兰，并写了张全额支票。其实从头到尾我都没有劝她放弃福特而买雪佛兰，只是因为她在这里感受到了重视，于是放弃了原来的打算，转而选择了我的产品。

启示　生活是复杂多彩的，顾客的需求是多样的，销售方法是多种多样的。与顾客联络感情，促进公共关系的提升是一个伟大推销员应该学习的。

狼与狐狸

老狼山姆在沙漠中遇见了迷路的狐狸。

狐狸说：“山姆先生，如果你肯做我的向导，找到通往绿洲的标志，我愿意用

4 两黄金和 5 克拉的钻戒买你身边的那桶水。”老狼山姆兴奋地答应了。

经过两天的旅途奔波，它们找到了通往绿洲的标志，而老狼山姆的水也用完了。

“狐狸先生，你能不能给我点儿水喝？”老狼哀求道。

“可以，不过，你得用我那 4 两黄金及 5 克拉的钻戒来换，而且如果你想多喝点儿，还得多付些代价！”

老狼山姆以一桶不值钱的水换得了一笔财富，可是最后却不得不为了宝贵的生命付出更高的代价。

启示

为什么某些人不屑一顾的产品，而有人却愿意付出巨大代价获得呢？为什么有人为一顿饭一掷千金，却对另外的商品斤斤计较？答案其实很简单：顾客买与不买，取决于他对商品的需求程度，即对商品价值的认同。推销是充满挑战和智慧的活动，一个成功的销售人员必须充分了解产品特点和客户的资料，并要能机智地把产品的特点转化成客户的特别需要，这样才能吸引客户的注意，才能激发他对商品的需求。

乐观与悲观

有位商人为了生意，到远方的城镇去洽谈，忽然想到朋友的生日快到了，自己应该买件礼物。他想送一幅具有深意的画当贺礼。

商人觉得，礼物不能太寒酸、太没有深度，那会显得自己太没气质。

“请问老板在吗？”商人走进一家工艺品店之后，看到一位衣衫褴褛的老人，便对着他问。

“请问有什么事吗？”老人头也没抬地回答。

“我想要一幅最有气质、最有深度的画，送给朋友当贺礼。”商人说着。

老人终于抬起头来，端详着面前这位穿着整齐干净的人，问道：“请问先生觉得什么样的画是最有深度、最有气质的呢？”

根本不懂画的商人，被这样反问，不知该答什么，便说：“我有一位朋友，过几天就要过生日了，那么就送他一幅牡丹吧。牡丹代表大富大贵，这样简单明了，又有意义。”

老人点了点头，现场画了一幅牡丹，让商人带了回去。

商人参加了朋友的生日聚会，并当场将之前请老人画的那幅牡丹展示出来，所有人看了，无不赞叹这幅活灵活现的画作，当商人正觉得自己送的贺礼最有气质、最有品位的时候，忽然有人惊讶地说：“嘿！你们看，这真是太没诚意了。这幅牡丹花的最上面那朵，竟然没有画完整，不就代表“富贵不全”吗？”

此时在场的所有贵宾都发现了，而且都觉得牡丹花没有画全，的确有“富贵不全”的意思。最难过的莫过于这位商人了，只怪当初自己没有好好检查这幅画。

这时候，主人却站出来说话了，他深深地感谢这位商人，大家都觉得莫名其妙，送了一幅这么糟的画，还要道谢？

主人说：“各位都看到了，最上面的这朵牡丹花，作者没有画完它该有的边缘，牡丹代表富贵，而我的富贵却是‘无边’的，这是祝贺我‘富贵无边’啊！”

真是太妙了！众人听了无不觉得有道理，而且还全体鼓掌，认为这是非常具有深意且完美的画作。

启示

许多产品是需要顾客去感知的，不同的顾客有不同的感受和解释。现营销人员要做的是怎样给顾客一个合理的解释才能够将自己的产品推销出去。

芬客斯酒吧

以色列的芬克斯酒吧，是一位名叫罗斯恰尔斯的犹太人开的。一次，美国前国务卿基辛格访问以色列，突然想到酒吧消遣消遣。于是他亲自打电话给酒吧，说自己和10个随从要前去，希望该店到时可以拒绝其他顾客。这样一位显赫的人物光顾小店，是一般老板求之不得的事。不料，酒吧老板客气地说：“您能光顾本店，我感到非常荣幸，但因此谢绝其他客人，是我做不到的，他们都是熟客，是曾支持过这个店的人，因为您的光临而拒他们于门外，我无论如何也做不到。”

启示

忠于顾客是企业最为重要的一点。如果你怠慢了顾客，就损失了一大笔财富。

买驴

有个人要买驴，但不知这驴的品性，就先牵来试用两天。他把驴牵到自家牲口棚，和原有的3头驴拴在一起。这3头驴，一头勤快，一头懒惰，一头善于讨好。主人对此了解得一清二楚。

新买的驴被牵回家后，立刻走到那头好吃懒做的驴旁边。买驴人见状，二话没说，马上牵着这头驴子回到市场上去。

“你还没有好好试试呢。”卖驴的人说。

“不必再试了，”买驴人回答说，“现在我知道它是什么样的驴了。”

启示　管理实质上是对人的管理，营销管理同样如此。俗话说：物以类聚，人以群分。观察和使用管理对象时这个道理同样适用。

石桥卖布袜一个价

日本商人石桥是专门产销布袜的。当时由于大小和布料的不同，布袜的价格五花八门，这种情况有时会直接影响销售。一次，石桥去乘电车，发现无论远近，票价一律5分。于是，他决定自己店里的袜子也要以同样价格出售。这种明明白白的价格方法一推出，果然大受欢迎。店内销售量也不断增长。

启示　有时候，价格上的"明白"与"统一"，可以在方便顾客的同时，大大提高商品的销售量。

敌人与朋友

林肯对政敌的态度引起了一位官员的不满。他批评林肯不应该试图跟敌人做朋友，而应该消灭他们。

"当他们变成我的朋友时，"林肯十分温和地说，"难道我不是在消灭我的敌人吗？"

启示　朋友和敌人是相对的，如果一个敌人变成了朋友，不是少了一个敌人，多了一个朋友吗？在销售市场上，竞争对手是相对的。如果相互之间通过联盟共同开拓市场，对于企业来说不但可以节省大量的销售成本，而且市场空间会更广阔。

吹箫的渔夫

有一个会吹箫的渔夫，带着他心爱的箫和渔网来到海边。他站在一块岩石上，吹起箫来。他想：音乐这么美妙，鱼儿自己就会游到他的面前。他聚精会神地吹了好久，连鱼儿的影子都没有见到。他生气地将箫放下，拿起网，向水里撒去，结果却捕到了很多鱼。他将网中的鱼一条条扔到岸上，指着活蹦乱跳的鱼，气愤地说："喂，你们这些不识好歹的东西！我吹箫时，你们不跳舞，现在我不吹了，你们倒跳了起来。"

鱼说："我们对你美妙的箫声不感兴趣啊！"

启示

市场营销就是针对目标顾客运用营销策略的过程，所以选择什么样的目标顾客作为企业营销的对象，并针对这些顾客选择什么样的营销策略，是非常重要的。许多企业的营销运作不成功的原因就是做事不看对象。

本分

一位年轻人靠卖鱼为生。有一天，他一面吆喝，一面环视四周，注意看是否有人来买鱼。

突然，一只老鹰从空中俯冲而下，在他的鱼摊叼了一条鱼后立刻转身飞向空中。卖鱼郎很生气地大喊大叫，却只能无奈地看着那只老鹰越飞越高、越飞越远。

他气愤地自言自语：

"可惜我没有翅膀，不能飞上天空，否则一定不放过你！"

那天他回家时，经过一座寺庙，他就跪在寺庙前，祈求菩萨保佑他变成老鹰，能展翅飞翔于天空。

从此以后，他每天经过寺庙，都会如此殷切地祈求。

一群年轻人看到他天天向菩萨祈求，就很好奇地相互讨论，其中一人说："这位卖鱼郎，竟然每天都希望能变成一只老鹰，可以飞上天空。"

另一人就说："哎哟！他傻傻地祈求，要求到何时？不如我们捉弄捉弄他！"大家交头接耳，想了一个捉弄他的方法。

第二天，其中一位年轻人先躲在菩萨像的后面，

卖鱼郎来了，照样虔诚地祈求、礼拜。这时，躲在菩萨像后面的年轻人说："你求得这么虔诚，我要满足你的愿望，你可以到村内找一棵最高的树，然后爬到树上试试看。"

卖鱼郎以为真的听到了菩萨的指示，非常欢喜，赶快跑进村里找到一棵最高的树，然后爬到树上。

那棵树实在太高了。他越往上爬，越觉得担心。

他爬上树顶，向下看——"哇！这么高！我真的能飞起来吗？"

那群年轻人也跟着来了，他们在树下故意七嘴八舌地喊道：

"你们看，树上好像有一只大老鹰，不知道它会不会飞？"

"既然是老鹰，一定会飞嘛！"

卖鱼郎心里很高兴，他想：我果然已变成一只老鹰了！既然是老鹰，哪有不会飞的呢？于是展开双手，从树顶跳了下去。

幸好，他落在泥浆地上，陷入烂泥巴和水草之中，只受了轻伤。

那些年轻人跑过来，幸灾乐祸地取笑他。

他说："你们笑什么？我是两只翅膀跌断了，不是飞不起来啊！"

启示　一个人要守本分，才能长本事。如果只想得到大本事，却没有守好自己的本分，不自量力盲目去做超越自己能力的事情，是很危险的。

鸡的飞翔

在鸡的课本里，翅膀的功能只是帮助自己飞上草垛墙头。一日，一只小鸡游玩时看见大雁，非常惊奇：它们的翅膀和我们的差不多啊，为什么它们能飞得那么高呢？于是，小鸡就去请教大雁。大雁告诉它，关键在于观念的转变，不想飞的即使长了翅膀也飞不起来。小鸡于是下定决心，节制食量，减轻体重，练习飞翔，结果其他鸡群起效仿。终于，这件事被领头的公鸡知道了，将小鸡赶出门外。而小鸡也终于克服万难学会了飞翔。一日，小鸡飞过原来的鸡舍，看见那里贴着许多的论文，比如：《我不赞成小鸡练飞翔》《论飞翔的危害》《论翅膀的保暖功能》，上面还有鸡科学家的联合签名。更可悲的是，新生代的小鸡已被剪去翅膀关在鸡笼里，只知道吃饭下蛋了。

启示　观念是制约营销人员的关键，许多营销人员有了新思想的时候，往往会被众多貌似科学的权威扼杀在摇篮之中。打破旧思想，提倡创新是提升销售业绩的重要前提。

黑猫请客

黑猫请山羊到家中吃饭，山羊饿着肚子赶到黑猫家里，黑猫摆了一桌丰盛的佳肴：红烧老鼠肉、油氽老鼠皮、松脆老鼠头、清蒸老鼠火腿。黑猫见山羊如约而至，马上请它入席，十分客气地说："吃吧，放开肚皮吃。"它自己则抓起一块老鼠肉有滋有味地大吃起来。山羊坐在那里，尽管肚子饿得咕噜咕噜地叫，但面对这一桌丰盛的老鼠宴，却一点儿胃口也没有。

"我不吃老鼠。"山羊结结巴巴地说。

它走向园子里，因为那里有一片鲜嫩的青草，它实在是太饿了。"原来是这样啊！"黑猫忍不住哈哈大笑起来。山羊在园子里吃着青草，也咩咩地叫着以感谢主人的盛情招待。

启示

顾客是多种多样的，他们有各种各样的偏好。一个希望将一种产品强加给顾客就认为顾客会喜欢的企业，其实错了，因为如果我们站在顾客的角度来思考这个问题，会是另一种需求。

通用公司的市场区分

通用汽车公司是美国三大老牌汽车公司之一。自20世纪以来，它运用市场区隔化策略，与福特公司和克莱斯勒公司展开了一场惊心动魄的市场争夺战。所谓市场区隔化，就是把市场按照需求加以认真区分。本来，汽车一直是富有阶层的玩物，当时所生产的也都是具有游乐性质的车。后来，美国有95%的劳动阶层也产生了购买汽车的需要。他们购买汽车是为了使用，于是福特公司就设计出一种低价实用车投放到这一市场。后来，美国人民的生活水平提高了，人们对汽车的要求也发生了显著变化。人们开始追求舒适、新颖，福特公司的那些廉价车已经不受欢迎了。就在这时，通用公司就根据顾客对汽车的不同需求，区分出很多小市场，生产出各种各样的汽车，以满足消费者的不同需求。通用公司生产的西波雷汽车，虽然价格比福特的T型车贵一些，但其外观迎合了中低收入阶层也开始追求新颖与炫富的意识，所以还是取代了T型车。

启示

有时候，市场销售对象是必须分开对待的。

狮子出征

狮子出征前，召集它的臣民们商讨作战方针，并且布置任务。大象做了军需官，负责运输；熊是冲锋陷阵的猛将；狐狸和猴子因为它们的机智和灵活，在出谋划策和提供情报上都领到了重要任务。

“驴傻笨，兔子胆小，没有什么用处，把它们打发回去吧。”有动物说。

“不，”狮子说，“我不能缺少它们。驴可以给我们担任号手；兔子可以替我们传递消息。”

果然在这次战斗中，每个动物都充分发挥了自己的长处，打了一个漂亮的胜仗。

启示

营销活动是一项由各种才能的人组织起来的活动，只有众人的力量才能和竞争对手对抗。如果排斥那些有一技之长的人，无论是多么厉害的营销经理都难以取得成功。

无醉鬼的酒店会赚钱

无论在哪个国家，酗酒失态闹事，甚至惹出麻烦的人总是屡见不鲜。许多国家都设立了专门的戒酒所，来为这些人戒掉酒瘾，以便他们能够正常生活与工作。但是，没有酒的调剂，宴席又似乎会失去情趣。如果酒店能让客人适量饮酒，就会财路大开。意大利的“美而奇”酒店就相当巧妙地做到了这一点。这家酒店中的酒都经过了特殊处理。这些酒闻起来香气扑鼻，可实际上酒精含量极低。这里的各种下酒菜也十分丰盛精美。和那些随意要酒的地方不同，来这里喝酒的人必须接受酒店对饮酒量的控制。这里分为 1 小时饮、2 小时饮、4 小时饮等几种，酒量可以随时间增加，但菜肴也相应增加，并且是交叉供应，不一次上齐。而这样，就直接阻止了酒鬼们一饮而尽、一醉方休的习惯，慢慢待肚子被菜肴填满之后，也就喝不下去酒了。很多妇女都愿意与丈夫一起来这吃饭，所以，这里的回头客很多。

启示　有时候，敢于制止不如善于制止。

原价销售法培养客户

日本绳索大王岛村方雄在起步之初，深感厂商与客户群体的培养对商家的重要性。于是，他决定要不惜一切代价，建立起自己的客户群。经过 69 次的艰苦努力，他从银行贷款了 100 万日元，然后在麻绳原产地大量采购麻绳，再以原价售出。一年之后，“岛村的绳索确实便宜”的名声传颂四方，订单源源不断地飞来。于是，岛村就开始亮出底牌了。他拿着发票收据对绳索生产厂商说：“我这么长时间也没赚你的一分钱。”厂商很受感动，就把每条绳索的价格降低了 5 分钱。当那些用绳索进行纸袋生产的客户看了收据后，也都感到很吃惊，因为天底下根本没有这么做买卖的：一年之内白白为大家服务，分文未取，真是不可思议。于是，他的客户们又心甘情愿地把货价提高了 5 分钱。这么一来，他一条绳索就能赚一角钱，而他当时一天就有 1000 万条绳索的订货，每天的利润就有 100 万日元。几年之后，他就成了日本绳索大王。创业 13 年至今，他的日交易量已达 5000 万条。现在，他的绳索品种已经增加了许多，有塑料绳、缎带、绢带等，每条价格高达 5 日元左右。他的老客户都曾是他在原价销售时的直接受益者，所以，这些老客户后来一直在支持他。

启示　一般说来，正常的孕育所投入的时间、精力与回报，都是成正比的。如果没有孕育阶段，绳索大王日后也就不会成为绳索市场霸主。这位绳索大王卧薪尝胆的策划，显然获得了极大的成功。

抓住富豪共性的必坚商店

必坚商店是美国曼哈顿大街上最冷清的一家商店，别人都大门敞开，可它却大门禁闭，别的商店里人潮拥挤，必坚商店里却只有“一个”顾客。全世界50多个国家的王公贵人和巨富们都在这里买过东西。美国前总统里根和一些大明星都曾光顾这里。它不需要很多顾客，只要每天侍候一位巨富就够了。那些94000美元一条的床罩、22000美元一套的服装和1500美元一瓶的香水可不是为一般人准备的。必坚商店深知：巨富们多喜欢深居简出，他们不希望别人知道自己的隐私，买的东西一定要昂贵、稀有、或与众不同。所以，他们为顾客保密，各种东西都是根据顾客特殊要求订制或采购的。

启示　有人认为，寻求独特是可以肆意而为的，其实不然。很多独特的经营方法之所以能够长期坚持下去，都是由事物发展的共性特征所决定的。有时候，你抓住一个顾客群体的共性，也就抓住了一个具体经营方法。

翅膀

有一天，上帝召集所有的动物聚在一起吃饭。吃完饭后，上帝取出了一双翅膀。

“我有一样东西想要赐给各位，如果你很喜欢这件礼物，就可以把它拾起来放在背上。”

动物们一听到有礼物可领，便争先恐后地挤到了上帝的面前。但是当它们看到躺在地上的翅膀时，不禁面面相觑。它们心想，把这么笨重的东西放在背上，不累死才怪呢！

动物们在看了翅膀一眼后，纷纷回到座位上。

最后，一只失去翅膀的小鸟走过来，看了看地上的翅膀，心想，上帝应该不会亏待动物们，这个看起来笨重的东西，或许就是它梦寐以求的翅膀。

于是，小鸟就把地上的翅膀捡起来，背在背上。过了一会儿，小鸟试着轻轻挥动翅膀，没想到不但感觉不到沉重，反而还轻盈地飞上了天。其他动物目睹此景，后悔也来不及了。

启示　顾客不会亏待每一个为他们着想的企业。当市场中有许多未满足的需求的时候，表面上看没有太大的利益，但当企业自己分析和研究并付诸实施的时候，所获得的利益是竞争对手想不到的。

斧头

山里住着一位以砍柴为生的樵夫。他日夜赶工，终于建成了一座可以遮风避雨的房子。

有一天，他挑了砍好的木柴到城里交货。当他黄昏回家时，却发现他的房子起火了。

左邻右舍都前来帮忙救火，但是因为傍晚的风势过大，所以还是没有办法将火扑灭，一群人只能静待一旁，眼睁睁地看着火焰吞噬了整栋木屋。

当大火终于扑灭的时候，只见这位樵夫手里拿了一根棍子，跑进倒塌了的屋里不断地翻找着。围观的邻人以为他正在翻找着藏在屋里的财物，所以也都好奇地在一旁注视着他的举动。

过了半晌，樵夫终于兴奋地叫着："我找到了！我找到了！"

邻人纷纷上前一探究竟，才发现樵夫手里捧着的是一个没有把手的斧头，根本不是什么值钱的东西。

樵夫兴奋地将木棍嵌进斧头里，充满自信地说："只要有这柄斧头，我就可以再建造一个更坚固耐用的家。"

启示　没有一个成功的企业没有经历过失败。失败不可怕，找到自己的核心动力，企业就不会垮。

金钩钓鱼

鲁国有一个喜欢钓鱼的人，他认为钓鱼这件事必须认真对待才行。

"马马虎虎怎么能钓到鱼呢？"他想。于是他用黄金做了一个金钩，在钓竿上镶满名贵的玉石，用翠鸟华丽的羽毛做成鱼线。他的钓饵是用肉桂做的。肉桂是一种名贵的香料的。他心想：这么香的东西，鱼肯定会喜欢的。

钓鱼的时候，他想，姿势也马虎不得。于是手持鱼竿，摆了一个特别优美的姿势，像仙人指路，也有点像仙女下凡。可是，他等了半天，手也酸了，脚也麻了，最后连一条鱼也没有钓上来。

启示 做营销工作只讲究形式而不看对象是不行的。

宴会上的洗手水

温莎公爵除了不爱江山爱美人的旷世传奇外，还有许多不为人知的小故事。

有一次，英国王室为了招待印度客人，在伦敦举行晚宴，温莎公爵主持了这次宴会。宴会中，达官贵人们觥筹交错，相与甚欢，气氛融洽。可就在宴会将要结束时，出了这么一件事：侍者为每一位客人端来了洗手盆，印度客人们看到那精巧的银制器皿里盛着亮晶晶的水，以为是用来喝的，就端起来一饮而尽。作陪的英国贵族目瞪口呆，不知如何是好，大家纷纷把目光投向主持人。温莎公爵神色自若，一边与客人谈笑风生，一边也端起自己面前的洗手水，像客人那样“自然而得体”地一饮而尽。接着，大家纷纷效仿，看似无法避免的难堪与尴尬顷刻化解，宴会取得了成功。

启示 维护自己利益的同时又能够照顾到公众的情感，这是公共关系中的艺术。

胜利的公鸡和失败的公鸡

两只公鸡刚刚打完架。被打败的公鸡逃到一边躲了起来，胜利的公鸡则跳到墙上高兴地喔喔叫。它的叫声被一只老鹰听到了。

“悠着点儿，伙计，太骄傲了会倒大霉的。”

老鹰说完，就向这只骄傲的公鸡俯冲过来，准备吃了它，这时，那只刚被打败的公鸡跳了出来，加入了战斗。最终，老鹰被打败了。

启示 在营销市场中，竞争对手既可以是竞争关系也可以是合作关系。如果企业受到外来强大对手的攻击时，联合起来要远比相互争斗获得的收益更大。

完美的厕所

有一户人家住在市镇与村镇之间的路上，以种菜为生，颇为肥料不足所苦。

有一天，家长灵机一动：“在这条路上，往来贸易的人很多，如果能在路边盖一个厕所，一方面给过路的人方便，另一方面也解决了肥料的问题。”

他用竹子与茅草盖了一间厕所，果然来往的人无不称便，种菜的肥料从此不缺。

路对面有一户人家，也以种菜为生，看了非常羡慕，心想：我也应该在路边盖个厕所，为了吸引更多人来上厕所，我要把厕所盖得整洁、美观、大方、豪华。

于是，他用上好的砖瓦搭盖，内外都漆上石灰，还比对面的厕所大上一倍。

完工之后，他觉得非常满意。

奇怪的是，对面的厕所人来人往，自己盖的美观厕所却无人问津。后来问了路过的人才知道，他的厕所盖得太美、太干净了，大家都以为是神庙。

启示

营销是有针对性地对顾客所展开的工作。如果看到竞争对手采取了行动而自己未经周密计划便仓促应对，所做的工作再完美也必然导致失败。

狮子与公牛

狮子想吃一头公牛，但由于公牛力大体壮，狮子没有袭击公牛的胆量，于是决定施妙计来诱捕它。

狮子跑到公牛那里说：“我的朋友，我捉了一只肥羊，如果你肯赏脸到我家和我一起分享，我将无比高兴。”狮子这样说，是想趁公牛到家里趴下来准备吃羊肉时，把它杀死，然后美餐一顿。

但是公牛回答说：“谢谢你的好意！等你吃完了以后，能不能顺便带点儿青草给我吃呢？”

启示

正确地识破竞争对手的营销陷阱是防范企业受损的前提。

金子与大蒜

有一位商人，带着两袋大蒜，一路跋涉到了某地。那里的人从来没有见过大蒜，更想不到世界上还有味道这么好的东西，因此他们用当地最热情的方式款待了这位精明的商人，临别时送给他两袋金子作为酬谢。

另一位商人听说这件事后，不禁为之心动。他想：“大葱的味道不是也很好吗？”于是带着大葱来到了那个地方。那里的人们同样没有见过大葱，甚至觉得大葱的味道比大蒜的味道更好，他们更加热情地款待了商人，并且一致认为，用金子远不能表达他们对远道而来客人的感激之情。经过再三商讨，决定赠给这位朋友两袋大蒜。

启示

做生意往往就是这样，谁能以最快的速度，最先满足用户的潜在需求，谁就能占尽先机，得到的是“金子”；而步人后尘，东施效颦，得到的可能就是“大蒜”。

筋疲力尽的乌鸦

从树上飞下了一只嘴里叼了一大块肉的乌鸦，它的后面还跟了一大群乌鸦。它们全都急促地飞落，每一只都显得焦急不安，怒目圆睁。那只嘴里叼着肉的乌鸦已经筋疲力尽，吃力地喘息着。它生怕好不容易找到一块美食因一时的疏忽就被其他同类叼走。它只好停在那里，嘴里紧紧地叼着那块来之不易的肉。由于长期嘴里叼着东西造成呼吸困难，同时因为被同类追赶着，它显得无精打采。只见它一不留神晃了一下，肉突然从它的嘴里掉了下来。其他乌鸦见机不可失，纷纷猛扑上去。在这场你争我抢的混战中，一只非常机灵敏捷的乌鸦抢到了那块肉，立刻鼓翅扬长而去。这当然又是一场追逐战！第一只被追赶得精疲力竭的乌鸦也无力地跟着飞，但已远远落在后面了。结果是第二只乌鸦精疲力竭后，也不小心让那块肉掉落了，于是又是一场激烈的争食战，所有乌鸦又去追赶那只“幸运”的乌鸦。

启示

分享才能避免劳而无功。独占易致纷争，分享才能共利。

天才裁缝

一位先生在裁缝那里做西服，到了取衣服的那天，他赶到裁缝店，试穿之后，发现西服一点儿也不合身。

后肩太宽，右臂的袖子过长，一条裤腿短得不成比例，还有 3 只纽扣不知丢到哪里去了。他不由得对裁缝满腹怨言。

裁缝却毫不在乎：“一点儿问题都没有，把背驼起来，那只胳膊往里面缩一缩，一瘸一拐地走两步，再把你的手伸到扣眼当中拽着衣服，不就一切都好了吗？说实在的，你这副样子看上去还是挺不错的！”

这位先生扭曲着身子做出各种怪异的姿势，以便让西服合身。他感到自己被裁缝愚弄了，于是便气愤地离去。刚刚离开裁缝店没有多远，一位陌生人拦住了他。“是谁为你做的这身西服？”陌生人问，“看上去很棒。我想为自己做套新衣服，正在到处找裁缝呢。”

这位先生对陌生人的夸奖非常惊讶。但他还是用手指了指裁缝店的方向。

“十分感谢，”陌生人一边转身向裁缝店奔去，一边说，“我总算找到了一位好裁缝。你想，他能为这样的残疾人做出如此合体的衣服，一定是个天才。”

启示

在企业进行商业设计过程中，一定要量体裁衣，设计必须符合企业的实际情况。看见什么东西流行，不顾自身条件，非要让企业去穿上一套不适合的衣服，“时髦”是“时髦”了，但会导致企业的发展中受阻。

量力而行

老鹰从很高的岩石上向下俯冲，用它的利爪抓在小绵羊身上。穴鸟看到了，心想：自己一定比老鹰强。于是就模仿老鹰的动作飞到绵羊身上，没想到脚爪却被绵羊弯曲的毛给缠绕住，拔不出来了。

牧羊人发现了，就跑过去把穴鸟的脚爪尖剪掉，并把它带回去给孩子们玩。孩子们很想知道这是什么鸟，牧羊人说：“这是穴鸟，但是它却自以为是老鹰。”

启示

人各有所长，一定要了解自己的能力去发展。看到别人名利双收，就想跟着别人模仿；看别人经营贸易赚钱，就不顾自己的个性，造成专长与岗位的不匹配，这样做往往会导致失败。

驴、公鸡和狮子

一只驴和一只公鸡，同住在一个草场里。有一只饥饿的狮子正走近草场。它正想扑向驴时，公鸡大声地啼叫起来（据说，狮子非常厌恶鸡啼声）。狮子听到，便赶忙逃走了。驴看见只不过是公鸡的啼声，狮子便害怕，就鼓起勇气去追赶狮子，想要攻击它。驴追了不远，狮子一转身就抓住驴，将其撕成碎片吞吃了。

启示

错误地估计对手，最后可能招致灭顶之灾。市场中的竞争者可以分为市场领导者、市场跟随者、市场利益者。只有当市场跟随者具备了相当的资源和能力后才能向市场领导者发起挑战；对于一般的市场利益者，没有足够的实力却向领导者发出挑战，最后可能连自己的那一点市场也没有了。

第五部分

THE FIFTH PART

领导艺术

海马的焦虑

有一天，小海马做了一个梦，梦见自己拥有了7座金山。

从美梦中醒来，小海马觉得这个梦是一个神秘的启示：它现在全部的财富是7个金币，但总有一天，这7个金币会变成7座金山。

于是它毅然决然地离开了自己的家，带着仅有的7个金币，去寻找梦中的7座金山，虽然它并不知道7座金山到底在哪里。

海马是竖着身子游动的，游得很缓慢。它在大海里艰难地游动，心里一直在想：也许那7座金山会突然出现在眼前。

然而金山并没有出现，出现在眼前的是一条鳗鱼。鳗鱼问："海马兄弟，看你匆匆忙忙的，要干什么去？"海马骄傲地说："我去寻找属于我自己的7座金山。只是我游得太慢了。""那你真是太幸运了。对于如何提高你的速度，我恰好有一个完美的解决方案。"鳗鱼说，"只要你给我4个金币，我就给你一个鳍，有了这个鳍，你游起来就会快得多。"海马戴上了用4个金币换来的鳍，发现自己游动的速度果然提高了一倍。海马欢快地游着，心里想：也许金山马上就会出现在眼前了。

然而金山并没有出现，出现在海马眼前的是一个水母。水母问："小海马，看你急匆匆的样子，你想要到哪里去啊？"海马骄傲地说："我去寻找属于我自己的7座金山。只是我游得太慢了。""那你真是太幸运了。对于如何提高你的速度，我有一个完美的解决方案。"水母说，"你看，这是一个喷气式快速滑行艇。你只要给我3个金币，我就把它给你。它可以在大海上飞快地行驶，你想到哪里就能到哪里。"海马用剩下的3个金币买下这个小艇。它发现，这个神奇的小艇使它的速度一下子提高了5倍。它想，用不了多久，金山就会马上出现在眼前了。

然而金山还是没有出现，出现在海马眼前的是一条大鲨鱼。大鲨鱼对它说："你太幸运了。对于如何提高你的速度，我恰好有一套彻底的解决方案。我本身就是一条在大海里飞快行驶的大船，只要搭乘我这艘大船，你就会节省大量的时间。"大鲨鱼说完，就张开了大嘴。

"那太好了。谢谢你，鲨鱼先生！"小海马一边说一边钻进了鲨鱼的嘴里，向鲨鱼的肚子深处欢快地游去。

启示

在一个盛行"速度崇拜"的时代，有不少管理者把诸多管理问题归结为速度问题，又把速度问题简化为提速问题。他们像那条海马一样，把对"慢"的焦虑转化为他们的基本焦虑。"我去寻找属于我自己的7座金山。只是我游得太慢了。"于是，他们把企业的发展战略简化为"买入"战略——

用金钱来购买速度。

然而，在只有强烈的发财愿望而毫无目标管理可言，企业的经营尚处于“漫游状态”时，快或慢是没有分别的。因为此时我们找不到一个参照物来判定多快才算快，多慢才算慢。正像我们在这则故事中看到的，为快而快的发展模式最终可能使企业被“速度之魔”耗尽资源并且欢快地走向灭亡。混乱的战略、模糊的目标，极可能使企业陷入一种可怕的“商业浪漫主义”之中。作为商业浪漫主义的典型形态，漫游式经营会让企业通向毁灭之路。

启示

一个人如果没有明确的目标，没有“正业”，他就会滋生出很多零碎的爱好和荒诞无稽的“浪漫情怀”，对于一个企业来说同样如此。在一个市场化程度不高、客户成熟度低的商业环境中，可能有以浪漫的管理手法获得成功的企业，可能会有诗人、哲学家式的企业家。然而随着市场逐渐成熟，客户的鉴别力和权利意识的增强，此类企业和企业家会逐渐绝迹。

黑子的故事

黑子是一条狗，更是一条警犬，黑子的灵性让人心动，黑子的悲剧使人惊醒。

警犬黑子目光如电，射向眼前这十几个偷东西的犯罪嫌疑人。每逢有甄别小偷的任务，它都跃跃欲试，精神饱满，威风凛凛，使做贼者先心虚起来。随着训导员的一声号令，黑子很快就用嘴把丢失的东西从隐秘处叼了出来，接着又向站着的人群跑去，没费多少工夫，就叼住了那个小偷。

黑子兴奋地望向训导员，等待着嘉奖。但训导员却使劲摇着头对黑子说：“不！不是他！再去找！”黑子大为诧异，眼睛里闪出迷惑的光。平时对训导员的绝对信赖，又使它转回头重新开始了更为谨慎的辨认。直觉告诉黑子，它没错！于是重新又把那个小偷叼了出来。可是训导员却不容置疑地说：“不对！再去找！”

黑子迟疑地盯着训导员，转回身去花了更长时间去嗅辨。最后，它还是站在了小偷的身边，向训导员坚定地望去，好像在说：“就是他！不会是别人！”“不！绝对不是！”训导员大声吼着，表情也严肃起来。

黑子的自信心被击溃了，它相信训导员超过相信自己。它放弃了那个小偷，去找别人。可是不对啊！气味骗不了黑子。它焦急地踱着步，在每个人的脚边都停一会儿，忽而急促地嗅辨，忽而扭回头去窥测训导员的眼神，最后，当它捕捉到训导员眼色在一刹那间微小的变化时，它把另一个人叼了出来。

当然，这是错的。训导员与那些人一起哈哈大笑起来。黑子糊涂了，愣在当场。之后，训导员告诉黑子：“你本来是对的，可错就错在没有坚持。”

当黑子明白了这是一场骗局之后，它极度痛苦地叫了一声，几大滴热泪流了出来。一个没有准则、没有对错的荒唐世界，把它所有的信念击得粉碎。它沉沉地垂下头，一步步地走开了。训导员的呼唤，像是另外一个世界的声响。黑子无动于衷，照直往外走。

训导员慌了，他扑上去，紧紧地抱住黑子，热泪滂沱。黑子使劲挣脱了训导员，一步步走到了营外，找了个背风的地方趴下。此后几天，黑子不吃不喝，精神萎靡，任凭训导员怎么哄，始终打不起精神。它不再信赖训导员，也不再信赖任何人，不再目光如电，不再奔如疾风，不再虎视眈眈，更没有了威风凛凛。它已经看穿了一切。最后，洞穿世事的黑子，只能永远退出警犬的行列。

启示

我们作为管理者，想到自己的信念和评判，有可能影响到一个人的一生，就更应该多一份小心。管理者与被管理者之间，有一种无形的氛围，一不小心就会生出黑子的悲剧。有时在被管理者眼里，管理者就代表着正义和秩序。如果管理者的言行出了格，被管理者就会对公司的运作失去信心，从而懈怠本职工作，或者加入损害公司利益的行列。

如果一个被人信服的管理者，不能在恰当的时候给出恰当的褒奖和惩罚，不只会打击被管理者工作的信心，有时甚至会改变他积极的人生态度。因为，价值标准一旦形成，世界就会围绕着价值判断运行。无论是价值判断的发起人还是被动的承受者，如果不能在恰当的时候做出恰当的言行举止，就会破坏运行秩序，从而改变当事人的心态。

一无所知的老海象

“下面的情形如何？”老海象端坐在海边的一块巨岩上，大声发问。它期待听到好消息。

岩石下的一群小海象嘀咕了一会儿，发现事情非常糟糕，但没有哪只海象愿意告诉这位老祖宗真相。它是海象群中年龄最大也最聪明的一只，饱经沧桑，深谙世故，它们不愿让它失望，或令它处于尴尬境地。

“我们该告诉它些什么呢？”小海象们的带队人巴齐尔悄悄地想。它仍记得上一次当小海象们没有完成捕获鲱鱼定额的时候，老海象大声咆哮的情景。它不想再经历一回那样的噩梦。可是，附近海湾的水位在过去几周内不断下降，要想捉到更多的鲱鱼，就必须离开这个地方。这种情形应该让老海象知道。可是谁来告诉它呢？又用什么办法来告诉它呢？

巴齐尔最后一咬牙说：“一切都很正常，头儿。”不断退后的海水让它心情很沉重，但它还是继续说："依我们看，海滩好像在扩大。"老海象满意地说："好，好。这会给我们带来更大的生存空间。"它闭上眼，继续悠闲地晒它的太阳。

第二天，情况变得更加糟糕。一个新的海象群正向这块海滨进发，由于鲱鱼已经发生了短缺，它们的入侵显得格外具有威胁性。没人敢把这一险情通报给老海象，虽说只有它才能采取必要的措施迎接挑战。

巴齐尔走到老海象跟前，奉承了几句之后，小心翼翼地说："头儿，忘了告诉你，一群新的海象闯到我们这儿来了。"老海象倏地把眼睛睁开，深吸了一口气，正准备咆哮。巴齐尔赶忙又说："当然，我们不认为这有什么问题。它们看上去不像是以鲱鱼为食的，而是贪吃那些小鱼。而您知道，我们是不碰那些玩意儿的。"老海象徐徐吐出一口长气。"好，好。那么，我们没有什么可担心的，对吗？"

在接下来的几周内，形势越来越糟。一天，从岩石上望下去，老海象注意到一些小海象似乎消失了。它把巴齐尔叫来，怒气冲冲地问："怎么回事，巴齐尔？那些小子到哪去了？"可怜的巴齐尔没有勇气告诉老海象，许多年轻的海象已经离开自己的群体，加盟到那群新海象当中。它清了清嗓子，对老海象说："头儿，是这样的，我们加强了纪律性。你知道，这是为了吐故纳新。毕竟，我们的队伍必须保持纯洁。"

老海象咕哝道："玉不琢，不成器。如果一切正常就好。"又过了一些时候，除了巴齐尔自己，它所有的部下都投奔到新的海象群中。巴齐尔意识到它必须明确告诉老海象所发生的一切了。尽管十分害怕，它还是下定决心走到岩石上，对老海象说："头儿，我要告诉你一个坏消息，所有的海象都离开你了。"老海象惊呆了，甚至都忘记了大发雷霆。"离开了我？所有的海象？为什么？这一切究竟是怎么发生的？"巴齐尔还是不敢说出所有的事实，所以它只是耸了耸肩。

"我不明白，"老海象喃喃地说。"原来一切不是都很正常的吗？"

启示

作为领导，我们不能仅仅听下属的汇报。因为下属或许有求于你，或许想巴结你，或许是害怕你的严厉，所以他们专门挑拣我们喜欢听的话进行汇报，甚至隐瞒真相。领导者要实地考察，取得第一手资料，如果不能实地考察，也要对下属的汇报进行认真的思考。

问题出在空气流通上

在国外的一家公司里，有两个车间的工人数量和工作性质以及管理方法都一样，可是，令人不解的是，一段时间以来，比尔所管理的车间生产的产品合格率很低，而叶特所管理的车间产品合格率却很高。比尔经过认真研究后发现，原来问题是车间空气流通不好，致使工人们一到下午就犯困、头晕，注意力不集中。几天后，比尔把一台通风设备安在车间里，产品合格率很快上去了。

启示

有时候，企业出现了大问题，很多人都在大处寻找原因，却想不到小毛病也会导致大问题的出现。只有细致地观察分析和研究，才能从根本上解决问题。

压力管理

在讲压力管理的课堂上，老师拿起一杯水，然后问听众："各位认为这杯水有多重？"

听众有的说200克，有的说500克，老师说："这杯水的实际重量并不重要，重要的是你能拿多久。拿一分钟，各位一定觉得没有问题；拿一个小时，可能觉得手酸；拿一天，可能得叫救护车了。其实这杯水的重量是不会变的，但是你若拿得越久，就觉得越沉重。这就像我们承担着压力一样，如果我们一直把压力放在身上，不管时间长短，到最后就会觉得压力越来越沉重，进而无法承受。我们必须做的是放下这杯水，休息一下后再拿起来，如此我们才能拿得更久。所以，各位应该将承担的压力在一段时间后适时放下，并好好地休息一下，然后再重新拿起来，如此，才可承担很久。"

启示

我们应该将工作上的压力在下班时放下，而不要带回家。回家后应该好好休息，明天工作时再处理工作的事情。如此，我们就不会觉得压力沉重了。

阿喀琉斯的脚后跟

古希腊神话中有一位伟大的英雄阿喀琉斯，他有着超乎常人的神力和刀枪不入的身体。在激烈的特洛伊之战中，他取得了赫赫战功。但就在阿喀琉斯为攻占特洛伊城奋勇作战之际，站在对手一边的太阳神阿波罗却悄悄一箭射中了伟大的阿喀琉斯，在一声悲凉的哀叹中，强大的阿喀琉斯竟然倒下去了。

原来这支箭射中了阿喀琉斯的脚后跟，这是他全身唯一的弱点，只有他的父母和天上的神才知道这个秘密。在他还是婴儿的时候，他的母亲、海洋女神忒提斯，就曾捏着他的右脚后跟，把他浸在神奇的冥河中，被河水浸过的身体变得刀枪不入，可那个被母亲捏着的脚后跟由于浸不到水，成了阿喀琉斯全身唯一的弱点。母亲造成的这唯一弱点要了儿子的命!

启示

局部细微的弱点能导致全局的崩溃。一个零部件装配的失误，就可能给整个企业带来巨大的甚至致命的损失。因此，一定要全力把好质量关。“零缺陷管理”就是对质量控制与保证的管理创新。

给糖哲学

某公司自从多年前成立以来，就蒸蒸日上，但今年的盈余竟大幅滑落。这绝不能怪员工，因为大家为公司拼命的情况，丝毫不比往年差。甚至可以说，员工干得比以前更卖力。

这也就愈发加重了董事长心头的负担，因为马上要过年了，照往例，年终奖金最少加发两个月工资，多的时候，甚至再加倍。今年可惨了，算来算去，顶多只能给一个月的奖金。

董事长忧心忡忡地对总经理说：“许多员工都以为最少有两个月工资的年终奖，恐怕飞机票、新家具都订好了，只等拿奖金就出去度假或付账单呢！”

总经理也愁眉苦脸地说：“好像给孩子糖吃，每次都给一大把，现在突然改给两颗，小孩一定会吵。”

“对了！”董事长突然灵机一动：“你倒使我想起小时候到店里买糖，总喜欢找同一个店员，因为别的店员都先抓一大把，拿去秤，再一颗一颗往回扣。那个比较可爱的店员，则每次都抓不足重量，然后一颗一颗往上加。说实在话，最后拿到的糖没什么差异。但我就是喜欢后者。”

没过两天，公司突然传来小道消息——

“由于营业不佳，年底要裁员。”

顿时，员工人心惶惶。每个人都在猜，被裁的人会不会是自己。最基层的员工想：“一定会从下面裁起。”上面的主管则想：“我的薪水高，只怕会拿我开刀！”

但是，紧接着总经理就做了宣布：“公司虽然艰苦，但大家在同一条船上，再怎么危险，也不愿牺牲共患难的同事，只是年终奖金，绝不可能发了。”

听说不裁员，人人都放下心中的一块大石头，那保住工作的窃喜，早压过了没有年终奖金的失落。

眼看除夕将至，人人都做了过个穷年的打算，彼此约好拜年不送礼，共克时艰。

突然，董事长召集各单位主管紧急开会。看主管们匆匆上楼，员工们面面相觑，心里都有点儿七上八下：“难道又变卦了？”

没几分钟，主管们纷纷冲进自己的部门，兴奋地高喊着：“有了！有了！还是有年终奖金，整整一个月，马上发下来，让大家过个好年！”

整个公司大楼爆发出一片欢呼，连坐在顶楼的董事长，都感觉到了地板的震动。

启示　面对难题，抓住关键，如果处理的巧妙，往往会收到意想不到的效果。

天使的翅膀

好多年以前，有一个小男孩，他非常的自卑，因为他的背上有着两道非常明显的疤痕。这两道疤痕，就像两道暗红色的裂痕，从他的脖子一直延伸到腰部，上面布满了扭曲鲜红的肌肉。这个小男孩非常讨厌他自己，非常害怕换衣服。尤其是体育课，当所有孩子都很高兴地脱下不舒服的制服，换上宽松的体育服的时候，小男孩都会一个人偷偷地躲到角落里，用背部紧紧地贴住墙壁，用最快的速度换上体育服，生怕别人发现他的背部有两条这么可怕的疤痕。

可是，时间久了，其他小朋友发现了他背上的疤。“好可怕喔！”“不跟你玩了！”“你是怪物！”“你的后背好恐怖。”天真的小朋友们说出了这些伤人的话。无心的话往往最伤人，小男孩哭着跑出教室。从此，再也不敢在教室里换衣服，再也不上体育课了。

这件事发生以后，小男孩的妈妈特地牵着他的手去找老师。小男孩的老师是一个很慈祥的女老师，她仔细地听着妈妈说起小男孩的故事：“这小孩在刚出生的时候，就生了重病，当时本来想放弃的，可是，一个这么可爱的生命好不容易诞生了，怎么可以轻易放弃？”

妈妈说着说着，眼眶就湿了：“所以我跟我老公，决定无论如何也要让孩子活下去，幸好当时有位很高明的大夫愿意尝试用动手术的方式挽救这条小生命，经过了几次的手术，好不容易保住了他的命，可是他的背部也留下了这两条清楚的疤痕。”

妈妈转头吩咐小男孩，“来，把背部给老师看一下。”

小男孩迟疑了一下，还是脱下了上衣，让老师看清楚这两道恐怖的痕迹。老师诧异地看着这两道疤，有点儿心疼地问：

“还会痛吗？”

小男孩摇摇头：“不会了。”

妈妈心疼地说：“这个小孩真的很乖，上天对他已经很残酷了，现在又给他这两道疤。老师，请您多照顾他，好不好？”

老师点点头，轻轻摸着小男孩的头：“我知道了，我一定会想办法的。”

此时老师心里不断地思考，要限制小朋友不准取笑小男孩，只能治标，不能治本，小男孩一定还会继续自卑下去的，一定要想个好办法。

突然，她灵光一闪，摸了摸小男孩的头，对他说："明天的体育课，你一定要跟大家一起换衣服喔。"

"可是他们又会笑我，说我是怪物。我不是怪物……"

小男孩眼睛里，晶莹的泪水滚来滚去。

"放心，老师有办法，没有人会笑你。"

"真的？"

"真的！相不相信老师？"

"我相信老师。"

第二天的体育课时，小男孩怯生生地躲在角落里，脱下了他的上衣，果然不出所料，所有的小朋友又露出了讶异和厌恶的声音。

"好恶心喔。"

"他的背上长了两只大虫子。"

"好可怕！"

小男孩双眼睁得大大的，眼泪已经不听话地流了下来。

这时候，教室的门却突然被打开，老师出现了。

几个同学马上跑到了老师面前，说：

"老师你看他的背好可怕，好像两只大虫子。"

老师没有说话，只是慢慢地走向小男孩，然后露出诧异的表情。

"这不是虫喔。"老师眯着眼睛，很专注地看着小男孩的背部。

"老师以前听过一个故事，大家想不想听？"

小朋友最爱听故事了，连忙围了过来，"要听！老师我要听！"

老师指着小男孩背上那两条显眼的深红疤痕，说道："这是一个传说。每个小朋友都是天使变成的,有的天使变成小孩的时候很快就把它们美丽的翅膀脱下来了，有的小天使动作比较慢，来不及脱下它们的翅膀。"

"这时候，那些天使变成的小孩子，就会在背上留下这样两道痕迹。"

"哇！"小朋友发出惊叹的声音，"那这是天使的翅膀？"

"对啊，"老师露出神秘的微笑，"大家要不要检查一下对方，还有没有人的翅膀像他一样，没有完全掉下来的？"

所有小朋友听到了老师这样说，马上七手八脚地检查对方的背，可是，没有人像小男孩一样，有这么清楚的痕迹。

"老师，我这里有一点点伤痕，是不是？"一个戴眼镜的小孩兴奋地举手。

"我这里也有红红的疤，我才是天使！"

小朋友们争相承认自己的背上有疤，完全忘记取笑小男孩的事情了。

小男孩此刻早已停止了哭泣。

突然，一个小女孩轻轻地说："老师，我们可不可以摸摸小天使的翅膀？"

"这要问小天使肯不肯。"老师微笑地向小男孩眨眨眼睛。

小男孩鼓起勇气，羞怯地说："好。"

小女孩轻轻地摸了他背上的伤痕，高兴地叫了起来："哇！好软，我摸到天使的翅膀了！"

小女孩这么一喊，所有小朋友都大喊："我也要摸！""我也要摸天使的翅膀！"

教室里几十个小朋友排成长长的队伍，等着摸小男孩背上的伤痕。小男孩的心里，不再难过了；小男孩的脸上，泪痕还没干，却已经露出了久违的笑容。一旁的老师，偷偷地对小男孩比出胜利的手势。小男孩忍不住咯咯地笑了起来。

后来，小男孩渐渐长大，他深深地感谢着老师。老师的一句"这是天使的翅膀"让他重拾信心。高中时，他还参加了全市的游泳比赛，获得了亚军。后来，他勇敢地选择了游泳，因为他相信，他背上的两道疤痕，是被有爱心的老师祝福过的。

启示 其实作为企业的领导者，也应该像那位老师一样，帮助有缺陷、自卑的员工走出生活的阴影，创造融洽的工作、生活氛围。

狩猎的印第安人

以前，某印第安人部落在决定去哪个方向狩猎时，会采用一种非常古老的方法。

他们把一块鹿骨放在火上炙烤，直到骨头出现裂痕，然后请部落中的专家来破解这些裂痕中包含的信息——裂痕的走向就是他们当天寻找猎物的方向。

令人惊异的是，用这种决策方法，他们竟然经常能找到猎物。

从管理学的角度来看，这些印第安人的决策方式包含着诸多"科学"的成分。

首先，在每一天的决策活动中，按通常的做法，如果头一天满载而归，那么第二天就再到那个地方去狩猎。在一定时间内，他们的生产可能出现快速增长。但有许多快速增长常常是在缺乏"系统思考"、掠夺性利用资源的情况下取得的。如果这些印第安人过分看重他们以往取得的成果，就会陷入因滥用猎物资源而使之耗竭的危险之中。

其次，他们没有使决策受制于某个人或某些人的偏好和判断，而是把它置于一种决策系统之中。打猎实际上是猎人与猎物之间的博弈，如果猎人的行为受制于理性选择，那么他们实际上是在以不自觉的方式训练对手（猎物）。其结果是，猎人的行为方式对于对手（猎物）来说变得越来越透明，越来越容易对付，对手则变得越来越聪明，猎人的核心竞争力则会持续下降，直至丧失。

启示

这就像“磨光理论”：信息的效用有赖于其独享性，如果一个信息被充分共享的话，它的优势和效用就被“磨光”了。因此，决策行为是悖论式的。所谓信息，就是“被消除了的不确定性”，决策行为一方面要力图消除不确定性，追求透明度，另一方面又要维护不确定性，保持不透明。管理中有明显的理性成分，所以它具有科学性；但它不仅仅具有科学性的，而且富于艺术性甚至是随机性。管理实际上是在确定性与不确定性、透明与不透明之间走钢丝。一个成功的管理者身上，往往同时具备科学家、艺术家和预测师的素质。

教授的第一堂课

有一位医生到母校去进修，上课的正是一位原先教过他的教授。教授没有认出他来，因为教授的学生太多了，何况他毕业已整整10年了。

第一堂课，教授用了半堂课的时间，给学生们讲了一个故事。可是，这个故事医生当年就听过。

有个小男孩，家里很穷。小男孩患了一种病，去很多地方看过医生，也不见效。为看病，小男孩花光了家里所有的积蓄。后来听说有个郎中能治小男孩的病，母亲便背着男孩前往。可是这个郎中的药很贵，母亲只得上山砍柴卖钱为孩子治病。一包草药煎了又煎，味淡了才扔掉。

小男孩发现，母亲把药渣全部倒在路口，被许多人踩踏。小男孩问母亲：“为什么把药渣倒在路上？”母亲小声告诉他：“别人踩了你的药渣，就把病气带走了。”

小男孩说：“这怎么可以呢？我宁愿自己生病，也不能让别人也生病。”后来，小男孩再也没见到过母亲把药渣倒在路上。有一天，小男孩打开后面的窗户，他发现那些药渣全被倒在后门的小路上。那条小路只有母亲上山砍柴才会经过。

医生觉得教授真是古板，都10年了，怎么又把这个故事拿出来讲呢？

讲完故事，教授给学生留了几道思考题。思考题很简单，要求学生当堂完成。前面的题大家答得很顺利，可是，同学们被最后一道题难住了。这道题是这样的：“你们知道每天清早在医院里打扫卫生的清洁工叫什么名字吗？”同学们以为教授是在开玩笑，都没有回答。

那位医生也觉得好笑，都10年了，还出这样的题，教授的课怎么一成不变呢？教授看了看学生，表情很严肃。他在黑板上写了一行字：“在你们的职业生涯当中，每个人都是重要的，都是值得关心的，因此要关爱他们。”教授说：“现在我要表扬一位同学，只有他回答出来了。”

这个人就是那位医生。医生这时才猛然发现，自己在平时工作中常会下意识地去记清洁工的名字。他工作的医院有1000多人，他竟然记住了每位清洁工的名字。

因为，这道题10年前就曾难倒过他。没想到当年的第一堂课会影响他这么多年。

启示 在企业管理中也是一样，我们不仅要关注公司里的骨干，还要去关注那些默默无闻的普通员工。

迟到

一位女白领曾说过这样一段经历：

那年她刚从大学毕业，在一家离家较远的公司上班。每天清晨7点，公司的专车会准时等候在一个地方，接送她和她的同事们。

一个骤然寒冷的清晨，她关闭了闹钟，稍微赖了一会儿床——像在学校的时候一样，她尽可能最大限度地拖延一些时光，用来怀念以往不必为生活奔波的寒假。她比平时迟了5分钟起床。可是就是这区区5分钟却让她付出了代价。

那天，当她匆忙中奔到专车等候的地点时，已是7点05分，班车开走了。站在空荡荡的马路边，她茫然若失。一种无助和受挫的感觉第一次向她袭来。

就在她懊悔沮丧的时候，她突然看到公司的那辆蓝色轿车停在不远处的一幢大楼前，那是上司的车。她想，真是天无绝人之路。她向那车走去，在稍稍犹豫后，便打开车门悄悄地坐了进去，并为自己的聪明而得意。

为上司开车的是一位慈祥温和的老司机。他从反光镜里已看她多时了。这时，他转过头来对她说：“你不应该坐这车。”

“可是我的运气真好。”她如释重负地说。

这时，她的上司拿着公文包飞快地走来。待他在前面习惯的位置上坐定后，她才告诉他的上司说：“班车开走了，我想搭您的车子。”她以为这一切合情合理，因此说话的语气充满了轻松随意。

上司愣了一下。但很快明白了一切后，他坚决地说：“不行，你没有资格坐这车。”然后用无可辩驳的语气命令：“请你下去！”

她一下子愣住了。这不仅是因为从小到大还没有谁对她这样严厉过，还因为在这之前她没有想过坐这车是需要一种身份的。当时就凭这两点，以她过去的个性是定会重重地关上车门以显示她对小车的不屑一顾，然后拂袖而去的。可是那一刻，她想起了迟到对她意味着什么，而且她那时非常看中这份工作。于是，一向聪明伶俐但缺乏生活经验的她变得从来没有过的软弱。她近乎用乞求的语气对上司说："我会迟到的。"

"迟到是你自己的事。"上司冷冷地说。

她把求助的目光投向司机。可是老司机看着前方一言不发。委屈的泪水终于在她的眼眶里打转。

他们在车上僵持了一会儿。最后，让她没有想到的是，上司打开车门走了出去。

坐在车后座的她，目瞪口呆地看着有些年迈的上司拿着公文包向前走去。他在凛冽的寒风中拦下了一辆出租车，飞驰而去。泪水终于顺着她的脸颊流了下来。

老司机轻轻地叹了一口气："他就是这样一个严格的人。时间长了，你就会了解他。他其实也是为你好。"

老司机给她说了自己的故事。他说他也迟到过，那还是在公司创业阶段，"那天他一分钟也没有等我，也不听我的解释。从那以后，我再也没有迟到过。"他说。

她默默地记下了老司机的话，悄悄地拭去泪水，下了车。那天她走出出租车踏进公司大门的那一刻，上班的钟点正好敲响。她悄悄而有力地将自己的双手紧握在一起，心里第一次为自己感动、骄傲。

从这一天开始，她长大了许多。

启示　优秀的管理者一定是有自我原则的人，教育员工最有效的方式是严于律己。

扁鹊的医术

魏王问名医扁鹊说："你们家兄弟三人，都精通医术，到底哪一位最好呢？"

扁鹊答说："大哥最好，二哥次之，我最差。"

魏王再问："那么为什么你最出名呢？"

扁鹊回答："我大哥治病，是治病于病情发作之前。由于一般人不知道他事先铲除了病因，所以他的名气无法传出去，只有我们家的人才知道。我二哥治病，是治病于病情初起之时。一般人以为他只能治轻微的小病，所以他的名气只及于本乡里。而我扁鹊治病，是治病于病情严重之时。一般人都知道我能在经脉上穿针管来放血、在皮肤上敷药，所以都以为我的医术高明，名气因此响遍全国。"

魏王说："你说得好极了。"

启示 事后控制不如事中控制，事中控制不如事前控制，可惜大多数的企业经营者均未能体会到这一点，等到错误的决策造成了重大的损失时，才开始想办法弥补。

曲突徙薪

有位客人到某人家里做客，看见主人家的灶上烟囱是直的，旁边又有很多木材。客人告诉主人说，烟囱要改曲，木材须移去，否则将来可能会发生火灾，主人听了，没有做任何表示。

不久，主人家里果然失火，四周的邻居赶紧跑来救火，最后火被扑灭了，于是主人烹羊宰牛，宴请四邻，以酬谢他们救火的功劳，但是并没有请当初建议他将木材移走，烟囱改曲的人。

有人对主人说："如果当初听了那位先生的话，今天也不用准备筵席，而且没有火灾的损失，现在论功行赏，原先给你建议的人没有被邀请，而救火的人却是座上客，真是很奇怪的事呢！"主人顿时省悟，赶紧去邀请当初给予建议的那个客人。

启示 一般人认为，足以摆平或解决企业经营过程中的各种棘手问题的人，就是优秀的管理者，其实这是有待商榷的。俗话说"预防重于治疗"，防患于未然胜于治乱于已成。企业问题的预防者，其实优于企业问题的解决者。

富翁的大房檐

有位善心的富翁，盖了一栋大房子，他特别要求营造的师傅把那四周的屋檐建得长一些，以使穷苦无家的人，能在其下暂时躲避风雪。

房子建成了，果然有许多穷人聚集在屋檐下，他们甚至摆起摊子来做买卖，并生火煮饭。嘈杂的人声与油烟，使富翁不堪其扰，家人也常与寄在檐下的人争吵。

冬天，有个老人在檐下冻死了，大家交口骂富翁为富不仁。

夏天，一场飓风，别人的房子都没事，富翁的房子因为房檐特别长，居然被掀了顶，村人都说是恶有恶报。

重修屋顶时，富翁只要求建小小的房檐。富翁把省下的钱捐给慈善机构，另外盖了一间小房子。这房子所能庇荫的范围远比以前的房檐小，但四面有墙，是间正式的房子。

许多无家可归的人都在其中获得了暂时的庇护，并在临走前，问这间房子是哪位善人捐盖的。

没过几年，富翁成了最受欢迎的人。即使在他死后，人们会纪念他。

为什么同样的善心，却有那么大的不同？

富翁从被骂为富不仁、恶有恶报到变成最受欢迎的人，这中间的变化是什么因素造成的？是大房檐与小房子的差别吗？还是其中的用心有什么不同？

答案是寄人檐下的感觉和生活在独立房子中的感觉不同。想象一下，生活在富翁的大房檐下，那些穷苦的人们会有什么感受？而生活在独立的房子中，那些穷苦的人们又会有什么感受？

在组织或团队中，什么样的状况等同于寄人檐下？什么样的状况等同于有独立房屋？

妈妈什么事都安排好，小孩子无法独立；主管什么事都能干，部属不负责任。“屋檐”伸太长，一片好心变成为富不仁；“独立小房子”最受青睐，这中间的差别值得我们深思！

启示

为善的本质是什么？领导最终的目的是什么？为善与领导的共通处又是什么？只是解决眼前的问题，还是协助人独立站起来，还他一个真真实实的自我？领导不能只注重在表面上完成事情，也不应止于问题的解决，更重要的责任是：启发员工的能力，还员工一个真实的自我，要当教练，而不是主管。

启发员工的自觉与责任感，是帮助组织与团体成长的绝对关键要素。对此，你有什么新决定？你的做法又将会是什么？在组织与团队领导的过程中，如何协助员工成长？如何陪伴员工们渡过困难的考验？怎么做才能真正地帮助他们？

买菜的比喻

一位老板向一位管理顾问诉苦说，他的公司管理极为不善。顾问应约而往，到公司上下走了一圈，心中便有了底。

顾问问这位老板：“你到菜市场去买过菜吗？”

他愣了一下，答道：“买过。”

顾问继续问：“你是否注意到，卖菜的人总是习惯缺斤短两吗？”

他回答：“是的，是这样。”

“那么，买菜的人是否也习惯讨价还价呢？”顾问问。

“是的。”他回答。

“那么，”顾问笑着提醒他，“你是否也习惯用买菜的方式来购买职工的生产力呢？”

他吃了一惊，瞪大眼睛望着顾问。

最后，顾问总结说：“一方面是你在工资上跟职工动脑筋，另一方面是职工在工作效率或工作质量上跟你“缺斤短两”，也就是说，你和你的职工同床异梦，这就是公司管理不善的症结所在！”

启示　在管理中出现的问题，很多时候是我们自身原因引发的。想解决问题，首先要从改变自己开始。

同花顺理论

接到HH公司李总的电话之后，我犹豫了很久。李总请我去他的公司做培训管理。李总是我的好友，自然不便推脱，但HH公司的现状确实很棘手，组织结构、管理制度、人力资源、市场营销，问题一大堆，我该从何入手呢？

因为与HH公司接触过几次，对公司的情况有一定的了解，我知道公司决策层的做法竟是“走一步算一步”。所以，我提议必须首先改变操作层面上的混乱状态。

我拿出一副扑克，把在场的公司员工分成两组，请A组每人从中选取自以为最好看的两张；请B组每人选取两张红桃，并对点数做了明确的要求。最后，请两组人员把牌亮出来。于是，出现了下面的结果：

A组：黑桃2、方块A、黑桃8、梅花Q、红桃3

B组：红桃A、红桃K、红桃Q、红桃J、红桃10

“发现问题了吗？”我问李总。

李总迷惑不解，要求我解释。

我说：“两组的结果是完全不同的，A组是一副杂牌，B组却是一手红桃同花顺。为什么会这样呢？这是因为，对于A组我没有明确的指令，所以A组的人都是按照各自不同的审美来选牌。我们不必评判他们的选择孰优孰劣，但很显然，他们每个人的做法都是一种个人行为。个人行为与个人行为混合在一起能得到什么？只有‘乌合之众’。再看看B组，清一色的同花顺，这才是组织行为。”

这时，我注意到李总点了点头。

我继续说：“你能拿一副杂牌去打败对手的同花顺吗？当然不能。所谓‘世有三亡’：以邪攻正者亡，以逆攻顺者亡，以乱攻治者亡。如果公司的管理现状不及时改变的话，恕我直言，恐怕会印证‘以乱攻治者亡’这句哲言。”

启示　公司处于个人行为为主的状态，这不是员工的过错，而是决策层有问题。如果你想要得到公司员工一致的行为，必须满足两个条件：第一，决策层一定要思路清晰；第二，要给员工发出明确的指令。否则，员工们要么茫然失措，要么各行其是。

且慢下手

大多数同仁都很兴奋，因为单位里调来了一位新主管，据说是个能人，专门被派来整顿业务。可是，日子一天天过去，新主管却毫无作为，每天进办公室后，便躲在里面很少出门，那些紧张得要死的“坏分子”，现在反而更猖獗了，说他哪里是个能人，根本就是个老好人，比以前的主管更容易糊弄。

4个月过去了，新主管却发威了，“坏分子”被全部开除，能者获得提升。下手之快，断事之准，与4个月中表现保守的他，简直像换了一个人。年终聚餐时，新主管在酒后致辞：相信大家对我新上任后的表现和后来的大刀阔斧，一定感到不解。现在听我说个故事，各位就明白了。

我有位朋友，买了栋带大院的房子，他一搬进去，就对院子全面整顿，杂草杂树一律清除，改种自己新买的花卉。第二天，原先的房主回访，进门大吃一惊地问，那株名贵的牡丹哪里去了。我这位朋友才发现，他居然把牡丹当草给割了。后来他又买了一栋房子，虽然院子很杂乱，他却按兵不动：果然冬天以为是杂树的植物，春天里开了繁花；春天以为是野草的，夏天却是花团锦簇；半年都没有动静的小树，秋天居然红了叶。直到暮秋，他才认清哪些是无用的植物，将其大力铲除，同时使所有珍贵的草木得以保存。

说到这儿，主管举起杯来，说：“让我敬在座的每一位，如果这个办公室是个花园，你们就是珍木，珍木不可能一年到头都开花结果，只有经过长期的观察才认得出啊！”

启示　俗话说：“路遥知马力，日久见人心。”管理更是这样，只有进行长期的观察分析，才能对企业中的问题有客观的分析，才能采取切实可行的措施。

铁轨

有一群小朋友在外面玩，而那个地方有两条铁轨，一条还在使用，一条已经停用。只有一个小朋友选择在停用的铁轨上玩，其他小朋友全都在会行驶火车的铁轨上玩。很不巧，火车来了，而你正站在铁轨切换器旁，因此你能让火车转往停用的铁轨，这样的话你就可以救大多数的小朋友，但是那名在停用铁轨上的小朋友将被牺牲。你会怎么办？

据说大多数人会选择救多一些的人，换句话说，人们会选择牺牲那名在停用铁轨上玩的小孩。但是这又引出另一个问题：那名选择停用铁轨的小孩显然做出了正确的决定，脱离了他的朋友而选择了安全的地方，而他的朋友们则无知地选择在不该玩耍的地方玩。为什么做出正确选择的人，要为了大多数人的无知而被牺牲呢？

启示

内心的正义与现实冲突时，你会如何抉择呢？

其实，我们并不应该选择切换轨道。因为，那群小朋友一定知道那是正在使用的轨道。所以，当他们听到火车的声音时，就会尽快跑开；但若切换轨道，那个乖小孩必定惨死。因为，他从来没想过火车还会开到废弃轨道上。

鹦鹉

一个人去买鹦鹉，看到一只鹦鹉前标有：此鹦鹉会2门语言，售价200元。另一只鹦鹉前则标有：此鹦鹉会4门语言，售价400元。该买哪只呢？两只都毛色光鲜，非常灵活可爱。这人拿不定主意。突然，他发现一只老掉牙的鹦鹉，毛色暗淡散乱，竟标价800元。这人赶紧将老板叫来：“这只鹦鹉是不是会说8门语言？”

店主说：“不。”

这人奇怪了：“那它为什么值这个价呢？”

店主回答：“因为另外两只鹦鹉叫这只鹦鹉‘老板’。”

启示

真正的领导者，不一定自己能力有多强，只要懂信任，懂放权，懂珍惜，就能团结比自己更强的力量，从而提升自己的身价。相反，许多能力非常强的人却因为过于追求完美，事必躬亲，认为什么人都不如自己，最后只能做最好的攻关人员，成不了优秀的领导者。

宰相教子

有一个宰相的妻子非常重视儿子的前途，她每天不辞劳苦地劝告儿子要努力读书，要有礼貌，要讲信用等。而宰相却是早上离开家去上朝，晚上回来则专心看书。爱子心切的夫人终于忍不住说：“你别只顾公事和看书，你也该好好地管教管教儿子啊！”宰相眼不离书地说：“我时时刻刻都在教育儿子啊！”

启示

言传再多也不如身教有效。可惜的是，社会上有数不清的父母，自己是一条虫却希望孩子成龙成凤。这不是笑话吗？在一个组织里，领袖当然是众人的榜样，你的言行举止都被众人看在眼里，只要懂得以身作则来影响下属，管理起来就会得心应手。

没有靠背的椅子

麦当劳快餐店创始人雷·克罗克是美国社会最有影响的企业家之一。他不喜欢整天坐在办公室里，大部分工作时间都用在“走动管理”上，即到所有子公司或部门走走、看看、听听、问问。麦当劳公司曾有一段时间面临严重亏损的危机，克罗克发现其中一个重要原因是公司各职能部门的经理有严重的官僚主义，习惯靠在舒适的椅背上指手画脚，把许多宝贵时间耗费在抽烟和闲聊上。于是克罗克想出一个奇招——将所有经理的椅子靠背锯掉。开始，很多人骂克罗克是个疯子，但不久，大家就体会到了他的一番苦心。他们纷纷走出办公室，深入基层，开始“走动管理”，及时了解情况，现场解决问题，终于使公司扭亏为盈。

启示

人都是有惰性的，尤其是在安逸舒适的环境下，肯定会更沉迷其中。比如说，如果让你选择在炎炎烈日下奔走处理业务还是在空调下吹着习习凉风，肯定大多数人会选择后者。整天待在办公室，不到外界走动，世界发生了天翻地覆的变化都不知道，如何把企业经营好？

贪图舒适的工作环境，肯定不会有好的工作效率。与其躺在那里耗费时光，不如多出去走动走动，深入基层，了解更多的知识与信息。

作为领导者，不要滋长员工的惰性。如果人们把安全和维持现状看得比机会、首创精神和士气更为重要，那就很容易堕落。

宋太宗忘事

要治理好天下，必须要有雅量。宋太宗在这方面表现得就很突出。《宋史》记载：有一天，宋太宗与两个重臣一起喝酒，边喝边聊，两个大臣喝醉了，竟在皇帝面前相互比起功劳来，他们越比越起劲，干脆斗起嘴来，完全忘了在皇帝面前应有的君臣礼节。侍卫在旁看着实在不像话，便奏请宋太宗，要将这两人抓起来治罪。宋太宗没有同意，只是草草撤了酒宴，派人把他俩送回家。第二天上午，他俩的酒醒了，想起昨天的事，惶恐万分，连忙进宫请罪。宋太宗看着他们战战兢兢的样子，便轻描淡写地说："昨天我也喝醉了，记不起这件事了。"

启示

宽容是一个人的美德。现代的领导，难免遇到下属冲撞自己、对自己不尊重的时候。不妨学学宋太宗，既不处罚，也不表态，装装糊涂，尽量宽容。这样做，既体现了领导的仁厚，更展现了领导的睿智，不失领导的尊严，而又保全了下属的面子。以后，上下级相处也不会尴尬，你的部属更会为你效犬马之劳。对于一个企业，领导者的心胸宽广能容纳百川。但宽容并不等于是做"好好先生"，不得罪人，而是设身处地地替下属着想。这样的领导者称得上是一个修养颇高的领导者。优秀的管理人员会尽量避免说不，以免伤害对方。他们不采取任何行动，希望问题会自动消失。但是，他们也绝不会说不敢面对问题或向员工投降。

不要"吓"我

战国时，惠施在魏国当相国，庄周跑去与他会面。惠施听人说，庄周这次来魏国的目的，是想取他相国之位而代之，所以十分紧张，命令官兵在都城搜捕了三天三夜，但还是没抓到庄周。正当惠施坐立不安而又无计可施之时，庄周却自己找上门来了，还对他讲了一个故事："南方有一种鸟，从南海出发，飞到了北海。不是梧桐树它不会栖身，不是仙果它不会吃，不是清冽的甘泉它不会喝。猫头鹰弄到了一只死了好几天、身体都腐朽了的老鼠，正巧该鸟飞过，猫头鹰抬头看见了，以为这只鸟想吃它的老鼠，于是发出惊叫：'吓！'现在，你难道也要用魏国的相位来'吓'我吗？"

在现代社会，像惠施与猫头鹰这样"以小人之心度君子之腹"的人大有人在。比如，有人害怕有才能的人调入自己的单位或部门，担心自己的地位保不住，于是想方设法整这个人。其实，这里存在两个问题。一是现在是竞争的时代，巨石尚且压不住嫩芽冒尖，你即使百般阻挠，能阻止新苗生长吗？二是你现在的位子，在你眼里是宝座，但人家并不一定稀罕。

启示

一个优秀的领导者，不是要处心积虑地去压制你的属下，而是要想方设法让这些比你更优秀的人对你效忠。当然，在你海纳百川，择贤用人的同时，也不要忘了自身的学习与提升。能把别人优点变成自己优点的人，一定能成为无往不胜的领导。

鸭子只有一条腿

有一位王爷手下有个名厨，拿手好菜是烤鸭，深受王府里的人喜爱，尤其是王爷，更是倍加赏识。不过这个王爷从来没有给予过厨师任何鼓励，使得厨师整天闷闷不乐。

有一天，王爷有客从远方来，在家设宴招待贵宾，点了好几道菜，其中一道是王爷最喜爱吃的烤鸭。厨师奉命行事，然而，当王爷挟了一只鸭腿给客人时，却找不到另一只鸭腿，他便问身后的厨师："另一只腿到哪里去了？"

厨师说："禀王爷，我们府里养的鸭子都只有一条腿！"王爷感到诧异，但碍于客人在场，不便问个究竟。

饭后，王爷便跟着厨师到鸭笼去查个究竟。时值夜晚，鸭子正在睡觉。每只鸭子都只露出一只腿。

厨师指着鸭子说："王爷你看，我们府里的鸭子不全都是只有一条腿吗？"

王爷听后，便大声拍掌，吵醒鸭子。鸭子被惊醒，都站了起来，露出了双腿。

王爷说："鸭子不全是两条腿吗？"

厨师说："对！不过，只有鼓掌拍手，鸭子才会有两条腿呀！"

启示

要使员工始终处于施展才干的最佳状态，唯一有效的方法就是表扬和奖励，没有比受到上司批评更能扼杀员工积极性的了。在下属情绪低落时，激励奖赏是非常重要的。身为管理者，要经常在公众场合表扬取得好成绩的员工或赠送一些礼物给表现最佳者，以资鼓励，激励他们继续奋斗。一点儿小投资，可换来数倍的业绩，何乐而不为呢？在不改变药效的情况下，给药加点儿糖，效果会更好。

赞赏的力量

韩国某大型公司的一个清洁工，本来是一个最被人忽视，最被人看不起的角色，但就是这样一个人，却在一天晚上公司保险箱被窃时，与小偷进行了殊死搏斗。

事后，有人问他的动机，答案出人意料。他说，当公司的总经理从他身旁经过时，总会不时地赞美他"你扫的地真干净"。你看，就这么一句简简单单的话，就使这个员工受到了感动。

这也正合中国的一句老话："士为知己者死"。

启示

金钱在调动下属的积极性方面不是万能的，而赞美却恰好可以弥补它的不足。每一个人都有较强的自尊心和荣誉感。你对他们表扬与赞同，就是对他价值的最好承认和重视。而能真诚赞美下属的领导，能使员工们的心灵需求得到满足，并能激发出他们潜在的才能。打动人最好的方式就是真诚的欣赏和善意的赞许。

表演大师

有一位表演大师上场前，他的弟子告诉他鞋带松了。大师点头致谢，蹲下来仔细系好。等到弟子转身后，又蹲下来将鞋带解松。有人看到了这一切，不解地问："大师，您为什么又要将鞋带解松呢？"大师回答道："因为我饰演的是一位劳累的旅人，长途跋涉使他的鞋带松开了。这个细节可以表现出他的劳累憔悴。""那你为什么不直接告诉你的弟子呢？""他能细心地发现我的鞋带松了，并且热心地告诉我，我一定要保护他的积极性，及时给他鼓励。至于为什么要事后将鞋带解开，那是因为将来会有更多的机会教他表演，可以以后再说啊。"

公司新进来的员工，通常都是满腔热血，他们时常会针对公司的部分情况提出各种各样的意见，他们的初衷是好的，但是由于缺乏经验，或者认识不够，其看法难免偏颇。作为公司的领导，即使你知道你的员工好心提出的意见是错误的，但最好不要马上直接指出来，而应该感谢他，以后再寻找机会婉转地让他明白事情的真相。如果你说话的态度和方法让对方感到生气，对方就会站在你的对立面，拒绝接受你所说的事实。如果新员工的积极性受到挫伤，以后他再也不敢提出意见；没有了创新和胆量，以后怎么在公司发展呢？

启示

优秀的管理人，是不会扼杀新员工于摇篮的。在员工犯错的情况下，一味地责怪是不可取的。每个人都是需要鼓励的，鼓励才能产生动力。希望管理者都能以一颗宽容、善解人意的心来对待员工。

对待年轻人，除了必要的教育和引导外，宽容和爱心也是令他们走上成功之路的辅助之一。

理发师的双赢观

一位理发师傅带了个徒弟，徒弟学习了一段时间后便开始给顾客服务了。第一个顾客向他抱怨："你把我的头发留得太长了。"徒弟无言以对，师傅笑着解释："头发长，使您显得含蓄，这叫深藏不露，很符合您的身份。"顾客听了，高兴而去。

徒弟给第二个顾客理好发后，顾客照了照镜子说："头发好像剪得短了点儿。"徒弟无语，师傅笑答："头发短，使您显得精神、朴实，让人感到亲切。"顾客听完，欣喜而去。

遇到第三个顾客，徒弟小心谨慎，不料理完发，顾客一边交钱一边抱怨："时间花得太长了。"徒弟一脸茫然，师傅忙说："为'首脑'多花点时间很有必要，您一定听说过：进门苍头秀士，出门白面书生。"顾客听罢，大笑而去。

到第四个顾客时，徒弟在小心谨慎的同时加快了速度。这回顾客摸着头有些疑惑地说："我好像还没有这么快就理完过头发。"师傅又一次笑着抢答："如今时间就是金钱。'顶上功夫'速战速决为您赢得了时间和金钱啊！"

晚上，徒弟纳闷地问师傅："您为什么处处替我说话？"师傅宽厚地说："每件事都有两面性，有对有错，有利有弊。我为你说话作用有二：对顾客来说，是为了让顾客高兴；对你而言，既是鼓励又是鞭策。万事开头难。我希望你以后把活儿做得更好，并注意与顾客交流。"从此以后，徒弟心怀感激，并刻苦学艺，不仅理发技艺日渐精湛，为人处世也游刃有余，理发店的生意红红火火。

启示

理发师傅的寥寥数语不仅化解了顾客的抱怨和责难，还激发了徒弟钻研技术的潜能。他准确地抓住了顾客和徒弟的心理需求，疏通了人际沟通的通道，从而也就抓住了经营管理的根本。

时下，无论经营，还是管理，到处都在讲"双赢"。对经营管理者而言，尽量给顾客和下属多创造一些心理上的愉悦和满足，应该是实现"双赢"的一条捷径。

一个人的决断

林肯担任美国总统后不久，便将6个幕僚召集在一起开会。林肯提出了一个重要法案，而幕僚们的看法并不统一，于是7个人便热烈地争论起来。林肯在仔细听取其他6个人的意见后，仍感到自己是正确的。在最后做决策的时候，6个幕僚一致反对林肯的意见，但林肯仍固执己见，他说："虽然只有我一个人赞成，但我仍要宣布，这个法案通过了。”

表面上看，林肯这种忽视多数人意见的做法似乎过于独断专行。其实，林肯已经仔细地了解了其他6个人的看法并经过深思熟虑，认定自己的观点最为合理。而其他6个人持反对意见，只是一个条件反射，有的人甚至是人云亦云，根本就没有认真考虑过这个法案。既然如此，自然应该力排众议，坚持己见。因为，所谓讨论，无非就是从各种不同的意见中选择出一个最合理的。既然自己是对的，那还有什么可犹豫的呢？

启示

在企业，经常会遇到这种情况：新的意见和想法一经提出，必定会出现反对者。其中有对新意见不甚了解的人，也有为反对而反对的人。一片反对声中，领导者陷入孤立之境。这种时候，领导者不要害怕被孤立。对于不了解的人，要怀着热忱，耐心地向他说明道理，使反对者变成赞成者。对于为反对而反对的人，任你怎么说，恐怕他们也不会接受，那么就干脆不要寄希望于他的赞同。重要的是你的提议和决策是对的，只要真理在握，就应坚决地贯彻下去。决断，是不能由多数人来做出的。多数人的意见是要听的；但做出决断的，往往是一个人。

敲门

美国人愿意发挥自己的想象力，他们不轻易敲主管的门，因为敲了主管的门，主管的话就会成为他们的一个框架，会影响自身的想象力。

日本人也不轻易敲主管的门，他们认为如果去敲主管的门，就会被主管认为很无能。

一位韩国主管看见美国调色师正在调口红的颜色，走过去随便说了一句：“这口红好看吗？”美国调色师站起来说：“第一，亲爱的副总（美国人通常都是叫名字的，叫了头衔就表示心中不太愉快），这个口红的颜色还没有完全定案，定案以后我会拿给你看，你现在不必那么担心；第二，我是一个专业的调色师，我有我的专业，如果你觉得你调得比较好，下个星期开始你可以调；第三，我这个口红是给女人擦的，而你是个男人。

“抱歉，抱歉。”主管知道自己的话有些不妥，连声道歉。

启示

太喜欢管事的主管，一定程度上会影响下属发挥创意，束缚他们的行动。

选择是否越多越好

有选择好，选择越多越好，这几乎成了人们生活中的常识。但是最近由美国哥伦比亚大学、斯坦福大学共同进行的研究表明：选项多反而可能造成负面结果。科学家们曾经做了一系列实验，其中有一个让一组被测试者在 6 种巧克力中选择自己想买的，另外一组被测试者在 30 种巧克力中进行选择。结果，后一组中有更多人感到所选的巧克力不大好吃，对自己的选择有点后悔。

另一个实验是在斯坦福大学附近的一个以食品种类繁多而闻名的超市里进行的。工作人员在超市里设置了两个小吃摊儿，一个有 6 种口味，另一个有 24 种口味。结果显示有 24 种口味的摊位吸引的顾客较多：242 位经过的客人中，60% 会停下试吃；而 260 个经过 6 种口味的摊位的客人中，停下试吃的只有 40%。不过最终的结果却出乎意料：在有 6 种口味的摊位前停下的顾客 30% 都至少买了一瓶果酱，而在有 24 种口味的摊位前的试吃者中只有 3% 购买了东西。

启示

太多的东西容易让人游移不定，拿不准主意。同理，对于管理者来说，太多的意见也会混淆视听。不要以为越多的人给出越多的意见就是好事。每个人看问题的角度不同，给出意见的动机也不尽相同，太注重听取别人的意见很容易让自己拿不定主意。在征求意见之前，我们必须要有一个属于自己的坚定的信念，要明确最终的目的是什么，这样才能在众多的声音中保持清醒的头脑，找出最适合企业发展的金玉良言。

“伤敌十指，不如断敌一指”，把资源集中于适应市场机会的企业的核心竞争力上，将产生更大的效益。相反，盲目地平均使用资源，盲目地多样化，犹如狗熊掰棒子，终将一无所得。

马戏团的老虎

从前，在一个马戏团里有一位驯养员。在他所训练的动物当中，以一对小老虎的表演最为逗趣、可爱，演出时场场满座，深受观众的喜爱。

驯养员每天喂小老虎一斤肉，然后再进行训练。它们受到奖励便表现得非常突出，演出动作完全按照驯养员的要求。因此驯养员相当得意，摸摸两只小老虎的头以示赞许，老虎也咆哮一声，自鸣得意一番。

随着时间的流逝，小老虎长大了，而驯养员却仍然每天只喂它们吃一斤肉。到了第三年，小老虎已经变成大老虎了。它们的食量大增，仅吃一斤肉已不能填饱它的肚皮，所以它们常在表演时对着驯养员吼叫，暗示它们的需要更多肉。然而驯养员不以为然，以为它们又在自鸣得意。

一天，在全场观众的期待之下，驯养员又带着这对老虎出场献艺。驯养员先喂老虎吃了一斤肉，老虎也做了一番精彩的演出，然而接着它们却在全场观众的热烈掌声中，咆哮一声，在众目睽睽之下向驯养员猛扑过去。

启示

公司是否真的掌握了员工的需要呢？领导是否真的了解员工的需求呢？如果没有了解他们真正的需求，有朝一日下属也会变成马戏团的老虎。所以，请开辟并珍惜双方真诚的双向沟通渠道，随时了解员工的需求。

勇于担责

某大型化工企业有一台供气锅炉，负责给制造甲醇的合成塔送气。半夜时，由于煤质量太差，锅炉快要熄火了，然而优质煤第二天才能送来。车间一个劲儿来电话催，工人们拼命烧锅炉，气压却上不来。合成塔温度如果掉到警戒线下，就要重新点火开车，重新开车到恢复正常生产需要 24 小时左右，算下来要损失几万元。

锅炉车间主任这晚休班，工人们大眼瞪小眼，束手无策。这时一个锅炉工说："把车间的办公桌劈了烧掉！"他不是主任，何况烧办公桌属于损坏公物，谁也不敢承担责任。这个锅炉工喊道："几张桌子才值几个钱，可合成塔停了车就要损失好几万元，烧桌子！责任我来负！"

桌子烧了，气压终于维持住了。

第二天，厂长知道了情况，宣布了一个出人意料的决定：因为在紧急情况下敢于负责任，并能想出挽救危局的有效方法，因此提升这个工人为锅炉车间副主任。

启示

勇于承担责任是一个管理者的基本素质。

1000 万美元损失之后

一位高级管理人员，因失误给公司造成了 1000 万美元的巨大损失，大家都以为公司会开除他，他本人也做好了被撤职开除的准备。可是，董事长却在召见谈话中通知他：要调他去担任别的同等职务工作。他问董事长："为什么不开除我？"董事长笑着说："那样，这 1000 万美元学费公司不是白花了吗？"正是因为这次谈话，这个人果真发挥了自己最大的潜力。在以后的工作中，他为公司做出的贡献，远在1000万美元以上。

启示 管理者必须从“客观”整体需要出发，去认可一个人，或一件事。

万德先生的管人方式

万德先生是纽约一家大型印刷公司的董事长。有一天，一位技师向他抱怨自己的工作量太大、工时太长、工作太枯燥，要求增加助手。万德先生在考察中发现，这位技师的工作量并不算大，他之所以烦躁，是因为没有受到应有的尊重。本来他是公司里唯一的一位技术高超的维修技师，可人们却总是对他呼来唤去的。于是，万德先生既没有给他助手，也没给他加薪，只是给他设立了一间专用办公室，并在门口钉上“维修科科长”的牌子。从此，这位技师反而更加卖力地工作了。

启示 作为管理者，有时你只要关注一下个人的特殊欲望就可以轻易地达到良好的管理效果。

以理服人

已饱餐一顿的狼发现一只绵羊倒在地上，知道绵羊是因过分害怕而昏倒，就走过去叫它不要怕，并答应绵羊，只要说出三件真实的事情就放它走。于是绵羊说出下面三件事：

第一，不想遇到狼；第二，如果一定要遇到狼，这只狼最好是只瞎眼的狼；第三，我希望所有的狼都死掉，因为我们对狼丝毫没有恶意，而狼却常来攻击、欺负我们。狼认为绵羊说的话都没有错，就放它走了。

启示 在公司里，小职员碰到董事长时若缺乏自信，觉得自己处处不对劲儿就会被看成庸才；若能镇定地讲出自己心中的感受，让老板真正地了解问题、解决问题，必能以理服人。

鸟儿选国王

鸟儿们聚在一起推举它们的国王。孔雀说它最漂亮，应该由它当国王，这个意见立刻得到大多数鸟的赞同。只有穴鸟不以为然地说：“当你统治鸟国的时候，如果有老鹰来追赶我们，你如何救我们呢？”

启示　一个管理者，声当具备多方面的才能，不只在才识方面要有过人之处，更应该有应对危机的能力。

珍惜权力

狮子爱上了农夫的女儿，请求农夫将女儿嫁给它。农夫既不忍心把女儿许配给猛兽，又不敢拒绝，就想出了一个方法。当狮子来催促的时候，农夫对它说：“我很愿意将女儿嫁给你，但她很怕你的尖牙利爪，如果你剪掉它们，我女儿就立刻与你结婚。”

狮子答应了，回去之后就剪掉了它的尖牙和利爪。可是如此一来，农夫就不怕狮子了，当狮子再来的时候，农夫就用木棒把它赶走了。

启示　轻易放弃已有的力量是一种不智之举。管理者切勿轻易放弃自己的实权。

三兄弟评戏

歪头、近视、重听是三位结拜兄弟。听邻居说，村里办了一台戏，他们三个就相约一起去看戏，散场后，他们私下讨论着。

歪头评论着：“演技还不错，只是戏台歪了点儿。”

近视叹息道：“今天戏唱得可圈可点，只是造型差了点儿。”

重听摇着头：“整体都很棒，只是声音小了点儿。”

启示　在评论事情时，我们通常会犯下将“一隅之见”视为“真知灼见”的毛病。管理中，切记不可以偏概全，将自己的意见凌驾于别人之上。

没有吃完的牛排

素有“经营之神”之称的日本松下电器总裁松下幸之助，有一次在一家餐厅招待客人，一行 6 个人都点了牛排。等 6 个人都吃完主餐，松下让助理去请烹调牛排的主厨过来，他还特别强调：“不要找经理，找主厨。”助理注意到，松下的牛排只吃了一半，心想一会儿的场面可能会很尴尬。

主厨来时很紧张，因为他知道这些客人来头很大。“是不是牛排有什么问题？”主厨紧张地问。“烹调牛排，对你已不成问题，”松下说，“但是我只能吃一半。原因不在于厨艺，牛排真的很好吃，你是位非常出色的厨师，但我已80岁了，胃口大不如前。”

主厨与其他的5位用餐者面面相觑，大家过了好一会儿才明白怎么一回事。“我想当面和你谈，是因为我担心，当你看到只吃了一半的牛排被送回厨房时，心里会难过。”

如果你是那位主厨，听到松下先生的说明，会有什么感受？是不是觉得备受尊重？客人在旁听见松下如此说，更佩服松下的人格，并更喜欢和他做生意了。

启示

时刻真情关怀下属感受的领导，将完全俘获下属的心，并让下属心甘情愿地为他赴汤蹈火。对别人表示关心和善意，比任何礼物都能产生更好的效果。

供奉者

有一个人为了供奉神，花了许多钱财，所有的供品用的都是最上等、最名贵的物品。一天夜里，神现身对他说：“你不要再把大笔的钱花在我身上了，否则一旦你没钱了，一定会把所有的罪过都归在我身上。”

启示

用钱财讨好人者，必有所求，受者不可不慎。公司里如果有人给你送大礼，必然是有求于你，如果他的要求得不到满足，反而会攻击你。

船长与大鱼

有一个渔村住了甲乙两个船长。有人问：“你们为何要天天出海捕鱼？”甲船长一脸无奈地说：“为了赚钱讨生活。”但乙船长的回答则完全不同。他精神抖擞、神采奕奕地说道：“我喜欢海，喜欢它的澎湃汹涌，喜欢它的无边无际，出海是我每天最想做的事。”那个人就问乙船长：“难道你出海不是为了养家糊口吗？”

“不，生活只是附带的，我天天都想捕条大鱼，那因付出而丰收的过程才是成就感的最大来源，我喜欢乘风破浪，热爱挑战自我，生活从来不成问题。”乙船长为了捕条大鱼，不仅勤修船、编大网，还时时研究水文，他和他的伙伴们，捕鱼的技术越来越好，捕获量越来越高，几乎都是满载而归，生活的确不成问题。而那无精打采的甲船长，每日愁眉不展，水手们也是士气低落，每日所捕的鱼寥寥无几。有一天甲、乙船长相约同时出海，硕大无比的大鱼出现了。甲船长先看见大鱼，却自知设备不足，怕鱼撞翻了船，只有眼睁睁地任大鱼游走。而乙船长准备多时，信心十足地率领士气高昂的水手们与大鱼搏斗。经过一番英勇的搏斗，大家终于齐心齐力将大鱼拖回了渔村。

启示

事业心旺盛的主管无不深刻认识到自身工作的意义，为工作的进展做好充分的准备，员工也受到他们的感染和鼓励，做起事情来得心应手、事半功倍。

参观

“啊，见到你真高兴！你从哪儿来呀？”

“我在新开的博物馆里逛了一两个钟头。展品我统统都看过了，真叫人叹为观止！屋子里满满的展览品，无奇不有。大自然的造化真是奇妙无穷：飞禽走兽，见所未见；蝴蝶，甲虫，蜈蚣等，一应俱全，有的像碧玉，有的像灿烂的珊瑚，还有极小极小的瓢虫，说给你听你也不信，简直比针头还要小哩！”

“你看见大象了吗？四肢粗壮，那么一个庞然大物，我想你一定以为是碰到一座山了。”

“啊？难道有大象吗？”

“当然有呀！”

“大象？真是遗憾，我倒没有留意大象。”

启示

在我们做管理调研的时候，可能细致到市场的一个细微的角落的数字，但是偏偏错过了问题的主要方面，使本应该得到的资料与我们擦肩而过，因为我们太在意那些微不足道的细节了。

青蛙和它们的国王

从前，一群青蛙决定请求众神之王朱庇特给它们派一个国王，朱庇特感到很有趣。

“给你们，”他说着；把一根原木扔进青蛙住的湖里，“这就是你们的国王。”

青蛙吓得潜入水中，尽可能往泥里钻。过了一会儿，一只比较胆大的青蛙小心翼翼地游到水面上，看看新国王。

“它好像很安静，”青蛙说，“它也许睡着了。”

木头在平静的湖面上一动不动，更多的青蛙一个又一个浮上来看。它们越游越近，最后跳到木头上面去，完全忘记了害怕。小青蛙把木头当跳水板；老青蛙蹲在木头上晒太阳。

有一天，一只老青蛙说："这个国王很迟钝，不是吗？我想，我们要一个使我们守秩序的人当国王。这一个国王只知躺在那里，让我们随便活动。"

于是青蛙再次到朱庇特那里去。

"难道您不能给我们一个好一点儿的国王吗？请派来一个有活动能力的国王吧！"它们问。

"愚蠢的小动物，"朱庇特心想，"这一回我把它们应得的东西给它们。"

朱庇特派了一只长腿鹳到湖里去。

鹳给青蛙们留下了深刻印象，它们带着钦佩的神情挤在周围。不过它们还没有准备好欢迎词，鹳就把长嘴伸进水里吞食它看得见的青蛙了。

"这根本不是我们原来的意思。"青蛙喘着气又潜入水中，钻到泥里去。但这一回朱庇特不听它们的话了。

"我给你们的就是你们要求的，"朱庇特说，"这也许可以告诫你们，不要过多地抱怨。"

启示

在企业中，领导和下属之间有这样那样的问题：如果和下属走得太近，就会失去威严；如果走得太远，又会使员工产生威胁感。同时对员工来说，盼望有能力的领导者的心情是谁都会有的，但是，最后有可能会失望。

编后语

人类的发展与知识传播的速度是成正比的。当一个人的智慧变成了绝大多数人的智慧的时候，整个人类就前进了一大步。能够致力于知识与信息的传播，为社会的进步尽绵薄之力，是一件引以为荣的事情。本系列图书的编写者均为一直奋斗在管理培训领域的工作者，亲身体验也亲眼目睹了培训师群体的成长。几年来，我们总是以收藏家的眼光来发掘和整合一些业界的“珍宝”——对培训师和培训工作有用的资讯、素材和工具。业界许多的朋友对于我们长期积累的这些成果表现出了浓厚的兴趣，甚至于不远万里来求索，并建议付梓出版。

经过多年的努力，我们终于顺利出版了企业管理培训丛书：《培训游戏全书》《培训故事全书》《培训幽默全书》《培训案例全书》《户外拓展训练全书》《杰出员工训练全书》《培训管理全书》《培训师训练全书》《PPT微课制作全书》等九本培训专业工具书。在编写过程当中，我们秉承了一贯的原则，那就是努力使书中的内容做到最新、最全面和最经典。我们希望，书中辑录的每一段文字都能够对读者产生影响，对读者有所启迪。

本书能够顺利出版，要感谢众多有实战经验的培训界朋友和作者对此系列图书的重视和支持。是他们主动给我们提供了有价值的材料，并对我们的编辑工作给予了宝贵意见和指导。

为编写本书，我们翻阅、借鉴了大量图书、资料。由于种种原因以及时效和通讯上的障碍，无法一一与原作者及版权所有者取得联系，在此谨表歉意。为了表示我们对原作者及版权所有人的尊重，相关事宜请通过专设邮箱peixunbook@163.com与我们联系，我们将及时予以回应。

最后，再次向关心和支持本系列图书出版的朋友，表示深深的谢意。

编　者